中华社会科学基金（Chinese Fund for the Humanities and Social Sciences）资助

法治社会における基本的人権
―発展権の法的制度研究

汪　習根　著
呂　衛清　訳
神田　英敬　校正

※本書は、中国人民公安大学出版社の授権を得て《法治社会的基本人权——発展权法律制度研究》（汪習根著，2002年6月）を日本語に翻訳し，中華社会科学基金（Chinese Fund for the Humanities and Social Sciences）の資金援助を受けて出版したものである。

目次

第一章　序章
　　第一節　人権と憲法……………………………………………　3
　　第二節　発展権と憲法の発展…………………………………　14

第二章　発展権の歴史的由来
　　第一節　発展権形成の社会的根源……………………………　25
　　第二節　発展権形成の法的根源………………………………　33
　　第三節　発展権変遷の結果分析………………………………　47

第三章　発展権の内包する基本的意義
　　第一節　発展権の解釈…………………………………………　57
　　第二節　発展権の主体…………………………………………　71
　　第三節　発展権の客体…………………………………………　98

第四章　発展権の価値づけ
　　第一節　発展権に関する人権価値の証明……………………　119
　　第二節　発展権における基本的人権の位置づけ……………　139
　　第三節　発展権の主要な価値形式……………………………　154
　　第四節　発展権の価値整合機能………………………………　182

第五章　発展権の憲法規範の分析
　　第一節　発展権における憲法規範の内容概要………………　204
　　第二節　発展権の憲法規範における形式比較………………　216
　　第三節　発展権の憲法規範における価値比較………………　227
　　第四節　発展権の憲法規範における全体分析………………　237

第六章　発展権の法律重心の位置づけ

　　第一節　発展権の法律性格の確認……………………………… 248
　　第二節　発展権の法律重心の位置づけ………………………… 260
　　第三節　発展権の法律調整原則………………………………… 283
　　第四節　発展権の法律責任制度………………………………… 300
　　第五節　発展権の法律規範方式………………………………… 307

第七章　発展権の司法判断適合性の分析

　　第一節　発展権司法判断適合性の根拠………………………… 322
　　第二節　発展権の法的権利侵害における境界………………… 333
　　第三節　発展権法的手続の選択………………………………… 344
　　第四節　発展権司法判例の分析………………………………… 353

付録：発展権のグローバル法的メカニズムの構築に向けて………… 366

第一章
序　章

　人権の制度化及び法律化は、既存する各種の人権形式に、安定した法的地位と明確な法的存在形式を与えるとはいえ、法的原則または法の中核的内容を代表する人権は、社会的構造と文化的背景の移り変わりによって変遷し補完されるものであり、開放的で動態的かつ発展的な仕組みなのである。人権が法治社会の法律、とくに憲法の根底と到達点であるなら、人権の内容、形式の更新、進化または現実化は、法律の発達と進化の直接的な要因となる。人権は、自由権を中心とする第一世代の人権、社会権を内容とする第二世代の人権、そして平和的生存権、発展権といった第三世代の人権を経過してきたものである。人権の仕組みにおける斬新な権利として、発展権は、1972年にセネガルの初代最高裁判所長官、国連人権委員会委員のケバ・ムバイエ氏（Keba M'baye）によって初めて提唱された[1]。それが正式に確認されたのは、七十年代末期から八十年代にかけての国連の「発展の権利に関する決議」「発展の権利に関する宣言」といった国際法律文書である[2]。ところで当初国際的法律に認められた人権の形で登場した発展権は、普遍的かつ基本的人権としても法学、法律体系からさらなる注目に値する。発展権を、憲法化人権の原則と人権法の実質的内容まで高め、法定した基本的権利形式として具体化させるべきである。

第一節　人権と憲法

一、人権と憲法との内的関連性

　法理論の角度から見れば、発展権と憲法との関連の必然性は、人権と憲法との一般的関係に由来する。この一般的関係において、憲法の人権への規制・確認作用に現れた規則性は際立っている。憲法学的な発展権研究を行う場合、この規則性は良い端緒と思われる。人権が憲法の理念上から規範まで引き上げられるのは、人権があるべき権利として最上位である法律制度に内面化、承認されることを意味する。人権と憲法は共存し、互いに浸透、融合を重ねながら、理想的な憲政秩序と法治社会を形成していく。人権と憲法との相互関係は次の三つに大別できる。

　まず、人権は憲法の源流であり、憲法は人権の外見であること。両者の関係について、国際憲法学協会元主席のトーマス・フレーナー (Thomas Fleiner) がまとめたように、西洋憲法哲学界及び法的実践領域では二つの異なった観点がある。その一つは、人権は憲法に創設されるもので、憲法及び憲法に規定された司法がなければ人権も成立しない、という大陸法系の諸国の主張である。「ヨーロッパ人の理解によれば、最初の公民の権利は憲法と成文法において創られた。このような公民の権利を解釈したうえ、訴訟人の要求が有効かどうかを確認するのは、裁判官の役目である[3]」。一方で、そうした見解を異にした欧米法系の諸国においては、「人民に権利を授けるのは、国家でも憲法の創設者でもない。彼らの目では憲法よりも権利のほうが尊いのである……それゆえ大西洋を挟む両岸では、一般論としての権利、裁判所、各種の具体的人権と根本的に違う認識が育つに至っている[4]」。法定人権観か天賦人権観かによって、人権への認識の差異はこれほど大きい。しかし、人権と憲法との発展史にしても、あるいは憲法存立の合理性と正当性にして

も、人権を源としながら、人権という根本的価値を徹底的に表現するのが憲法である。人権は理念から主張に広がり、さらに規範化への展開は、憲法変革の客観的な規則性を裏付ける。特定した時代に制約され、また人権思想が理論体系と社会思想として成熟していく背景において、憲法が生まれたというのである。西洋の伝統的憲法の場合、その直接的な理論根拠は「天賦人権」説や「人民主権」理論にある。たとえば個人権利と自由への切望がなければ、イギリスの憲法性ある法律は成立しえない。同じように、アメリカの「独立宣言」とその憲法化は、ロック、ルソーの人権思想、またペイン、ジェファーソンらの人権論との融合で結実された。中でもフランスの「人間と市民の権利の宣言」は、人間の権利と結びつけられた最も直観的な宣言である。「憲法下の法律は、裁判所に定められ実施された個人権利の源流ではなく、個人権利の結果にほかならない[5]」「厳密に言えば人権は『憲法的権利』ではないものの、憲法が守ろうとする対象ではある[6]」。換言すれば人権は憲法の源泉であり、憲法は人権に依存するものであり、その逆ではない。これが、近代の憲法中心的なイギリス法治制度の基本的原則となっている。つまり、憲法がなくても人権は存在するかもしれないが、人権を失った憲法そのものは成り立たない。

　人権が憲法を孕む論理については、次のように指摘できる。まず技術的な面から見れば、人権は、権利と権力の関係を規制する憲法に対し、思想的基盤を体系的に提供したのである。人権は混沌とした抽象的権利から、生命・自由・平等・財産・安全などの具体的な理論形式へと細分化される。これをもとに、人権は制度化・規範化・憲法化に向けて大いに進んだ。より重要とされた価値的側面から言えば、人権には個人の尊厳への尊重、個性の高揚、人間価値への実現といった合理的な内容が盛り込まれている。これらの理想をあらゆる脅威から守るため、人権を強力な形式で定着させるのが必須である。しかし従来の私法体系において、人間の基本的権利を保障する条項は単独的・孤立的であり、全体性と権威性に欠けている。それゆえ、道徳的権利を法的権利と規定する最

高法規性を持つ憲法が強く求められるわけである。

　第二に、人権は憲法の中核をなし、憲法は人権によって固定化されたものである。憲法と人権との関係は、規範と価値との関係、法的形式と実質内容との関係だと言い換えることができる。「憲法は、人間の権利が記載された紙にほかならない[7]」と指摘されるように、憲法は人権の生みの親ではない。人権を根拠とする憲法は、人民自由を掲げた憲章であると同時に、人権の宣言書と保証書でもある。「権利への保障がなく、分権が定まらない社会においては、憲法が存在しない[8]」のように、人権について個別な条項があってもそれを基本的内容としない憲法は、存在の価値が問われ、机上の空論にすぎなくなる。それと同様に、「人権に違反し、人権を保障しないような憲法は、憲法とは言えない[9]」とされる。

　当初人権原則の形で確認された人権は、憲法において基本的な法律原則と具体的な法律規範とを合わせた形で規定されている。1791年に成立したフランス憲法は、1789年の「人間と市民の権利の宣言」を序言に取り入れることによって、憲法の人権原則を明文化した。それ以降ほとんどの国の憲法は、人権原則及び人権の具体的形式を主な内容としている。各国の人権には、多様な憲法規範様式が導入されるものの[10]、憲法が調整しようとする社会関係においても、または憲法における主導的な規範としても、人権が憲法の主体かつ中核という位置づけは変わらない。なぜなら、国家・社会生活の各方面を調整し、国家の根本的制度と課題を規定する憲法規範には、公民権利・公共権利との相互関係という中軸が一貫しているからである。「憲法体制における政府規制や自由擁護の志向は、政府権力の分化、制限だけではなく、個人権利・自由への規定からも現れている[11]」。換言すれば、権力が公正に行使できるように、憲法は政府に規制をかけるとともに、公民権利の真の実現を守らなければならない。政府権力への制限はあくまでも手段であり、公民の基本的権利がいかに確認され保障されるかが、憲法の根本的な内容である。「憲法は人権問題を独占しているかのようだ[12]」とまで議論されるように、憲法において、人権保障の課題は最大かつ最高の比重を占めて

いる。そして憲法の各原則、例えば法治原則、人民主権原則、民主集中制原則は、いずれも人権原則の実現を最終目標としている。すなわち、人権は人民主権をそのまま反映することである。権力制限と民主集中制は、人権保障の有効な制度的基盤と法的構造である。法治原則は終始一貫して人間の尊厳と価値を尊重し、人権の確然たる実現を理想とするものである。人権の確認と保障を実施する各法律の中で、「憲法は常にその人権規定を基準に判断を行う[13]」ため、最も広範かつ有力な法律部類となる。この意味で憲法は人権法とも言えるだろう。

　第三に、人権は憲法の帰着点であり、憲法は人権の保障である。憲法は、多元的な価値体系を内包するものの、人権こそその至上価値である。というのは、憲法の価値目標は、憲政秩序と社会正義の実現にあり、このような理想は、人間の権利の普遍的実現に導かれるものなのである。元来中性的に用いられる「秩序」は、人類文明と発展に応じる理性的秩序を表現する言葉でもあり、また自由を抑制し、社会発展の規則に背いた専制的秩序を意味する言葉でもある。「人権は憲法の出発点にして帰着点である[14]」とあるように、秩序の価値と性格を判断する基準はほかでもなく人権である。正義における一種の基本的構造である社会正義についても、その内容である民主政治、またはそれが要求する自由、平等及び合理的経済、社会構造は、いずれも人権に収斂される。憲法における多元的価値形態は、常に調和や衝突の関係に置かれている。価値衝突を緩和するための価値整合策として、人権原則が憲法の諸価値形態を統合する基本原則となっている。そのほか、人権の根本的価値は、憲法が規定した権力のあり方と運用にも現れる。憲法の人権への聖なる使命と向き合う際、人権保障の下位概念として表現された権力は、服従または奉仕しなければならない。人権は憲法に先立って行われるものであり、憲法は権力を行使する政府に先立って機能する。「政府は、これらの権利を保障するために設立されるものであり、その権力の正当性は被統治者からの同意に由来する。政府はいかなる形式を取るにせよ、それが人間の権利を侵害した場合、人民は政府を変革させ、さらに破壊する

ことができる」、「共和制政府を判断する基準は、人民が政府機関をどの程度取り締まるかにある[15]」といった議論のように、人間の権利は奪うことのできないものとされる。また、「憲法は政府に先行したもので、政府は憲法の所産に過ぎない[16]」と述べられるように、憲法がなければ政府権力も存在しないという見解は、西洋の憲政法律制度が設計された根本的な狙いに含まれる。その一方、すべての権利は人民に帰属するという社会主義憲法は、人民主権の価値観を基盤にしながら創られ実行されるものである。憲法と人権との一般的関係は、ここから自然に見て取れるであろう。

二、憲法化人権[17]の発展の一般的規則

実定法及びその価値選択の角度から見れば、各国の憲法は多種多彩で、憲法の人権への規定にも大きく異なる特質が見られる。異なった時代、さらに同時代の諸国憲法は、人権を規定する根拠、方式、指定範囲などが必ずしも一致するものではない。これらの煩雑な現象にもかかわらず、憲法化人権のダイナミックな発展から、人権規範化、憲法化過程にある普遍的規則性を析出することができる。

(一) 憲法化人権の背景としての複雑性

歴史的・文化的伝統と現実社会が織り込まれた世界に、人権は存在する。人権は人類の享有すべき普遍的権利である。人間がいる限り、人権は社会生活の全範囲において求められる。他方では、人間は抽象的、孤立的な者ではなく、社会と文化から独立した者でもない。人間はある一定の社会的・文化的環境で形作られる一方、それぞれの文化は人類生産方式の多様性も物語っている。相互関係を持ちながら特質も有するという人類のあり方から、憲法化人権の背景が複雑かつ多様であり、同一視できないということを教えてくれる。ところが西洋では、人権をめぐる背景と人権自体の普遍性を根本的に否定し、各人権の特殊性を極端に強

調する説がある[18]。すなわち「憲法下の人権発展の各段階では、自由、民主、福祉の諸権利がある。それらの権利に表現される価値と制度は、西洋の文化と文明の伝統に根をおろしている。ただし、西洋の伝統はあくまでも多種の文化、文明の伝統の一つである」、「人類全体に帰属し、時間と空間に一切関係ないような権利があるとすれば、その前提となるのは、人間が『無社会』『無文化』であることだ。しかし人間にはこのような属性がないので、このような権利を享有することは不可能である[19]」という。

憲法史に提示されているように、人権の憲法化は自由市場経済の成果である。近代自由市場経済から現代市場経済への展開、とりわけ社会主義市場経済に向かう際に、人権が置かれた政治的・経済的背景には、根本的・劇的な変化が相次いだ。先ほど触れた、人権を個別の文化の所有物と見做し、人権を独占しようとする議論は成り立たない。実際に「権利は、社会の経済的構造及びそれが制約した文化的発展を超えてはいけない[20]」ものなのである。その理由について第一に、人間は多様性を一体化したものであり、その要求、利益及び外部からの制約要素には共通した部分もあれば異なる部分もある。人権はさまざまな社会的・歴史的・文化的背景に置かれるのである。それが、人権の普遍的存在という必然性を規定する。「すべての社会はそれなりの人権概念を有し、またその文化や歴史を通して、それなりの人権意識を表現する[21]」と指摘されるように、人権を西洋の特定した文化の所有物と捉えた見方[22]は、説得力が失われていくであろう。第二に、異なった背景に置かれた人権には多様性、差異性が含まれる。人権を裏付ける背景には共通性と個性が共存するため、人権自体は普遍性と特殊性が伴われ、一元的ではなく多元的なものである。したがって人権確認や保障が行われる際、憲法の構造、制度、形態には、共通的かつ特殊的に対応する特徴が見られる。

(二) 憲法化人権の理念の多様性

先ほど述べたように、憲政が実施される基本的表現として、人権の憲

法化と現実化には、普遍性と特殊性が併存する。ただし各国において、人権を憲法化する理論的根拠は一致するものとは言えない。西洋において、憲法化人権をめぐる多様な理念については、次の学説が挙げられる。一つは「自然権利説」である。古典的自然法論によって出来上がった民主憲政体制は、憲法化人権のために基礎づけられた。その最も影響力のある「天賦人権説」について、グローティウスは自然法、すなわち天賦人権という自然の権利と結び付ける法理論を首唱した。彼は、自然法の両原則を抽出したうえで、両者の共通性と相補性を指摘している。スピノザは「人間が天に与えられた権利は、いかなる者も奪うことはできない。黙認、公約によってできた権利は、いざ強奪されれば、国家が大いに害されることになる」と論じる[23]。ロックは、天賦人権の理論的体系を開花させた人物として、次の点を主張する。すなわち人権は天に賦与され、生まれつきであること。人権は全人類の享有すべき抽象的な権利であること。自然の法、つまり自然法の基点は個人にあり、生命、健康、自由と財産を内容とすること。憲法を含めた法律は「自然法に依拠した限りでは公正性を有し、その規定や解釈は自然法に依らなければいけない[24]」ことなどである。そしてルソーの「人民主権論」は権利の源流から、モンテスキューの「三権分立説」は権力の実現から、憲法権利の性格と法律保障構造を議論するものである。ジェファーソンは『独立宣言』を起草する際、ロックの「政府論」にその理論的根拠を求めた。フランス革命成功後、この天賦人権説に導かれたフランスが自らの憲法を創った諸事例のように、初期的憲法は漏れなく自然法に先導されたわけである[25]。

　もう一つは、社会権利説である。社会学的法学派は、「社会連帯性」すなわち「社会の相互関連性」に基づき、国家や政府に先立って、人類社会には固有的かつ最上位規則の「客観法[26]」があると想定する。この法規則は、人間の利己的な本性と協調的な本性の間で取捨選択を行い、最低限の代償で集団的利益の最大化を目的としている。この学説によれば、「天賦の権利は根も葉もない話で、この人間性に関する純粋た

る形而上的命題を支える証拠はどこにもない[27]」と天賦人権説は批判されている。1919年のドイツ「ワイマール憲法」をはじめ、二十世紀初期以来の西洋諸国の憲法には、社会権利保障に注力するような立憲精神が鮮明に描かれている。

　三つ目は、法律権利説である。分析法学派は「実際にどのような法であるか」を法学研究の対象とし、法はすなわち規則のことであり、「規則」を超然する理性的自然法は存在しないと主張する。それを最も徹底したケルゼンの「純粋法学」は、憲法を純粋法の規則として捉え、人権確立や保障の規範化、司法化を必要とし、憲法裁判所という特設機構審査制度を発案する。彼は、「積極的な立法者」である国会と区別させるため、憲法裁判所という「消極的立法者」を立てようとするわけである。「憲法違反への審査は各憲法の特徴に合わせて行われるべき[28]」と主張するように、ケルゼンは人権の憲法化に司法救済という新たな道筋を提示してくれる。

　これら主流の学説は、いずれも特定の社会価値に寄与するものである。そして人権の憲法化の各歴史段階及び諸条件によって、それぞれ主役を演じる時期もある。人権確認や保障を扱う際、西洋憲法の法的構造には恒久不変の理論がなく、人権理論自体が開放的、発展的な仕組みである、ということが示唆される。

　人権理論領域にて行われた根本的な変革は、マルクス主義的人権説の確立と改良をも意味する。人間の自然属性と社会属性との結合に着目した人権理論では、人権にある普遍性と特殊性との統一、人類の全面的発展や解放といった課題が入念に検討される。人権主体の二重性と究極の目的を科学的に捉える人権理論は、憲法と人権関係史の新分野を切り開くとともに、人権法の研究および憲法の人権への保障に対しても、確固たる理論的基盤を築いたと言えよう。

（三）憲法化人権の中心の可能性

　人権は歴史的連続性と将来性を示すものの、注目された具体的な人権

形態は、憲法史及び憲法実践の各歴史段階によって異なってくる。古典的人権理論が憲法に取り入れられてから、人権の中心的課題は個人の自由と政治的権利にあり、特に憲法における個人の位置づけ、すなわち公民権利の重要性が強調される。フランスの『人権宣言』はその典型的な例である。『宣言』の十七条項がすべて個人の権利を規定するように、近代憲法の共通した特徴として、「個人本位」という人権法理念が成立する。人権が強調する内容は、時に個人の自由権、時に個人の生存権、時に公民の参政権へと移動を繰り返すが、「個人権利本位」という理念構造は超えていない。人権保障を行う際、憲法が示す力点の変容は、近代的市場経済が現代的市場経済へ激変する過程に伴った国家権力の強化に由来する。個人の自由権利、特に経済的自由権の拡大は経済秩序に乱れを招いた結果、国家という公共権力は法律の形で私的経済や社会生活に介入し、社会権利という新たな人権形態を促したわけである。これを背景に、憲法中心の法的構造では社会権利が一時支配的地位に置かれ、最も重要視される権利となった。個人本位から社会本位への転換は、憲法権利の中心が変容する基本的表れである。

(四) 憲法化人権の構造的動態性

　人権は主に権利主体と権利内容などによって構成される。その構成要素及び構成のあり方は、動的発展状況にあるため、静的に捉えられるものではない。権利の主体から見れば、個人主義を基盤とした人権観は、単独の個人を唯一の人権主体と見做し、人権と個体との不可分性を言明する。古典的人権観が憲法に受容された文脈で登場する憲法化人権は、個人の自由と政治的権利にこだわりつつ、個人の憲法上の地位、すなわち公民権利の重要性を力説する。のちに結実された一連の権利形式は、近代憲法の基本的特徴を構成するが、「個人的」、「公民的」権利を通して憲法における人権の主体的地位を確認する狙いは変わっていない。近代的市場経済から現代的市場経済へ発展する中で、社会権利は憲法により重視されるようになった。ここで言う「社会」権利は、社会的集合体

の権利ではなく、あくまでも「自然人という独立した個体、他人との関係から切り離した人[29]」に対抗する意味で使われた用語である。ただしそれは、依然個人主義的人権観の枠から脱出していない。

　古典的個人主義的人権の伝統を超越する現代的人権観は、集団的な権利主体と個別の主体とを組み合わせた人権権利主体の集団性、すなわち国家や民族といった個人の集合体を人権の主体として扱う。そのような認識は、すでに一部の国家の憲法に承認されつつある。

　憲法に明文化された人権の内容は、常に充実され豊かになるものである。憲法が世に出てから一世紀余の間に、自然の権利から進化してきた公民の権利と政治の権利は、憲法化人権の主な内容でありつづけた。二十世紀半ばになると、新興民族独立国家の憲法はこれらの権利を明示するとともに、経済的・社会的・文化的権利への規定や保障に力を注ぐようになった。さらに現在に至っては、発展権、民族自決権をはじめとする新型人権が次々と現れる。各権利の下にも具体的な権利形式が含まれ、多種多様を極める。イギリスの高名な人権法専門家 R.J. ヴィンセント教授[30]、アメリカのJ.コネリー教授[31]、そして我が国の人権専門家[32] は、人権法の規定した人権内容の詳細目録を試作し始めた。完成度が問われるものの、少なくとも人権の内容は憲法に規定された後でも複雑多岐であることが分かる。実際に、憲法規範の中で人権内容を網羅しようとする試みは、科学性がないのみならず、人権内容の拡大と深化さえ妨げてしまう。一部の国の憲法には、明文化されていない権利は人民に留保される、と人権原則を概ねにしか規定できないのはこの故である。人権の統一性と安定性を否定するわけではなく、統一性と安定性を前提にした相対性が存在するという発想なのである。

　総じて言えば、憲法により確立された人権は、人類文明、法律価値の弛まぬ進歩と向上の結晶であり、人間の主体意識が強化し超越し続ける必至な成り行きである。憲法化人権は絶えず深化し発展するため、これを永久不変であるかのように扱うべきではなく、それができたからといってそこに安住するわけにもいかない。人権内容にある変量と可変

性、また人権形式をめぐる再編や革新などで示された開放性と動態性は、憲法化人権の過程における一つの普遍的規則である。発展権を含めた人権問題を考察する際、この規則は次の奥深い示唆を与えてくれる。第一に、人権は憲法の中核価値と根本目的であり、人権法哲学は憲法哲学の主要内容の一つであること。それゆえ、新たな基本的人権形態に対応し憲法化しなければ、憲法の基本的精神に応えかねる。第二に、人権の開放性は、憲法を充実させ発達させる内的原動力であること。「人権の大きな発展は、憲法の開放性を裏付ける。不変な原則を今日の価値観と絶えず融合した憲法性権利」[33] は憲法に活気をもたらす。憲法は「新しい権利の主張に対応する中で」こそ「精緻化され完備されてきた[34]」のである。第三に、憲法は新たな基本的人権形態を開放的な姿勢で受け入れるべきであること。すべての人権内容や様式を網羅する憲法は世の中にない。「人権概念を動的歴史的過程において分析することでしか、人権の外延としての『拡大史』の過去を把握できない」。そして「人権概念を開放的な認知世界の系統においてしか、将来における人権のさらなる発展を容認できない[35]」。人権は伝統的かつ現実的である。「井の中の蛙」のように伝統的人権領域を徘徊するばかりでは、憲法価値の向上と人類文明の深化につながらない。これらの規則性に対する理論的分析を踏まえ、筆者は、憲法哲学の次元で人類全体の存続と発展に関わった人権形態、すなわち発展権についての検討が、法治社会の構築と人権発展を制する重大な課題であると考える。

第二節　発展権と憲法の発展

一、憲法における人権に対する発展権の貢献

人権法理論および主体権利意識が日増しに高まるにつれ、現代憲法の人権に対する規範は飛躍的な発展を遂げ、人権の具体化、可操作性なら

第一章　序章　15

びに人権の普遍化、人権保障の強化といった諸方面以外に挙げられる突出した特徴は、一国の国内法律体系から国際法律領域へと向かい、新たに出現する人権形式を自己の視野に組み入れる点で考慮ならびに保護を加えることを重視している点である。「近代憲法における人権原則と比べ、現代憲法における人権原則には以下の特徴がある。……国内法原則から国際法原則へと発展した。第二次世界大戦後『国連憲章』は、人権の促進は国連の主旨の一つであると宣言している。1948年12月10日、国連総会は『世界人権宣言』を採択し、個人が享有すべきで政府に保障責任のある権利であると具体的に規定した[36]」。発展権は人権の一つとして国際社会から確立され、今まさに国際法原則における重要な内容となっている。憲法は国際人権法原則の新たな発展を反映させなければならず、発展権という新たな人権形式に注目しないわけにはいかない。言い換えれば、発展権の形成は、憲法が調整・制御する視角の拡大過程において、憲法人権の時空を拡張させるはずである。

　発展権は剥奪してはならない人権の一つとして、「一人一人および各国のすべての国民は、経済・社会・文化・政治的発展に参与・促進・享受する権利を有し、こうした発展において、すべての人権ならびに基本的自由は十分な実現を見ることができる[37]」と規定されている。これは憲法人権原則ならびに憲法人権内容の両面に対し、深い影響を及ぼしている。まず、これは伝統的憲法の人権原則を発展させている。伝統的人権原則は孤立かつ単一的に個人の権利に対応しており、社会法学派が単独の個体を、個体を結び付けてできた「社会連帯関係」の中に入れて対応すべきだと強調はしたものの、すべては自由主義理念を目標とし、個人主義原則を基礎としている。発展権は、個人主義法律価値観における合理的な一面を否定するわけではなく、同時に「人」という社会集合体における普遍的存在の価値により重きを置き、単一個人を社会関係のチェーンにおいて分解することのできない統一体と見做し、集団主義の法律価値観を内包している。『発展の権利に関する宣言』では、序言の最後に「発展の権利を確認することは、剥奪することのできない権利の

一つであり、発展の機会均等は国家ならびに国家を構成する個人における特有の権利である」と明記し、第2条において「人間が発展の主体である」ことを言明している。これはまさに発展権価値観における直接の反映である。このように憲法原則の一つである人権原則の基点は、個人であるが個人の存在のみというわけでもなく、作為人、特定の方式に基づいて結合し出来上がった民族および国家等の集団をも含んでいるのである。個人主義法律価値準則から集団主義法律価値準則への発展は、憲法人権原則における一つの新しい動向なのである。

次に、発展権は憲法人権内容の拡張を推進する。20世紀半ば以降に登場した新興人権形式と同様、発展権もまた民族独立ならびに自主発展の過程において形成された人権の一つであり、他と異なるその特徴は、その権利主体の拡大、権利内包の深化、権利外延の拡張にある。発展権に対する確認は、憲法の触角を個人主体から集団主体へと伸ばさせ、国家政治発展モデルならびにルートの自主選択、経済・社会発展ならびに文化的進化の道のり、メカニズムの理性的構造に関心を寄せることとなる。憲法人権において、権利形式の単一性・片面性から総合性・全体性への転換をさらに踏み込んで推進させるため、例えば自由権・平等権・社会権等、各種人権における価値融合ならびに価値衝突に対して調整および整合を行い、これにより憲法の人権に対する規範ならびに保障機能の最大限強化を促進する。

二、発展権の民主憲政に対する機能

民主憲政は憲法における基本的価値である。「憲法の実施は憲政を打ち立てるための基本的な道のりであり[38)]」、「憲法は憲政の前提で、憲政はすなわち憲法の生命である[39)]」。民主憲政の基本精神および価値目標は、有限政府を設立し人権保障を実現することではあるが、憲政精神の現実化には、市場経済、民主政治構造、社会主体の民主政治と法律理念等を含めた一定の「生態環境」を備えている必要がある。そのうち、

政治の自主的発展に対する束縛ならびに経済・文化の未発達は、民主憲政の主な脅威を構成する。アメリカの著名憲法学者ウォルター・マーフィーは、憲法実現を制約する「環境」を二つの面にまとめている。一つは外部環境である。特定国家の憲法制度は、特定の国際関係の中で運用されるものである。国際社会関係は、一つの国家がいかに国際事務に参与するかに影響するだけでなく、時には国家における内部事務の処理にも影響する。例えば、強国が弱国の内部政策を左右することは、まさに憲政実現における主要な阻害要素なのである。1950〜60年代の旧ソ連、東ヨーロッパ諸国の情勢はまさにこれである。したがって、一国が「完全な平等と友好」的対応を得られるかどうかは、彼らが自国の主権に対する尊重を得られるかどうかにあり、当該国家憲政制度の実現に対して極めて重要なのである。二つ目は内部環境である。これには八つの小項目が含まれる。①憲政を実行する能力を有する国家は、十分な経済力ならびに軍事力を有していなければならない。②国内の憲政制度に武装勢力への挑戦と制御がない。③公民の憲政制度に対する擁護ならびに十分な政治技能が、政府が法に基づいた法治を行い、公民個人もまた法律規則に服従することを保証する。④国民相互間ならびに政府との間の十分な情報交流。⑤国民の高度な文化ならびに文明水準および政治原理に対する共通認識。⑥経済・人種・宗教もしくは文化団体間における相互の尊重と協力。⑦社会が発展し、甚だしくは革命が発生するほど経済上極めて貧しいという状態がまったく見られず、経済制度ならびに政策は国民における一定水準の生活を保証し、すべての個人に希望を持たせなければならない。⑧憲法を支持する文化を養い、こうした文化は紙の上に留まっていてはならず、実際の生活における価値方向性において表現されなければならない。なぜなら仮に文化的価値と政治的価値に衝突が発生した場合、政治的価値の実現は不可能だからである[40]。こうした列挙式の分析方法は全面的かつ合理的とは言えないが、憲政の障害を排除し、憲政価値を実現するのに備えておくべき背景的構造を浮き彫りにしている。そのうち、国際レベルでの不合理な国際関係による国家の

自主発展に対する障害の排除、ならびに国内レベルにおける「十分な経済力」、「十分な政治技能」、「高度な文化と文明」、「経済発展」と「経済制度」および「憲政を支持する文化」諸方面の要素は、実質的にはまさに国家の国際社会における発展権と国民が国家内部にて経済・政治・文化的発展権を得るという基本内容ならびに価値担体であり、発展権の行使と実現から離れれば、憲政実現を阻害する内外部の要素を根本的に取り除くことは不可能なのである。

　憲政価値に影響している諸要素の中で、経済の未発達、とりわけ社会の貧困化は一つの鍵となる問題である。貧困社会においては生存の状況すら改善するのが難しいため、人々が民主政治や権力の制限といった憲政の話題に関心を持つ能力があるわけもなく、政治権威が増大し、甚だしくは社会秩序化の必要条件になったかの如く膨れ上がり、さらに経済発展を追求するため、往々にして行政権力を通じた強制的な経済政策を推進することで、逆に権力の過度な集中を招いてしまっているのである。要するに「憲政の実現は各方面からの制限を受けるのである。まずは貧困からの制限である」。国際社会から見れば、「憲政の実現は多くの国家、特に発展途上国において、現実的な障害を有している。こうした障害を取り除くには、社会経済の発展と進歩が必要であり、政治制度の改善ならびに改革も必要である[41]」。そして人間の全面的発展の増進、すなわち経済・社会・文化・政治的発展の発展権は、まさに民主的憲政を樹立するこうした需要を満足させるのである。社会の発展ならびに人間の価値、尊厳の尊重を媒介とし、発展権と憲法の民主憲政価値は一体化し、憲政が負担する社会進歩の促進と人間の解放ならびに発展という重大な使命を完成させるために現実的な基礎を築いたのである。

三、発展権の憲法哲学に対する意義

　憲法哲学の核心は常に人権問題の定位にあり、人権の価値選択ならびに制度整備を含んでいる。人権と権力の関係は憲法学における基本的問

題であり、人権およびその発展は「憲法哲学における最大の構成部分[42]」とされている。そして発展権という人権形式に対しては、その誕生には三十数年足らずの歴史しかないため、それ自身の価値および属性に対する多くの議論が存在しており、憲法哲学とはほとんど疎遠であった。当然、今日ではすでに憲法学者の一部がこの問題を意識し始めている。日本の憲法学者・杉原泰雄は、比較憲法学の角度から「今日の」憲法学が解決すべき人権保障の新課題を列挙し、そのうち最後の二項目は発展権問題に直接言及している。すなわち「『南北関係』と関係がある『第三世代の人権』の保障問題」と「人権の国際保障問題」であり、「発展の権利に関する宣言」問題を含んでいる[43]。さらに「第三世代の人権」である発展権に対する保護実施の重要性を付帯的に提起しており、「南北問題」を解決し、発展の差をなくすには、「まず発展途上国の国家主権を尊重し、独立した民族自決権を勝ち取らなければならず、『第三世代の人権』と呼ばれる『発展の権利』を……『第一世代』と『第二世代』の人権を享受する欠くことのできない権利として認める[44]」と考え、これもまた「21世紀の憲法を完成させるため、各種問題を解決する」重要なステップの一つである。残念なのは、ここではただ憲法学における発展権問題を簡単に提起するに留まっており、憲法学原理の角度から深く研究しているわけではないという点である。

　実際、発展権は憲法学を少なからぬ新課題に直面させ、伝統的および当代の憲法学理論にチャンスとチャレンジをもたらしている。一つ目は、発展権に向き合うにあたり、一つの人権であるのか否か、人権の独立した法律価値ならびに法律地位等を備えているのか否かという問題であり、憲法哲学は憲法人権原則が指す人権が含む真の意義ならびに構成要素を新たに見直す必要がある。二つ目は、発展権の権利主体と義務主体の新たな発展であり、国家権力観に対しインパクトを与え、国家権力と人の権力との関係に変化を引き起こす可能性がある。国内においては、発展権の権利・義務関係が政府の権力と国民の権利との関係を表しているため、国家は義務主体であり、国民は権利主体となる。国際的に

は、「各国には単独および集団で段取りを講じる義務があるため……十分な発展の権利の実現を促成し」、発展協力と援助の過程において、受援国は権利主体となり、援助者はすなわち義務主体となる。こうしてみると、国際社会には国家公共権力に類似した国際公共権力が存在しているのか？もし存在するとすれば、憲法の基本的関係である権力と権利関係に対して、どのような影響があるのか？三つ目は、集団主体の人権である発展権が、法律強制保障領域の中に入り、司法救済を求められるのかどうかである。もしあるとすれば、その法律手段および法律方式は何なのか？こうしたすべてのものが、発展権理論の成熟およびその法律保障の突破口を探し、憲法哲学を発展させるために生きた素材を提供するのである。

　まとめると、発展権は今日すでに21世紀憲法学および人権法理学における新課題の中に朦朧とした形で組み入れられ、すでに発展途上国の憲法規範からの重視を受けている。しかし全体的に言えば、絶対的多数の現有憲法にはいまだ明確に「発展権」という概念が記載されておらず、発展権は依然として人権領域、とりわけ国際人権法領域において深刻な食い違いならびに対立を抱えた焦点となる問題である。そして人権法の実践において、発展権はすでに基本的人権の一つとして一歩ずつ国際社会の賛同を得ており、いくつかの発展途上国では発展権実現の面において一定の成果を挙げているものの、いくつかの大国が長期にわたり、グローバルな発展権実現を阻害する障害を何重にも設置し、甚だしくは発展権の人権的性質および法的地位をも否定している。こうした局面を招いた原因は、人権文化伝統、政治価値観念、経済目標の諸方面の要素以外に、例えば自由権、平等権、財産権等、思想家たちによって数百年前に掲示された伝統的人権形式は、新興権利である発展権の理論研究から見れば、明らかに相対的に薄弱および貧困であり、一つの重要な原因であると言わざるを得ない。これに対し、人権法、とりわけ憲法法理学から発展権に対し高度に深い研究を展開し、それを系統化、理論化、規範化させることには、深い歴史的意義ならびに大きな現実的意義がある。

本書は法理学の基本原理ならびに人権法哲学を指導的理論とし、比較分析、論理的論証、実証分析の具体的方法を運用し、発展権の歴史的起源、基本的内包、法理的基礎、憲法規範、法的保障と司法救済の原理と具体的方式を含む発展権の基本的理論および現実的な法的保障を探っていく。

注釈:

1) Keba M'Baye, Le Droit au developpementCommenundroit de l'Homme, 5 Revue des Droits de l'Homme 503（1972）. CfRussel Lawrence Barsh, The Right to development as a Human Right: Results of the Global Consultion, Human Rights Quarterly 12（1991）, p.322.
2) 1979年に『発展の権利に関する決議』は国連大会の第34／36号決議に採決され、1986年12月4日に『発展の権利に関する宣言』が決められた。
3) ［スイス］托馬斯・弗莱納（Thomas Fleiner）『人権是什麼？（人権とは何か？）』中国社会科学出版社、2000年版、21ページ。
4) ［スイス］托馬斯・弗莱納（Thomas Fleiner）『人権是什麼？（人権とは何か？）』中国社会科学出版社、2000年版、20〜21ページ。
5) Dicey, Law of the Constitution, 1938. Preface. Law and Opinion in England, 1914. Preface. ［英］詹寧斯（W.Ivor Jennings）『法与憲法（法と憲法）』生活・読書・新知三聯書店、1997年版、212ページ。
6) ［米］路易斯・亨金（L.Henkin）、阿爾伯特・J・羅森塔爾（Albert·J. Rosenthal）『憲政与権利（憲政と権利）』生活・読書・新知三聯書店、1996年版、4ページ。
7) 『列寧選集（レーニン選集）』（第12巻）人民出版社、1987年版、50ページ。
8) ［仏］『人権宣言』、1789年。
9) 李龍『憲法基礎理論』武漢大学出版社、1999年版、189ページ。
10) 管歐『憲法新論』台湾五南図書出版公司、1987年版、95ページ；李龍『憲法基礎理論』武漢大学出版社、1999年版、188ページ；周葉中編集『憲法』高等教育出版社、2000年版、100ページ。
11) ［米］傑羅姆・巴倫（Jerome A.Barron），托馬斯・迪恩斯（C.ThomasDienes）『美国憲法概論（アメリカ憲法概論）』中国社会科学出版社、1995年版、4〜5ページ。
12) ［蘭］亨利・範・馬賽爾文（Maarseveen.H.V）、格爾・範・徳・唐（Tang,G.V.D）『成文憲法的比較研究（成文憲法の比較研究）』華夏出版社、1987年

版、374 ページ。
13）［蘭］亨利・範・馬賽爾文（Maarseveen.H.V），格爾・範・徳・唐（Tang,G. V.D）『成文憲法的比較研究（成文憲法の比較研究）』華夏出版社、1987 年版、374 ページ。
14）李龍，周葉中「憲法基本範疇簡論」『中国法学』1996 年第 6 期。
15）［米］傑斐遜（Thomas Jefferson）『傑斐遜文選（ジェファーソン文選）』商務印書館、1963 年版、51 ページ。
16）［米］潘恩（Thomas Paine）『潘恩選集（ペイン選集）』商務印書館、1982 年版、146 ページ。
17）ここで言う「憲法化人権」は、憲法に受容され規定された人権のことを指すが、すべての人権は対象外である。
18）［英］米爾恩（A. J. M. Milne）『人的権利和人的多様性（人間の権利と人間の多様性）』（中国大百科全書出版社、1995 年版、4〜5 ページ。
19）MacIntyre, Alasdair, After Virtue: A Study in Moral Theory. London: Duckworth, 1981，pp.67ff. 麦金太爾（MacIntyre）によれば、享有すべき権利への主張は、一定の社会性規則を条件としている。これらの規則は特定した歴史・社会環境に限って存在するのであり、決して人類の普遍的状況に応えるものではないという。
20）『馬克思恩格斯選集（マルクス・エンゲルス選集）』（第 3 巻）人民出版社、1995 年版、305 ページ。
21）R.E.Howard, Culture Absolutism and the Nostalgia for Community. Human Rights Quarterly 5（1993），p.317.
22）J.Donnelly, Universal Human Rights in Theory and Practice. Cornell University Press, 1989，p.49.
23）［蘭］斯賓諾莎（Baruch Spinoza）『神学政治論（神学政治論）』商務印書館、1963 年版、16 ページ。
24）［英］洛克（John Locke）『政府論』（下篇）商務印書館、1964 年版、10 ページ。
25）アメリカ『独立宣言』の冒頭にも明言するように、「我らは以下の諸事実を自明なものと見なす。すべての人間は平等につくられている。創造主によって、生存、自由そして幸福の追求を含むある侵すべからざる権利を与えられている。」また、フランス『人間と市民の権利の宣言』では、「人は、自由、かつ、権利において平等なものとして生まれ、生存する」との文言などは、いずれも天賦人権説から直接に引用したものである。
26）［仏］狄驥（Léon Duguit）『憲法論』商務印書館、1959 年版、381 ページ。
27）［仏］狄驥（Léon Duguit）『公法的変遷——法律与国家（公法の変遷—法律と国家）』遼海出版社、1999 年版、243 ページ。

28）Hans Kelsen, La garantiejuridictionnelle de la Constitution, Revue du droit public et de la science politique 1928, No.45, p.201.［米］路易斯・亨金（L.Henkin）、阿爾伯特・J・羅森塔爾（Albert·J.Rosenthal）『憲政与権利（憲政と権利）』生活・読書・新知三聯書店、1996 年版、45 ページより孫引き。
29）［仏］狄驥（Léon Duguit）『憲法学教程』遼海出版社、1999 年版、6 ページ。
30）［英］R.J. 文森特（Vincent）『人権与国際関係（人権と国際関係）』知識出版社、1998 年版、10-11 ページ。
31）Jack Donnelly, International Human Rights.Westview Press, inc. 1993, p.9.
32）王家福，劉海年編『中国人権百科全書』中国大百科全書出版社、1998 年版、4～6 ページ。
33）［米］路易斯・亨金（L.Henkin）『権利的時代（権力の時代)』知識出版社、1997 年版、157 ページ。
34）［米］路易斯・亨金（L.Henkin）、阿爾伯特・J・羅森塔爾（Albert·J.Rosenthal）『憲政与権利（憲政と権利)』生活・読書・新知三聯書店、1996 年版、514 ページ。
35）王家福，劉海年、李林編『人権与 21 世紀』中国法制出版社、2000 年版、42 ページ。
36）李歩雲主編『憲法比較研究』法律出版社、1998 年、147 ページ。
37）国連総会 1986 年 12 月 4 日、第 41/128 号決議：『発展の権利に関する宣言』第 1 条。
38）李龍『憲法基礎理論』武漢大学出版社、1999 年、144 ページ。
39）周葉中主編『憲法』高等教育出版社、2000 年、180 ページ。
40）［米］沃爾特・莫菲（Walter Murphy）「東欧的憲政民主（東欧の憲政民主)」、『比較憲法項目論文』英文版、1990 年 6 月、李歩雲主編『憲法比較研究』法律出版社、1998 年、152 ページ参照。
41）李歩雲主編『憲法比較研究』法律出版社、1998 年、152 ページ。
42）［米］路易斯・亨金（L.Henkin）、阿爾伯特・J・羅森塔爾（Albert·J.Rosenthal）『憲政与権利（憲政と権利)』生活・読書・新知三聯書店、1996 年、2～3 ページ。作者は人権の憲法哲学における地位を分析する際、アメリカ憲法は 200 年余りの間たいした変化もなく、唯一の大きな変化は南北戦争期のいくつかの修正案であるが、それは個人の社会に対する権利を大きく拡張させただけでなく、全国的に統一させたと指摘している。「裁判所の『人権法案』ならびに第 14 条に対する修正案の発展に伴い、これらすべてはアメリカ憲法哲学最大の成分を構成することとなった」。
43）「憲法の観点から『今日』の課題を見れば」、人権における新課題は十の方面に分けられる。「私人の間における人権保障問題」、「外国人の人権保

障問題」、「女性差別の問題」、「児童の権利保障問題」、「平和的生存権の問題」、「環境権保障の問題」、「知る権利と教育の自由における保障問題」、「『南北問題』と関係のある『第三世代の人権』保障問題」、「人権の国際保障問題」（［日］杉原泰雄『憲法的歴史（憲法の歴史）――比較憲法学新論』社会科学文献出版社、2000年、188～191ページ）。

44）［日］杉原泰雄『憲法の歴史（憲法の歴史）――比較憲法学新論』社会科学文献出版社、2000年、182～183ページ。

第二章
発展権の歴史的由来

　発展権は一つの独立した人権形式として、その純粋な観念や理論形態にしろ、規範の存在や制度の仕組みにしろ、すべて特定の歴史的文化現象であり、現実の社会関係および主体価値需要との間の緊張、衝突、協調の程度に応じて影響を受ける。伝統的人権の形成と比較した場合、発展権の誕生は、政治的権威が個人の自由を極力抑制することを核心とした伝統的人権の背景を超越し、個人が集団化された後、国際社会の複雑な環境下において複数の集合された利益を追求し、最終的に個人の価値結果へと帰結し、抽象的な人間の生存空間を捨て、人間が存在する政治構造およびその相互連結からなる国際社会秩序関係の産物を詳しく見る方向へ転換した。発展権の誕生は、権利理念のはぐくみから発展の権利目標の確定、さらに発展権の法定化へと進展の過程を経てきたのである。

第一節　発展権形成の社会的根源

一、発展権形成の外在条件

　国際関係の主体間における不均衡性、不平等性が日増しに悪化する中、発展権の登場は客観的かつ必然の産物であり、国際社会および国内社会における深い歴史的背景を有している。具体的に言えば、戦後、アジア、アフリカ等の発展途上国が古い国際経済秩序を打ち破り、「新植民主義」戦略体系から完全に抜け出すことを切に願い、政治、経済、文

化および社会の全面的発展を目指す民族民主運動を積極的に展開する中で、次第に形成および発展してきたのである。

　第二次世界大戦後、先進国は民族独立国家の経済、軍事、政治、文化上の抑制およびコントロールに一段と力を入れ、民族独立国家の全面的発展の息の根をとめようとした。したがって、平等な発展の機会および発展の権利を勝ち取ることが、新興国家の最も重要な任務となった。経済面から見ると、先進国による生産および流通分野における独占を基本的特徴とした古い国際経済秩序は、発展途上国における民族経済の発展を阻害している。古い植民体系が崩壊した後、先進国は新植民主義政策へと形を変えることで、古い統治秩序を維持した。一つは、不合理な国際的分業を前提とした資本主義生産体系が依然として存在しており、奇形的発展をしていく単一経済システムを立ち後れた国家が変えていくことは不可能だったのである。資金面、技術面、工業製品、商品のどれをとっても先進国に過度な依存をしていることは否めず、「発展途上国＝原料の産地、先進国＝工業の中心」といった生産図式を世界的範囲において保っていた。1960年代に至るまで、発展途上国の鉄鉱石の50％、銅鉱およびボーキサイトの90％、ダイヤモンドの（100）％の採掘権が、依然として西洋諸国の手の中に握られていたのである。たとえ、工業生産が一定のレベルに達している少数の国々においても、資金面、技術面では多国籍企業に独占を許しており、その条件下では多国籍企業の抑制から逃れることはできず、その附属品と成り下がっているのである。もう一つは、独占を基礎とした資本主義国際貿易体系および貨幣金融体系が引き続き存在することで、発展途上国は終始、平等公正な貿易待遇を受けることができず、先進国が独占価格をコントロールし貿易保護を遂行する中で、発展途上国は巨額の損失を蒙り、工業発展が遅れていくのである。貨幣金融体系においては、ブレトン・ウッズ体制が米ドルに独占的地位を与え、体制崩壊後も米日独仏英の五大先進国の貨幣による支配的地位の占拠がなされたため、国際貨幣金融体系における発展途上国は依然として権力なき地位に甘んじ、多くの国家の貨幣が依然として旧

宗主国の貨幣と深い関係にあり、その貨幣価値は先進国の貨幣価値の変化によって深刻な影響を受け、外貨準備高の損失は惨状を極めた。先進国が古い国際経済秩序を力のかぎり守ろうとすることで、発展途上国の国民生活の改善および経済発展に少なからぬ影響を与えたのである。

　はじめに、発展途上国と先進国との間の貧富の差が次第に大きくなり、経済的実力が相対的に低下する。第二次大戦前、先進国と発展途上国との間の貧富の差は大きく、一人あたりの国民所得で比較すると、その割合は8：1であった。これが1950年になると11：1へと上昇し、1970年以前には14：1～16：1へと移っていった。1980年代にはその差がさらに広がり、先進国と発展途上国との間の一人当たりの所得格差は40数倍に上っている。ブラント委員会の報告によると、南北問題における北方の国は世界の人口の四分の一しか占めていないにも関わらず、全世界の収入の五分の四を有している。低収入の発展途上国は世界の人口の46％を占めるが、全世界の国民総生産の4％しか有していない。次に、発展途上国は貿易条件の悪化による経済的損失が甚大という点である。先進国はその独占貿易の優位性から、発展途上国の輸出における初期製品の価格を低く抑えることができ、逆に先進国における工業品の価格を釣り上げることで、発展途上国に深刻な損失をもたらす。同時に、貿易保護主義が日増しに高まる中、先進国は発展途上国の工業輸出品を厳しく制御し、三分の一近くの品目を「敏感な商品」と位置付け、その輸出を規制している。発展途上国がそれらに対抗する措置を講じても、この構図を根本的に解決することは不可能であり、先進国における貿易保護主義は矛を収めるどころかますますその激しさを増し、反ダンピングおよび反補助訴訟もますます増える一方である。さらに、発展途上国は多くの負債を抱えており、これが社会の発展において重い足かせとなっている。1970年代初頭、発展途上国の負債総額は（100）億米ドルであった。これが1970年代前半において、いくつかの国々が工業化実現のために大量借款を実行したため、外債総額が2500億ドルにまで増加した。1970年代末から80年代初頭にかけて、先進国が経済危機に備

えた自己に有利な経済システムを推進していったため、こうした発展途上国の国々の外債総額は増える一方となった。外債負担の継続的増加は発展途上国の国際的収入状況を悪化させ、資金の純流入量に明らかな減少をもたらし、その他の矛盾も相まって、国民生活の困難、経済発展の減速および停滞をもたらし、社会問題が深刻化し、発展途上国の社会的進歩および民族の発展を大きく阻害している。

政治面から見れば、大多数の国家が独立と主権を獲得したとはいうものの、依然として帝国主義、植民主義の侵略、干渉、支配といった問題に直面している。

文化面から見れば、先進国は発展途上国の文化が新植民主義の方向および道へと発展していくよう、直接的もしくは間接的にこれを支配している。特にアフリカ諸国における文化事業は、依然として英米仏等の国々からの制約を受けている。これはニュース、出版方面において顕著である。アフリカのフランス語圏と英語圏のニュース拠点は、基本的にフランス通信社とロイターに押さえられている。ポルトガル語圏国家のニュース拠点もフランス通信社の支配下にある。アフリカ本土の出版社の出版物は、出版物全体の10％（小学校の教科書を含む）しかなく、10社の外国出版社が90％の出版量を握っている。映画、テレビドラマも基本的に西洋諸国に支配されている。こうした局面が長期にわたって改善されない場合、発展途上国の民族文化を継承および発展させていくことは困難である。

二、発展権形成の主体的条件

いかなる権利主張の提起においても、権利主体は置かれている客観的外在条件による制限を受けると同時に、権利主張をする相応の能力と条件を備えている必要がある。発展権形成の主体的条件とは、権利提起に関して主体自身が有している政治、経済、社会諸方面における主体能力のことである。

仮に、先進国が発展途上国の経済、政治、文化等各方面の発展に設けた幾重もの山が、発展途上国の発展権を勝ち取るための緊迫性と必要性を決めるとするならば、発展途上国の政治的力量の強化、経済的実力の一定の補強およびこれによって展開される国際政治闘争が、彼ら自身の国家と国民の発展の権利要求の主張に対し、充分な現実性と可能性を与えるものとなる。

　発展途上国の経済基盤は非常に脆いものではあるが、それでも自身の力を通じてある程度の基礎固めはできていた。その後、1960年代初頭から70年代末にかけての20年間に、発展途上国の人々は経済発展不足という状況を変えようと言語に絶する努力を遂げ、一定の成果を収めてきた。経済発展の速度に関して言えば、発展途上国の国内総生産年平均成長率は、1950年～60年が4.7％、1960年～70年が5.9％、1970年～80年が5.1％の成長率となっている。発展途上国の工業基盤は全体的に強化され、植民地時代に形成された不合理な経済の仕組みも次第に改善され、いくつかの国に至っては「新興工業国」へと発展しようとしていた。政治的に見ると、発展途上国は独立主権の国際法的資格をすでに獲得し、世界の大多数の地区における先進国の統治基盤に風穴を開け、国連の様相をも一変させた。戦後、アジア・アフリカの多くの国家が独立後、次々に国連に加盟したことで、発展途上国の占める割合は増加の一途をたどった。このような歴史的変化が、大国がその私利のために国連を操ってきた局面を大きく打破し、次第に国連を、植民主義を厳しく非難し人権を勝ち取る重要な話し合いの場へと変えていったのである。1960年の第45回国連総会で決議された『植民地諸国・諸人民への独立付与に関する宣言（以下『植民地独立付与宣言』と略す）』がその証である。同時に、発展途上国同士も次第に団結、協力し合うようになり、地域間の国際組織も作られ、共闘のための地域的国際行動宣言および綱領を採択し、そのための多大な努力を惜しまなかった。例えば、1955年のアジア・アフリカ会議（バンドン会議）、1960年から始まった非同盟諸国の歴代首脳会議などでは、すべて発展途上国の繁栄および発展を

図るのに有益な探求と実践が行われた。これらの下地が機会を勝ち取るための一定の能力を発展途上国に与え、国際社会を通して発展の権利を要求することとなった。

　経済における発展は、発展途上国の「生存を求める」運動の後、「発展を求める」闘争が巻き起こるための物質的基盤を固め、政治において国際的地位を向上、すなわち先進国の言うことを一方的に聞き入れていた過去の附属的地位から脱却し、国際的範囲の自由発展問題の提起における政治的基礎を固めた。

三、発展権形成の学術的背景

　人権とは、人類が人自身の価値を発見し実現していくその発展の過程において表される一種の正確で透徹した見解である。理性主義、自由平等な啓蒙精神がなければ、伝統的人権を世に問うこともない。すなわち、「発展理論」の研究成果、発展の権利理念および規範化が生まれることも難しくなる。

　早期発展理論の形成は、1940年代中頃から60年代中頃までで、アメリカを近代化のモデルとし、アメリカの発展モデルを人類社会の理想的な発展モデルと位置付け、後進発展国家のテキストにするとともに、戦後の新興独立国家および地区を西側の発展体系の中に組み込もうとした。その理論の前提は西側の社会進化論と経済学説で、発展経済学と現代化理論とがこの時期の発展理論の主要な理論形態であった。経済問題は戦後資本主義世界が直面した最重要課題であったため、アメリカ政府は「マーシャル・プラン」と「第四の提案」を採択し、それぞれヨーロッパ経済の復興と経済援助の機会を借り、新興独立国家および地区への浸透と支配を実現させた。したがって、この段階の発展研究は経済問題に重きを置いたものとなっている。当時の発展観においては、以前と変わらず伝統的工業化モデルが主導的地位を占め、いわゆる発展経済学とは実質上の成長経済学のことであった。近代化理論の基本的思想とは、す

なわち人類社会を「伝統社会」と「近代社会」とに分け、近代化の過程とは、すなわち人類の伝統社会から近代社会への変化であり、西側を世界で最も早く近代社会に突入した地区と位置付け、その社会変遷の過程の中に表れる「近代性」が、近代社会における最も一般的な特徴を代表していた。したがって、西洋近代化の道は、非西洋諸国が近代化を実現させるためのモデルを提供し、非西洋諸国が伝統社会から抜け出し「近代化」を勝ち取るための唯一可能な選択が西洋諸国を模倣し、西洋諸国の近代化過程を繰り返し、甚だしきに至っては西洋近代化の歴史的経験を全面的に受け入れた。このような一方的な発展観からの出発は、近代化すなわち西洋化と同等の意味合いとした。

　このような発展理論は、理論上の発展と現実の発展および非発展との間の距離を絶え間なく拡大させるといった混乱した論理に陥らざるを得ない。「『発展』は西側文化において非常に重要な役割を果たしており、『発展』はまた第一世界と第三世界の間に制度関係の主要テーマ（『発展政策』、『発展研究』、経済発展機構および『発展途上国』のような学術用語等々）を打ち立て」た。そして西側の発展観の元である「すべての人類社会の特徴や潜在能力に見られるわけではないが、それらはどのみち西側特有の性質および価値観」の反映にすぎず、これによって「『発展』と『発展途上』の世界の間に築かれた連帯関係は、一種の文化的支配の形式をとっていると見る事ができる[1]」。それにより、1960年代末から70年代末にかけて、発展研究の視角と関係に変化が生じ、すなわち先進国から発展途上国へと方向転換したのである。研究の視角が社会発展の通時的考察から共時的分析へと転換し、これに対応する形で、理論の枠組みも線的発展モデルから「構造主義」モデルへと移り変わっていった。このような変化が起こった主な原因は、非西洋発展途上国自身の発展過程およびその悪しき結果を受けての批判的反省である。西側資本主義体系に組み込まれた発展途上国では、早期発展経済学および戦略模倣の影響の中、「成長はするが発展はしない」現象が出現し、単一経済の奇形的発展が表れ、社会全体のシステムが機能しなくなり、経済成

長の過程において粗放モデルが形成された。すなわち、片面的に数の成長および規模の拡大のみを追いかけ質の優良化が軽視され、これらの国がもともと抱えていた社会問題を緩和できないばかりか新たな深刻な問題、例えば環境悪化、生態危機、貧富の両極化、伝統的文化価値の崩壊、絶えない戦乱等を次々と生み出し、国家全体の生存および発展に危害を及ぼし、西側先進国との格差はますます広がっていった。このような危機は、発展途上国の有識者たちに西側中心論を特徴とした発展観に対する反省と批判を促し、自国の特殊な地位に基づいて発展問題を考察するようになった。そして、「従属論」および「世界体系論」を代表とするラテン・アメリカ学派が登場した。非西側発展途上国が自覚的に自己の発展道路を反省した結果として、従属論では、西側先進国を「中心国家」と呼び、非西側発展途上国を「周辺国家」と呼んでいる。この説では、西側が発展途上国を「発見した」のではなく、西側が発展途上国を「生み出した」のである。先進国の「近代化」過程は、すなわち発展途上国の「周辺化」過程である。先進国の社会発展は周辺国家への植民統治および経済的略奪の基礎の上に成り立ち、後者の前者に対する依頼性と従属性を造り出しているのである。したがって、非西側国家は、西側国家と同じ初期条件のもと近代化路線を歩むのは不可能なため、西側の支配を離れて自主発展を実現させる必要がある。発展途上国の中には、こうした理論に基づいて「輸入代替」、「輸出案内」、「基本需要戦略」といった社会発展戦略を制定する国もあった。世界体系論とは、世界全体をグローバルな視野で捉え、一つの統一された大体系として考察し、現存世界の枠組みの形成および変化の原因・条件を探求し、世界体系における各国の地位および相互関係を分析し、今後の世界体系の発展に現れうる変化を予測するものである。いずれにしろ、この数十年来、発展問題は地球規模の難題として国際学術界の大きな注目を引き起こし、「もう一つの発展パターン」、「新発展哲学」、「国際発展新環境」、「国際経済新秩序」、「発展国際法」等、一連の概念と課題が出現し、第三世界発展問題解決の切実性を反映しているだけでなく、既存の不合理な発展モデルに

対する否定をおこなったのである。人権理論の上から発展問題を討論し、発展権の観点を形成していくことは、まさにこれら一連の発展に関する新研究課題および国際政治の実践において表れた新勢力の完全な台頭なのである。

第二節　発展権形成の法的根源

一、発展権思想の萌芽および確立

　「発展」という言葉が最も早く登場したのは古代ギリシア・ローマ時代の古代文明の中においてで、教育を通じて人の才能の全面的な発展を促すという意味であった。「アリストテレスによると、発展とは内在する潜在能力を実現する過程である」。まとめてみると、「発展とは何か？有機体が次第に生物に向かって成熟していく段階的変化が発展である。……簡単に言えば、発展とはdunamisからenergeiaへ、潜在能力（potentia）から行動（actus）へと実体を実現していく過程なのである[2]」。ルネッサンス期の人文主義者による「多芸多才な人」あるいは「万能な人」、こうした人間性を全面的に解放した人格模範の提唱を通して、人の発展は崇高な社会的理想へと変化し、人の心身における調和的発展を実現させることは「魂と肉体の一致」、完璧な精神、「一切の学問処世修身の道において、ことごとく修業を積むことによって最終的に精通することに徹する[3]」、「人とは自らやりたいことを執行できる[4]」等、多方面にわたる発展は、神の前において当然有するべき権利であり、人と動物との区別の証でもある。ここで述べられている発展とは、実際には抽象的な「人間性」、「理性」の発展に過ぎないが、発展を人間性が神性に対抗する一種の自由な主張であることをすでに提起していることは、歴史の大きな進歩であると言わざるを得ない。18世紀の啓蒙思想家たちはこの思想をさらに発展させた。ロックは、個性の自由な発展では「自然人」

に依拠し「社会人」からの束縛を完全に断ち切らねばならず、当時すべての職業の中で「最も自然状態に近いのが手工業労働」であり、すべての地位において「最も独立していてその命運を人に頼らないのが職人」であると指摘した。職人は自己の労働生活にのみ依存するため、「彼らは一人の自由人[5)]」であった。これは、社会による個人発展への制約解除を強調するものであり、社会の中から個人発展の自由の必要性を獲得し、自由権を発展させるという思想を内在していた。その後、フランス資産階級の革命家ロベスピエールもそれに関する論述を行い、「自然を維持した剥奪することのできない人権および人間のすべてにおける発展こそが、すべての政治団体の目的である」と明確に述べており、「社会はこの平等を破壊しないだけでなく、暴力を濫用して平等を幻想に変えることのないよう保障[6)]」し、人間の全面的発展と人権とを結び付けて考察をおこなっている。この他に、空想社会主義者も発展に関する一連の論述をおこなっているが、みな古き分業制度が人類に与えた奇形を批判することを以って人間の全面的発展を訴える試みを行っている。しかしながら、こうした大思想家たちの理論には三つの深刻な欠陥がある。一つ目は、人間の発展に対する教育の影響を一方的に誇張していること。二つ目は、近代工業文明における分業を人間の全面的発展を扼殺する原因であると捉え、理想的な古代原始的状態への回帰を主張していること。三つ目は、人間を「単数」の人、「経済人」、「自然人」など孤立した個体とのみ見做し、人間の集団的存在形式を疎かにしていることである。歴史の局限性は、たとえルソー、ロックのような人権理論先駆者が自由、平等など生まれながらの人権を提起した後も、最終的に発展を真の人権として抽出することはできなかった。数百年に及ぶ近代社会の歴史の発展過程において、すべての人権を個人の権利と見做してきたため、集団は人権保護の範囲から完全に排除され、集団を重要な主体とする発展権は制約され、結局形成されることは不可能だったのである。

　発展権思想とは、集団人権観という名の腹の中で辛く厳しい時を過ごし生まれ出てきた思想である。集団人権の起源は人種権、民族権であ

り、第一次世界大戦前後に、少数民族および奴隷を保護するため『少数民族保護条約』、『奴隷条約』等、最も早期の「集団人権法」が制定され、これらは集団人権概念の先駆けと称される。第二次世界大戦後、社会主義国家と民族独立国家は西側大国との闘争において、「個人人権」概念を突き破り「集団人権」概念を打ち立てることを自らの奮闘目標とした。そして国際連合の成立およびその努力もまた、国際集団人権保護に対し大きな推進作用を及ぼした。『国連憲章』を核心とする一連の国際人権保護文書は、集団人権の地位を抽象的に認めただけでなく、集団人権の混沌状態の中から前後して、国家の独立権、天然資源の永久主権および人種平等権、民族自決権といった集団人権の具体的形式を分化していった。発展権はまさにこの分化の過程において進展変化してきた新型の人権なのである。1945年『国連憲章』の公布から1969年『社会の進歩と発展に関する宣言』採択までの25年間、「発展権」は未だ一つの人権概念とは見られていなかったものの、発展権の思想内容についてはすでに国際社会の普遍的同意を得ており、比較的系統的な発展権観念としては、すでに国際人権規範の行間に十分に表れていたのである。具体的な進化発展の過程は以下の通りである。

　早い時期では、1945年に国連総会で採択された『国連憲章』の中にすでに発展権思想が含まれており、そこでは国際協力を促進し、国際間の経済、社会、文化および人類の福利に関する国際問題を解決することは国連の重要な目的であると述べられている。国連は「比較的高い生活レベル、国民総就業、経済および社会発展」を促進するべきである。さらに、国連の各加盟国に対し、非自治領土に関しては「人民の文化との関係を十分に尊重した上で、その政治、経済、社会、教育の発展を保障する」ことを要求している。人権保護の重要性を特に強調するため、国連総会では1948年に『世界人権宣言』が採択された。その第22条で「すべて人は、社会の一員として、社会保障を受ける権利を有し、自己の尊厳と自己の人格の自由な発展とに欠くことのできない経済的、社会的及び文化的権利を実現する権利を有する。」と指摘されている。1952年、

国連総会の『人類および民族の自決権に関する決議』では、非自治領土の「政治的発展」を保護する必要性が特に指摘され、「政治的進展」、「政治能力の発展、その政治的願望の満足およびその自由政治制度が次第に発展していくよう提唱する」ことに注目するよう求められた。このように、1940〜50年代にすでに経済、社会および政治の方面における発展権思想の萌芽が見受けられるのである。

　1960年代、国際社会は発展途上国の経済発展に特別な関心を寄せた。1960年の国連総会で採択された『植民地独立付与宣言』では、「植民主義が引き続き存在するということは国際経済協力発展の妨げとなり、附属国の国民の社会的、文化的、経済的発展の妨げとなる」と指摘している。また1962年に国連総会で発布された『天然資源の永久主権宣言』では次のように規定している。すべて発展途上国の経済発展を目的として行われた国際協力については「その国の独立を促進することに帰依し、その天然の財産および資源の主権を尊重することを基礎とする」。また「各民族および各国はその天然の財産および資源の永久主権を行使し、その国の発展のために考えなければならず」、「国連は経済発展、とりわけ発展途上国各国の経済発展　天然資源永久主権問題に関してより踏み込んだ審議を深く望む」と宣告している。十数年の努力の後、1973年12月17日の国連総会第3171（28）号決議により『天然資源の永久主権に関する決議』が採択され、各国の経済発展保障への基礎となった。1966年には有名な『国連人権規約』（すなわち『経済的、社会的及び文化的権利に関する国際規約』、『市民的及び政治的権利に関する国際規約』、『市民的および政治的権利に関する国際規約選択議定書』）が国連総会で採択され、「すべて公民には自決権があり、公民はその権利に基づいて彼らの政治的地位を自由に決めることができ、彼らの経済的、社会的、文化的発展を自由に追求することができる」と明確に宣言している。人権の実現を促進するため具体的な発展策が制定され、国際人権会議は1968年に採択された『テヘラン宣言』において、人権の長期的発展を達成させるには国内および国際間で健全かつ有効な経済および社会

の発展政策に頼るべき旨を述べている。また、経済的先進国と発展途上国との間の経済格差が日増しに拡大し、国際社会における人権の実現を妨げている点も特に指摘し、一定の程度において発展問題と人権保護とを直接結びつけて規定していこうとする試みが見られる。この宣言が生み出した最も大きな影響は、人々にこの一年を国際人権年と定めさせたことである。

　発展の内容に対し初めて比較的系統的に定めたものが、すなわち1969年の国連総会第2542号（ⅩⅩⅣ）決議で公布された『社会の進歩と発展に関する宣言』である。『宣言』には発展権思想およびその規範確認に関する長年の成果が集められ、国連総会のこれまでの発展に関する原則を再び繰り返す基礎の下、発展原則・発展目標・発展方法と手段の三大方面について、「発展」の意義を正面から明らかにした。各会員国が世界全体の社会的進歩、とりわけ発展途上国がその経済発展における対内・対外政策を加速させ、先進国と発展途上国の間にある生活レベルの差を縮小・消去させることを助けることを旨とする各種責任を講じるべきであることを強調して指摘した。

　こうした変化の過程を通し、発展権思想に関する共通認識は以下の数点に表れることが分かる。第一に、発展の内容から見ると、多くの国際人権文書はそれぞれの側面から経済的発展、政治的発展、社会的発展、教育・文化的発展の各方面における発展内包を詳述している。そのうち、1940～50年代の発展の観点は比較的少なく、あるいは散らばっており、付帯性の説明であることが多かった。発展の重点は、1960年代初期には経済領域に置かれ、中後期になって経済、政治、社会等すべての領域に拡大した。また、社会発展と経済発展との間に、相互依存、相互影響の緊密な関係があることにも気が付いた。第二に、発展の実現から見ると、主に植民統治・侵略等、発展に対して設置された様々な障害およびこうした障害を取り除く要素の重要性ならびに具体的手順の分析に重きが置かれており、国際・国内における発展戦略と発展措置の思想を制定する要求にまで及んでいる。第三に、発展の性質から見ると、発

展の法律もしくは道徳上の権利、義務の特徴の手がかりがすでに明らかになっている。当然のことながら、人々は「発展権」という概念を未だ明確に使用しておらず、人権という性質を発展に対して直接付与はしていない。第四に、発展の源もしくは依拠に対する認識だが、いまだに自然法学派が主張する「天賦人権」論の痕跡が明確に残されている。世界人権宣言では人間の自由な発展は「人はすべて生まれながらにして自由であり、尊厳と権利において一律に平等」であることによるとはっきり指摘しており、三つの世界人権条約も人々が経済的、社会的、文化的発展を求めるのは人間自身の「固有の尊厳」に基づいたものであると述べている。これはすなわち伝統的な人権理論体系から脱しておらず、発展途上国が自ら集団発展権を享有するべきだという理論の根拠を探し求めるのに不利である。要するに、人類発展思想の総括と規範性の確認は発展権形成のための基礎を定めたが、その認識は相対的に片面的で、より踏み込んだ深化と発展が期待される。

二、「発展権」概念の提起と確立

(一)「発展権」概念の正式な提起

　1960年代末、発展問題に対する国際社会の注目度は次第に高まり、多くの発展途上国は自身の発展に関する運動が湧き起ることを望み、発展権を一種の人権とする問題を人々に思考・探索させようとした。最も早く発展の権利を主張したのはアフリカのアルジェリア正義平和委員会で、1969年に「発展途上国の発展権利」に関する報告を発表し、この報告では初めて「発展権利」という四文字が用いられた。また初めて「発展権」という概念が明確に示され、発展権に定義を与える試みが行われた。すなわちセネガル初代最高裁判所長官、人権国際協会副主席、国連人権委員会委員であったケバ・ムバイエ氏である。1970年、彼はストラスブール人権国際協会の開会式において『一種の人権としての発展権』と題したスピーチを発表し、発展権が人権の一つであると指摘し

た。なぜなら、人類に発展がなければ生存はありえず、すべての基本的権利と自由は、生存権ならびに不断に生活水準を高める権利と関連しており、すなわち発展権と関連しているからである。ここに至り、発展権概念は正式に提起されたのである。

(二)「発展権」概念の法的確認

「発展権」概念およびその包括する思想は急速に第三世界から承認され、国連総会の人権に関する暫定法の保護を受けた。1974年5月1日、国連総会は『新国際経済秩序樹立に関する宣言』を採択し、新国際経済秩序の樹立を発展権実現のための主要任務と見做し、「自らが考える自己の発展に最適な経済および社会制度を実施する権利はすべての国にあり、そのためにいかなる差別も受けてはならない」と宣言した。また、各国が必要な特別措置を講じ、すべての発展途上国の発展を加速させるために責任を持つよう求めた。新国際経済秩序の世界樹立を求める掛け声が日増しに高まっていく中、経済解放に向けて努力していた新興独立国家が「77ヶ国グループ」を立ち上げ、言語に絶する闘争を経た後、ついに1974年12月12日、国連総会にて『各国の経済的権利および義務憲章』を採択させ、発展協力および発展障害に関する問題を重点的に定めた。ここでは経済貿易、科学技術分野での協力を含む国際協力がすべての国、とりわけ発展途上国の発展条件である点を強調し、発展途上国の経済発展の道における主な障害を克服し、いかなる形式による新旧植民主義、外国による侵犯、占領および統治等も取り除くことで初めて発展権の実現を保障できると指摘している。さらに、発展途上国が国際経済政策制定ならびに科学技術成果を享有する面においては先進国と平等の権利を有し、各国はその領土内の外国投資に対し管理を行い、外国企業に対し有償国有化の権利等を与えると規定している。憲章は、各国の発展を促進する国際経済権利義務の具体的内容を系統的に論述している。

発展権の性質と地位について話し合うため、国連ユネスコは研究を行

い、発展権を自由・平等等の権利と対称的な第三世代の人権であると称し、その実質は発展権に集団享有性ならびに先進性を付与することにあった。

ユネスコにおける発展権に関する討論は、国連人権委員会の格別な関心を集めた。1977年、人権委員会は第4（ＸＸＸⅢ）号決議を採択し、国連人権委員会のシステムの中で発展権が一種の人権であることを初めて承認した。これにより発展権問題は国連総会の議事日程の中で正式に取り上げられることとなり、国連総会における国際政治、経済および法律事務の討論の範囲に組み込まれたのである。国連総会はこれに伴い、1977年12月16日に採択された『人権新概念に関する決議案』を含めた一連の活動を展開し、発展権の精神に基づいて人権概念を拡充および完成させ、関連する政治・経済・社会的発展を以って、人間の十分な尊厳および社会発展を人権相互依存の欠くことのできない内容として促進し、国連のシステム内において今後人権問題に関する処理を行う作業方法の際、考慮すべき一つの新概念として決定した。同時に、国連事務総長は人権委員会の請求に基づき、発展権の国際意義を研究したE/CN.4/1344報告を特に発表した。この基礎の上に、国連人権委員会は1979年3月2日、「第4（ＸＸＸⅤ）号および第5（ＸＸＸⅤ）号」決議の形式で発展権が一種の人権であることを再び言明し、「発展の機会均等は、すなわち国家の権利であり、国家の中にいる人々の権利でもある」ことを指摘し、発展権の主体には国家とその構成員である個人の二つの部分が含まれていることを明確にした。これは紛れもなく、発展権概念に対する更に深いレベルでの認識である。しかしながら、この決議に対しアメリカは反対票を投じ、6ヶ国の先進西側諸国（ベルギー、フランス、旧西ドイツ、イスラエル、イギリス、ルクセンブルク）も棄権票を投じた。ここに、発展権の認識に対する政治上の深刻な不一致が存在していることが見られ、発展権の認可および保護の過程が引き続き厳しい道のりであることをうかがわせる。

国連総会では、発展権の研究および保護作業をより全面的より系統的

に展開できるよう、1979年11月23日に、第34/36号決議の形で『発展権に関する決議』を採択し、「発展の権利は一種の人権であることを強調し、平等な発展機会は各国の特権であり各国国内に住む個人の特権でもある」ことを明確にした。これは、国連総会という最大の国際組織名義で採択された決議の中に「発展権」という概念が初めて登場したものである。当該決議の頒布は発展権に対して国際社会がすでに確定および認可を与えたことの証である。

　この段階で現れた明確な特徴は以下の二点である。一つは、発展の流れから見た場合、1970年の「発展権」という言葉の出現から1977年の国連人権委員会における認可、さらには1979年の国連総会における確認といったように、1970年代の十年間は「発展権」概念の形成期であり、下から上へ、民間から「政府筋」へとその影響が拡大していく発展過程を経験したのである。二つ目は、実際の内容から見た場合、この十年間で国際社会、特に発展途上国ではすでに発展権の定義、権利主体、権利の性質、国際的意義に関して最低限の認識を持ち、世界的な範囲において大討論を行なっていこうという試みがブームを迎え、発展権に対し更に広い領域における認可および有効な保護が行われた。当然のことながら、発展権の人権的性質を認めるか否か、もしくは確定するか否かという焦点をめぐり、各種活動が終始展開されてきたため、発展権問題に対する関心は主に理論分析の初期段階に留まってしまっており、発展権の理論研究ならびに実践運動を比較的深いレベルに邁進していくよう推進し、相対的に独立し、内容豊富・論理的かつ厳密な人権概念の形成を促す必要がある。

三、発展権の形成と発展

（一）発展権の本格的発足

　1980年代は、発展権の思想体系が萌芽から成熟へ向かって形成される時期であり、そのシンボルが1986年に国連総会で採択された『発展

の権利に関する宣言』である。

　1980年代を迎えるにあたり、発展権問題討論の一連の作業を行いやすくするため、国連総会では1979年に『発展権に関する決議』を採択し、特別に（第10条）を設定し以下の規定を設けた。「事務総長は、人権分野の諮問服務方案を通じ、経済社会理事会第1979/30号の決定によりすでに決められた内容に基づいて、1980年に優先的に討論会を開き、目下のところ不公平である国際経済秩序が発展途上国の経済に与える影響およびこうした状況が人権および基本的自由の実現、とりわけ『世界人権宣言』第25条に規定された相応な生活レベルを享有する権利に対する発展障害の問題を討論してほしい」とした。さらに国連事務総長に対し、上述の討論会の結論および関連資料に基づいた研究報告書を作成して第36回国連総会の会議に提出し、人権問題における発展権を阻害する状況について研究するよう要求した。1979年10月16日から18日にかけて国際的範囲における発展権討論会がハーグの国際司法裁判所で開かれた。1980年6月30日から7月11日には、現存する不公平な国際経済秩序の発展途上国経済への影響に関する討論会がジュネーブにて開催された。こうした討論会に基づき、国連人権委員会は1980年の第6（ＸＸＸＶＩ）号決議の中で、国内においても国際的にも「新しい国際経済秩序の創設を含めて」必要な措置を講じ、個人および民族の人権を十分保護、促進していくべき旨を指摘した。それと同時に発展途上国も発展権に対し重大な関心を寄せ、1981年にアフリカ統一機構が率先して地域間の国際人権条約の中に発展権を組み込み、『アフリカ人権および民族権憲章』の中で以下のように宣言している。「発展権に対し特別な関心を寄せることは極めて必要なことであり」、「すべての民族は自身の自由ならびに個性を適度に考慮し、かつ人類共通の遺産を平等に享有するという条件の下、経済・社会・文化的発展権を均しく享有する。各国は単独もしくは集団で発展の権利行使を保証する義務を均しく有する」。こうした検討および規定は、国連総会が発展権を系統的に規範化するのに大きな役割を果たし、1981年から、国連総会は『発展の権利に関す

る宣言』の起草といった深い影響を及ぼす大きな活動を開始した。

　1981年3月11日、国連人権委員会の第37回会議において、第36（XXXVII）号決議が採択され、発展権問題を専門に研究する政府専門家による作業グループの設立および発展権の範囲と内容の検討、さらにはすべての国に各種国際文書の中にすでに厳粛に組み入れられた経済的、社会的、文化的権利の最も有効な方法を実現、とりわけ発展途上国が努力して人権享受の過程を保証しようとする際の各種障害について検討するよう決定した。作業グループは以下の国の15名からなる政府専門家により構成された。すなわち、アルジェリア、キューバ、エチオピア、フランス、インド、イラク、オランダ、パナマ、ペルー、ポーランド、セネガル、シリア、旧ソ連、アメリカ、旧ユーゴスラビアである。そのうち、セネガル代表が主席を務め、フランス代表が報告係を担当した。1982年、国連人権委員会は専門家グループに対し、「発展の権利に関する宣言」の起草を開始するよう正式な決定を下した。専門家による作業グループは、前述した事務総長による報告、さらには「現存する不公平な国際経済秩序が発展途上国に及ぼす影響に関する討論会」が提起した各種結論および提案、また1981年にニューヨークで開かれた人権、平和、発展の相互関係に関する討論会等の研究討論活動[7]の結果も含めた各国政府、各専門機関および各種討論会での発展権に関する意見を幅広く集め、細部にわたる深く細かい研究活動をおこなった。この作業に対し正しい方向性を示すため、国連総会では発展権の実現過程および前提条件に対して明確な規定を設け、「人権の増強促進および保護を国際的におこなっていく努力は、新たな国際経済秩序を樹立する努力と同時進行していかねばならない[8]」、さらに「国際的な平和と安全は発展に関わる問題である[9]」ことを強調し、より入念に専門家作業グループを組織し、できるだけ早く「発展の権利に関する宣言」の起草作業を国連人権委員会がおこなうよう激励した。

　1984年3月6日、国連人権委員会は決定を通じ、作業グループに1985年までに草案および具体的な提案を責任をもって提出させ討論す

るとしたが、発展権に対する立場の相違、意見の大きな食い違いによって専門家作業グループにおける意見の一致は難しく、期限内に草案をまとめることができず、「発展の権利に関する宣言」のすべての草稿、文書、提案等を人権委員会に提出し、人権委員会によって第41回人権委員会会議における発展権の部分的な簡略要点記録まで含めた、その他一切の関連文書すべてが国連総会に提出された。国連総会において「発展の権利に関する宣言」が採択されやすくするためである。国連人権委員会はさらに、1986年1月に作業グループを召集し、いかにして「発展の権利に関する宣言」の誕生をより早い段階で促進させられるかという問題を専門に検討した。多くの意見と提案の中に見られる発展権への態度は、大きく見ると以下の四種類に分けられる。一つ目は、発展権を一種の人権とすることを否定するもの。二つ目は、発展権を一種の個人的人権とは認めるが集団的人権とは認めないとするもので、集団による発展は人権ではないと考えるもの。三つ目は、発展権を剥奪できない国家の権利であると捉え、抽象的な個人的人権と見做してはならないとするもの。四つ目は、発展権を個人も集団も民族も国家も含めた全人類共通の権利と捉え、人格の十分な発展および各民族の福利の促進と保護を旨とするものである。

　まさに国際社会、とりわけ多くの発展途上国による幅広い協議および尽きることのない努力により、1986年12月4日、ついに国連総会における第41/128号決議により、人類が長らく待ち望んだ『発展の権利に関する宣言』が採択された。宣言では「発展の権利とは剥奪することのできない一種の人権であり、こうした権利のおかげですべての人間およびすべての国の人民が均しく経済的、社会的、文化的、政治的発展に参与、促進、享受する権利を有し、こうした発展の中ですべての人権および基本的自由の十分な実現が達成される」と指摘し、発展権の主体、内包、地位、保護方式および実現の道のりに関する基本的内容を原則の範囲内で詳説した。これは発展権の思想体系が萌芽から成熟へと移行したことを表している。

しかしながら、この宣言は各国間の激しい論争を基盤とした妥協の産物であり、発展権の理論研究および法律保障の現状はいまだ楽観視できない状態である。1990年代に入ってから、発展権をいかに理解し保障していくかについて、より踏み込んだ討論が行われた。

(二) 楽観視できず：発展権の研究および法律保障

『発展の権利に関する宣言』の完全な執行のため、1989年の第45回国連総会において決議が採択され、発展権問題に関する地球規模での協議開催が決定し、いかにして宣言を実施していくかについて更に踏み込んだ討論が行われた。1990年1月には、ジュネーブにおいて発展権保障に関する地球規模での意見交換会が開催された。会議の席上、宣言の執行における各項原則について発展途上国の代表から多数の積極的な提案が行われ、発展権の実現に新たな力を与えると共に、発展権思想を更に豊富なものにしていった。1991年にはインドとオランダ主催の国際法協会新国際経済秩序法律委員会の会議がインドのカルカッタで開かれた。この会議では「発展権、とりわけその理念と思想の人権形式および国際法の具体的分野における実施」という点に注目が集まり、翌年には『発展の権利に関するカルカッタ宣言』が採択され、1986年の『発展の権利に関する宣言』[10]を補う形となった。

人権分野の国際運動が更なる発展を見せるにつれ、新たな世界人権大会を開き人権保護という大計を協議していく必要性があるとの考えが国際社会において日増しに高まっていった。それを受けて、第2回世界人権大会の開催を迎えるにあたり、アフリカ、ラテンアメリカ、アジアにおいて1992年10月、1993年2月、3月にそれぞれ地域準備会議が開催され、『チュニジア宣言』、『サンホセ宣言』、『バンコク宣言』が採択された。再び強調されたのは、発展権実現は当代国際社会における最も緊迫した任務の一つであることに変わりはなく、『発展の権利に関する宣言』に対し十分な肯定および高い評価を与えると同時に、当面の発展権実現において克服すべき様々な障害への指摘に重きを置いている。『バ

ンコク宣言』は「南北間ならびに貧富の差が日増しに高まる中、発展の権利実現における主な障害は、国際マクロ経済レベルにある」と指摘している。すなわち、発展を実現させたければ、不合理かつ不公正な旧国際経済秩序を消滅させなければならず、グローバル経済環境を改善し、発展途上国に経済援助を与えるのと同時に政治的条件を付加するようないかなるものにも断固として反対する。発展権は多くの発展途上国国家が最も関心を寄せる人権というだけでなく、その実現はまた先進国にとっても重大な意義を持っている。これに対し『サンホセ宣言』では、「国際社会はなるべく早く適度なメカニズムを通じ、この権利を実現させるよう措置を講じなければならない」と呼びかけている。

　当然これは、発展権の国際争議ならびに闘争の根本的解決を意味しているわけではない。1993年6月にウィーンで開かれた第二回世界人権大会で採択された『ウィーン宣言ならびに行動綱領』の要求に基づき、国連人権委員会は1993年にアジア、アフリカ、ラテンアメリカ、東欧、西側の五地区、全部で15ヶ国の専門家からなる発展権実現問題を研究する専門家グループを設立した。これは1981年の一つ目の専門家グループに次ぐ、二つ目の政府専門家作業グループである。1993年から1995年まで、作業グループは五度にわたる会議を行い、人権委員会に五度の報告を提出している。最後の一回の会議において西側国家が発展権の概念を改ざんし、西側伝統的人権観念を故意に突出させたため、作業グループ内での食い違いが拡大し、人権委員会が交付した使命を完成させることが不可能となり解散に至った。これを受け、1996年の第52回国連人権委員会にて政府専門家作業グループを再設立し、発展権実現の国際戦略問題を重点的に研究することが決定した。ここから分かるように、発展権は形式上ではすでに国際社会が認める人権の一つとなっているが、発展権理論および実践においては、依然として分岐と対立が非常に深刻なのである。

第三節　発展権変遷の結果分析

一、発展権変遷の基本的脈絡

　人権の存在形態は単一ではない。ある人権形式は、道徳上の主張もしくは要求でもあり、いわゆる「普遍的道徳の権利——すなわち人権[11]」でもある。または制度もしくは行為規則に基づき設定された法的利益およびその訴求として表れることも可能である。「ある権利は、すべての人がいつ、いかなる場所にあっても享受できる権利であり、ある権利は、正当な法的手続きを踏まない限り決して剥奪してはならない権利である。また、ある権利は、すべての人間が人であるということから簡単に享受できる権利である[12]」。人権が存在する理性的もしくは実際的な根拠から見ると、発展権の変遷は人権目標からあるべき人権へ、道徳的権利から法定権利へ、法定権利から実際的権利への変遷過程を辿ってきた[13]のである。

　はじめの段階は、人権目標からあるべき道徳的権利への変遷である。発展権の萌芽は、国際組織の存在価値および人権の基本的目標を「発展」した国際人権法と定めており、その基本的思想は、「人権は発展を実現させる形式および手段であり、発展とは人権の目標であり帰結点でもある」。『国連憲章』が強調する、国連が「比較的レベルの高い生活水準、国民総就業、経済および社会の発展」という趣旨を促進し始めた時、人権法は人権手段および発展価値の内在的関連性を確立しようと試みたのである。開始当初の自決権、天然資源永久主権、さらには後の公民権、政治権および経済、社会、文化的権利に至るまで、人類の、とりわけ非自治領土、非発展国家および人民の発展に帰依しなかったものはない。人権目標からあるべき人権までの飛躍は、発展権変遷史における最初の質的変化であり、その目印は二つある。一つは、「発展」と「責任」を

結びつけたことである。1969年に国連で採択された『社会進歩および発展宣言』において、「発展途上国がその発展を実現させる際、主要な責任はその国自身にある」とされ、その他の国にも「発展への支援を提供する」責任があると指摘された。実際、責任と義務は切り離すことのできないもので、責任は義務の結果であり、義務は責任の前提でもあり、道徳もしくは法律上の義務の存在のみが、道義的責任もしくは法定責任を発生させられるのである。この規定の中に、権利形式において発展を付与するという認識が実質上すでに含まれていることは明らかである。二つ目は、学理上すでに「発展権」という人権的範囲が凝結され、その普遍的認可および規定を得るためにすでに様々な解釈および努力がなされてきたということである。すなわち、それは理論家および人権実践家が、あるべき人権の一つとして理性的に思考した結晶であり、発展権の規範化に対し思想的基礎を提供したのである。

　第二の段階は、あるべき人権から法定人権への変遷である。人権の法律化は人権が存在するための有効なやり方であり、人権を実現させるための権威的よりどころでもある。発展権の法律化が最初に見られたのは1970年代で、「発展権」に法的拘束力を持たせた国際人権文書の中で確認できる。「人権新概念」の一つとして発展権が内包するもののうち重要なことは、人間の十分な尊厳および社会、経済発展の促進がすでに人権規範体系の中に受け入れられ[14]、世界最大の国際組織、すなわち国連に認められたということである。

　第三の段階は、法定人権から実在人権への変遷である。人権の実現は、すべての人権変遷の根本的出発点および帰結点であり、発展権変遷の第三段階は1980年代以来その中心が移動、すなわち発展権問題の関心は基本的原理において意見の一致を見るのが難しかった不一致の段階から、いかにして発展権の法的保障および実践の道を探っていくかという段階へと変化していった。いかにして発展権を実現させるかについては、レベルの違いによって異なった考え方が存在している。一つ目は国連系統の努力で、例えば前後二回（1981年および1993年）にわたって、

普遍的代表性を備えた政府専門家グループを成立させ、意見交換および詳細な検討をおこなった。二つ目は人権法学界の研究で、例えば1991年にインドにおいて発展権のみを扱った専門会議が行われた。三つ目は専門機構による具体的措置で、例えば世界銀行による各国発展状況の指標分析および発展援助項目の実施等である。当然のことながら、今日に至るまで未だに発展権の法的強制規範を保障した組織は作られていない。

二、発展権変遷に対する標準的共通認識

発展権変遷の主な成果は『発展の権利に関する宣言』が採択されたことであり、当該国際法律文書の規範分析を通じて、発展権が人権の一つとしてすでにどのような共通認識を得たのかを知ることができる。

何はともあれ、発展権は数十年にわたる発展を通じ、国際社会の、少なくとも表面上における普遍的承認をすでに獲得したのである。提起された当初は先進国の反対に遭い、主に西側諸国およびその伝統的人権観に向けられ提出されたものではあったが、目下のところ、発展権の人権体系における地位に関しては、少なくともある一点においてすでに基本的な共通認識が形成された。それはすなわち、発展とは権利の必要性から来るものであり、発展は人権における重要な要素だという点である。現有の国際政治経済秩序を政治的に維持する必要性および伝統的個人的人権観の古いしきたりを法理上守るという点から、発展権の人権属性という観点は否定され、次第にその市場を失っていった。1993年の第二回世界人権大会において発展権の内容を含んだ『ウィーン宣言』の表決が行われたことこそが、こうした現状の突出した表れなのである。当然のことながら、これは発展権の観念に対する限られた変化の一つに過ぎない。

発展権が内包するものへの共通認識に関しては、『発展の権利に関する宣言』の中に集約して反映された。これは一種の妥協の産物であり、

発展した地位にあるグループと未発展の境遇にいるグループとの間における駆け引きの結果、話し合いにおける一致ではなく表決によって生まれたものである。第一に、発展権の権利主体の確立は、伝統的な個人的権利観および現代的な集団的人権観との間の調和の産物であり、まさに当該『宣言』が指摘する「人間は発展の主体」であり、「すべての個人および全人類」には発展の権利があるとされた。第二に、発展権の義務主体の確立であるが、これも同様である。もともと発展途上国が主張する権利の一つとして、主に先進国に向けられたものとなっている。ただし、当該『宣言』の最後の条文において、発展権の義務主体はすべての国にあるとされ、すべての国家には「国家一級」もしくは「国際一級」レベルでの行動を以って各国およびその国民の発展を促進する責任があると指摘された。第三に、発展権の内容であるが、これもまた発展の人権が内包する各種の内容を総合的かつ相互に取り入れた産物となっている。西側諸国が政治的自由および公民の権利を極端に強調し、発展途上国が経済および社会の自主的発展権をそれ以上に強調したことから、『宣言』にはこの二つの異なる人権的信念が折衷の形で取り入れられ、発展権とは主体が享有する経済的、社会的、文化的および政治的発展の権利と規定された。すなわち「発展権は剥奪することのできない人権の一種であり、したがって、すべての人、民族には経済的、社会的、文化的および政治的な発展に参加、享受、それに対して貢献する権利があり、それによって初めて発展の過程において、すべての人権および基本的自由が十分に実現される[15]」とされた。『宣言』においては、「政治」の発展は最後に位置付けられ、発展途上国国家の意見を重視する姿勢が多かれ少なかれ反映されている。

三、発展権問題における主な論争

発展権がすでに国際社会から法的性質を備えた人権形式の一つであると認められたとはいえ、実際には、異なる人権観および異なる国家にお

いては、発展権の内包と外延に対し、自らの必要に応じて気ままに取捨選択する傾向が往々にして見られた。総じて言えば、『発展の権利に関する宣言』を討議、採択する過程において、発展権の認識に関しては、論争が共通認識を、食い違いが意見の一致をそれぞれ上回った。

(一) 発展権の範囲に関する論争

　人権の概念が大きな非確定性を有しているのと同様、「発展権」という人権概念の下に置かれる範囲においても多くの異なる解釈が見られ、一つの確定された定義を見つけ出すことは難しい。『発展の権利に関する宣言』およびその他の人権法律文書においても比較的普遍性を有した規定が盛り込まれているとはいえ、これらの規定の具体的な内包と外延に関しては極めて不明確である。したがって、発展権をいかに定義し、発展権の内容には一体どのようなものがあるのかに関して法律上の直接的根拠があるわけではない。そのうち最も大きな食い違いが二つの観点の対立上に表れてくる。一つ目は、発展権提起の初志に基づくもので、主に国際社会から特殊な注意および特別な保護を受ける権利が必要と考えるものである。発展権は、各国間での友好関係および国際協力実施を維持する原則、各国国民の民族自決権および天然資源永久主権の尊重、人類の平和と安全の保護、主権平等に基づく国際新秩序の設立、単独もしくは集団での国際発展政策の制定、各国の、とりわけ発展途上国の発展促進を以って人種差別主義、植民主義、侵略および占領、干渉主義および領土保全もしくは武力威嚇等、大規模な人権侵害行為の実施といった諸要素の除去等に関する国際法の遵守を含んでおり、国が国際社会において負担すべき義務を履行すべきという点を意味している。ここで特に強調されているのは、発展権は国家およびその国の国民が国際社会に対して主張もしくは享有できる人権の一種という点である。二つ目は、発展権とは主に国内の公民がその国の政府に対して享有する一種の権利、すなわち各国政府が保障を与えるべき公民全体が享受する自由および協調的発展を各方面で獲得した個人的人権と考えるものである。発展

権は、国家にはその国の国民の発展を促進させる第一の義務があること
を意味しており、国民福祉を定期的に引き上げ、あらゆる措置を用い国
民が基本的資源、食糧、住まい、医療保険、教育、就業および公平な収
入分配などの機会均等を以って適当な国家発展政策を制定することを含
んでいる。発展の不均等および社会の不正義をなくすことを通じ、本国
の国民が政治、経済、文化および社会の諸領域において総合的な発展を
得る権利を保護する。発展権に関するこの二種類の観点の食い違いの本
質は、結局のところ発展権が個人の人権と国家の義務との統一なのか、
それとも国家の権利と国家間で構成される国際社会の義務との統一なの
か。または経済的発展を核心としたものなのか、それとも政治的発展に
重点を置いたものなのかという点にある。

(二) 発展権の帰属に関する論争

「発展権」の範囲の創始者は、往々にして全体的意義の上から発展権
の帰属問題を捉え、発展権が特定の歴史的背景の下、発展途上国によっ
て提起され、不合理で不正義な国際経済秩序を変え、本国の経済発展お
よび社会の進歩のために良好な国際的大環境を創造する旨を謳い、した
がって発展権の帰属は集団にあるべきで、発展権を集団的人権の一つで
あるべきとし、その主体は国家およびその国の国民である点を強調し
た。ここで言う「国民」とは国民の中の一人一人を指すのではなく、一
つの集合体における国民全体を指すものである。発展権は「剥奪するこ
とのできない国家の権利であり、抽象的な個人的権利と見做してはなら
ず」、「すべての国家の発展権および国際平和と安全の基礎の上に成り
立っている[16]」。発展権の概念は、国家、民族、国民と関係しており、
したがって集団の権利の一つであり、人権等、集団的権利と同じものは
この二つの異なる概念と混同しやすく、そこから国家権力機構の圧迫お
よび権力乱用に個人が対抗するための保障を損ねているのである[17]。
ある観点に至っては、すでに発展権の本意を完全に超越しているような
ものもあり、発展権をただの集団的国家権であって人権の一つとは見做

さず、「国家の発展権を人権の一つとしての発展権の概念と絶対に混同してはならない」と考えるものである。「人権と言った場合、まずは個人の権利を指すものであり、その中のいくつかの権利は一人一人が社会の全面的発展の中で公平に利益を享有する権利を含んでいなければならない。踏み込んで言えば、発展権とは、個人から構成される社会もしくは集団が、団結の精神を以って共通の目標を実現させるために共に行動する権利であると見做すことができる[18]」。実際、この考え方は発展権の帰属を国家という主体レベルでしか捉えておらず、発展権が更に深いレベル、すなわち一人一人に帰属するものである点を軽視している。この観点では、一定程度における発展の獲得もしくは新国際経済秩序の設立が個人の権利を促進および保護する前提であるという点を受け入れられない。発展権という概念をこのように理解することは、国家がその国の公民の権利を尊重しない口実にしかならず、極端な状況下においては、個人を暴君の意のままにさせる操り人形にしてしまう[19]。

　もう一つの観点では、発展権の「趣旨は人格の十分な発展、各民族の福利を促進および保護することであり、個人と集団、民族と国家を含めた全人類が、自由に、積極的に、有意義に参加することを基礎とするものである。発展権は人権の一つとして、個人的側面もあれば、集団的側面もある[20]」と考える。もしも、「集団」とは個人の組み合わせから成り立っていることを認めるのであれば、発展権という一つの概念を認めることは完全に可能である。すなわち、発展権とは個人にも民族にも関係するものであり、人間こそ発展の中心的主体なのである[21]。

（三）発展権の実現に関する論争

　発展の権利を激しく主張する「急進論」では、発展権を実現する上での主な障害を国家社会にあると考えた。発展権の形成メカニズムは国家と国家、民族と民族の間の発展資格とその程度における現実的差異、そのような大きな差異への均衡化の中に存在している。したがって発展権を実現させる最も主要なルートは、共同発展の趣旨にかなった国際環境

を創造し、先進国が果たすべき発展援助および協力責任を着実に履行し、国際金融機関は発展を促進する自発的責任を負うべきで、そこから不公正、不合理な国際関係の枠組を変え、発展の距離を縮小していくことである。

　発展権に対し、曖昧、さらに言えば否定の立場をとる「保守派」は次のように考える。発展権実現の障害は、主に各国、とりわけ発展途上国内部に存在しており、まさに発展途上国に、欧米式の民主制度、法治モデルおよび市場体制が採用されておらず、社会の不正義および腐敗現象が存在していることが原因で、国民の発展における自発性を制約しているのである。したがって、発展権を実現させたければ、まずは個人の人権を保護、中でも重要なのが公民権および政治権であり、自由市場経済モデルを推進し、個人の自由権を保障しなければならない。「一つの権利を尊重することは、各国がその他の権利を保護する義務を免除するということではない。それはたとえ平和もしくは発展がない状態においても、各国がその国の国民およびその管轄範囲内にいるその他の人々の人権の尊重を保護しなくてもいいという理屈が成り立たないのと同じである。人権の概念は個人の権利と自由にのみ及び、国際関係における各国の権利および義務と混同すべきではない[22)]」。したがって、発展権を一種の人権と見做せるとしても、やはり国内における個人の権利の実現がその基本条件となるのである。まさにこうした考えから、発展に関する協力および援助は往々にして政治化され、付帯条件、とりわけ政治的条件の付加された発展援助および協力計画が実施されるのである。

　以上の他に、発展権が内包するもの及びその権利の重心に関する問題、発展権の法的性質および発展権の法的保障メカニズムの問題において、少なからぬ食い違いが存在している。これは、発展権の国際文書が採択されたことは発展権の発展史における基本的な目印の一つでしかないことを表しており、発展権に関する理論は未だに相当未成熟であり、その法的基礎は未だに薄弱であり、発展権の法的救済原理に関しては有効的構成の形成からは程遠い。当然のことながら、食い違いと論争が存

在するのは必然的であり、必要なことでもある。こうした必要な論争は発展権の法的理論を日増しに完成および発達させていく前提である。

注釈：
1） C.Castoriadis, Reflections on "Rationality" and "Development", Thesis Elevin, 10/11: pp. 18-36, 1985, p.21;［英］湯林森（トムリンソン）『文化帝国主義』上海人民出版社（中国）、1999 年、291～292 ページ。
2）［英］湯林森（トムリンソン）『文化帝国主義』上海人民出版社（中国）、1999 年、292～293 ページ。
3）『論馬克思関于人的学説（人間に関するマルクスの学説を論ずる）』遼寧人民出版社（中国）、1984 年、35 ページ。
4）［仏］布克哈特（ブルクハルト）『意大利文芸復興時代的文化（イタリア・ルネッサンス時代の文化）』商務印書館（中国）、1979 年、135 ページ。
5）［仏］廬梭（ルソー）「愛弥爾（エミール）」『西方資産階級教育論著選』より引用、人民教育出版社（中国）、1964 年、136～137 ページ。
6）［仏］羅伯斯庇爾（ロベスピエール）『革命法制和審判（革命法制と裁判）』商務印書館（中国）、1985 年、136～137 ページ。
7）討論会は世界銀行の統計を分析後、以下の指摘をした。「まさに発展途上国がこのような厳しい生活条件の下に置かれているという理由から、一つの権利としての発展がその緊迫性を有しているのである」「国連の中であろうと国連系統の外であろうと、発展権の客観的存在は十分な証拠によって証明されていると誰もが考え、これらの証拠に基づいて、発展権に対し以下の定義を行うことができる。」国連文書 ST/HR/SER: A/10, p.18.
8）国連総会第 37/200 号決議。
9）国連総会第 37/199 号決議。
10） Subrata Roy Chowdhury, Erik M.G.Denters & Paul J.I.M. de Waart: The Right to Development in International Law. MartinusNijhoff publishers 1992, pXXV.
11）［英］米爾恩（ミルン）『人的権利和人的多様性——人権哲学（人間の権利および人間の多様性——人権哲学）』中国大百科全書出版社（中国）、1995 年、11 ページ。
12） M. Cranston: What are Human Rights? London: Bodley Head, 1973, p.36.
13）汪習根「発展権法理探析」『法学研究』第 4 期（中国）、1999 年。
14）国連総会 1977 年 12 月 16 日採択の『人権新概念に関する決議案』。
15） E/CN. 4/1985/62, 1985 年 3 月 12 日；A/40/277, E/1985/70, 1985 年 5

月22日、附属文書2。
16）A/C. 3/40/SR.33, p.8; A/C. 3/40/SR.35, p.7.
17）A/C. 3/40/SR.35, pp.6-7.
18）A/C. 3/40/SR.34, p.7.
19）国連総会第2625（ⅩⅩⅤ）号決議、総括部分、二。国連総会第40/124号決議参照。
20）E/CN. 4/1985, 附属文書3、第1条および第2条。
21）A/C. 3/40/SR.33, pp.6-7.
22）A/C. 3/40/SR.33, p.6.

第三章
発展権の内包する基本的意義

　独立、自足の概念は、一つの人権形式が人権法律システムにおいて特定の地位を獲得した証であり、基本的要求でもある。発展権は国際社会の激しい分化および妥協の中から出現した新型の人権であり、これに対する学術界の定義および詳細な解釈は極めて不足しており、さらには明らかな情緒的色彩および非理性的要素を有している。人権の本質および発展の実質を切り口として、発展権の内包する基本的意義を探ってみた場合、発展権には人権を構成するのに必要な比較的独特な主体的要素、客体的要素およびその連結方式が備わっていることが認められ、発展の内包が経済成長から自然—社会—人間の協調的発展へと変化していくにつれ、人間と人間、人間と社会、人間と自然および世代間における公平でつり合いのとれた持続的発展へと再進化し、発展権の内容も日増しに完成および進化し、特殊性を備えつつ、人類の全面発展の権利の趣旨を備えた普遍概念を形成するのである。

第一節　発展権の解釈

一、発展権の内包する意義に関する諸説

　「発展権」という言葉に対する解釈には、主に四つの異なる観点が存在する。
　一つ目は、主体定義法である。すなわち、発展権の権利主体の帰属から出発し、発展権の内包するものを説明するものである。人権価値観に

差異があるため、人権主体の点から見ると、発展権を個人的人権と見做す場合、国家および民族の集団発展権を否定することになる。ある者は、発展権とはただの「奪い取ることのできない国家の権利の一つに過ぎず、これを抽象的な個人の権利の一つと見做すことはできない[1]」と考える。ある者は、「先進国の国民は自らの国の政府に対し発展権を主張せざるを得ないが、発展途上国は（その国民の名義を以って）国際社会に対し発展権を主張する。したがって、発展権はやはり国民に属する権利の一つであり、国家に属するものではない[2]」と考える。またある者は、発展権は切り離すことのできない権利の一つであり、ただ単に個人の権利であると解釈すべきではなく、集団の権利の一つでもあり、「国の政治的、経済的、社会的方面における進歩は個人の発展を促すことができ、個人の発展も逆に国家の発展を促進することが可能なのである[3]」と考える。同時に、発展権は公民、政治、経済、社会、文化に関わる全体の権利を解釈するのに役立ち、この背景の下、すべての人権の不可分性および相互依頼性がさらに突出して現れてくると考えられている。

　二つ目は、世代定義法である。これは発展権を、発展途上のグループが国際社会に対して主張する自らの発展を保障した「第三世代の人権」だと考えるものである。この中には三段階の意味が含まれている。第一は、発展権を非発展的地位あるいは弱小グループに属するものの権利であり、その主体を一つの集合体（Group）だとするものである。第二は、発展権を国際社会の相互的関連によってのみ実現できるとし、国および民族が国際関係において主張する一つの社会連帯権（Solidarity Right）だとするものである。第三は、発展権を自由権、平等権などの政治権および経済・社会・文化的権利などと関係はあるもののそれとは違った人権、すなわち「第三世代の人権（The Third Generation）[4]」だとするものである。

　三つ目は、構造分析法（Structural approach）である。これは発展権を、集団的主体が享有する人権の構造障害を取り除くことでの実現および新国際経済秩序の設立を以って全人類、とりわけ発展途上国が発展する権

利を満足させるものだと考えるものである。この意味において、発展権に含まれる意義には二段階のものがある。第一に、発展権を享有することは、発展の構造的障害を自ら排除、もしくは義務主体に対し排除するよう要求する権利を有していることを意味する。第二に、自主的行為もしくは義務主体に積極的行為を促すことを通じ、新たな国際経済秩序を構築する自由を享有するというものである。まさに、国家および民族間の発展における全体的な不均衡を考慮したために発展権の概念およびその主張の誕生に至ったのであり、したがってこの観点は「発展権を、一種の人権構造分析法であると描写し、国際社会において使い始めた最も重要なシンボルなのである[5]」。

　四つ目は、内包分析法である。これは発展権を、国のマクロ的経済発展および個人が満足を必要とする発展の権利であると考えるものである。発展モデル選択権の行使という理由から、発展権の核心的内容にもまた異なる定義が存在しており、そこには市場発展モデルが選択した発展権、計画発展モデルが選択した発展権および自治発展モデルが選択した発展権が含まれている。「発展権は、おそらくマクロ経済に基づいた発展政策の選択を要求するだけでなく、人権法の基本的主体、すなわち個人の各種必要性を十分に考慮しなければならない[6]」。

　解釈方式の相違性および解釈の背景における異質性により、発展権という一つの概念における理解には食い違いが生じ、さらには対立した観点を形成することとなった。したがって、上述の各種観点に対し審査および分析を行う必要があるのである。

　初めに、伝統的人権における固有形式から出発し発展権と向き合うのであれば、発展権は各種人権形式を有しているとする簡単かつ総合的な結論にしか行きつかない。伝統的人権は近代啓蒙思想家の人権理論体系の中に表れ、自然の権利をその存在する最高の形式としているばかりではなく、更には近代人権法律規範システムの中により大きく反映されている。この時期に公布された各種宣言および憲法の規定によれば、伝統的人権の主な形式には、生存権、自由権、平等権、財産権、自衛権、抑

圧に対する反抗権、幸福追求権などが含まれている。そのうち1793年のフランスにおける『人間と市民の権利の宣言（フランス人権宣言）』では、典型的な代表性を有する概括をおこなった。「これらの権利こそが、平等、自由、安全および財産なのである」。「平等」の意味は「すべての人は基本的に平等であり、法の前でもすべて平等である」「自由とは、他人の権利を侵害しないという条件のもと、何をしてもよいという権利である」「安全とは、社会がその構成員の身体、権利、財産を保つために一人一人に与えられた庇護である」「財産とは、神聖な侵すことのできない権利である」「所有権とは、市民一人一人がその財産、収入、労働の成果、実業の成果を自由に享受し処理することができる権利である」ことを指している。当然のことながら、人権法の実践が発展していくにつれ、これらの伝統的人権の中から、多種にわたる具体的な人権形式が分化してきた。しかしながら、どのように変化したとしても、西洋の人権における伝統はまったく変わっておらず、それはすなわち人権の形式上における固有性ならびに規範化の存在、さらには人権の個人主体性などを強調していることである。したがって、固定された、単一の、独立した、個体的な人権が、伝統的人権の基本的内容なのである。この観点の支配のもとでは、発展が個人でも集団でも享有可能な権利であるという結論を導き出すことは難しく、無理に認めたとしても、発展権の定義をすでに存在している各種人権、とりわけ経済的権利形式を組み合わせてできた総合体である点を免れることはできない。まさにある学者が指摘しているように、発展権は「各種公認された人権の『総合体』」なのである。こうして見ると、発展権は独立した存在価値を失い、せいぜい「新たな人権を認識する上での一つの段取りに過ぎない[7]」のである。

　次に、もしも世代の区別から出発し新たな世代の発展権を認識するのであれば、これもまた発展権とその他の人権との間に内在する関連性をないがしろにすることになる。「三世代人権」分類法に対しては、もともとその理論自体に食い違いが存在している。賛成者は、三世代人権分

類法は人権の発展を基礎とし、「世代」という概念そのものがもともと進化と発展の基本的意義を含んでいることを意味しており、「世代」という言葉を用いてこれら人権の間の区別を表し、「類」という言葉に比べ人権が絶え間なく変化発展してきたという特徴を体現することができると考えている。反対者は、「世代」を用いて人権を定義することは、公民、政治的権利および経済社会文化の権利を貶める嫌いがあると考えている。「生物学における世代」とは代々系統を継ぐことを指しており、したがって世代の前に世代がいなければならず、世代の誕生と発展はもう一つの世代の老化と死亡を伴っている。すなわち、一代目の政治的権利および公民の権利は、必ず経済・社会・文化的権利の前に成立していなければならず、後者もまた、発展権を含む第三世代の人権に先んじて形成および終結していなければならないのである。もしも技術学上の「世代」を用いるのであれば、その比喩は更に不合理なものとなる。なぜなら、これは新世代の技術が取って替わり、前世代の技術を排除することを表しているからである。すなわち、発展権など第三世代の人権が、すでに存在している公民、政治、経済および社会的権利に取って替わるべきだということである[8]。さらに、発展権は三世代人権論により発展途上国が国際新秩序を作るための権利の一つであると定義されているため、先進国の学者の中には往々にして、人権は純粋な政治的意義における権利と同等ではないという角度からこの観点に反論する者もいる。ひいては、公民の権利、政治的権利、経済・社会・文化的権利の後、何か新しい人権形式が出てくること自体を完全に否定する者もいる。ある学者は別のレベルから三世代人権論の不足を指摘、中でもとりわけ前二「世代」人権を消極的な人権と積極的な人権とに分別する論点が成立することは難しいとしている。ここから「人々はこのように反論することができる。公民の権利および政治的権利を十分に実現させるには国が重要な行動をとる必要があるが、経済的権利の場合、おそらく多くは国の関与なしに増進することができる[9]」。これらの批判的意見はある程度の合理性を有しており、発展権を含む第三世代の人権概念における抜

け穴および欠陥を指摘した。しかしながら、結局もう一つの極端な方向へと進んでしまうことで、発展権という概念のあるべき価値をないがしろにした。実際、世代定義法が発展権に下した定義のみを見れば、当時の特定社会環境下にあった発展途上国が発展の平等な機会を勝ち取るための差し迫った必要性に対して比較的よく適応し、国際的意義および現実的合理性を有しており、その十分に魅力のある方式を以って重要な説得的効果を得ている。しかしながら、人権の特殊性および普遍性を結合させた理論上から考えるならば、その不足の箇所は明確かつ簡単に見受けられ、外延の相対的な狭さおよび内包の非全面的な部分が、多くの異なる意味における問題点の存在を引き起こしているのである。

　次に、構造分析法では発展権を、発展していない者が発展している者に対して主張する、発展の構造的障害を取り除く一種の権利であると見做している。実際、発展権は国家の権利主体が権利の享有者として、国家の義務主体に向かって要求する権利の一種であり、発展権を人権の一つと回答することは難しく、人類のメンバーとしての個人全体が享有すべきである権利、こうした人権の原則への挑戦を含んでいる。その合理性および不足部分は、世代分析法に比較的似ている。発展権の中の「発展」の内包を以って核心とし発展権を定義する方法は、発展の焦点が経済発展モデルおよび経済成長の上に集中していることから、勢い人々に、二つの方面における誤解を起こさせやすくする。一つ目は、発展権の唯一の目的が、経済発展を追求し物質的生活の需要の満足度を高めることのように思われ、発展の様々なレベル、多方位性がないがしろにされることであり、これそのものが片面的である。人権運動のある特定の時期において、発展権の中心を特定社会の人々の経済発展に据えるというのであれば、過度に非難すべきことではない。なぜならそれは、人権の普遍性理念の特殊な反映に過ぎないからである。しかしながら、発展権のすべての内容を経済発展の要求と同じものであるとするならば、それは偏りに失しており、人間の全面的発展の本性ならびに発展権の本質に背いている。二つ目は、発展権の唯一の動因を、経済が発展していな

いために引き起こされる貧困を解消すること、すなわち人間の生存問題解決においているような点であり、こうして見ると、発展権は生存権に格下げになってしまう嫌いがあり、その独特な存在価値は失われることになる。

　最後に、発展権に関する様々な解釈および学術的観点は、すべて国際的意義における人権概念から発展権を見ており、発展権とは、国家から構成される国際社会に対し国が享有する人権の一つであると考えている。これは確かに発展権の初志を反映しており、しかもきわめて強い現実性を有している。しかし、仮に国際法の意義の上からのみ検討を行うのであれば、いきおい発展権の形式価値にのみ関心がとらわれてしまうこととなり、発展権の最終的な価値を明らかにし実証することが難しくなる。発展権は国際社会の中に現れると同時に国内の法律秩序の中にも存在し、国家の法律関係の主体としての公民個人が享受すべき、そして享受することのできる権利の一つである。集団を構成していない一人一人の個体の均衡な発展および全体的発展は不可能であり、個体の発展は全体の発展の根本的目的および帰属先であるべきである。

二、発展権概念の区分方式

　発展権を区分するという概念は、簡単明瞭で論理的方法で以ってその内包およびそれが有する本質的属性を示すことである。正確に発展権を定義するためには、必ず科学的な分析方法を用い、その固有かつ内在する特殊規定性および外在する特有な表現形式を詳しく解説し、その発生および発展を考察するだけでなく、その初志および変遷も見極めなければならず、発展権における内容上の本質的属性および形式上の本質的属性を総合させて多角的な分析および高度な抽象化を行う。

（一）発展権を定義するには、発展権の内容における本質的属性を把握すべきである

1. 発展権の内容としての発展の本質

「発展権」と「発展」とは、お互いに区別されつつ相互に関連し合っているという二つの概念であり、混同して語るわけにはいかないが切り離すこともできない。ある方面において、「発展」とは一つの哲学的概念であり、進化と上昇を意味しており、すなわち物事の小から大へ、簡単から複雑へ、下級から上級への変化である。発展とは、世界中の客観的事物および現象における進化の過程を指すと同時に、物の発展と人の発展の両方を含めた主体としての人間の発展過程をも指す。そして、「発展権」とは一つの法律的概念および人権的概念であり、人が法律の上で獲得すべき、あるいは獲得することのできる進化、飛躍的発展の自由を指し、これは「発展」そのものと同等ではなく、自由に発展することへの「主張」であり「要求」である。もう一つの方面において、両者は切り離すことができず、人の発展と物の発展の二つのレベルにおける内容の「発展」が、「人の発展」というレベルにおいて「発展権」とつながることが可能であることを含んでいる。なぜなら、これらの主体は同じであり、すべて「人」という普遍性発展主体で称され、内容も一致しており、人の発展における各分野を網羅していることを指しているからである。したがって、発展権を研究するには、まず発展権に含まれている発展の範囲、発展の目標および発展の内容といった諸方面の問題について検討することである。

発展権における発展の範囲に関しては一貫して論争が絶えず、それを取り巻いている基本的問題は国際政治経済制度である。「従属論」の影響を受け、発展は、発展途上国あるいは未発展地域の発展と同義語に定義され、各種形式の未発展は多くの場合において西側工業化国家の発展および拡張によって引き起こされたと考える。すなわち、初めは植民主義を、その後は国際金融、技術および商品における独占的地位の占拠を通じ、付属国における独立後の全面的な従属的地位をもたらした。従属

論の早期支持者たちは、当地のお歴々を相当に無慈悲な外国企業資本の同盟者、外国企業を彼らが投資する経路として描き、当地の主要受益者であるとした。彼らは短期の限られた目標を用い、優先的に技術および基礎施設の建設をするという長期的発展目標に取って替えた[10]。このような理論は、様々な疑問および批判を浴び、甚だしきに至っては、未発展の条件および原因を解釈できないばかりでなく「学術、政治、演劇がごちゃまぜ[11]」になったようだと考えられた。しかし、これは発展権および人権に関する討論において、相変わらず主導性のある学説となっている。ここから、発展権の発展範囲を、発展のチェーンにおける未発展および発展中のグループの発展であるとし、発展は発展中の世界における特許となり、発展権は発展途上国および地区における専有権利の一つとなったのである。確かに、比較的発展した側から見れば、発展権は未発展の者にとってより多くの緊迫性および必要性を有しており、とりわけ当代国際発展の枠組においてはより突出し重要であることが明白である。これは否定することのできない客観的事実でもあり、発展権を提出することのできる内在的動因でもあることは前に述べた通りである。しかしながら、人権発展史および人権体系全体におけるマクロ的視点から分析すると、もしも発展権を未発展者、とりわけ発展途上国の特権の一つであるとのみ定義するのであれば、人権主体の普遍性および人権における個人の価値に対する究極の配慮との間がしっくり噛み合わなくなり、各人権形態間における相互の対話および疎通の雰囲気を形成するのが難しくなる。発展の現実的状況および時代の特徴に見合いつつ、同時に発展の歴史と未来、特殊性と普遍性の相互連結過程において有している普遍的規律の反映を探知することができるかどうかは、発展権に含まれる意義を詳説する際の一つの基本的思考回路なのである。

　発展の目標に限って言えば、発展権の支持者の中でも、発展の目標に対する食い違いは比較的大きく、ある者は経済成長を発展の最重要特徴としている。もしも、ある特定社会の発展状況から見るならば、発展の中心を経済的発展に据えることは不可能なわけではない。それどころか

か、当該社会の人権の実現を保障する上でよりふさわしいという可能性も高い。なぜなら、生産方式を進化させなければ、他の方面における発展もないからである。ある者は、発展の目標をまずは経済的発展に置かず、社会的発展を指すものだとしている。社会の普遍的利益が増えることで、初めて発展の活力が表れ、発展を、人権を促進するための有力な保障とすることができる。実際、発展には物質的なものと非物質的なものの二種類の要素が含まれており、発展権は発展の片面的追求によってその他の人権の実現を妨げるというわけではなく、そしてその他の人権を否定しようとする気持ちもない。当然のことながら、発展権を実践するにあたり、発展のある特殊な時期もしくはある発展段階においては、それが重視するものに違いが見られる。ある国では発展の経済面を重視し、経済発展を発展目標の核心に据え、ある国では発展の別の内容を強調している[12]。これは、発展権が含む発展の内包が流動的で定まらないということを意味してはおらず、発展の具体的段階および具体的レベルにおいては多様性の特徴が見られるが、複雑で入り組んだ外在的現象および具体的特性を引き出せば、発展の本質はまさに、人類の経済・政治・社会・文化など諸方面において全面的な発展が得られる。また、発展権は人間の各領域、各方面における全方位的発展を意味しており、一つ一つの権利は主体がその領域内において有する最も広く最も深い自由を表しているからである。発展権に限って言えば、いかなるレベル、方面における発展が不健全であっても、いきおい片面奇形的な発展を引き起こし、ひいては最終的に発展の窒息を引き起こす。

2. 発展権の性格

　人権概念の複雑性が発展権に対して区分を行うことの複雑性を決定し、発展権を区分することは少なくとも発展権の、人権の一種としての根源および権利が含む要素という、この二つの方面を把握しておく必要がある。

　権利の根源に関しては、どの種の人権であっても自明を証明すること

は不可能である。人類の社会においてはすでに実証された人権があるのみで、自明を証明していない人権は存在しない。いかなる人権も、異なる社会的・政治的・経済的背景の下における主観的な要求であり、人権の内包および特定の文化環境の共生である。人権法理論においては、人権普遍主義（Universalism）および人権相対主義（Relativism）という二種類の認識が存在する。普遍主義では、人権は生まれながらにして備わり、普遍的に存在する、無条件かつ奪い取ることのできないものであり、「人権は普遍的なものであり、すべての社会におけるすべての人に属する。人権は地域・歴史・文化・観念・政治制度・経済制度・社会の発展段階を問わない[13]」と考える。相対主義では、人権は普遍性を有しているが、同時に相対的な一定の社会的・歴史的条件の下で存在し、異なる国家の存在および実現は、その特有な文化的伝統および現実的条件に依存すると考える。人権の内容および形式にしろ、人権の価値および基準にしろ、異なる社会においては多かれ少なかれ差異が存在する。普遍主義は人権の抽象性特徴しか見ておらず、人権の具体的な歴史および現実的根源が、相対主義が曲解されるならば、これもまた一つの極端な方向へ行きやすく、「人権とは西洋諸国における特定の文化的概念である[14]」と考えていることを発見できる点を軽視している。絶対的な普遍的人権は存在せず、人権は常に特定条件下における産物なのである。ここから発展権の根拠および根源を考察すると、発展権はまさに社会関係の発展の不均衡、とりわけ発展の差が非常にかけ離れているための産物であり、主権独立および個体生存の基礎のもと、生存の質および平等に発展する機会を追い求めた需要であり、物質的条件および文化的条件が相互に作用した結果なのである。

　権利の要素に関してであるが、権利の構成要素は人権の内在的特質を分析する際、十分に考慮すべき内容である。人々は往々にして、権利主体の形式上における選択の自由および実体上における利益の主張という二つの角度から権利の要素を分析し、ここから西洋権利理論の二つの伝統——「選択論」および「利益論」が形成されたのである[15]。具体

に言えば、ある考え方においては権利を、利益・法律権利・権力・自由権・特権と同一語と見做し[16]、またある考え方においては権力・利益・資格・要求を以って権利を解釈、もしくは全体的意義における自由・資格・主張・利益・権能（権威と能力）を用いて権利を解釈する[17]。

どのように権利を分割したとしても、権利の基本構成単元に関しては常に変わらず、一種の権利を理解するには、権利を付与された主体が自由にある種の利益を主張する資格があるという権能の角度から解説を行うべきである点で共通している。「権利は五つの主要成分を含んでいる。権利の所有者（権利の主体）は、ある種の具体的な原則的理由（権利の正当性）に基づき、声明の発表・要求の提出・享有もしくは強制的実施等の手段（権利の実施）を通じ、ある種の個人もしくは団体（関連義務の負担者）に対し、ある種の事柄（権利の客体）を要求することができる[18]」。形式の上から言えば、権利とはすなわち一種の資格または権能であり、利益を主張する根拠である。内容の上から見れば、権利とはすなわち利益と自由の表現であり、利益の存在方式である。

どのような権利要素であれ、主体の中に入り込むことで初めて実質的意義を有し、権利主体は権利存在の依拠であり、権利の帰属でもある。伝統的人権では、一般的に個人主体を権利の最重要受益者とするが、発展権の提起はこの範囲を超えており、団体もしくは集団の概念を取り入れ、国家・民族における発展の自由をその中に含めた。発展権の定義においては、発展権の受益者の複合性を考慮に入れつつ、同時に多重主体における相互関連を明らかにしなければならないのである。

（二）発展権を定義するには、発展権における形式上の本質的特徴を把握すべきである

発展権の存在範囲を見れば、前述した通り、発展権の提起から人権法律文書の確認に至るまで、発展権の概念は基本的に国際面で運用されており、『発展の権利に関する宣言』が採択されてから今日に至るまで、発展権はすでに国連総会および関連機関が認めた重点的に考慮すべき重

要人権の一つとなり、発展権の実践問題はすでに国連人権委員会が認めた優先的に審議すべき事項とされている。国際社会における発展権への関心は、各国の国内における法律およびその人権の実践において、「発展権」という概念を直接使用するところまではいかず、国家レベルの人権リストの中に「発展権」という字が出てくることは極めて稀であり、まさにこれが発展権が新型の人権の一種であることの表れの一つなのである。実際、発展権は国際性を有しているが、国際レベルのみに限られてはならず、逆に国内の人権領域において、発展権は相当重要な地位を有しており、国内各地域および国民全体が国家に対して主張する権利の一つなのである。こうした権利は国際社会の存在の中で、最終的に各国内部に生存する公民個人全体へ回帰するためのものなのである。それが証拠に、発展権は適用範囲の普遍性および広範性を有している。

　発展権の存在形態から見れば、発展権の主体が広範性、内容も人間の全面的発展におよぶ各領域を含んでいることから、一つの集団としての存在であり、一種の個体としての需要でもある。主体が物質変量に対して日増しに増大する需要を満足させることであり、主体文化および精神の自我発展の主張も表している。したがって、これが及ぶ範囲は「人間が之を為す所以」という基本的条件および基本的内容に関わるもので、公民的権利、政治的権利および経済・社会文化的権利の基礎の上に、発展と分化を繰り返し、高度抽象および昇格し形成された一種の人権であり、一連の具体的な人権形式の独特な価値に対し、派生と包容を備えているのである。したがって、その他の人権形式と比べた場合、発展権はその他の人権の上に位置する基本的人権なのである。まとめて言えば、形式上の本質的特徴から言えば、発展権は基本的人権の属性を備えており、普通の下級レベルの一般的人権に位置するものとは異なるのである。

三、発展権概念が内包する基本的意義

　内在的本質から見れば、発展権は個体である人間および人間の集団である国家および民族が、自由に経済・社会・文化・政治の全面的発展に参与、増進し、かつ発展利益を享受する一種の資格もしくは権能であり、人類全体の全面的発展に対する本質的要求なのである。外在的特徴から見れば、発展権は国内および国際社会に広範に存在し、人間の基本的要求を満足させる一種の基本的人権である。したがって、抽象的な意義からすれば、発展権を以下のように定義することができる。すなわち、いわゆる発展権とは、人間の個体および人間の集団が参与し、その相互間の異なる時空限度内において調和、均衡、持続的に発展することのできる一種の基本的人権である。さらに言えば、発展権は個人全体およびその集合体が資格を有し、自由に国内および国際社会に向かって経済・政治・文化・社会の各方面における全面的発展に参与・促進、その利益を享受できる基本的権利の一つである。簡潔に言えば、発展権は発展の機会均等および発展の利益享有に関する権利なのである。この概念は、発展権の現実に対する実践の抽象および昇格でもあり、発展権の「実状」の理解に対する多様化された高度な抽出であって、現存する発展権の概念および実践への認識から発展権の内包する意義を論証するものではない。これが発展権に比較的大きな空間を与え、異なる運用背景および人権体系に適合させる形で、最大限に主体の自主選択性を示しているのである。具体的に言えば、この概念が表しているものは、第一に、発展権は一つの孤立した概念ではなく、多元性の統一が示されたものである。発展を基本的内容とした発展権は、各種客観的および主観的な発展要素を有機的に統一させて完成された一つの総体および基本的人権の一種である。第二に、発展権は単数に限った概念ではなく、個人の人権および集団の人権の統合であり、発展の権利を確認することは奪うことのできない人権の一つであり、個人が国家に対して主張、国家が国際社会に対

して要求する一種の権利であることを指している。第三に、発展権は抽象的な概念ではなく、主体が自由に発展モデルを選択することを要求し、主体が自主的に参与を行使、発展を促進する行為権および発展の利益を獲得する受益権との統合である。第四に、発展権は静止的な概念ではなく、動態性こそ発展権の一つの特徴である。発展権は主体として客体を占有する過程であり、すなわち発展権の実現は一つの道のりの長い進歩の過程であり、その内容は決して不変あるいは絶対的に固定されたものではない。さもなくば、最終的に停滞かつ無発展に陥り、発展権の価値追求に背くことになる。

第二節　発展権の主体

　発展権が含む基本的意義を詳細に説明するために、前文で論述した基礎に基づき、発展権の構成単元を解体し、個別に分析を行う必要がある。人権主体および人権客体は、人権の構成における二つの基本的要素であり、そのうち人権主体はまた、関心の中心でもある。

一、異なるいくつかの主体論

　発展権の主体は、すなわち発展権の所有者である。発展権の主体がどこにあるかについて、国際人権法学界には三つの観点が存在する。
　第一の観点は、個人を発展権の享有者と考えるものである。発展権概念の提起者であるケバ・ムバイェは、彼の初期の著作の中で、発展権の源は生存権であると考え、「発展権は明らかに個人の人権の一つである。なぜなら、発展のない人権などないからである[19]」との結論を導き出している。ここで言う人権は、個人の人権を指す。個人が普遍的に発展を獲得して初めて、発展は最も広範な意義を有するからであり、「発展にとって必ず必要な」資格こそ人権なのである[20]。一つの実際的な発

展過程は、個人の人権の実現過程である。この言葉通り、個人のみが発展の権利を享有かつ実践することができ、国家もしくはその他の集団主体は発展の主体というわけではなく、彼らを構成する個体の成員という意義の上で初めてこの権利を享有することが可能なのである。

第二の観点は、社会（Societies）、グループ（Groups）、もしくは集団（Collectives）のみを発展権の主体と考えるものである。これは社会連帯権、すなわち第三世代の人権を提唱した学者カレル・バサク等が提起したもので[21]、発展権等の新型人権の明らかな特徴をそれらが一種の集団的人権であると考え、発展権の享有者は集団であり一群の個体ではないとするものである。集団は個体が組み合わさって成り立つものではあるが、「人類の集団はただの個体から成り立つ簡単な組み合わせではなく、一つの組織の出現を特徴とする団体なのであり、この組織は特定の団体目標を任務とし、その権利を守る権威を有している[22]」。こうした意義における発展権は、明らかな政治的特徴を有していると論評され、発展途上国の政府を権利の享有者とさせる。なぜならこれら政府は、紛れもないこうした集団主体の一致した代表だからである。この解釈の最も基本的な論拠は、発展の過程が社会における個体間の普遍的な協力を必要とするという点である。したがって、個人は個体として発展権を主張することはできず、集団もしくは社会の成員の一人として発展権を主張するしかないのである。

第三の観点は、発展権を個体の権利と集団の権利に分けることは間違いであると考えるものである。なぜなら集団の権利は、集団の行為によって実現される個体の権利だからである。これにより、発展権は「原則の上および結論の上では個人の権利の一つであるが、その実現方式の上では集団の権利の一つである[23]」。

上述の観点は、異なる人権の背景および理論の必要性に対してそれぞれ適応され、発展権主体要素に対し、典型的な代表性を持ち合わせた解析をおこなった。第一の観点は、伝統的人権が強調する個人こそ、人権の唯一の主体であるというような理論の枠組みから出発し、新しい人権

第三章　発展権が内包する基本的意義　73

の一つを述べようとする際、既成の人権理論モデルに符合できるかどうかという試みをおこなったため、自身の論証が泥沼にはまる結果を招いてしまった。第二の観点では、人権の対立および差異について比較的多くの強調を行い、個人主義人権観とは異なった新理論の開発を期し、人権に対する社会の現実的期待を満足させようと試みた。以上二種類の観点における合理性および発展権の誕生のために尽くした努力は、賞賛されると同時に反駁も招いた。実際、この二つの観点はいずれも片面的であり、個人および集団が相互に連結する共同性の部分を軽視している。第三の観点は、前の二つの極端な論証の中に一筋の中道の道を探ることを意図し、その結合点を見つけ出そうとした。このように個体を集団の中に置いて考慮した後、さらに個体に回帰する思考モデルは、前の二つの観点と比べて言えば比較的多くの価値ある部分を有しており、すでに一定程度において発展権主体の還元の本質を把握している。しかし細かく探究すると、その科学性および実践性にも懐疑に値する部分が見られる。なぜなら、この論者から見れば、発展権は「結論上は一種の個人的人権」であり、個人は発展権における最終受益者であり、発展権における結果の占有人であることを意味しているに過ぎず、決して発展権の行使者——主体ではないからである。そして発展権は「実現の方式においては集団的人権の一つ」であり、これはすなわち集団は発展権の行為者に過ぎず、行為の結果における享有者ではないことを示しており、発展権の内容、すなわち「利益」、「得」が必然的に集団に還元されるとは限らないのである。集団は権利の成果すら獲得できないのだとすれば、どのように権利の主体になりうるのであろうか。ここには明らかに以下のような論理上の誤りが存在する。それは、権利の主体（Holder、Claimant）および権利の受益者（Beneficiary）を混同して捉えている上に、行為および行為の結果に関しては逆に分離させてしまっているのである。実際、権利の主体は一般的に権利の受益者であるが、権利の受益者は必ずしも権利の主体とは限らない。ある主体は、それ自身の権利の主体であることから受益者になることができ、自身の権利ではない関連

する権利の中から利益を得ることもできる。すなわち、ある権利の主体である人がその権利の受益者になれるわけではないのである。もしも個人が、発展権における結果の占有者および受益者にしかなれないのであれば、個人を最終的に発展権における主体の外に排斥してしまうか、もしくは発展権を施しによって得た産物としか見做せなくなる。ここから発展権の主体におけるオンリー集団性を導き出すことができ、個人的主体の発展における進展への参与権を否定するのである。集団的主体がその特有な権利の行使において、集団を構成する個人に利益を獲得させる点を否定することはできない。なぜなら集団が存在する目的、とりわけ公共権力の運営は国民の権利を保障するためであり、これはすでに早くから誰もが知るところの憲政規律となっているのである。しかしながら、仮に「結果」を「過程」と同等に、「受益者」を「主体」と同等に扱うならば、その本質は「オンリー集団主体論」とまったく変わらないのである。発展権の主体は個人でもあり集団でもある。主体の二重性こそ、まさに発展権が独立した人権であることの基本的な証なのである。

二、発展権の個人的主体

(一) 発展権における個人的主体の基本的内包

　発展権は人権の一つとして、人類全体における一人一人すべてが享有すべき権利であり、その主体は抽象の中に存在する人間の中の生きた一人一人の個人を含んでいる。個人は発展権の主体として三つのレベルの意味を有している。第一に、発展権における個人的主体は、具体的かつ実在の人間である。個体の人間とは、「感覚があり、個性があり、直接存在する人間」、「実際の活動に従事する人間」、「経験を通して観察できる、発展過程中にある人間[24]」である。第二に、一人一人の個体は発展権の占有者として、自身の発展もしくは集団の共同発展による利益を、その自由な意志で独立して求める権利を享有している。第三に、個体は集団の発展権とは異なるものを有しており、個人は社会の集団的存

在ではあるが、社会的集団の権利は個人の発展権に替わることはできず、替われないのである。両者の相互制約および浸透が、必然的に集団的発展権の個人的発展権に対する直接の置き換えもしくは代替となるわけではないのである。なぜなら、人権の本来の意味から見れば、「人権（Human right）」とは人間に属する、もしくは人間に関する権利であることを指しており、「human」という言葉に含まれる最も重要かつ最も基本的な意義は、「人間に属する、もしくは人間に関する」である。では、ここで言う「人間」とは一体何を指しているのであろうか。明らかに、具体的かつ豊富で多彩な個人こそ人権主体の最も明確な存在形式であり、集団的意義における人間は一種の抽象的存在というわけではなく、単独かつ現実の人間を基礎および前提としており、すべての人間の集合体は関連する個人の中にしか存在できないのである。個人を離れれば、人類の社会とは空洞化された抽象および幻の概念となる。人類の歴史における最も重要な前提は、生命のある個人の存在をおいて他になく、人類の集団における一切の活動もまた、個人の現実的活動を条件としている。したがって、人類の発展史は「結局、その個体の発展の歴史[25]」であり、個人の権利は抽象的な人権が存在し実践をおこなう基礎なのである。個人の権利の本質的属性および個人の権利占有という基本的事実を示した人権のみが、真の客観的現実性を有した総合的意義における人権なのである。

(二) 発展権の個人的主体は、人権の歴史における発展法則の一般的な要求である

　もしも発展権の主体における集団的属性のみを見るのであれば、発展権の個人的主体は否定され、それは人権の人間に対する基本的価値に背くこととなり、人権が生まれ進化してきた歴史および人権発展の一般的な規律に合わない。人権主体に関する異なる学説を比較してみると、人権主体における複数の意義を見つけることができる。近代憲政史上における人権は二つの方面から人権主体に分けられる。一つ目は、人権とは

人間が人間であるがために生まれながらにして享有している権利、すなわちすべての人間の権利を指すと抽象的に宣言したことである。二つ目は、法律上における公民主体としての権利であり、すなわち具体的に特定の政治共同体と結びついている人間である。1789年にフランスにて公布された『人間と市民の権利の宣言』では、「人権」と「市民権」を、「人としての権利」と「市民としての権利」に区別し、集中的にこの思想を反映した。市民権は人権とは異なるもののようで、実際に人権は市民権を含んでおり、市民権は人権の一種の現実的な政治的法的表現に過ぎない。なぜなら、人権宣言に列挙された市民権は人権の外に排斥されてはならず、排斥できないのである。この両者の間に何か区別があるとすれば、その根本的な区別は主体の違いにあり、人権から市民権というのは実質的には抽象的な人間から具体的な人間へと戻る過程なのである。近代における中国の学者は西洋の人権主体論を真似、人権と民権を区別して扱い、人権は民権を含んだものと考えた。民権は憲法もしくは法律の上で規定された法定権利であるが、人権は法定の権利を含んでいる以外に、未だ法律の中に規定されてはいないが、人間が生存していくために、即ち人間であるために必要不可欠なあるべき権利をも含んでいる[26]。マルクスは、人権とは以下の三つのレベルにおいて使用されるものであると考え、人権観に対し次のような評価をおこなった。①人権は「権利の最も一般的な形式[27]」であり、すべての人間の抽象的な主体的権利であることを広く示している。②「Droits de l'homme——人権としての人権は droits du citoyen——市民権とは異なり」、市民権は「他人と一緒になって初めて行使できる権利である。こうした権利の内容は、この共同体に参加することであり、それは政治共同体に参加、国家に参加することである」。そして「市民権とは異なる人権」がすなわち「自然権となって表れる」。③人権は市民権になると規定されているが、「人権の一部は政治的権利であり、……これらの権利は政治的自由の範囲に属し、市民の権利の範囲に属する[28]」。人権主体としての人間が、すべての「一般的意義における人間」、具体的な「人間」および「市民」

をそれぞれ指していることは明らかである。現代の西洋社会において、人権とは個人の権利を指しているのみのように捉えられている。例えば、カナダの学者であるジョン・ハンフリーは「今のところの使用において、人権と言う言葉は、人間がその属性のために有している市民的権利、政治的権利、経済・社会・文化的権利を含んだ個人の権利および自由のみを指している[29]」と考えている。実際、人権法の規範と人権理論において、人権における「人」は西洋文化によって抽象的な人と具体的な個人の二つのレベルにおいて対峙された。前者は人権の源流を強調し、人間が人間であるがために尊厳と人格を必ず有することから、まさに個人とは尊厳を有した人間という部類に属するもの、故に人権を享有すべきであるとしている。後者は人権の帰属を強調し、人権の実際的所有者を指している。人権が国際法の領域に入ってから後、人権国際法律文書が人権の主体帰属を定義しようとする際は、辛抱を重ねてきた。「人々」、「いかなる人」および「すべての国民」、「国民全体」等の字面を用い[30]、人間の個体と人間の全体との間に妥協点を探ろうと試みている。

　人権主体には一体何が含まれているのか。中国法学界における食い違いは多く、まとめると六つの観点が見られる[31]。一つ目は、人権主体は主に個人にのみ限るとするものである。人権主体は主に個人に限定するべきであり、人権とはまさに個人の人権もしくは個人の権利である。個人の人権は人権の真の意義によりふさわしいため、人権主体を量化することが可能であり、そこから一国の人権状況を判断するための確かなよりどころが提供される。もしも人権の主体を一般化できるのであれば、人権の真の意義とは矛盾することになる。人権主体と権利主体は二つの異なる概念である。権利主体には個人（自然人、公民）、団体（政党、社団、事業単位等の政治法人、社団法人、経済法人）、階級、民族、国家、国際機構等があるが、人権主体は主に個人であり、その外延の狭いところに権利主体がある。集団的人権は国際法上の概念の一つに過ぎず、仮に国内法に適用するとすれば、弊害多くして利益少なしと言える。二つ

目は、人権の主体をすべての人間とするものである。人権はすべての人間の権利であり、主体である「すべての人」とは、まさに人類の社会における一人一人なのであり、公民を含んでいることはもちろん、非公民までをも含んだもの、すなわち個体を指しているのみならず、グループ、すなわち国内の集団および国際的な民族集団をも指している。三つ目は、人権主体には個人と集団の両者が含まれるとするものである。ここで更に二つの論点に分かれる。一つは、人権主体は単一の個人を指すのみでなく、集団としての個人を含んでいると考え、後者は主に国際法における民族・種族等を指し、これは新世代の人権における主体である。もう一つは、人権主体には個人と集団が含まれるものの、最終的には個人であると考えるものである。集団的人権は、形式の面から見ればその主体は個人ではなく集団であるが、その本質は個体的人権に対する保障であるため、人権の主体は最終的にはやはり個人を指すべきである。四つ目は、人権主体は人類の一分子としての個人、特殊グループ、民族、国家および国家の連合体である。これらの主体が享有する権利は相対的であり、絶対的ではない。そのうちいかなる主体もみな人権の唯一の主体ではない。五つ目は、人権の主体を国民とするものである。なぜなら、人権は国民の基本的権利および自由であり、国民主権国家においては一切の権利は国民に属しているからである。六つ目は、公民を人権の主体とするものである。人権主体に関する観点は多いが、それがどのように変化しようと、結局二つの大きな問題をめぐって常に展開することとなる。一つは、人権の主体は一体個人なのか集団なのか、もしくは両者を兼ね備えたものなのか。二つには、人権の主体は一体、人間を指しているのか。それとも国民もしくは公民を指しているのか。集中している点は、すべての観点がここでも常に、「個体」もしくは個体の「人間」をめぐって論争が展開されていることである。ただ、ある者は人間における個体性に重きをおき、公民・個人の角度から分析をおこなっており、ある者は個体から構成されている人間の全体性を強調し、国民・集団の角度から思考をしているに過ぎない。具体的な分析に基づくものに

しろ、抽象的な概括に基づくものにしろ、どちらも特定社会の条件の下にある一人一人の個体であることから離れることはできず、個体の実践活動がなければ人権はただの空虚な掛け声に過ぎなくなり、もしも個体が最終的に人権を享有できないとすれば、すなわち人権がそのあるべき価値を実現することは永遠に不可能なのである。したがって、人権主体における個体性を取り除こうと試み、主体的人権における個人帰属のやり方を否定するのであれば、最後は必然的に主体の人権を否定することとなる。人権学説における発展の歴史は、人権における個人主体属性を一度も批判したことはないのである。

　発展権が集団的人権に過ぎず個人的人権には当たらないとする観点は、主体的人権の本質にそぐわないだけでなく、人権主体の本性に背くこととなる。発展権が意味するところは国家および民族の権利を突出させることであり、すべての国家もしくは民族の権利は、一つの集合的概念として、具体的な操作が可能な一方、抽象的でもあり、この集合におけるすべての構成主体に依託することを必要としている。まさに『発展の権利に関する宣言』第２条が指摘しているように、「人間は発展の主体であり、したがって、人間は発展の権利における積極的参与者および受益者となるべきである」。このように言えるのは、「すべての人間の人権および基本的自由を十分に尊重する必要がある」という見地からである。発展権における「人間」を考察する際に明らかなのは、人間を現実社会に生きる具体的な人間としてとらえなければならず、抽象的な人間ではないという点である。もしも個人の存在および発展の相対的独立性がなかったとしたら、人間の豊かで鮮やかな個性における発展内容から離れてしまい、人間は社会共同体における手足にしかならないことになる。それでは「ここにおいて、個人にしろ社会にしろ、自由かつ十分な発展を想像することは不可能となる[32]」のである。権利主体を確定する際、『宣言』の第１条において発展権が「一人一人およびすべての国の国民」の所有に属するものであるとし、「個人」主体を「国民」主体の前に置くことが明確に指摘されている。こうした配列方式は、必ずし

も発展権において、個人主体が個人の集合によって形成された国民主体と比べ、より高い法的地位を有していることを表すものではないが、個人主体および発展の権利における密接な内在関連性に関しては再度確認することができるのである。その証拠に、個人主体は発展権の主体となるべきであり、すでになっているものと見做されている。発展権における個人主体を否定することは、最終的に発展権そのものを否定することにしかならないのである。

(三) 発展権の個人主体への帰着は、個人主義的人権観への回帰を意味せず

　発展権主体の個体性を詳説する際、人権主体のオンリー個体性を主張しているわけではない。実際、発展権の提唱者は、発展権における個人主体性と個人主義的人権観との関係に対峙する際、きわめて慎重である。発展権学説およびその法律規範における核心的理念の一つは、人間の社会に対する依拠および個人のグループにおける存在としての価値を突出させ、個人の発展権における重要性を強調し、無意識のうちに個人主義、自由主義といった伝統的人権理論に傾いてしまっている。

　ここから、個人主義的権利観の基本的観点を分析する必要が出てくる。「個人」という言葉は中世には存在しなかった言葉であり[33]、この時期に個人と集団との関係を処理する際は、個人が集団に服従することを要求し、個人と集団とは一部と全部の関係にあることを強調し、「一部」は自ら「全体」の中に溶け込む義務があるとした。社会の理想は、個人の自由および独立ではなく、一致、服従、協力、協調、秩序であった。社会は個人の意志および同意を基礎とした契約の上に依拠しているのではなく、等級制秩序における上の者および下の者に対するルール規定の中に依拠していたのである。こうした秩序は「個人・個性の圧迫および社会の未発展、さらには精神の未発展を以って代償としていた[34]」。10世紀以後に起こったローマ法の復活、ルネサンス、宗教改革を主な内容とした思想解放運動では、人間を中心とすることが強調さ

れ、個人の価値および尊厳が尊重され、人間を政治国家および神学体系といった社会集団の束縛から離れさせ、個体と全体の分離を実現させた。まさにアメリカの著名憲法学者であるL．ヘンキンの言葉通り、「個人の権利、憲法の権利、人権……新教が生まれてから後——経済および社会的な力の結合——非常に強い個人意識をもたらし、重心は宇宙の性質ではなく人の本性となり、人間を独立した、プライバシー権のある、他人と平等な人として見始めるようになった。こうして二度と人間を、社会の中において他人と等級関係にある原子と見ることはなくなったのである[35]」。同時に、自然法思想の勃興は、人権の基点を個人に置き、人間が自然の状態にいる中での自然な権利が人権であると設定し、人間のこうした自然の権利に属するものは国家に依拠しているわけではなく、逆に国家はそれを承認および保護しなければならないとした。個人を国家の上に置く個人主義的権利観は、こうして少しずつ形成され法律化されていった。全体的に見ると、自由主義における個人的権利観の基本的内容の表れは以下の通りである。人権は抽象的であり、歴史や時空を超えられるものである。人権は政治的権利、倫理的権利、法的権利の三種類の権利が統一されたものである。人権の核心は個人の自由であり、人権は個人にのみ属するものである。個人は人権の唯一の主体であり、個人の自由以外に、いかなる権利も二度と存在しない[36]。こうした「西洋個人主義における人権概念には、二つの明らかかつ相互補填された特徴がある。一つは、人間を個人における肯定的な観点とし、もう一つは、社会、とりわけ政治社会の意義を否定的な観点としている」。「こうした個人への盲目的な信仰に伴うものは、集団、とりわけ政治的機構に対する不信任なのである[37]」。

　もしも、こうした個人主義的人権理論に基づいて発展権の主体問題を討論するのであれば、その結果は次の二つでしかない。それは、発展権の人権属性を否定するか、もしくは個人を発展権の唯一の主体であると認めることである。単独の人間以外、その他の人間によって結成されたいかなるグループも発展の権利を有することは不可能となる。これは明

らかに、発展権における個人主体性を極端なところまで広げ過ぎた産物である。個人を発展権の主体であると強調することは、必ずしも個人主義的人権観へと戻っていくことではない。こうした個人主義的な人権観そのものが、克服の難しい欠陥を数多く抱えており、人権理論の発展および人権実践過程における内在的要求に適応することができないのである。この学説の根源の一つである中世の宗教改革学説でさえ、その長い発展の歴史の中、今になってようやくこの問題を意識し始めている。「今になって個人的権利および集団的権利の間の平衡を弁証しようと提唱している新教の教徒達は、新教が過度な個人主義における西洋人権概念促進において果たしてきた役割について、すでに人々に対し寛大な許しを乞うている」。これに対し、ある学者はもう一つの意義における弁解をおこなっている。東方正教倫理学者スタンリー・ハラカスは、早期キリスト教においては個人の権利にそれほど注目しておらず、主に個人の集団に対する義務および責任に関心を示し、個人が必ずしも集団に対し権利を与えることを要求できたわけではないと考えた。イスラム教の観点によれば、西洋人権文献は個人と社会の間に一種の不均衡を作り出し、イスラム教が求めるのは個人と社会の間の協調であるとした。イギリスの学者ホロマンは、個人主義的人権思想の発展を考察後、「西洋人が視点を個人の権利に集中させ、集団的権利ならびに個人の集団に対する責任を軽視した場合、権利の含む意義を狭隘化させ過ぎている。……人間の権利を抽象的な整体に描き出しており、人間が歴史の産物であることを忘れている。すなわち、人間とは各主権国家における公民および特定文化ならびに潜在文化の構成部分であり、この際人権に含まれる意義は拡大化されすぎているのである[38]」と指摘した。

　発展権における個人主体の理解に関しては、無限に拡大してはならず、同時に縮小しすぎてもいけないのである。否定を加えることは論外で、個人と個人主義とは二つの全く異なる概念なのであり、個人主義における個人は絶対化、普遍化されるが、個人は必ずしも個人主義と同じことではない。個人の人権も個人主義の人権と同じではなく、主体の個

体性を強調することは、必ずしも個人主義に至り集団および公共の利益を損なうわけではないのである。

三、発展権における集団的主体

（一）発展権における集団的主体の基本的属性

　発展権は個人の人権であり、孤立した個体である個人が連結し一つの集合体となって後、その集合体はその相対的独立性を有していることから発展権の主体となる。具体的に言えば、発展権における集団的主体属性の現れは以下の通りである。第一は、主体地位の独立性である。集団的主体は個体から構成されているものの、単純に個体を増加させたものではなく一つの独立した社会的存在であり、特定の組織系統および特定の活動方式を有している。第二は、主体利益の特殊性である。集団的主体は、個人と関連しつつも重複はしない利益の要求および権利の主張を有している。集団の利益はむろん集団の成員一人一人に及びはするが、集団自身も人権の直接的享有者なのである。第三は、主体意志の自由性である。個体のすべての意志が集団の意志と同じとは限らず、集団の意志とは個体間の共同の意志であり、集団は独自の法律形式もしくはその他の形式で以って、自身の意志を表現もしくは実現することが可能なのである。その証拠に、集団的主体とはその他の主体に頼らず、外在的独立性を有し、自身の意志のままに行動することを指しており、特有な形式を以って自身特有の利益の主張を表現する社会的集合体なのである。それは固有の伝統、習慣、文化および発展程度に基づいて形成された個性的特徴および共同の利益であり、統一され独立した名義において権利を享受し、同時に義務を負担するものでもある。こうした条件を備えた社会的集合体のみが、人権の集団的主体なのである。したがって、ほとんどすべての独立した社会的組織、例えば法人、政党等はすべて人権主体となることが可能であるように見えるが、実際はそうではない。人権主体を構成する集団は、相当大きな範囲においてある一つの共通の歴史

的伝統および現実的習性をもった人々全体から形成され、その主な形式は民族と国家なのである。

　発展権における集団的主体である民族は、特殊な人種および文化から組織された大衆群である。各民族間には文化伝統、範囲の大きさ、現実的状況における違いが存在するため、社会の中では往々にして異なる地位を有し、異なる権利を享受している。経済発展、社会的進歩および人権の実現程度における差が、各民族、とりわけ弱小民族に発展の機会均等を得る権利を提起させたのである。発展権の集団的主体である国家は、当代国際社会における最も基本的な組織形式であり、個体である人間が生存を得るための最も重要な組織形式なのである。実際、いかなる人間も国家を離れ独立して生存することはできず、国家の発展なしに発展を獲得することは更に不可能なのである。「もしも発展権に有効な意義および内容を持たせるのであれば、国家を発展権の主体ならびに受益者としなければならない[39]」。

(二) 発展権における集団的主体の基本的依拠

　はじめに、発展権における集団的主体の確立は、人権価値における規範的選択である。

　発展権の主体における個体性を否定することはできないが、発展権の源から見れば、発展権は、人権が純粋な個人的人権から、個人的人権および集団的人権の二つが併存するものへと発展し、集団的人権が次第に制度化・規範化され、強制性のある法的効力を有した主体権利の集中的な反映を形成している。集団的人権は、集団が存在する最も基本的な条件であり、個人の人権が集団的人権の全面的発展を必要とする点を十分に実現している。人権法における集団的人権の認可は、20世紀初めの国家社会において、ある種の弱小グループが人権を踏みにじられる被害者となったことに基づいており、ここから被害集団における人々の集団的権利意識の萌芽および発展の産物を引き起こしたのである。法律の根源から言えば、集団的人権には主に以下の三つがある。①マイノリ

ティ。第一次世界大戦が終結した際に締結された条約体系は、マイノリティの権利を保護する制度的枠組を設立した。いわゆるマイノリティとは、数量的に一定の規模を有していることを指し、皮膚の色・宗教・言語・種族・文化等の面において他の人と異なる特徴を有している。偏見、差別もしくは圧制を受けたため、政治・社会・文化的な生活において長期にわたり従属的地位に置かれ、国家が積極的に援助すべき群体である[40]。彼らは、自己の文化・伝統・宗教もしくは言語によって結ばれた求心力により一国の領土に住む国民である[41]。『市民的及び政治的権利に関する国際規約』第27条ではマイノリティの権利を認めている。「ああした人種・宗教的もしくは言語におけるマイノリティが存在する国家においては、こうしたマイノリティと彼らの集団におけるその他の成員が共同に享有する自らの文化・信仰・自己実現をさせる宗教もしくは自己の言語を使用する権利を否定してはならない」。これは拘束力のある普遍性を有した人権条項として初めて正式に確認され、かつマイノリティの集団的権利を保障したものである。②人種。人種およびその他の形式における差別をなくすために、様々な人権法律文書が採択され、人種に集団的人権を付与している。例えば、『あらゆる形態の人種差別の撤廃に関する国際条約』、国際労働機関による『反差別条約』およびユネスコによる『教育における差別を禁止する条約』などで、その保護する対象を、人種・皮膚の色・性別・言語・民族もしくは人種的源・政治もしくはその他の見解・経済的条件もしくは出生等、各方面の異なるグループのすべての成員を含んだ相当広範なグループの成員にまで広げた。③土着人。国際労働機関で採択された第107号条約においては、土着人および部落人の権利を保護し、かつこれらの人々に有利となるよう積極的な行動をとるべきである点を強調している。経済社会理事会では1982/32号決議を以って、専門の作業グループを設立することを決定し、土着人の人権方面において取得した進展の促進および保障を審査し、土着人の権利に関する基準の発展に特に関心を寄せている。集団的主体は人権の主体として上述の方面において現れてきたが、まだ十分ではな

い。なぜなら、上述の主体はある特定の被支配的地位に置かれている人々の集合体に過ぎず、その集団的主体の法律属性の多くはいまだに正式かつ直接的な肯定を得ていないからである。しかしながら、少なくとも二つの方面における法的根拠が、集団的主体がすでに強制性を有する法律文書の承認と保護を得ていることを証明しており、これは人種絶滅罪条約ならびに人種隔離罪条約を防止、懲罰することになる。人種の生存権および平等権は一種の強制性を持つ法定権利であり、この権利に対するいかなる侵犯も強制的法律規範における制裁を受けることとなる。

　これは偶然にも団体そのものが人権の直接的受益者であり、団体は本質的にはその構成部分の総和とは異なるものであることを説明している。特定の弱小グループから普遍性ある集団的主体への発展は、集団的主体における発展権の形成に対し良好な契機をもたらし、発展権における集団的属性の獲得は、まさに集団的主体が特殊な土着人・人種・マイノリティなどのグループから普遍性を持つ民族および国家というこの二つの集合体の上へと変化していったことを直接の前提としているのである。具体的には次の二つの面に現れてくる。一つ目は、民族というこの集団的主体の地位に対する承認およびその法定化であり、国際社会において採択された民族自決権問題の決議等に関する一連の法律文書がその明確な証である。二つ目は、国家というこの集団的主体の地位に対する人権法の確証である。これは1962年の国連総会第1803号決議第1条において宣言された「国民および国家は、その天然資源に対し永久主権を享有している」の部分に突出して現れている。これに対し、オーストラリアの学者R.リッチは評価・分析をおこない、民族自決権および国家の天然資源に対する永久主権等の強制的法律規範上の集団的主体の権利においては、二点の結論を導き出すことができると考えた。発展権主体の由来の検証を以って、まず発展権は人権法における国民の権利という前提の一つだと言え、原則的には新しい根拠の出現を阻むものではない。この先例は早くも数十年前にすでに確立されている。仮に第三世代の人権があるとするならば、この世代の初めての子が自決権である。次

に、国家そのものが人権法における受益者の一つになる可能性であるが、国家の天然資源永久主権における法的原則の中に表れてくる。「もしも国民が人権法の主体となる資格を有しているならば、なぜああした国家を構成している同様の国民にこうした資格がないのであろうか[42]」。作者の意図は「国民」という権利主体を論述することであり、国家主体の重要性を強調するわけではないものの、発展権の主体における集団属性から見れば、この論述は少なくとも次の点を表明している。第一に、国家および民族は、国際社会の発展関係においては人権の主体である。第二に、国家内部において国家を構成する国民は、国内法の意義の上では発展権の主体である。発展権は、国家主体が国際的人権法に基づき享有する権利であるとともに、国内の国民主体がその人権法に基づいて享有する一つの権利であり、発展権の集団的主体は、国際および国内という二つのレベルにおける人間の集合体に分けられるのである。

次に、発展権の集団的主体の確立は、人権本質の基本的要求である。

発展権は人間の全面的発展および価値の実現を究極の理想とし、発展した人間は常に特定の社会に存在している。「個人とは自己の民族、文化、精神的環境に置かれている人間」、「人間が一旦その環境、民族、文化的方面の特徴を捨てるなら、精神的にその歴史から離れることとなり、その伝統的依存物からも離れ、すなわち人間はその最も重要な人間性を失うこととなるのである[43]」。人間は社会の中で生存し、永遠にその他の同類と共に社会の中で共同生活を送るしかないのである。人類は一つの整体であり、個人のように絶対的自由な意志を持つ産物ではなく、他人と共同の生活を送ることを通して初めて個人の利益を満たすことができ、共同の集団的生活のみを通じて初めて個体における共同需要を満たすことが可能なのである。そして、互いのサービスを交換し、その異なる才能を発揮および応用することを通じてのみ、個体の異なる欲求を満たすことができるのである。｜一人の尊厳は、その人の個体性の中にのみ存在するのではなく、その所属する集団の中にも存在している。これは集団を通じて存在しているのである[44]」。人間の社会連帯性

が社会的群体を形成、発展させ、一つの社会的群体として「最後は民族国家——現代文明社会における最高の形式[45]」へと進化させるのである。個人および社会、個体および群体の相互作用は、最終的に人類社会を結びつけることのできる基本的な力なのである。本質の上から見れば、「権利は社会に対する要求である[46]」が、個人の権利の源は、個人の社会に対する緊張関係およびその調整から来ている。なぜなら人権は社会に反対しているわけではなく、社会的利益に反対しているわけでもないからである。集団的権利とはすなわち、ある集団がすべての集団で構成されている統一体に向かって行う要求および主張なのである。国家、民族は、そこで生活をしている個人にとっては一つの集団的存在であり、その生存が依拠するところの国際社会から言えば、すなわち一つの個体的存在なのである。民族・国家集団の意志性および行為の自主性は、それが有する主体的能力および条件を表しており、社会に向かって権利の主張および請求を提起することが可能なのである。

人権の起源において、人権運動に群体的権利が含まれていたわけではない。しかしながら、人権の実践および法的視角の広範な開拓により、いくつかの主要な国際人権条約が集団的権利を宣言したのは、すでに前述した通りである。人権の古典的理論および人権の現実的進化との間におけるこうした矛盾関係に対しては、アメリカの憲法学者ヘンキンが以下のように考えている。「条約のこうした規定は、一般的概念の上に例外的に付加したものであり、人権とは一人の人間がその社会に対する時の権利である。発展権が…これまでずっと一つの運動であった…認めるが、こうした権利の一つの項目とて合法的拘束力を有する人権協定の中に具体的に規定されたことはないのである[47]」。西洋の他の学者に至ってはさらにかけ離れており、発展権における集団主体性に対し完全否定の態度を取っている。Jack Donnelly は「文字通り、人権とは人間が享有する権利である」、「個人は、単独の個人であっても社会の成員であっても人権を享有することができ、実際、人類の尊厳における真の価値には社会における成員資格が含まれるべきようである。人間がもしも生きて

第三章　発展権が内包する基本的意義　89

いることに価値を見出したければ、社会的団体の一部分となるべきである。個人は社会に対して確かに義務を負っており、それは社会的権利に相応する義務であるが、これは必ずしも、社会もしくはいかなるその他の団体が人権を享有するということではない[48]」と指摘している。一方で集団の民族権等の権利を認めておきながら、もう一方で民族権等の集団的人権を人権の中から排斥しようとしている。その原因の一つは、集団的人権が濫用され個人の人権が打撃を受けることを恐れているからであり、「集団的人権に反対する中で以下のいかなる内包的意義も、集団的人権を利用し個人の基本的公民・政治的権利もしくはその他の人権を国家のより大きな利益の前に屈服させる[49]」。国家の利益は個人の人権を否定する際の口実となってはならず、国家権力の運行の必要性から個人の権利を侵してはならないのである。個人の権利の制限は、社会の公共利益を法律上実行させるための方式なのである。実際、国家の利益は必ずしも個体の利益および公民的権利と単一の緊張もしくは衝突関係を形成するわけではなく、両者は共生共存、対立かつ統一の関係にある。発展権における集団的主体の属性は、この基礎の上に設立されたとは言え、この意義のみに制限されることはなく、個人と国家の関係における国内法の限界をすでに超えており、国際社会の成員が国際社会に対して有する権利の主体資格を主張でき、主張してもよいことを強調している。ここにおいて、ヘンキンは「西洋国家がこれらの規定に反対する理由は、規定の及ぶ問題が個人の権利に属さないからである[50]」と鋭く指摘した。ある対象が、自ら認める対象に属しておらず、その上でその対象を評価するとしたら、その導き出される結論は必然的に言うに及ばないものとなる。問題の重要点は、評価基準における価値指向にある。実際、こうした価値準則の承認および選択には大きな差異が存在する。なぜなら、ここには二つの論理的矛盾が存在しているからである。一つ目は、「市民社会」と「政治国家」の分離および対立である。政治国家の抽象および私人生活の抽象を通し、政治国家以外における市民社会を分析し、「市民社会における政治的性質」を消滅させることで「市民社

会における利己主義的性質」を解放しようと試みた。二つ目は、「私人」と「公人」の分離および対立である。市民社会の成員である人間のみが「本来の人間は、…感覚を持ち、個性を持ち、直接存在する人間」であり、「政治的人格はただの抽象的で、人為的な人、寓話の中の人、法人に過ぎない[51]」と考える。こうした二元主義的な分析法におけるその本質は、人権の個体性と集団性を分離させ、個体と集団、個人と社会の対立性を過度に強調しているのである。

　個人および社会の関連が対立関係のみならず一致の関係でもあるというこの一点は、社会学法学派、功利主義法学派等の西洋法律学説も否定していない。法学ないし人類の社会生活におけるパウンドの利益理論の価値は、当時メンデレーエフが化学元素の周期表を発明したのに匹敵すると賞賛され、その利益論の核心的価値は、個人の利益・公共の利益・社会の利益に区分されるだけでなく、さらに重要なのは社会的利益およびその法的価値に対し鋭い分析を加えたことにある。彼は、平和で、秩序ある、安全な社会的利益の他に、文明社会の生存および発展には「社会的資源の保護」、「一般群体の道徳感からの背離」の阻止、「普遍的進歩」の面における願望および利益、さらには「単一個人の個人生活および文明社会の要求もしくは願望等の方面から、社会的利益を考慮できること」が含まれるとした。「単一個人の個人生活」の面から考慮した社会的利益および純粋な単一個人以外における社会的利益は並列で、かつ非隷属的な関係にある。実際に利益を内容とした権利は、単一個人の権利を含んでいるのみならず、単一個人以外の社会的権利も含んでいる。こうした「今日の法律理念は法規を形成しているところであり、法律体系における伝統的前提を発展させ、その上具体的状況から出発し社会的利益の産出を促したのであり、抽象的な人類による抽象的な主張を根拠にこれらの利益を見るものではない[52]」。社会的利益およびその個人的利益は互いに密接な関係にあるという論点から出発し、人権史における人権主体に関する変遷過程を通して見ると、人権は個人的人権と集団的人権との矛盾の中で終始発展してきたことがわかり、人権史はすでにこ

の点を証明している。「17世紀にかつて一度公共の利益を崇め奉ったことがあったが、統治者の利益のみを考慮し個人の道徳および社会生活を扼殺していたため、個人の権利を保護する『人権宣言』ならびに『権利宣言』が時運に応じて現れた。今日、もしも適度に社会的利益を強調しなければ、これもまた同様に危険である。『政府中心主義（governmental maternalism）』はおそらく目的にはなるが、手段とはならない。これはいずれ法的手順の真の目的を損なうこととなる」ことから、「人々の全体的な要求および個人の要求を重視[53]」し、個人の権利と社会全体の権利という両者の関係を調整しなければならない。社会的利益および全体的利益への過度な重視は、そのためにパウンドを一つの極端な方向へと走らせた上、「世界法[54]」体系なるものを考え出すことを試みさせ、それを以って国際社会における利益の人類に対する普遍的価値を実現させようとした。これに対し、アメリカの当代著名な法学者バーナード・シュワルツはこう論述している。当代社会において生活に充実した意義を持たせ日々増加する各種要素を考えた時、社会的利益に重点を置いた「法律の目的は、法の下の平等を保護するだけでなく、同時に事実上の平等を提供することである。法律は、他人の生活と似たような条件の享受を要求する一種の願望を認め始めたのである。保障を受ける一種の人類の生活における先決条件の基準は、より開けた構想へと移り変わっていき、人々は仲間と同じ生活条件を獲得できる権利を有し……最大の範囲において人類の要求を満足させる努力をする」、この理想は未だに実現からは程遠いが、これは変えることのできない「直接的な方向[55]」なのである。人権とは社会に対する要求ではあるが、「社会に反対している[56]」わけではなく、したがってここから「個人の権利と集団の権利は絶対に排斥し合い、共生することは不可能という二元論が、一致した同意を得ることは難しい」ことが導き出される。これは「個人と社会の誤った二分法」の上に成り立っているのである[57]。

次に、発展権における集団的主体の確立は、多元文化の普遍的反映である。

一定の文化は一定の人権観を育み、「人権概念の内包と外延は、特定の文化と関連している。文化の数と同じだけ人権概念の解釈も存在すると言っても過言ではない[58]」。そして多元文化はまた比較の上で存在するものであり、「異なる文化においては、自らの方式で発展することを許すべきである[59]」。地理的領域で言えば、「西洋の伝統は、多くの文化および文明・伝統における一種にすぎず[60]」、アジア文化、アフリカ文化、ラテンアメリカ文化はすべて、自身特有の人権概念を育んできた。人権主体理論の突破・集団的人権・集団主義もしくは団体主義人権主体観の形成は、まさに多様性人権文化の鮮明な現れである。

これに対し比較的細かい分析をおこなったのが、アメリカの首席人権法学者ヘンキンとイギリスの法哲学者ホロマンである。両氏は集団的主体の西洋および非西洋社会における人権的性質に対し対比分析を行い、更に非西洋社会における異なる国家に対し内部比較も行っており、一定の代表的意義を有している。ヘンキンは、非西洋国家においては「最も重要な価値は個人主義と個人の権利ではなく、社会主義社会におけるすべての人の十分な発展」であり、「伝統的な中国においても個人と個人の権利を重視してこなかった。個人の所属範囲、個人の正当な自治領域、他人との自治領域分野など、すべてが不明確である。その上、個人の個性、個人の権利は宣伝および強調をする必要があるわけではない。調和は理想的であり、個人の地位および作用は、こうした調和との一致を保ち続けるものでしかない[61]」。非西洋世界におけるその他の国家から見れば、「第三世界の国家には確かにある種の共通のものが存在し、これらのものとは恐らく人権の観念の上に共通の内容を加える。…みな新たな制度を建設中であり、すべては変革中の社会に置かれており、すべては経済・社会・政治の発展に力を注いでいる[62]」。彼は発展と人権の内在的関連を認めたわけではないが、こうした問題があることにすでに注意を向けており、すなわち「すべての第三世界国家は発展に力を注いでいる。発展の実現には多くの方式があり、多くの道がある。しかし、すべての発展は、積極的かつ干与性を持つ政府および日増しに増大

する国家権力を意味しているのであり」、個人主義的人権観の発祥地であるナイジェリアおよび伝統的な集団的人権文化を主旨とするタンザニアの、この二ヶ国に対し対比性個別例分析をおこなった。ヘンキンの分析には相変わらず不公平なところがあるが、しかしながらここで証明されたのは、集団の視野から発展権を含む人権の主体に対するということが、すでに相当普遍的な文化的現象となっている点である。そして、ホロマンの分析はすなわち、アメリカとロシアの人権文化における比較から始まり、「ロシアの歴史が外国からの軍事的侵略および占領に満ちたものであるのに対し、アメリカは一つの外国征服者たちから成り立つ民族である。ロシア人の意識の中は、自らのプライベートな空間が外国からの侵略者によって侵入される恐怖に覆われており、アメリカ人の意識の中は、自らのプライベートな空間が宗主国政府に占領される恐怖に覆われていた。こうした不公正な異なる経験が、多くの程度において異なる正義感の存在を説明している。一つは主に集団の角度から人権を考えるものであり、もう一つは主に個人の角度からのものである[63]」。

　共通の植民経験および依存・従属の歴史は、「集団」の発展権をアジア、アフリカ、ラテンアメリカの国々が強烈に要求するものとさせた。ムスリム国家は、西洋の人権文献は個人と社会の間に一種の不均衡を作り出し、極力個人の権利を保護するかたわら社会の需要は無視していると考えた。西洋における多くの人権観は、イスラム教徒やその思考方式にとって見慣れないばかりでなく、ムスリムの人権観より低いものと考えられている。なぜなら、人間本位説、現世主義、占有を強調する個人主義はムスリムの生活方式に対し腐食性のある影響を与えるからである。したがって、彼らは「探し求めているのは、個人と社会の間における協調」、「サリア（Sariah、一訳教法）によれば、個人は一つの主権ある実体ではなく、放任された人権観が考えるようなそういったものではなく」、宗教の上に作られた自由と人権は、「主に一つの集団の権利であって、個人のではない[64]」。

　発展の獲得を強く要求しているラテンアメリカの人権観では、個人主

義モデルより集団モデルに対する考慮が多く、「人権」に関する最も古い明確な資料は「人民の権利（derechodegentes）」、「強調しているのは個人の権利ではなく、集団の権利」に言及した。「大多数の人は、自然な『経済発展』の過程は大変順調であると信じている。すべての人は、選挙はこの発展を待ってからと信じて[65]」おり、まさに選挙権と同じように、その他の個人主義下にある人権はすべて社会秩序の安定および発展を以って評価基準としている。すなわち集団的主体における平和と発展を以って基準としているのである。

いち早く発展権を提起したアフリカ諸国における人権主体に対する理解は、集団的主体の価値と機能に強調点が置かれ、「経済状況への関心が、政府に個人的権利ではなく、優先的に集団的権利について考えさせることとなった」。とりわけ経済発展の権利である。アフリカの人権史はある学者によって三つの段階に分けられた。前植民地時代、アフリカ人はすでに比較的複雑な全体的人権観を有しており、個人的利益を軽視していたわけではなかったが、集団的利益が最も重要とされた。植民地時代、個人的利益は軽視され始め、理論と実践において、共に当地の土着人の個人的権利を否認した。独立もしくは民族主義時代に至り、国民全体の「衣食住および就業問題」についてより関心を示した。その理由は、「植民時代の遺産によって促成され、『未発展』の苦しみによって強化されたからである[66]」。アフリカ人権憲章は、人権主体という点において二つの明確な特徴を表している。一つは、民族権に対する規定である。当該文書の全称はすなわち「人権および民族権憲章」であり、民族権を集団的権利の一つとして捉え、「公民権」の類の個人的権利との対称をなすものとなった。二つ目は、発展権に対する確認である。この主旨は集団的主体に対する強調であり、個人的権利への特別な関心ではないということである。

発展権に重大な関心を寄せている東南アジア地区における人権観は、個人の人権と集団の発展の間における関係から、往々にして個人と社会との均衡を基点とし、社会全体における発展の権利を非常に強調してい

る。「インドネシア文化およびその古代からある相当発達した慣習法においては、伝統的に社会もしくは国家の権利および利益を十分に注視してきているが、同時に個人もしくは群衆の権利および利益を低く見たり、あるいは軽視したりもしていない。……インドネシアにおいては、同時におそらく発展途中の諸国を含んでいるが、実際には人権に対して個人主義的態度を完全に保ち続けることはなく、というよりできない。なぜなら我々は、我々の社会および国家の利益を無視することはできないからである[67]」。「ASEAN 国家は個人の権利と社会全体の間の均衡を保っていくことを極めて重視し、それを以って政治の安定確保をはかっている[68]」。こうした人権理念は、ASEAN の人権宣言の中でも明確な肯定を得、当該宣言の第一章に「自由・進歩・国家の安定は、個人と社会の権利との均衡を通して促進を得られるものである」と規定されている。

四、個人と集団の関係

　上述のように、いったい個人主義人権主体論を用いて発展権を証明していくのか、それとも集団主義における人権文化のみを以って発展権の主体資格を確立するのか、これが発展権の主体をめぐる論争展開の本質である。実際、発展権は個人の人権であると同時に集団の人権でもあり、個人的人権と集団的人権の統一を表している。主体の二重性は発展権における重要な特徴の一つである。具体的に言うと、発展権における集団と個体の主体関係は三つの面に表れてくる。①同時併存。発展権における集団的主体と個体的主体は、それぞれ相対的に独立した法的地位および人権資格を有しており、集団的主体を以って個体的主体の代わりをすることはできず、同時に個体的主体を以って集団的主体を否定することもできないのである。両者はどちらが欠けてもならず、さもなくば、発展権は独特な人権の一つとなることはできないのである。したがって、発展権を個人的権利の一つであるという観点から見たり、ある

いは集団的人権の一つでしかないという観点と同様に見ることは、どちらも望ましくないものである。②相互影響。個体的主権と集団的主権は相互に関連しており、分けることのできないものである。個体的主体がなければ、有機的に統一された集団的主体を集合させ形成することはできない。また、集団的主体がなければ、個人的主体はそれが存在する社会的基盤を失うことにより、その存在価値をも喪失することとなる。同時に、個体の発展権における状況は、集団の発展権に対する保護と保障の程度とレベルを反映しており、集団における発展の権利もまた最終的に個体の発展の中に戻っていくべきである。③相対的独立。個人の発展権は、集団の発展権との間で相互制約・相互影響があるものの、発展権が個人の発展を根本的な目的としているのに対し、個人的発展権は集団的発展権と必ずしも同等ではなく、両者は時として一定の不調和を引き起こすことさえあるのである。なぜなら、個体が集団に対して行う主張を発展権が実現できるか、あるいはどんな程度において実現されるかは、多くの要素によって決まるが、集団的発展権の実現は、個体的発展権が満足する現実的基礎を構成する可能性を有するだけでなく、必然的・自動的に個人的発展権の実現をもたらすわけでもない。個人は集団的発展権における最終的な利益享受者であるが、集団的発展権における直接的主体であるとは限らない。なぜなら、国際的な発展権法律規範において、個人は一般的に発展の権利における義務関係の相続者とはなれず、権利主体もしくは義務主体の資格を有していないからである。したがって、両者は主体資格の上で直接同一でないばかりではなく、「原則」および「結果」の上においても、直接的・必然的な因果関係があるわけではないのである。

　それゆえに、発展権における個人的主体と集団的主体は、法律秩序において同等に重要な地位および同時進行でも互いに矛盾しない資格を有しているべきなのである。このような二重主体が併存する二元論は、発展権における主体規範の基本的な原則である。

　この原理を運用し、当代国際社会における発展権の現状を分析する

と、個人は発展における積極的参与者ならびに最終的な利益享受者として、当然のことのように発展における主体となれるはずであることを発見できる。そして、国家ならびに新植民統治下に置かれている民族・地区は、それらの構成対象がやはり一定社会の人間であるという点から、自身の解放を以って生存および発展の基本条件を勝ち取ろうとしており、さらに長期的な角度から見れば、人間の権利における物質性がもたらす人権の永久性が、一切の民族および国家に止まることなく人権または人権を発展させる自由を獲得することを決定する。したがって、すべての民族および国家は、いずれも発展権の主体なのである。もしも経済発展の程度を基準とするのであれば、国家主体を先進国と発展途上国とに概括することができ、「発展途上国」とは20世紀中葉前後に植民統治下から解放されて出てきた新興独立国家であり、その経済発展は遅く、国民生活レベルも低かった。そのうち、一般的には世界で最も未発展の41の国を発展途上国と見做している。先進国と発展途上国は、どちらも集団的意義における発展権の主体と見做すべきである。実際、権利の一つとしての発展権が人間の理性から普遍的に認可されるか否かはともかく、発展途上国は発展権の主体として、その地位を否定することはできない。強調するに値するのは、発展途上国に付与された発展の権利は、剥奪された発展権の一種の帰還もしくは復帰に過ぎないのであり、先進国と発展途上国の経済社会諸方面における格差が日増しに高まる中、ようやく発展途上国に発展権を勝ち取らせる呼び声が日増しに高まり、当代社会における主流となったのである。実際に、「発展とは全体のものであり、世界の各部分との間に緊密な関係が存在しており、条件が不利な地区における進歩は最も繁栄している地区の発展と相関している。したがって、発展はグローバル性という特徴を有するべきである。長期に続けられる発展とは、すべての人間の共同的発展しかない[69]」。ここから、発展権の主体を仮に個人もしくは国家・民族に限定するならば、発展権の本質属性および基本的要求に反することとなり、仮に発展権の主体を発展途上国のみと確定するならば、これもまた発展権におけ

る普遍性および人権の平等性に反することとなるのである。発展権の主体とは、すべての国家・民族・すべての人間を網羅した複合的主体なのである。発展途上国もしくは未発展者における発展権の保護が、当代において優先的に考慮されるべき事項にすぎないというだけのことである。

第三節　発展権の客体

一、発展権の客体が含む基本的意義

　発展権の客体とは、発展の権利が頼りにする存在である担体および権利が示す対象であり、広義においては、発展権を含む「人権の客体は、権利概念が及ぶところの正当な『主張』、『利益』、『資格』、『権能』、もしくは『自由』であるべきであり[70]」、内容としての人権および形式としての人権における人権対象性存在の統一を指している。狭義においては、発展権の客体とは、すなわち発展権が内包する発展利益の要素が何であるかを指している。なぜなら、「権利客体とは即ち、どんな権利を要求するか」であり、「消極的内包意義」からしても「積極的内包意義」からしても、「保護の必要な客体は、すべて一種の利益なのである[71]」。発展権客体としての利益は、実質上は主体の発展によって得られた、または得るべき利益に基づいていることを指し、主体との間に形成された自由発展の主張およびその主張に対する承諾と関係を満足させることから示される利益は、すなわち、発展により得た利益および利益の主張の中に依拠する発展なのである。前半部においてすでに「発展」に関する内容に対しては実証主義式の分析をおこなったが、主に反映しているのは発展権の実践において国家主体、とりわけ未発展国家における主体の需要および認識である。正確かつ全面的に発展権における発展の利益というこの客体を把握するには、発展権そのものに含まれる意義および内

容に対し科学的な区分けおよび分析を行うことに頼らなければならない。

　発展と人権の融合は、発展を客体とする発展権を形成したものの、「発展」という言葉の複雑性のため、発展権の客体を把握する上での困難を引き起こしている。「発展」とは何であるのか。ヘンキンは人権と発展の関係を陳述する際、以下のような解説をおこなっている。「『発展』とは、しばしば昇格するものの、定義がされることは少ない言葉である。それは、ある時は個人の発展を指し、ある時は社会の発展を指す。またある時は経済的発展を意味し、ある時は政治および社会の発展を意味する。またある時は近代化および工業化と同義である。正確に言うと、発展は一種の観念、少なくとも単一の観念ではなく、当代における一連の価値観であり」、「そのため、発展の性質に関しては、決して普遍的もしくはまったく異議のない見方があるわけではない[72]」。実際、「発展」とは、静態の概念である以上に動態の概念でもあり、動態的変化においてのみ科学的にその真の意味を把握できるのである。西洋発展中心論および経済発展観の変遷を経験して後、1980年代以来、各種社会間のつながりが次第に高まり、大量の社会問題および社会矛盾がとめどなく現れ、人々の発展に対する観点を、これまでの単純な経済発展に限られた局限性の認識から突き破らせた。「成長（Growth）」を「発展（Development）」と同じとし、「成長の影響は間接的に政治および公民の権利を増大させると考え、より高いGNPは直接的にすべての人によりよい仕事、より高い生活水準、医療の改善、よりよい教育をもたらす」といった片面的発展観は日増しに捨てられていった[73]。西洋の学者は、工業文明が引き起こした人間の異化を深く反省した後、「人――自然――社会」の協調的発展という新発展観を提起した。フランスの学者F.ペローは、比較的早い時期にこうした新発展観を提起した。彼は権威ある発展観と工業化の観念を痛烈に批判し、成長――発展――進歩の三者のうち、文化的価値が決定的作用を起こし、成長の必要性の加速もしくは減速を決定し、更には成長目標の合理性を検証すると考えた。発展のない経済成

長は危険である。彼は経済学と哲学の結合から新たに社会の発展問題を捉え、人間を中心とした研究視野の確立を提起し、人間の活動およびその発展という角度から発展の動力および規律を考察した。彼はこう指摘している。経済は自身の孤立の中に限られた単純な現象ではなく、逆に「1. 経済的現象と経済制度の存在は文化的価値に依存している。その上、2. 共通の経済的目標を彼らの文化的環境から分離させようと試み、最終的には失敗に終わっている[74]」。ローマ・クラブ前主席のA. ペッチェイは1980年代初頭に、明確に指摘している。「いかなる進歩にしろ（科学的進歩にしろその他にしろ）、もしも同時に道徳、社会もしくは政治が進歩しなかったのであれば、まったく価値のないものと言える[75]」。世界には人類の発展に先駆けた、あるいは人類の発展と同時進行していないいかなる経済発展も存在しない。こうした新発展観は、人間の発展を核心として価値参照系を導入し、もともと物質文明の陰に隠れていた精神文化的価値の発展における重要性を突出させ、西洋の学者が工業文明にもたらした人間の異化および人類生存環境に対し批判的反省をおこなった結果である。新たな発展概念は、国際社会に絶え間なく受け入れられた。1976年、国連ユネスコの有する新発展観は「発展とは多元的である。発展は経済成長というこの唯一の内容に限られるだけでなく、経済、文化、教育、科学、技術は疑う点なくそれぞれの特徴を有しており、これらもまた相互補完、相互関連している。これらをすべて合わせた時にのみ、人間を核心とした発展を保証することができるのである[76]」。1991年、世界銀行は権威性ある発言を明確におこなっている。「全面的発展とは、経済的変量を含むだけでなく、生活の質を高めることが可能な非経済的要素も含んでいる。因果関係の境界線を引くことは難しいとはいえ、ある種の非経済的変量は経済発展と関係している[77]」。更に「成長」、「乳児死亡率」、「教育の変化」、「婦女教育の変化」、「婦女―男子間における教育格差の変化」、「教育レベル」、「婦女教育レベル」、「政治と公民の自由」という8つの面を含めた『1973～1987年・全面的発展の評価基準』を挙げた。国家近代化運動が一層進むにつれ、

人々は更に経済や社会等の領域をさらに多くのレベルに分ける傾向が進み、そこから異なる構成における異なるレベルおよび異なる要素の、具体的な発展およびその相互協調、バランスのとれた対策の推進を求め、「経済発展は必ずしも社会発展とは限らず、物質的に豊かであることが必ずしも幸福な生活と同じではない」と考えた。「自然環境を改善し、社会環境および政治環境を改善することは、単純に GNP を追求することより更に重要なものであり」、「『発展』の概念は経済学者が捉えていた工業化、富裕化の範囲を超え、少なからぬ政治家が考えていた西洋化、一体化の範囲をも超え、環境・生物・社会・生活・文化・政治・科学・教育等多方面の要素を含んだ民族の歴史・環境・資源等自らの条件を基礎としたものへと移行していった[78]」。1990 年代以来、全く新しくより高い境地に立った発展観――「持続可能な発展」が正式に誕生し、発展とは現代人のニーズを満足させつつ、後世の人々がそのニーズを満足させる能力に対して脅威や危険にならない発展と考えた。発展を人間の生存における質および自然と人間の環境における全面的効率化であると理解し、発展問題における現在と未来、全体と局部、理性と価値の多重統一を体現した[79]。

　まとめて言えば、人類の時空観念および社会における歴史的視野の拡張に伴い、「発展」に関する観念にも根本的な変化および実質的な進展が起こっており、集中的に体現されているのは以下の面である。①単純な経済成長から人類社会の全面的発展を旨とするものへの変化。発展を社会経済・政治・文化の各サブシステムにおける相互促進および人類の生活方式・心理面・価値系統という多重構成と理解するものである。②客体的発展を中心とするものから主体的発展を中心とするものへの変化。人間を中心とする発展の実現を強調し、社会の平等・地域および国際間の平等、未来の発展と現実への配慮の平等を要求した。③受動的・依存的発展から自主的・内源的発展への変化。発展内容の全体性・協調性・自主性を重視し、「国民の文化的本性」および伝統的価値基準の発展における地位についてとりわけ重視した。④西洋化の発展から近代化

の発展への変化。近代化と西洋化を区分した上で、各国の具体的国情および歴史的・文化的伝統を認め、西洋国家の近代化そのものがすでに世界全体の構図を塗り替えており、非西洋国家が同様の社会的・歴史的背景において近代化の道を歩むことはすでに不可能と考えた。それならば、各自の歴史と現実に適い論理的につながった多元化発展モデルと発展の道を探らなければならない。⑤伝統的な工業文明の発展から持続可能な発展への変化。現代人がこの世界の発展と消費を創造・追求する際、自らの機会を後世の人々の機会と平等に考えるよう認め、かつそうするよう努めるべきであり、「自然のない人類の発展」から「自然のある人類の発展」へ、人と人との対立および敵対から人と人との対話および調和的発展への移行の実現を強調した。⑥発展途上国の発展からグローバル的発展への変化。発展途上国の未発展問題は必ずしも自身の問題ではなく、世界平和および安定に影響する肝心な要素であり、グローバル性を備えている点を認識した。国際性社会問題のグローバル化に伴い、先進国・発展途上国を含めたいかなる国家にも、自身または自身のニーズの発展に対する不断の改良および調整が存在している。ここから分かるように、発展は多元性もしくは総合性を有し、政治・科技・文化・教育・社会の各方面およびその内部の諸段階を含めており、全方位的な立体型発展なのである。真の科学的発展観とは、自身の独立した基礎の上に上述の諸要素および諸方面において相互依存・相互補完のバランスのとれた持続的発展を指す。

　ここから、「発展」を核心内容とする発展権は、上述の各種意義における発展の権利の有機的統一となり、まとめて言えば、すなわち政治・経済・文化・社会における発展権の有機的統一を含む物質的発展権と精神的発展権との統一なのである。マクロ的動態の角度から各種レベルにおける発展権の相互浸透および完全理解について把握すべきであり、発展権のシステムにおいて、政治発展権は基礎および前提である。中でもとりわけ民族自決権は前提条件であるが、民族自決権そのものは決して発展権というわけではなく、民族自決権の十分な実現こそ発展権の内容

の一つなのである。もしも国家の独立・民族の解放・各国が自由にその政治制度および政治的発展の方向を決定する権利がなければ、社会の全面的発展戦略を以って発展権実施の推進を語ることはできず、主権が蹂躙され内政が横暴な干渉にあっている国にとって、社会の進歩および国民の発展を考えることは極めて難しいのである。経済発展権は発展権における核心であり、国家繁栄の推進、国民生活レベルの絶え間ない向上を以って物質的生存資料を獲得するという前提の下、より高い生存の質および発展における強大な物質的保障を求めるのである。また社会・文化的発展の権利とは、すなわち経済発展権が実現を見た場合の必然的な延伸およびシンボルであり、別の意義から言えば、社会・文化発展権が実現するか否かは最終的に国家における発展権の進展状況を測る基準なのである。人々の発展面における社会保障および精神的生活の充実・改良を離れれば、経済・政治的発展は単純な発展のための発展となってしまい、形式から形式へ、手段から手段へ、そして最後には完全に目的を達成できないままの虚無のやり方になってしまうのである。具体的に言うと、政治・経済・文化・社会の各方面における発展の権利の相互関係は二つの面に表れる。一つは、政治発展権と経済発展権は分けることのできないもので、互いに条件となり、まさにナイジェリアのガリ前大統領が 1980 年 4 月にアフリカ統一組織首脳会議において述べたように、「政治的独立がなければ、経済的独立を得ることは不可能であり、経済面での補強がなければ、政治的独立は無意味で不完全なことである」。もう一つは、政治・経済発展権および文化・社会的発展は相互に依存し、分割することは難しく、『社会の進歩と開発に関する宣言』、『発展の権利に関する宣言』においてこの思想を繰り返し強調し、「公民・政治・経済・社会・文化的権利を実施・促進・保護することは、同等に重視し緊急に考慮すべきことである」と主張した。一旦、分解的意義の上からこの四つの方面を理解するのであれば、発展権は孤立した経済権・政治権・文化権・社会権に分散してしまう。これは理論上から独立権の一つとしての発展権を抽象化するのに不利だけでなく、更に個人およ

び集団的主体が発展権の社会実践運動を実現するのにも不利である。以上のように、発展権は独立した公民権および政治権でも分散した経済・社会・文化権でもなく、政治的発展を前提とし、経済的発展を核心とした経済・政治・文化・社会的発展の各方面における内容の有機的統一体なのである。

二、発展権内容の構成

　発展権が内包する諸方面におけるマクロ上の不可分性を強調することは、理論の上からその構成内容を具体的に分解・分析することの妨げになるわけではない。ミクロの面から見れば、発展権は経済発展権・政治発展権・文化発展権・社会発展権およびここから分化されて出てきた生存発展権の五つの方面の内容を含んでいる。発展権の国際・国内の法律規範を制定する際、十分に考慮すべきことである。

（一）経済発展権

　経済発展権は、主体が自主的にその発展の方向および発展の道を決定して発展に必要な物質的技術手段を獲得し、さらに獲得した物質的技術手段を運用して発展のニーズを満足させる物質資料の権利における総和を創造・享受し、発展権の中でも主導的地位にあり、最終的に発展権のその他の内容の実現を制約するのである。集団的主体について言えば、それは国家・民族が公正かつ合理的な国際経済関係設立を要求する権利を有することを指している。国際貿易・金融・生産の仕組みにおいては、自己を発展させる平等な機会がある。自主的に自国のすべての天然資源を利用・採掘し、その他のすべての国や勢力からの侵略・略奪を逃れるための権利を有する。経済発展合作権を有し、とりわけ発展途上国は国際経済発展の障害を排除する請求権および貿易優遇・資金技術援助・債務減免等を含む国際発展の援助権獲得を要求できる。国内においては、主体が産業構成・経済発展目標・その具体的実施措置における決

定権を含む自国の経済の仕組みおよび発展政策を自主的に決定かつ調整する権利となって表れる。なぜなら「世界には、唯一無二もしくは世界中どこにでも適応できる発展モデルは存在しない[80]」からである。

　個人的主体にとって経済発展権とは、社会の一人一人の成員が自らの労働を通じて享有できるものであり、自国・自民族および世界的範囲における経済発展活動に積極的に参与し、経済発展がもたらす物質的利益を獲得する権利であり、労働の権利および労働成果を享受する権利の統一なのである。主に個体の労働発展権として表れ、そこに含まれるのは、就職機会の増大・就職領域の拡張・それによってもたらされる職業選択度の拡大（例えば職業選択の自由権は、経済発展権において個体の身に起こる典型的な反映なのである）、労働方式および労働手段における技術化の強化・科学研究の飛躍的進歩、個体にそこから生まれる特許成果における平等な申請使用権等の発展の権利を獲得させ、社会生産発展成果における享有権（例えば労働者の技術職名称の昇進権および労働報酬の昇格権等）、すべての生産要素のバランスのとれた発展が生産者ないしは社会全体にもたらす経済発展権を含んでいる。

（二）政治発展権

　政治発展権は、主体が独立主権の十分な行使を享有し、政治発展の道・方向・政治発展モデルを決定し、一般的な政治的権利が十分に実現する権利の総和を獲得することである。集団の政治発展権とは、一つの国家・一つの民族が自身の具体的な実情に基づき、国情および民族の特徴に合った政治制度・政治体制を選挙する権利を有し、自己の未来における社会政治運動の過程および発展の見通しを決定することを意味している。そのうち主なものは、国家の主権独立・領土保全・国体と政体および政体の運営方式・政治体制改革における自主権である。逆に言えば、国家が「彼らの政治的地位を決定する権利を有する」ことを表しており、その他一切の国がその政治観念・政治制度・社会制度を無理やり自らの上に押し付けることに反対する権利、すなわち『発展の権利に関

する宣言』の中で言われているように、これは「民族自決権の十分な実現を意味している」。

　個人について言えば、これは公民個人の法定範囲内における政治的方面に関する発展の権利を指し、公民の政治的自由平等における権利の展開および進化なのである。これに含まれるのは、公民の国家管理および社会生活への参加の深さおよび広さの拡大、選挙権および被選挙権の広範な行使、直接選挙過程への加速、合理的な選挙区の区分を以って「正確かつ全面的にすべての選挙民による意志の結果が反映できるよう[81]」選択すること、言論・集会・結社・出版・行進・デモ・ストライキ等の方面を十分に保障し、法律の前で人々が平等に発展し、「いかなる差別も禁止し、すべての人間が平等で有効な保護を受けられるよう保証し、人種・皮膚の色・性別・言語・宗教・政治もしくはその他の見解・国籍もしくは社会的出身・財産・出生もしくはその他の身分等、いかなる理由によっても差別を受けないようにする[82]」等を含んでいる。ここでは実質上、公民一般における政治的権利の十分な完備の実現を意味している。国家主権・民族自決権・個人の政治的権利の三方面における十分な実現のみが、融合して政治発展権となるのである。

（三）社会発展権

　社会発展権とは、人類が社会の発展を通して享有する医療・衛生・保健・労働保障・環境保護と環境美化・宗教信仰諸方面における十分な発展の権利であり、その範囲は相当広範である。個人的主体から言えば、社会的集団に対し社会事業および福利事業をいかなる社会進歩においても必要な職責として要求し、個人および団体のための積極的なサービスを以って最良の発展およびいくらかの成就をさせるものである。主に含まれるのは以下のものである。一つ目は、良好な医療衛生保障権の獲得であり、とりわけ知的障害者が適切な医薬看護および物理的治療を享有し、その能力および潜在能力を最大限に発展できる教育・訓練・リハビリ・指導を受け、経済的に安定した適度な生活レベルを享受する権利を

有し、その能力を十分に発展させ生産・仕事もしくはその他意義あるいかなる職業にも従事する権利を有している。障害者は医薬・心理・機能的治療を受ける権利を有し、社会教育・職業研修リハビリおよび各種幇助・指導・職業およびその他サービスを受け、彼らの能力・技能を十分に発展させ、彼らの社会生活への参与もしくは再び社会生活に参与する過程を加速させる。二つ目は、老人・児童・孤児・復員退職軍人・移民・避難民は、特殊な物質幇助権および物質保障権を享有している。三つ目は、社会保険事業の発展は、社会の成員により広い範囲およびより大きな程度において保険発展権を獲得させる。四つ目は、個人の家庭は生活の質向上権を享有している。例えば、社会が提供する婚姻家庭における生活教育・家政サービス・婚姻諮問サービス等、生活における物質および精神の二大質量指標の向上である。五つ目は、労働組合が職能を十分に発揮し労働者の利益を保障する権利であり、労働者は労働衛生条件の改善を要求し、職場環境の汚染および労働強度の低下を取り除き、労働報酬を向上させる権利である（経済発展権と見做される場合もある）。六つ目は、環境汚染を取り除き、自然生態環境を改善し、天然資源を保護し、美化された自然環境を享受する権利である。七つ目は、違法犯罪の予防と制裁、とりわけ青少年の違法犯罪行為を予防し、社会治安の総合的管理を強化し、良好な生活秩序を獲得し、社会的安全感を増進させる権利である。

　集団的主体にとって、社会発展権は国家と民族が協力と援助を通して享有し、集団を構成する個体成員の社会的集団発展に関する義務の履行から得られる社会における総合的発展の権利である。主に自国の医療・衛生・環境保護事業・これによって得られる国際技術の譲渡および援助を発展させる権利、戦乱・災害等によって国際的無償援助を得られる権利、他国に自然環境の改善を要求し人類が共同の優良な生存空間を有することを保証する権利、外来的汚染がもたらした自国における自然環境の損害に対し得られた物質賠償権および技術救済権、国際保険業務を発展させる権利および国際保険の平等に参与する補償権、自国の社会発

戦略および人口発展政策を自主的に決定する権利、国民生育計画の実施・人口増加の制御および奨励・優生優育の実施・人口素養向上を以って最終的に国家および民族の発展力を増加させる権利等がある。

（四）文化発展権

　権利主体が発揚・強化・吸収・離散・代替・喪失・共役等の方式を通して自国・自民族特有の文化的蓄積・文化的形態を発展させる権利が、すなわち文化発展権である。広義の上から見れば、これは精神・思想文化の発展権・教育発展権・科技発展権の結合物である。そのうち思想文化発展権はまた狭義において文化発展権と呼ばれ、政治・法律思想・道徳・宗教・哲学・芸術等、社会的意識形態を内容とする各領域における発展権を指すものであり、集団的主体がより踏み込んだ民族文化価値発揚に関する資料収集・発掘・整理・保存・研究・国際交流権、自民族の言語・文字および一切の芸術表現方式を使用および発展させる権利、民族文化遺産のうち特に民族の思考方式・道徳観念・審美観念凝結から形成される民族文化精神遺産を発揚および発展させる権利、外国が自国文化の発展に対しておこなう制約を防止および反対する権利として表れる。これには、スポーツ分野における人種差別への反対、国際スポーツにおける平等発展権の実行、ニュース統制への反対、自国のメディア出版事業における独立・自主的な発展が含まれている。むろん、一定の方式による吸収を以って外国文化を参考とし、自国文化の発展を推進することもまた、文化発展権のあるべき意義である。これ以外に、個体的主体が文化・体育・娯楽生活に参与および不断に豊かにし続ける権利の享有、文学・芸術創作活動に従事することを通じ社会的価値および経済的利益の上でより十分かつ有効な保護権を享有するという面にも表れる。

　教育発展権は、各国が自国の環境および民族の風習に適した教育発展計画を自主的に制定し、自国の教育制度を実行し、教育制度および教育方式面におけるたゆまぬ改革と創造を保護することを含む自国の教育事業を発展させ、良好な教育環境形成を促進し、全民族の文化教育レベル

を向上させる権利を有することのみを指している。普通教育・職業教育・技術教育の発展を加速させ、人々にできるだけ均等に無償で提供された訓練および再訓練を受けさせる権利、教育の人間に対する全面的発展の擁護の保証、知的訓練に特別な注意を与える以外に、教育におけるゆとりの時間、特に児童および少年のゆとりの時間を建設的に利用すべきであり、彼らがより広範に発展の自由を得られるよう保障すべきである。同時に、国際教育協力と交流を強化し、自国の公民により大きい範囲、より高いレベルでの教育を受ける権利の享有を保障するべきである。各国は「人材流出」を避け、それによってもたらされる不利な影響を排除する権利を有している。

　科技発展権とはすなわち、人類共有の科技成果を享有するという基礎の上に、各国およびすべての個人が科技進歩に参与・推進し、科技発展の成果を享受する権利である。国際的には、発展途上国による先進的科技成果に対する享有権および自国の科技発展を自主的に促進する権利である点を特に強調すべきである。国家は国民に対し、その科技的発明および創造を支援・奨励すべきであり、より多くの機会・より大きな規模・より深い領域における公民の科技活動への従事の獲得、科学研究における自由度の拡大、科学研究禁止区域設立の禁止、個人の科技発展権が違法な侵犯を受けぬよう保証する。

(五) 生存発展権

　生存発展権とは、生命のある自然人がすべて生存していき、自己の肉体組織および精神的健康をたゆまず発展させる権利であり、各国および各民族が当該生存時空の範囲内において有する自国と自民族の生存能力を発展させ、生存の質を向上させる発展の権利を指している。生存権の発展過程においては、必然的に一種の発展権が進展変化として表れてくる。人々は往々にして前述の経済・政治・社会・文化発展権に依存した広範な実現に基づき、生存発展権がただこれらの発展権の中の生存の内容促進に関するものを簡単に加え、もしくは組み直したもの程度にしか

考えておらず、したがって生存発展権という人権存在形式をいとも簡単に軽視もしくは否定したりするのである。発展権をより正確かつ完全に理解するため、上述した諸権利の中から生存発展権を分化する必要があるのであり、これを一つの相対的独立性を有した権利と見做し理解する。生存発展権の存在は、初めに「生存権は生存の最低基準を確定するに過ぎないが、それ自身にすでに人間の発展権に対する肯定が含まれている」ため、すなわち「生存権の中に発展権の内容が含まれている[83]」のである。同時に、生存発展権の存在は社会発展の必然的結果でもあり、人間が生存できる一般的条件をすでに満たすところまで社会が発展した後、人々はより大きな生存能力を得る必要性に目覚め、「生き延びる」というレベルに再び留まり続けることなく、「生存の質」へと生存を進化・上昇させていったのである。この際、生存権を「生存」という意義からのみ保護することは社会発展によりすでに時代遅れとされており、人類は「生存の質に対して人権保護を行う」必要があり、これが生存発展権誕生の可能性を形成したのである。社会的・歴史的な原因および人間の先天的差異がもたらす主体における事実上不平等な生存状態は、すなわちこうした不平等における格差に対し、社会が干与・調整・援助を行う必要性を促し、人々が社会発展によってもたらされる生存レベル向上による物質的成果を平等に享受することを保障し、ここから生存権とは別に、独立した生存発展権が誕生したのである。

　具体的に言うと、生存発展権の表れとして、「人々は彼ら自らの家庭のために、十分な食物・衣服・住まいを含む相当な生活レベルを獲得し、生活条件をたゆまず向上させていくことができる」。「国は科技知識・栄養原則における知識の伝播を十分に利用すべきであり、天然資源が最も有効な開発および利用方法をとれるよう土地制度を発展もしくは改革し、食糧における生産・保存・分配方法を改良すべきである」。各国は「人々における最高の体質および心理的健康の基準に到達することを享有する権利[84]」を保障すべきである。「すべての人のために、とりわけ低所得にあえぐ一部の人々および人数の多い家庭に対し、十分な住

まいと社会的サービスを提供する[85]」。そして、人種主義への反対・外国の侵略・略奪・内政干渉等の方面に関する国際人権文書もしくは法律規範は、すなわち国家および民族における集団生存発展権の内容に対する明確な肯定なのである。

注釈：

1） A/C.3/40/SR, p.9.
2） Subrata Roy Chowdhury, Erik M. G. Denters & Paul J. L. M. de Waart: The Right to Development in International Law. MartinusNijhoff Publishers 1992, pp.159-160.
3） A/C.3/40/SR, pp.3-4.
4）「第三世代の人権（Three generations of Human rights）」理論は国連ユネスコ前法律顧問であるカレル・バサクが初めて提起した一種の人権理論である。第一世代の人権はアメリカおよびフランス大革命の時期に躍り出てきた人権であり、「伝統的人権」と呼ばれる。これには、自由・平等・安全および財産等の権利が含まれ、その目的は公民の自由が国家の横暴な行為による侵犯を受けないよう保護することである。これは、西洋の憲法誕生および運用の前提および目的であるだけでなく、国際人権法案において「公民的権利と政治的権利」として確認されているものである。これらは、国家が干与せず、国家の積極的行動を以って権利実現の保障をする必要がない消極的権利であると言われている。第二世代の人権は19世紀末から20世紀初頭にかけて、圧迫に反抗し独立を勝ち取る民族解放運動の中から生まれたもので、経済・社会・文化的権利を含んでいる。これは一種の国家の積極的な行為が必要であり、それによってのみ実現が可能という積極的な権利である。内容面からにしろ、あるいは性質上からにしろ、第一世代の人権との間に鮮明な対比を形成している。そして、第三世代の人権とはすなわち、世界中が相互に依存し合うというこの現象における一種の回答であり、民族解放運動が不断に発展してきた一つの産物である。なぜなら、各国が実際すでに人権保護の必要性を再び満足させられないと認識した時、国際協力を通じて各国が向き合う平和・環境・発展を含む共通の問題を解決するからである。「ある程度において、これは個人を彼が従属する社会から連れ戻すことを通し、人権の社会化をするものである」（Chris Maina Peter, Human Rights in Africa. Green Wood Press, New York, 1990, p.53)。発展権はその中の人権の一つとして、一種の集団的人権であるが、ある特定社会における成員として当然個人もこれらの集団的権利を

享受できるのである。(Cf Stephen. P.Marks, Emerging Human Rights: A New Generation for the 1980s? International Law: A Contemporary Perspective, edited by Richard Falk, Westive Press, 1985, pp.501-513; KarelVasak, Les differentescategones des droits de I'homme in A. Lapeyre, F.de Tinguy and KarelVasak, Les dimensions Universells des droits de I'homme, Bruyant 1990, pp.302-303)

5)「構造分析法（Structural approach）」は、人権保障の具体化過程における変遷の国際社会における表れという、この角度から人権に含まれる意義を分析したものである。国際レベルにおける人権発展は三つの段階を経てきたと考える。すなわち(1) 人権基準の確立もしくは規範化段階（1945～1955 年）。この時、人権概念は『世界人権宣言』および国際人権両条約の草稿の中に体現されたが、まったく具体的ではなかった。(2) 人権の促進を通して人権保障無能状態の改善をはかろうとする段階（1955～1965 年）。人権を定期的な報告過程・提案性措置の規定・各国がともに作業をし保障していく概念を通す必要があると見做した。(3) 人権を侵犯している具体的案件もしくは事件を直接処理する段階（1965～1975 年）。こうした方法および概念は、すべてある特定の領域および具体的な個別案に限られてきたが、1970 年代中期の人権方面における発展に一つの背景を提供したのである。当時、第三世界は新国際経済秩序に関する様々な概念をまさに考えていた最中であり、もともと存在した人権を観察する方法（その注意力は特に公民的権利と政治的権利の上に集中）は、意義を失い始めた。1977 年、人権委員会の発展権に対する論証は国連総会 32/130 号決議によって確認され、これにより、人権構造分析法の時代がすでに始まったと言われるようになった。(CfJ.Crawford, The Rights of Peoples. Clarendon Press 1988, pp.39-54)

6) 発展権の内包レベルに関する定義は、発展の進展における内包変化過程から出発して分析をおこなうというものである。ガルトゥング（J.Galtung）は、発展における三つの色に関する表現法を形象的に提起した。一つ目は「青い」発展である。その趣旨は、企業家レベル育成を通した各種行為を以って経済成長を獲得する方法である。発展権は市場経済の自由な発展の上に成り立ち、国家は消極的保障という基礎の上にいるにすぎない。二つ目は「赤い」発展である。政府官僚体制によって統制および指導される経済成長を指し、発展権はまさに国家の積極的な干与における計画的発展とするものである。三つ目は「緑の」発展である。それは地方により多くの自主権を要求するものであり、より小さい経済圏を要求し、農村社会経済の重視およびより伝統的方式にしたがった農業の設立を要求している。上述の発展内包における差異を分析した後、最高の方法は一つの場所がこの

三種類の発展を兼ね備えることができることだと作者は指摘している。
(CfJ.Crawford, The Rights of Peoples. Clarendon Press 1988, pp.39-54)
7) Oscar Schachter, Implementing the Right to Development: Programme of action. MartinusNijhoff Publishers 1992, p.27.
8) Jack Donnelly, Universal Human Rights in Theory and Practice. Cornell University Press, 1989, p.144.
9) CfJ.Crawford, The Rights of Peoples. Clarendon 1988, pp.40-41.
10) Mark Singer, Weak States in a World of Power: The Dynamics of International Relationships. New York: Free Press, 1972; Cf Charles K.Wilber, The Political Economy of Development and Underdevelopment. New York: Random House, 1979, pp.151-178.
11) Robert A.Packenham, The Dependency Movement. Cambridge, Ma and London: Harvard University Press, 1992, p.315.
12) カナダの学者 Pitman Potter は、これに対し、かつて東アジアを例に自らの評価を下し、中国を含めた「いくつかの国は社会・経済・政治関係を執行する人権基準を経済発展政策の目標に設定した後、彼らの経済発展に関する基礎的論断が反映されている。彼らは部分的に自由モデルに対する批判に依存しているが、その理由はこうしたモデルが私法規則や制度を支柱とした自由市場の建設を通して行われており、国家が経済生活に巻き込まれることを制限しているからである。発展権はかつて一度、彼らが有意義な公民および政治的権利を基礎とした有効な司法制度を不断に制限してきた理由になったこともあった。『バンコク宣言』では、各国が自らの政治制度を決定し、経済社会および文化的発展を追求する権利があるという主張を採択し、明確に公民および政治的権利の追求を副次的な地位へと追いやった。『中国人権白書』は生存権を強調し、公民および政治的権利が引き続き経済発展の追求に従属するものであることをやんわりと表明した。確かに『中国人権白書』を解釈する際、国務院報道センターの主任は、経済的条件を発展の最重要基礎と解釈しており、『我々は、我らが人民にその政治的権利の経済的基礎を享有させなければならない』とある」。（[加] 皮特曼・波特 < Pitman Potter >「発展権：哲学上的分岐和政治上的含義<発展権：哲学上の食い違い及び政治的に含まれる意義>」、『国際人権与発展——中国和加拿大的視角<国際人権および発展～中国とカナダの視角>』より、法律出版社、1998年版、100ページ）
13) [米] L.亨金（ヘンキン）『権利的時代（権利の時代）』知識出版社、1997年版、3ページ。
14) R.E.Howard, Cultural Absolutism and the Nostalgia for Community, Human Rights Quarterly 1993, p.317.

15) John Finnis, Natural Law and Natural Rights. Clarendon Press. Oxford, 1982, p.209.
16) 龐徳（パウンド）『通過法律的社会控制、法律的任務（法律を通した社会統制、法律の任務）』商務印書館、1984 年版、46〜48 ページ。
17) 夏勇『人権概念起源』中国政法大学出版社、1997 年版、42〜53 ページ。
18) ［英］R.J. 文森特（ヴィンセント）『人権与国際関係（人権と国際関係）』知識出版社、1998 年版、4 ページ。
19) KebaM'Baye, Le droit au developpementcomme un droit de l'homme. Revue des droits de l'homme 5 (1972). p530. Cited in Africa Human Rights and the Global System. Green Wood Press 1994, p.108.
20) John O'manique, Human Rights and Development. Human Rights Quarterly 14 (1992), p.101.
21) KarelVasak, A 30-year Struggle, UNESCO Courier, November 1977, Cited in Karel de Vey Mestdagh, The Right to Development; From Evolving Principle of Legal Rights, in International Commission of Jurists, Development, Human Rights and the Rule of Law. New York: Pergamon Press, 1981, p.148.
22) See Douglas, Sanders, Collective Rights. Human Rights Quarterly 13, No.2 (1991), pp.369-370.
23) Jean Rivero, Suv le droit au developpement. UNESCO, U.N。Doc55-78/Conf./630/Supp.2 (1978), Cited in Texas International Law Journal 16, No.2 (1981), p.196; Michael Niemann, Regional Integration and the Right to Development in Africa. Africa Human Rights and the Global System, Greenwood Press, 1994, pp.108-109.
24) 『馬克思恩格斯選集（マルクス・エンゲルス選集）』第 1 巻、30〜31 ページ。
25) 『馬克思恩格斯選集（マルクス・エンゲルス選集）』第 1 巻、321 ページ。
26) 羅隆基『論人権』、『新月』第 2 巻、第 5 期。
27) 『馬克思恩格斯選集（マルクス・エンゲルス選集）』第 3 巻、228 ページ。
28) 『馬克思恩格斯選集（マルクス・エンゲルス選集）』第 1 巻、436〜442 ページ。
29) ［加］約翰・漢弗莱（ジョン・ハンフリー）『国際人権法』世界知識出版社、1992 年版、12 ページ。
30) 『世界人権宣言』においては正文の中に「人々」、「一人一人」等の言葉を多用しているものの、序言の中においては「すべての国民」、「国民」という概念も使用しており、「こうした権利および自由に、各加盟国自身の国民およびその管轄下の領土にいる国民の間における普遍的かつ有効的な認証および実行を得させる」と指摘している。『市民的及び政治的権利に

関する国際規約』と『経済的、社会的及び文化的権利に関する国際規約』は、どちらもまず第一部において「すべての人間」という集団的主体の権利を肯定しており（第1条）、その後に大量のページを割いて個人的主体の人権について記載している。当然のことながら、全体的に見れば、この両者は「基本的には個人的権利という言葉の使い方でそれぞれ制定したものである」。（［豪］吉烈蘭・特里格思＜Gillian Triggs＞「人民的権利和個人的権利：沖突還是和諧？＜人民の権利と個人の権利〜衝突？または協調？＞」、『西方人権学説史＜下＞』より、四川人民出版社、1994年版、230ページ）。

31) 李林、朱暁青『十一届三中全会以来人権問題討論概要（第十一期中央委員会第三次全体会議以来の人権問題討論概要）』、中国社会科学院法学研究所編より、『当代人権』中国社会科学出版社、1992年版、397〜399ページ。

32)『馬克思恩格斯選集（マルクス・エンゲルス選集）』第46巻（上）、109ページ。

33) J.H.Burns, The Cambridge History of Medieval Political Thought. Cambridge University Press, 1988, p.600.

34) ［米］L. 亨金（ヘンキン）『権利的時代（権利の時代）』知識出版社、1997年版、247ページ。

35) ［米］L. 亨金（ヘンキン）『権利的時代（権利の時代）』知識出版社、1997年版、248ページ。

36) 呉玉章「自由主義権利観念的産生（自由主義的権利観念の発生）」、『公法』第1巻より、法律出版社、1999年版、245〜246ページ。

37) ［英］W.L. 霍勒曼（ホロマン）「西方人権運動中的個人主義（西洋人権運動における個人主義）」、『西方人権学説史（下）』四川人民出版社、1994年版、337〜338ページ。

38) ［英］W.L. 霍勒曼（ホロマン）「普遍的人権」、『西方人権学説史（下）』四川人民出版社、1994年版、313ページ。

39) Fracis Snyder& Peter Slinn, International Law of Development. Professional Books limited, 1987, p.89.

40) See Jay A. Sigler, Minority Rights: A Comparative Analysis. Greenwood Press, England, 1983, p.5.

41) See Manfred Nowak, U.N.Convenant on Civil and Political Rights CCPR Commentary, N.P.Engel, Publisher. Kehl. Strasbourg. Arlington, 1993, p.487.

42) ［豪］R. 里奇（リッチ）「発展権：一項人民的権利（発展権〜人民の権利の一つとして）」、『西方人権学説史（下）』より、四川人民出版社、1994年版、286〜287ページ。

43) ［豪］R. 里奇（リッチ）「発展権：一項人民的権利（発展権〜人民の権

利の一つとして)」、『西方人権学説史（下）』より、四川人民出版社、1994年版、299ページ。
44) ［スイス］托馬斯・弗莱納（Thomas Fleiner）『人権是什麼？（人権とは何か？）』中国社会科学出版社、2000年版、24ページ。
45) ［仏］狄驥（レオン・デュギー）『憲法学教程』遼海出版社、1999年版、9～10ページ。
46) ［米］L.亨金（ヘンキン）『権利的時代（権利の時代)』知識出版社、1997年版、6ページ。
47) ［米］L.亨金（ヘンキン）『権利的時代（権利の時代)』知識出版社、1997年版、7ページ。
48) Jack Donnelly, Universal Human Rights in Theory and Practice. Cornell Universtiy Press, 1989, p.144.
49) Richard L.Siegel, A policy Approach to Human Rights: The Right to Development. David Louis Cingranelli, St.Martin's Press, New York, 1988, p.82.
50) ［米］L.亨金（ヘンキン）『権利的時代（権利の時代)』知識出版社、1997年版、7ページ。
51) 『馬克思恩格斯選集（マルクス・エンゲルス選集)』第1巻、441～443ページ。
52) ［米］龐徳（パウンド）『普通法的精神（普通法の精神)』法律出版社、2001年版、147～149ページ。
53) ［米］龐徳（パウンド）『普通法的精神（普通法の精神)』法律出版社、2001年版、77ページ。
54) Roscoe pound, Jurisprudence, Western 1959, pp.457-459.
55) ［米］伯納徳・施瓦茨（バーナード・シュワルツ）『美国法律史（アメリカ法律史)』中国政法大学出版社、1990年版、331～332ページ。
56) ［米］L.亨金（ヘンキン）『権利的時代（権利の時代)』知識出版社、1997年版、6ページ。
57) ［英］霍勒曼（ホロマン）「西方人権運動中的個人主義（西洋人権運動における個人主義)」、『西方人権学説史（下）』331ページ。
58) 王家福、劉海年、李林主編『人権与21世紀（人権と21世紀)』中国法制出版社、2000年版、35ページ。
59) Chris Brown, Cultural Pluralism, Universal Principles and International Relations Theory. See National Rights, International Obligation. Westview Press, 1996, p.173.
60) ［英］A.J.米爾恩（ミルン）『人的権利与人的多様性（人間の権利および人間の多様性)』中国大百科全書出版社、1995年版、4ページ。

61) ［米］L. 亨金（ヘンキン）『権利的時代（権利の時代）』知識出版社、1997年版、231ページ。少なからぬ中国の学者は、これに対し十分な論述をおこなっている。例えば「古代中国社会においては、西洋のような他人と分立して対抗する絶対的な個体人（individual person）という概念が欠けていた。…個人は群体に従属し、まず群体のために尽くさなければならない」（夏勇『人権概念起源』中国政法大学出版社、1992年版、185ページ）、「人間が道徳的な人間へと発展する際、他人との相互作用を通して完了するのであり、他人を離れて道徳的人格を得ることはできない」、「群衆の中で身を持するのは、儒家学者が言うところの基本目標である」（包天民「決定中国人権観的文化和政治因素＜中国人権観を決定する文化および政治的要素＞」、『国際人権与発展＜国際人権および発展＞』より、法律出版社、1998年版、34ページ）等と考えるものである。

62) ［米］L. 亨金（ヘンキン）『権利的時代（権利の時代）』知識出版社、1997年版、233ページ。

63) ［英］霍勒曼（ホロマン）「西方人権運動中的個人主義（西洋人権運動における個人主義）」、『西方人権学説史（下）』四川人民出版社、1994年版、327ページ。

64) ［英］霍勒曼（ホロマン）「西方人権運動中的個人主義（西洋人権運動における個人主義）」、『西方人権学説史（下）』四川人民出版社、1994年版、328～329ページ。

65) ［英］霍勒曼（ホロマン）「西方人権運動中的個人主義（西洋人権運動における個人主義）」、『西方人権学説史（下）』四川人民出版社、1994年版、333ページ。

66) これはアフリカ学の専門家であるDunstan M.Waiの分析に基づいて出された結論である。その他の人権法学者、例えばヴィンセント（R.J.Vincent）等は比較もおこなっている。霍勒曼（ホロマン）「西方人権運動中的個人主義（西洋人権運動における個人主義）」、『西方人権学説史（下）』334～336ページ参照。文森特（ヴィンセント）『人権与国際関係（人権と国際関係）』知識出版社、1997年、53～59ページ参照。

67) インドネシアのアリー・アラタス外相の1993年、第二回世界人権大会における発言。劉楠来主編の『発展中国家与人権（発展途上国と人権）』四川人民出版社、1994年版、23ページ掲載。

68) 董雲虎「亜洲国家対世界人権事業的新貢献（アジア国家の世界人権事業に対する新たな貢献）」、『光明日報』より、1993年6月28日。

69) ［セネガル］阿馬杜・馬赫塔爾・姆博（Amadou-Mahtar M'Bow）『人民的時代（人民の時代）』中国対外翻訳出版公司、1986年版、96ページ。

70) 王家福、劉海年、李林主編『人権与21世紀（人権と21世紀）』中国法

制出版社、2000 年版、37 ページ。
71)［英］R.J. 文森特（ヴィンセント）『人権与国際関係（人権と国際関係)』知識出版社、1997 年版、5 ページ。
72)［米］L. 亨金（ヘンキン）『権利的時代（権利の時代)』知識出版社、1997 年版、256〜257 ページ。
73) Theodor Meron: Human Rights in International Law – legal and policy issues. Oxford University Press 1984, pp.224-231.
74)［仏］F. 佩魯（ペロー）『新発展観』華夏出版社、1987 年版、165〜166 ページ。
75)［仏］A. 佩奇（ペッチェイ）『未来一百頁——羅馬倶楽部総裁的報告（未来百ページ〜ローマ・クラブ総裁の報告)』中国展望出版社、1984 年版、81〜90 ページ。
76)［セネガル］阿馬杜・馬赫塔爾・姆博（Amadou-Mahtar M'Bow）『人民的時代（人民の時代)』中国対外翻訳出版公司、1986 年版、96 ページ。
77)『1991 年世界発展報告：発展が直面する挑戦』中国財政経済出版社、1991 年版、49 ページ。
78)『亜太経済時報』1993 年 1 月 3 日。
79) 国連総会が 1980 年に初めて「持続可能な発展」という概念を使用した。1987 年の世界環境および発展委員会（WCED）は『我々の共通の未来』を発布し、系統的に「持続可能な発展」戦略を提起し、新発展観が初めて姿を現した。1992 年にはブラジルのリオデジャイネイロにおいて「国連・環境と発展大会」が開かれ、『21 世紀議事日程』が採択された。ここでは発展に関する 40 の領域における問題と（120）の実施項目が述べられた。ここに至り、持続可能な発展観が正式に誕生した。
80)［セネガル］阿馬杜・馬赫塔爾・姆博（Amadou-Mahtar M'Bow）『人民的時代（人民の時代)』中国対外翻訳出版公司、1986 年版、96 ページ。
81) 国連人権委員会『政治的権利問題における自由および不差別の一般原則』1962 年。
82) 国連総会『市民的及び政治的権利に関する国際規約』1966 年。
83)『中国社会科学』1992 年第 5 期、47 ページ。
84)『経済的、社会的及び文化的権利に関する国際規約』第 11 条、第 12 条。
85)『社会の進歩と開発に関する宣言』第 10 条。

第四章
発展権の価値づけ

　発展権研究における人権の価値づけ問題は、発展権の法哲学領域における一つの理論的難点であり重点でもある。発展権の人権価値を探る時、その趣旨は発展権理論における一つの根本的問題、すなわち発展権とは一体人権の一つなのかどうか？発展権はなぜ人権的価値を有しているのか？という点を明らかにすることにある。もし発展権が人権の一種であるという観点が証明されるのであれば、その人権体系において一体どのような価値属性・どういった地位に位置するのであろうか。発展権は人類の生産過程において結成された現実社会における関係の理性的規約であり、現実の社会関係が特定の歴史的段階に至った際の必然的反映でもある。これは人権の一つであるばかりでなく、人権の系列における基本的人権の一つなのである。

第一節　発展権に関する人権価値の証明

一、発展権価値についての諸説

　発展権における人権価値に対しては、歴史的に比較的大きな見解の相違、さらには対立までもが存在する。まとめてみると、主な観点は三種類ある。
　一つ目は否定論である。これは、発展権は必ずしも人権の一つではなく、人権における基本的属性と基本的価値を有していないと考えるものである。逆に、これは一つの政治的道具に過ぎず、「なぜなら発展権は

すでに国連において宣伝を行う道具の寄せ集めになっているからである。すでに深刻な人権侵犯者によって、反西洋的民主である第三世界を保護する急進的な主張に用いられている。したがって、これはすでに世界の資源を享有し、新たな国際経済秩序を獲得するために用いられており、過去の搾取に対して補償を行うことを要求するだけでなく、全体的に西洋の意識形態を厳しく非難する道具となってしまっている[1]」。「高らかに『発展の権利』と叫ぶこと……その意図は、北方から南方へ財の移動を促すことにある[2]」。発展権における人権的地位に反対する学者は様々な理由を示し、発展は「確かに権利観念の目標ではあるが、社会の発展も恐らく個人の発展および尊厳の促進を助ける能力を有している。ただし、発展そのもの、社会の経済的発展――近代化・成長・国民総生産――は、個人の権利ではない。事実、個人が必ず社会的発展と個人の権利との間で選択を行うという普遍的観念は証明を得ていないだけでなく、検証すら受けていない[3]」と強調している。「発展権を各種公民・政治権および経済・社会・文化権を貫徹した最終的産物であるというなら、むしろ実際には賞賛に値する発展目標を一種の権利として神聖化したものであると言える。ただし発展自身は一種の権利ではない（し、あるべきではない）[4]」。ノルウェーの学者 Kanavin は、2000 年 5 月 10 日から 11 日にかけての中国―ノルウェー円卓会議の紀要をまとめる際、このような観点を記録した。「人々はよく、発展権は国際実体が国家に付与した一種の権利であると言う。もしもこの言い方が成立するのであれば、発展権は人権であるべきではない[5]」。したがって、発展権は「発展」、「人権という名目の盗用、さらには自己と人権とを結びつけた[6]」産物に過ぎず、この「新概念の加入は、すでに存在する良好な定義および目標の理論範囲と混同することになる[7]」。

　二つ目は、肯定論である。発展権は伝統的人権形式の中から分化して出てきた一種の新興権利であると考え、「人権法の一般仮定として、発展権の存在は一つの既成事実であり、この一点を認めることは適切である。異なる団体が発展権の合法性・可変性もしくは用途に対しどのよう

な懐疑的態度をとったとしても、この権利における内容の精確化に対しておこなわれてきた各種努力の保護は、形式・手順の上では建設的成果を遂げており、このような懐疑的態度は現在まったく必要性があるとは言えず、変えていく必要があるのである[8]」。前述したように、これは公民的権利・政治的権利および経済的権利・社会的権利・文化的権利とは大きな違いがあり、これらと並列し独立した人権形式、すなわち第三世代の人権なのである。発展権は生存権と共に、人権体系における基本的人権を形成する。発展権は、人間が有する固有かつ国家および国際社会が責任をもって実施を保障する権利なのである。

三つ目は、折衷論である。発展権に対し中間的態度を取る者は、往々にして観察的、非論述的方法を用いて発展権の属性を捉えており、発展権という一つの人権概念を受け入れようと試みる反面、これはただの補填作用に過ぎず、他の人権[9]に取って替わり個人の権利を制限する口実となることはできないという考えを維持しているのである。逆に、発展権とその他の人権との間における相互作用が示すように、発展権は経済発展項目において影響を受ける国民に対し、有意義に参与あるいは協議する機会を付与しており[10]、これを以って全体主義国家からの圧迫に反対するのに役立っている[11]。「発展権等の権利を認めることは、一貫して一つの運動であった。しかし、これらの権利は一つとして具体的に合法的拘束力を持つ人権協約の中に規定されてはいなかった[12]」。発展権をただの「人権運動[13]」の一種としてしか考えていないのであれば、発展権の人権的性質に対し肯定もしくは否定を行うのは難しい。なぜならそれは遊離状態に置かれている活動過程そのものと見られているからである。

二、発展権の価値評価の方法論

発展権の人権的性質を絶対的に否定する観点は、次第に批判および放棄の憂き目に遭うこととなったが、個人主義的人権観を基本的出発点と

しているため、西洋式人権におけるいわゆる正当な権威的理論に合致している。発展権への肯定論は、当代人権発展過程における主流となっており普遍化への賛同も日増しに高まっているが、発展権における人権価値が本原的な法哲学上の意義における論証を欠いているため、人々を心から納得させることは難しい。とりわけ、現実的発展と未発展における関係という角度から論証することに傾きすぎるきらいがあり、その功を焦った方向性および功利主義の強烈な主張のため、発展権は堅実な人権法理論の基礎という支えを欠いているのである。前二つの間に位置するいわゆる中間派は、名は折衷となっているものの、実際には発展権の人権地位に対して懐疑的な立場であり、発展権における人権属性の認識もはっきりしていない。つまりはその本質に対し、発展権は人権の一つであると認める勇気がないのではなく、発展権がなぜ基本的人権の一つであるのかという肝心な問題を思考したくないのであり、最終的にはいきおい否定論の境地へと陥りがちになるのである。こうした局面を引き起こす根本的原因は、発展権が一つの人権であるのか、あるいはあるべきかという問題に対し、理論の深いところに科学的探究および論証を加えることをしていないためであり、公平かつ妥当、さらには合理的理論の視点から発展権と人権との普遍的な関係を説いていないせいである。実際、発展権に対するいかなる懐疑的および否定的観点も、人権に含まれる基本的意義および発展権における本原的なところから発展権の価値および属性を検討しておらず、また発展権に対する不動の支持者たちは自身の理論におけるロジックの不拡充・不周到のために、対話や論戦において一致した賛同を得るのが難しいのである。こうして、法哲学および人権法基本理論のレベルから発展権の性質を示すことは、発展権理論の不断な成熟および実践機能を日増しに高めるための根本的出発点となるのである。

　方法論の上から言えば、発展権における人権価値がどこにあるかという思考は、すなわち人権における正当性問題に関わってくる。人権の正当性に関しては、歴史的に多くの異なる観点と学説が存在するが、まと

めてみれば、以下の二種類となる[14]。一つは経験式のものである。人権の正当性は、ある先に存在していた既成事実・慣習もしくは規範に端を発し、まさにこの公認された常軌に合うもの、もしくは権威性のある根拠が、人権を発生させ存在させるのである。こうした権利は往々にして慣習的権利・法的権利と呼ばれる。二つ目は先験式のものである。人権は抽象的な道徳的原則・自然法則もしくは理性的精神に基づいて形成されるものであり、既成の規範事実は必ずしも人権の源ではなく、人権の源はこれよりも更に高級で証明することが難しく、証明することのできない天賦の、もしくは人間固有の特性なのである。ここから起こった人権は往々にして自然の権利・道徳的権利・天賦の人権と称される。

　国内外の人権法学者たちは、人権の存在形態から人権を道徳的権利・法的権利・実用的権利に分けた。実際、これこそが人権の源および実現の程度の上からおこなった分析なのである。そのうち実用的権利とは道徳的権利および法的権利に源を発しており、後者二つは実用的権利における存在の根拠として、偶然にも異なる二つの人権における根源追求方式を代表している。すなわち、抽象的な先験分析モデルおよび具体的な規則構築モデルである。厳格に言えば、法律は人権が存在する上での権威的な力なのであり、その本原的基礎ではない。法律規則体系の上で、人権法規則はまた社会がある権利の要求を承認する正当性を前提としているため、人権の合理性と合法性・正当性と妥当性は必ずしも終始一貫した良性相互関係を維持していたわけではなく、それらの間には調和・協同もあれば交錯・対立も存在した。規則に基づいた人権が必ずしも正当と理性に基づいた人権であるとは限らない。したがって、規則・経験・法的権威といった角度のみから出発すれば、人権における真の源を見つけ出すことは難しく、逆に規則を前提としつつも規則を超えたところにおいて人権の内在的合理性および外在的必然性を探求することこそ、一つの可能かつ信頼性の高い道のりなのである。まさにイギリスの人権法学者ヴィンセントが述べているように、「人権正当性の特徴とは何か？その正当性はこの法律もしくはその契約に頼るものではない。な

ぜなら、もし我々が言うところのこうした権利が、すでに法律もしくは契約において受け入れられ規定が作られているのであれば、こうした規定そのものが国内法に基づいたものであり、すでに十分な正当性を有していることになるのである」。国際・国内の法律規則における法的源以外に、「こうしたレベルの上に、さらに一つのレベルが存在し、それがすなわち人権の絶対的正当性なのである。このレベルにおいて人権正当性が依存するものは、いかなる実在法でもなく、ある種の理性的分析を通して堅持すべきと考えられる原則なのである[15]」。実際、法律規則主義を主とする経験式分析法を通せば、確かに人権における規範性存在が検出でき、直観性および可操作性を有している。しかしこれに頼るだけでは、人権における法的源を探し出すことしかできない。発展権の人権法における地位を証明するために探し出さなければならないものは、その法的源のみというわけではない。その根本的目的は発展権における実質的源を探ること、すなわち法律規範の上にある法律理念および人権価値とは何かということである。仮に発展権における実然状態を満足させることができれば、現行の法律文書が作成した規定の上からのみ考察することとなり、発展権が人権法の意義における人権とは成りえないとする結論を導き出すことは明白であり、最終的にはその人権属性をも否定することとなる。まさに研究の視角および理論の入り口選択における偏りが、単純に法律規範の意義からしか発展権を見られないという結果を招き、さらには未だに人権強行法における権威命令性規範を得ていないという理由から、「完全に公認はされていない国際法規則」、すなわち「仮の[16]」もの・存在の根拠がないものであると考えられたのである。

　したがって、法律実証主義の狭き世界から抜け出た上で、発展権に対し人権法哲学上の価値分析を行うことは、発展権価値認定における科学的方法なのである。なぜなら、発展権は現有の人権国際法律文書の中に含まれているのみならず、「ここにはおそらく、人権条約の中には網羅されていない価値が含まれており、例えば尊重の増進・個体自治の促進・権利認識における相互依存およびその他の方法などである[17]」。人

権価値の源に関する理論学説を検証することは、発展権の人権価値を詳細に研究する助けにもなる。実際、人権は抽象的な理性および超然的な神から生まれるものであるはずがなく、これは歴史的・社会的産物なのである。源という点から言えば、いかなる人権においても以下の四つの面から確かめ実証することが可能である。一つ目は、利益必要性の発生である。すなわち、人権に必要な主体における内在的観点の形成である。二つ目は、満足を得られる可能性を必要としている点である。すなわち、主体が必要とする外在的可能の実現を有していることである。三つ目は、適当にできない満足を必要としている点である。すなわち、主体と客体との間にズレと分離が生じた場合、合意に至るのは難しいのである。四つ目は、主体の要求が外在化する点である。すなわち主体の内在的需要が満足されない、あるいは満足される可能性があるという前提のもと、それが外在要求に転換され、ここから主体の権利意識が呼びさまされ、人権はここから提起され、さらには規範・秩序により固定化されたのである。つまり、内在的需要があるのみでは、人権における現実的基礎を築くには未だ不足があり、逆に外在的制約があるのみでも、人権が主体の主張となることはないのである。人権とは主観・客観における相互作用の産物であり、人間の自然性と社会性の統一なのである。ここから、発展権における人権本性も合理的な証明を得られるのである。

三、発展権価値に関する法哲学的考察

（一）発展権において主体の内的需要のたえない外化は論理の起点である

　人類の社会が必然王国から自由王国へと飛躍的に移り変わる動因および道のりを検討する過程において形成された「人間の本質」と「人間の全面的発展」等に関する権威的理論は、法哲学的意義の上から、発展には人間の潜在的素養との間および人間の社会的本質との間の相互関係諸

方面において人間の「発展の自由」を把握するべきと明確に示し、個人の才能・知力等の内在的・潜在的発展を着眼点とし、押し広めながら全面的に人間の物質・文化・芸術・科学・教育の各方面において全面的発展の自由を獲得する必然性を詳説している。

　人間の自由な発展に対する分析は、人間自身の潜在的素養をいかに実現していくかの解説から始まった。いわゆる潜在的素養とは、心理学において人間の神経系統および感覚器官における内在的特質を指す。人間の内在的特質とは、人間の生命形式および人間特有の主観能動性における有機的統一であり、動物と区別される上級思考系統を備えた人間が有している素養の総和である。能動的な自然存在物として、人間の体内には億万年に上る生命の変遷により自然に形成された極めて豊富な肉体および精神の力・素養が埋蔵されており、人類の長きにわたる実践活動およびそれによって作られた社会文化による人間の生理的・心理的活動特性、さらには生理組織構成において発生した反作用の蓄積が人体の中に入り込んだ新たな要素が「天賦」なのである。人体の中に存在する内在的素養の量の多さには驚くべきものがある[18]。自然の歴史が人間に付与したこうした潜在的素養は、人間自身に「眠っている[19]」力にすぎない。発展とは、人体の中に眠っている上述した素養を最大限度に発揮、すなわち「目的そのものとしての人類の能力における発展[20]」を指す。こうした人間の素養外在化の動因は、人間の内在的素養が仮に呼びさまされなければ萎縮ないし消滅してしまうというところにある。仮に呼びさまされ感覚・思考・情緒・意志力・体力等に形式化されたとしても、不断の開発および強化を得られなければ、凝固してしまうに違いなく、さらには衰退の一途をたどることになる。そこで、人間の自然力・生命力、「こうした力は天賦および才能とされ、欲望として人間の体に存在しているのである[21]」。生命物質形式で存在している人間は、自然界から衣・食・住・行等、様々な生活の材料を不断に得ることでしか生存および生き延びていくことはできず、これこそが初めに発生した人間の原始的需要なのである。長きにわたる労働実践を経て、人々は

「新たな品質を作り出し、生産的発展および自身の改造を通し、新たな力および新たな観念を生み出し、新たな交流方式、新たな需要を作った[22]」。人間の需要には根本的な変化が起こり、下級の動物における原始的需要から上級な社会的需要へと発展し、自己の認識能力が鍛えられ向上し、人間は二度と消極的に自然界に適応し最低限の生存欲求を満たす存在ではなくなった。逆に主観能動性を十分に発揮して道具を製造することを要求し、生産手段を改造・完成させ、創造性ある生産実践等の実践活動をおこなった。これは人間の需要が、自然と社会の力の総合的制約の下、不断に完成され不断に豊富になっていく過程を表しているのである。見方を変えて言えば、人間の基本的需要とは人類が普遍的に必要としている内容および対象なのであり、こうした内容と対象の占有および獲得は、人間が真の意味での人間になることを促進しているのである。具体的に言えば、人類の需要は人類生存に必要かつ人間の生命を維持する対象としての生理上の需要であるばかりでなく、安全・感情・尊厳・自己実現の需要を含んでいるのである[23]。構成内容の上から見れば、人類の需要は物質的需要と精神的需要の結合であるばかりでなく、生存の需要・発展の需要・生存と発展の過程において得られる成果を享受する需要の統一なのである。

　形式の上から分析すると、等級体系および複合的内容を有したものとしての人類の需要は、人類の自由な発展に対し論理的起点を与えている。「こうした生理から心理に至る基本的需要の等級制度という思想は、一つ一つの階級における基本的需要が次の階級における基本的需要の前に先に満足を得られることを考慮しなければならない点を要求しており、こうした思想は、詳細かつ具体的な発展戦略のために一つの起点を提供しているようにも見える」。需要とは不断に拡大され着実に向上していくものであり、「こうした基礎の上で、基本的需要の具体的概念の中に人権と関係するいくつかの内容を付け加えた」。こうすれば、「一つの社会にはある種の『何をすべきか』という観念が起こり[24]」、ここから人間の発展に対する要求のために何ができ、何をすべきかという権利

義務観念が発生してくるのである。しかしながら実質的な面から探究すれば、人類すべてにおける一切の基本的需要は、皆その有するところの良知および理性を内容としており、人類とその他の生物との最も本質的な違いを表している。人類の需要は、生命体の生存維持に対するものだけでなく、最も肝心なのは生活の質に対する注視であり、そこには人類特有の良知および理性が反映されており、それこそが人類をその他の生命体と本質的に違うものとさせているのである。人類のこうした動物とは異なる特殊な本質は、人間が不断に富や財を創造することができ、他のすべての動物の価値より更に高い価値があることを示す理由である。すなわち「価値を創造する価値の内在的根拠であり、これもまた人間が当たり前かつ完全に生存・享受・発展等における権利の内在的根拠を獲得することができる理由なのである[25]」。

　実際、人類の自身に対する発展要求の形成および存在、とりわけ人間の生命存在需要の維持において形成された人間の尊厳・人間の物質および精神的生活の質に対する追求は、発展を一つの人権要求として主張するための主体性条件となるのである。しかしながら、人類の需要は必ずしも直接かつ必然的に人権を生み出すわけではない。仮に発展に対する人類の要求のみがあるならば、こうした要求は客観的外界において永久に満足されないか、あるいは自然に満足させられるかのどちらかであり、これでは自由な発展に対する権利主張を形成できず、もしくは要求する必要もなくなってくる。なぜなら、権利は必ずしも単純な人間性の抽象的反映および人間の需要の必然的結果とは限らないからである。すなわちこの一点において、発展の権利主張は二つの条件が決めることとなる。一つは、人類の発展需要は自動的かつ自由には満足させられないということ。二つ目は、客観的外界は多かれ少なかれ人類の発展需要を満足させる物質的基礎と精神的条件を提供することができ、人間の発展需要を実現させるある種の客観的可能性が存在していることである。強調に値するのは、ここにて「可能性」としか述べておらず「現実性」にあらずという点は、必ずしも外在する客観的条件が人間の発展需要にお

いてすでに自動的に実現しているということを意味していないのである。仮にそうであったとすれば、権利を要求することもないのである。ここから、人間の発展需要と人類が主体性活動を通して得た自身を満足させるための発展需要における客観的物質・精神的条件とを結合させて考察する必要が生じ、発展需要を満たしているかどうかの可能性、こうした可能性と現実性との間の矛盾性について探究する必要が生じるのである。

(二) 発展権において人類の生産能力の進歩は現実的基礎である

　発展需要は生産力の発展にともない、次第に形成かつ不断に実現されていくものであり、生産力の発展状況は発展需要を終始制約するものである。人間の発展思想はまさに生産力の発展にともなって初めて次第に形成かつ発展観および発展権思想へと展開されていくものである。

　生産力が極めて低い「原始的円満状態」の下で発展権の観点が誕生することは不可能であるが、人類が自身の発展を追求する願望はすでに一端を覗かせており、人々は陶器や鉢の上に紋様を彫り、工具や兵器の上に図案を縫い付け、婦女は貝殻を使って装飾品を作った。これがまさに人間の心の底に芽生えた美しいものへの感情の現れなのである。その後現れた「ギリシアの彫像および神殿、中世の大聖堂、技術の高い職人が作った机や椅子、農民が植える花・樹木・穀物――こうしたすべてのものは、人間が理性および技能に基づき自然に対しておこなった創造性ある改造作業の表現形式なのである[26]」。商品交換時代になると生産力はめざましい発展を遂げ、それが発展権の実現を可能にさせたのである。「資本における偉大な歴史的側面は、まさにこうした剰余労働を作り出したこと、すなわち単純に使用するという価値の観点、単純に生存するという観点から見た必要量を超えた労働…豊富な個性を発展させるために作り出された物質的要素[27]」なのである。すなわち、「社会における人間の一切の属性を養成することができ、かつそれをできるだけ豊富な属性および関係を持つ人間とする。したがって、できるだけ広い需要を

持つ人間を生み出し——その人間にできるだけ完璧かつ全面的な社会的製品を生産させるのである[28]」。同時に、商品生産の条件の下、いつでも交換が可能な物質的材料を不断に増加させ、交換の範囲も迅速に拡大させれば、個人もここから全面的発展の可能性を得られるのである。まさにマルクスが述べているように、「こうした個性を可能にしたいのであれば、能力の発展において一定の程度および全面性に達する必要があり、これこそ価値交換の基礎の上に作られた生産を前提とするものである。こうした生産をして初めて、個人における自己と他者との普遍的異化を生み出すことができ、同時に個人関係と個人能力の普遍性および全面性を生み出すことが可能なのである[29]」。資本生産は「生産力もしくは一般財を趨勢および可能性という点から見た普遍的発展が基礎となり、同様に交流の普遍化も世界市場の基礎となる。こうした基礎は個人の全面的発展の可能性[30]」を引き起こす。仮に人間と対象との物質変換が人間の発展における社会的生産力に凝縮できないのであれば、人々は客観的必然性である奴隷的物質実践活動から脱却しようと試みるはずであり、その結果は多く見積もっても科学的発見・発明・技術的成就に結晶されるのみである。そして、こうした人間の物に対する占有関係が、人間の人権に対する主張を育むことは不可能なのである。生産力の発展が豊富な物質的財を創造した後のみ、人々の間にその分配・占有に関する権利と義務関係を形成するのである。ここから分かるように、生産の発展と生産発展によってもたらされる商品交換の発展、市場の拡大という二つの面が発展権存在の根源であり、発展権は生産力が一定の段階に発展した際の産物なのである。

　しかしながら、人権は必ずしも人間の自然界に対する主張とは限らず、人間の人間社会に対する主張でもあり、「人権は社会への要求である。こうした要求は人間同士の関係を調整する際に発生する道徳的原則であり、社会はこうした要求を実現する義務を担うべきである[31]」。したがって、人類の生産能力の向上と発展が、必ずしも自然な形で人類のこうした発展成果を占有する権利観念の迅速な形成に至るわけではない

のである。

　仮に発展問題の分析がこの意義の上にのみ留まっているのであれば、発展需要がいかに変化して発展の権利に生成されていくのかを示すことは永遠にできないであろう。まさにこれが、当代人権法分野の研究における共通の欠点なのである。実際、人権法学界ではすでに発展需要と人権の関係問題について一定の討論がおこなわれ、異なる学説も形成されている。第一の観点は、発展の基本的需要は人権より上位にあると考えるものである。西洋自由主義経済学派は、発展は人類の基本的需要の一つであり、発展需要に対する満足は人権を重視するかどうかにかかっていると考える。ヴィンセントはそれに対し、西洋の特徴を有する多くの人権は、実際には西洋の近代化の歴史と関係があり、こうした権利はおそらくその他の面において（発展の）この進行を妨げるものになると分析している[32]。第三世界の過去二、三十年にわたる発展の歴史は、例えば西洋モデルの適用性に対し、すでに疑問を呈している。したがって、基本的需要理論は人権思想と比べ、未来の発展のためによりふさわしいのではないかと考える者もいる。「均衡発展という観点から見れば、基本的需要は四つの面で人権より優れている。すなわち、基本的需要は発展の目標に注目するよう要求した——全人類のために比較的富裕な生活を提供する。基本的需要は発展要求における詳細な一覧表を提起した…これらの基本的需要は具体的であり、抽象的ではない。これらは国際社会におけるすべての発展に関心を持つ成員たちにとって、宗派の偏見を持たない魅力を有している[33]」。第二の観点は、発展の基本的需要と人権は互いに補い合い、互いに求め合うと考えるものである。西洋自由主義法学派は、基本的需要の概念は一連の人権の中から最も基本的な人権を取り出すことが可能であると考える。したがって、人類の基本的需要概念の長所は、西洋式個人的人権にのみ適した不足を取り去るのに用いることができる上、第三世界の観念の中でのみ庇護を受けている権利を補うこともできる。一方で、基本的需要は公平で合理的な財の分配および人間の発展促進を堅持することを通して人権を支持することができ

る。逆に、人権は精神的需要における内容を詳細に表明することを通して基本的需要を補足することができる。人権が圧迫されている環境において、全面的な経済発展は出現し得ない。第三の観点は、発展の基本的需要論は、帝国主義理論が形を変えたものに過ぎないと考えるものである。なぜなら、世界銀行の活動に参与したり発展援助を得たりする等は、基本的需要に対して与えられた関心の出発点が個人となっており、個人的需要のみを考慮した政策は、第三世界の人口発展において遭遇する問題を回避しようとし、その結果、干渉が増えるのみとなり、国家間における平等と公正について考慮されないこととなる[34]。ヴィンセントは上述の三つの観点のすべてに対し批判をおこなっている。第一の観点に対し彼は、「実証的に見れば、成立し得ないものだ。批判を浴びる原因はまさに基本的需要における宗派主義そのものだ」と指摘している。第二の観点に対し彼は、「基本的需要を満たすことに成功することと、……権利の尊重に成功することとの間に、明らかな関連性は見られない」と考える。第三の観点に対し彼は、その本質は「ある地域の搾取制度を保護する」ための弁護であると考える[35]。

　ヴィンセントの分析には、ある程度の実用性および合理性が含まれてはいるものの、根本から見れば問題の肝心な部分を把握していない。すなわち発展の基本的需要は、現実という背景において発展の権利要求に対しどのように変化をしてきたかという点である。発展需要が人権より上位であるにしろ、人権と互いに補い合い促し合っているという観点にしろ、いずれも発展の基本的需要と人権とを分離させ、孤立した片面的な分析をおこない、発展需要と人権を二つの相互に独立した存在の間における相互関係としてのみ捉えている。発展は人間の基本的需要の内容に過ぎず人権と同等ではないのだから、人権は発展需要の外に独立したものであるとしているが、これでは最終的に人権と発展需要とを対立させてしまうことになる。結局その本質は、上述の各観点は発展需要のみを見ているため、社会における生産方式が発展需要を満足させる可能性および逆に阻害する可能性という現実への変化における二重の関連を切

り口とした探究をおこなっておらず、社会の結合形式において存在する実体性ある力が自由・平等に発展需要を満たすために現実的可能性を提供し、現行の社会関係が現実に変化することはないため発展需要は真の満足を得ることができず、ここから需要の主体が権利にすがって自らの発展願望を広げようとしている点を認識できていない。まさにこれが原因で、人類発展の基本的需要に対しておこなわれた様々な理論および観点では、結局そこから発展権を生み出すに至らなかったのである。

実際、社会生産力の発展は、発展権の形成に対し客観的現実の可能性を提供した。こうした可能性は一種の外在的条件に過ぎず、直接的原因でもなければ現実性と同等でもない。では、こうした現実的可能性はどのようにして客観的現実へと転化したのか。上記の分析が我々に訴えているのは、思考の角度を人間の対象性世界から人間の社会関係の中へと移行していかなければならないということである。

(三) 発展権において現実の社会関係の激烈な分化は直接の動因である

人類の生産能力は一定の社会形式において存在しており、生産力の発展基礎を築く上での発展権需要は、人々が生産過程において結成した現実社会の関係における規定に対してであり、現実社会の関係が特定の歴史的段階に発展した際の必然的反映かつ現実社会の関係に対して理性的な批判をおこなった産物でもある。これがまさに発展権の本源なのである。

人間は生命を有する自然的存在および対象性存在であるばかりでなく、社会的存在と言う方が適切であり、それは一切の社会関係の総和である。「もしも一定の方式を以って結合し、共同生活および相互交換等の活動を行わなければ、生産を行うことはできない。生産を行うために、人々には一定の連絡および関係が発生する。こうした社会的連絡および社会関係の範囲においてのみ、彼らの自然界との関係も成立し、生産も可能になるのである[36]」。生産が人と人との社会関係から離れられないのと同様、生産の発展およびそこからもたらされる人間の発展の自

由も社会を離れることができない。現実社会における関係の制約は、時として人間の潜在的素養の外化および人間の発展需要の実現過程において足かせとなり、人々の現実社会の関係に対する批判を引き起こし、この批判の成果を権利形式を以って理性的確証とした。

具体的に言えば、「最初の社会形態」においては、分業あるいは発達した分業は存在しておらず、個人には豊富な社会関係が欠けており、人間の生産能力は狭い範囲および孤立した場所でのみ発展していった。一人一人は、極めて有限な物質的製品と精神的財の生産者かつ享受者であり、社会的権利の享有者かつ社会的義務の履行者でもあった。「氏族制度の内部においては、権利と義務の間には未だ何らの区別もなく」、公共事務への参加に対し、主体にあるもの（つまり発展）を生産させて初めて権利もしくは義務の区分ができるというのは「でたらめ[37]」であった。典型的な商品経済の形態に突入して以後、社会の分業が最初の社会形態におけるそうした社会関係からの解体を促すこととなった。社会関係が日増しに分化および複雑化、社会的分業が不断に細密化および定型化し、二つの大きな結果をもたらした。一つは、ミクロ的に見れば、「労働がいくつかの部分に分けられたため、人間自身も共にいくつかの部分に分けられた。ある種の単一活動の訓練のため、その他一切の肉体および精神的能力は犠牲となり」、「人間の細分化」や人間の「畸形的発展[38]」が作り出され、「生産過程における知力および体力労働の分離、知力が資本支配労働の権力となること[39]」をもたらし、物質労働と精神労働、すなわち労働活動における二つの本質的サイクル——精神活動と生活活動を相互分離させた。二つ目は、マクロ的に見れば、人と人との相互関連性が人類活動における特定空間と条件の超越に伴って日増しに強化されていった。社会の分業は社会関係を維持する手段でもあったが、同時に社会関係参与者自身の発展を制約した。まとめて言えば、不合理な分業の不断な変化により、地域的にまず民族内部の分化がもたらされ、「ある民族内部の分業がまず商工業労働と農業労働との分離を引き起こし、そこから都会と農村の分離および都会と農村の利益対立が引

き起こされた」。その結果、「都会と農村の間の対立がすでに発生し、国家間における対立も次第に現れる[40]」状況を招いたのである。人類社会における分業は、不断に激化し日々深く広く拡張していく趨勢を表しており、これは社会発展の客観的規律の一つであり、特定の領域内における人間関係を普遍性ある国際関係へと変化させることは、その結果の一つである。こうした関係は、必ずしも国家という実体の間における人間関係を超えたところの連絡であるとは限らず、一種の「人格化された実体」の間における人間関係なのである。「一組の国家が共通の利益および共同の価値観を意識した時、彼らは自分たちを相互関係の中における共通の規則によって縛り、共に共通制度の保護という任務を担おうと考える。この際、彼らは一つの社会を形成したことになり、国際社会が誕生したのである[41]」。しかしながら、これは単に国際社会の関係における人道・理性・協力の一面を反映したに過ぎず、これ以外のところで未だに不平等・反人道・植民・強権等の要素が存在している点を見ていない。実際、国際社会には社会分業および社会協力がもたらした共同の利益および価値追求があるものの、例えば、貧しさと豊かさ・平等と不平等・発展と未発展・機会均等と大きな格差といった大量の社会現象が存在しており、国際社会における関係の二重属性を反映している。したがって、発展問題に対する分析では、国内および国際の各レベルにおける社会関係の複雑性を見なければならず、人間の発展需要およびその実現の現実的可能性を人間の社会性の中において考察する必要がある。そうすることで初めて、人類社会全体を構成する一人一人およびすべての人間の、発展の権利に対する需要がいかに形成されるかを見つけ出すことができるのである。

　社会分業に対して専門に研究をおこなったことのあるフランスの法社会学者エミール・デュルケーム（Émile Durkheim）は、分業を社会における本質的特徴と見做し、社会分業がもたらす社会の調和および秩序的価値を最大限に賛美したが、最後は結局「規範を逸した分業」、「強制的分業」等、社会分業の「異常形式」を認識せざるを得ず、「分業は社会

の団結をもたらすが、ある状態において分業はまた、まったく異なる、ひいては完全に逆の結果をもたらすこともある[42]」と強調している。したがって、異常な規範喪失状態を解消しなければならず、「こうした関係の中により多くの公平要素を加えるべきであり、不平等な外部条件をすべて消し去る必要がある[43]」。彼は、いかにして公平・平等な社会方式を以って分業のもたらす悪い結果を解消するかについて引き続き探究をおこなったわけではないが、社会分業こそ人類相互の間に発展の不平等、均等かつ公平な競争関係の形成を不可能にしている重要な要素であることを、多かれ少なかれ意識している。デュルケームの機械分業および有機分業に関する理論は、社会連帯主義法学理論において直接引用および展開されている。デュギーは、「デュルケームは社会の相互関連性における的確な本質を最初に定め、更にその二つの基本的形式を示した」後、観察と分析を通し、「社会の進歩に伴い、労働分業の上に建設された相互関連性はますます高まり、相似性の上に建設された関連性はその作用における第二の力となった。人々の間の相違はますます大きくなり、こうした相違は彼らの才能・需要・追求において表れる」ことを明らかにした。調和的な社会相互関連性を発展させるため、一種の社会における最高準則としての「客観法」が生まれ、その理念は「この種の社会相互関連性を損なう一切のことはせず、逆に機械関連性および有機関連性を本質的に実現・発展させるいかなることをおこなってもよい」。実在法とは、すなわち「合理的な人為的法則は、当該原則における表現・発展・実施であるべきである[44]」。客観法と主観法の間には一致性が存在すべきであるが、「現代社会においては……客観法と立法機関の法律との間には完全な一致がない[45]」。ここで指摘された客観法とは、初めは国家と政府において存在したもので、人類社会全体のために固有かつ生活事実に根差して生まれた法則は、一種の隠れた「自然法」であると西洋の学者から称されている。その趣旨が表明するところは以下の通りである。第一に、社会分業およびそこから発生する社会関係は必ずしも常に同一とは限らず、逆に社会の発展に伴い日々拡大する相違と分化が

現れた。ここにはすでに分業が引き起こす事実上の不平等・不均衡および発展における相違性の思想が隠されている。第二に、主観法と客観法の相違は、まさに人間関係における不均衡と相違性の表れである。なぜなら、客観法が要求する調和・つり合いのある社会関連性に比べ、現実の実在法には比較的大きな差異が存在し、客観法が強調する価値の境地には至っていないからである。第三に、古典自然法学派が主張する人類の間における絶対的な平等というものは事実に反するものである上、孤独な個人に権利はない。「人がその出生後すぐに天賦の権利を享有したまま社会に入ることはありえず、社会に入ってからのみ人は権利を享有できるのである[46]」。こうした社会関係に対し社会分業が引き起こした人と人との相互関連における相違、分化、不平等は、主観法が社会相互関連性を確認する際、良性の社会分業関係が必要とする客観理性の法則との間の衝突に対する独特の分析であり、既存社会における相互関連性およびその主観法則が人間の自由と平等な発展需要の実現に対してもたらす障害およびその権利に対する侵害性を説明する手助けとなっているのである。当然のことであるが、これは更に踏み込んで主体の内在需要における不平等を権利に対する主張を通し、いかに真の公正と平等に転換していくかについては分析されていないし、分析できるわけがないのである。

　否定できないのは、社会分業は社会関係における存在方式であり、社会の生存と発展を維持するものではあるが、同時に社会関係における一人一人の締結者自身の発展を制約している。調和的かつ秩序ある社会分業関係は、社会の進歩のために尽きない活力とエネルギーを注入し、ここから社会関係の参与者に自身の価値における能力を不断に完成させ実現させていくのである。不公正・不合理な社会分業は、社会全体および一人一人の構成者の個体進歩および普遍的発展の客観的力を阻害するのである。

　実際、社会分業は確かに社会文明の大きな進歩を生み出し、「すべての人類の能力・活動・需要を発展させたが、これはすべての人の能力を

発展させたことにはならない[47)]」。こうした人類全体の力の「進歩……決して通常の抽象的意義の上から理解してはならず[48)]」、それは「個人の発展を最大限に浪費する方法を用い[49)]」、人類個体のある一つの方面における能力の片面的発展かつ自身の完全性を抽象化されることを代価とし、少数の個体の相対的な発展を多数の個体が発展できないという基礎の上に築いていることに頼っている。

　ここから分かるように、発展の障害はまさに人類の活動と人類の活動における対象、労働と労働過程および労働成果、生命活動と精神活動の間において、こうした人為的に挿入された極めて不合理な分業を核心とする社会の力（非自然的力、逆に自然の力はこれらの結合における基礎を提供）——すなわち極度に歪曲された社会関係なのである。発展を獲得したければ、こうした人間の発展に対して否定の態度をとる社会関係に対し、否定の否定をおこなわなければならない。そして「人権概念には深い批判的精神が豊富に含まれており、こうした批判は特定の経済的考慮・政治的争い・文化的衝突を超越することができ、直接人の作為を以って、人間の有するところの全面的発展と完成における絶対的根拠となり……さらには人間の種における共通認識および現実に対する批判が提起した要求は、ある種の制度化の手続きを通して主張すべき、かつ主張しなければならない権利として一人一人に定着し、ここから一種の新たな社会結合形式を示唆したのである[50)]」。こうして、現実の社会関係に対する批判をきっかけとし、人間の発展と完成への追求という共通の目標のために、人間の発展と人権が内在的・有機的に融合し、発展権という一つの人権形式を形成したのである。

　上述したように、発展権は人権の一つとして、社会における経済的構造およびその経済的構造によって制約される社会の文化的発展を永遠に超越してはならず、人間が客観的な物質世界、とりわけ人類社会自身に向かって闘争をする産物であり、人間の個体および人間の集合の物質文化の発展需要および社会・経済・政治・文化の発展状況に対して提供された需要材料の有限性、さらには欠乏の間との矛盾運動、および主体の

発展権利意識の覚醒と積極的実践をおこなった必然的結果であり、主観と客観の統一、人類社会と自然界の統一を体現している。結局のところ、発展権は天賦のものでもなく、その根源が単純に人間の「需要」と「尊厳」にあるわけでもない[51]。それは歴史的に生まれたものであり、一定の生産力における発展水準を築く上で起こる現実社会関係の調整であり、人間の本質における全面的反映なのである。

第二節　発展権における基本的人権の位置づけ

　発展権の価値は、それが人権体系において人権属性を有し、人権構成要件に符合する一般的人権であることを体現しているだけでなく、人権系統において触れている人間の基本的属性および究極の価値における基本的人権の中に存在しているのである。発展権の基本的人権性質は、すべての人権主体が普遍的に享有する、取り換えが効かず剥奪のできない母体性および基本性を有する権利に突出して現れる。

一、主体の普遍性

　いかなる基本的人権も本質においてはすべて、人類が普遍性を持つ主体として例外なく享有すべき人権である。ある人権が普遍的主体のために共同で享有されることは、当該人権が基本的人権となるための先行条件であり、部分的主体もしくは特殊な主体のみが享受する人権は、基本的人権の一つとは成り得ない。主体が普遍性を持つべきか否かについては、人権判断の中の基本的人権における基準の一つである。発展権の主体は、社会におけるすべての人間の主体を含み、無限で絶対的な普遍的特性を有しており、発展権は人類全体の権利なのである。
　結局その実質は、発展が社会生活の各方面を含んでいるため、「発展問題は各社会間におけるすべての複雑な関係および各社会が自身を変え

ようとして行う一切の努力と進展に及んでいるのである。したがって、発展はすべての人間の事業に及んでおり」、「発展は……終始人間を核心としており、人間を発展行動における一切の出発点および帰属点としている[52]」。社会の各領域に身を置く人間全体の創造性活動を離れれば、発展権は存在し得ない。「もしも個人、国家、公共・私的団体、国際社会全体を含めた社会的意義におけるすべての行動者が共同の努力を行わなければ、実現することは不可能である[53]」。これは、人類共通の「同意」と「承諾」の上に築かれた一種の社会連帯権であり、いわゆる「連帯」とは「団結もしくは一致した感情・行動、とりわけ共通利益・賛同・渇望におけるすべての個人間における団結もしくは一致である[54]」と解釈される。実際、すべての人間が発展義務を共同で履行した場合のみ、発展における権利の享有を保障することができ、すべての人間に発展の権利を付与した場合のみ、人間の全面的発展の本意にかなうのである。まさにこの意義において『発展の権利に関する宣言』は、「発展は経済・社会・文化・政治における全面的進歩であり、その目的は国民全体とすべての個人が積極的・自由・有意義に発展およびそれがもたらす権利の公平な分配に参与するという基礎のもと、国民全体とすべての個人の福利を不断に改善すること」を認めると指摘している。さらに、広義における「人間」、この普遍性主体を発展権の所有者であると認めている。無論、発展権主体の普遍性がその特殊性ある存在を否定するわけではない。実際、異なる発展期間および人権の具体的実践段階において、主体の地位および価値がその個性とことごとく一致するわけではない。社会発展における差が日増しに激化する前提の下、社会構造に対する正義の要求は秩序と効率への必要性を超え、発展を阻害されているその一部の主体に対し発展権を与えると同時にそれを強く保障し、発展権主体の特殊性における突出した反映となった。しかし、これは発展権における普遍主体の広範な存在を結局否定しておらず、なぜなら特殊性の存在は、必ずしも共通性もしくは抽象性の存在を否定することができないためである。「すべての人、人間からすれば、ある程度の共通点はあ

るものであり、……人間のこうした共通の属性の中から、さらに彼らを人間たらしめるこうした平等の中から、こうした要求が派生するのである。すべての人、もしくは少なくとも一つの国におけるすべての公民、あるいは一つの社会におけるすべての成員は皆、平等な政治的地位および社会的地位を有するべきである[55]」。発展権および平等権は、その他の基本的人権と同様、異なる時代・異なる社会・異なる国家においてその要求の全部が全部同じというわけではなく、甚だしい差異のある場合すら存在するが、人々が理論の上から人類全体の中において人為的に明確な境界線を引き、どの部分の人が発展権を享有すべきで、どの部分の人が享有すべきでないと断言することは不可能でもあり、するべきではないのである。まさにこの意義の上から言えば、いかなる人間も、人種・肌の色・性別・言語・宗教・政治もしくはその他の見解・民族の源もしくは社会的出身・財産・出生もしくはその他の身分等による何らの差別も受けず、平等に発展の権利を享有すべきである。発展権の主体とは、多くの差異が存在する普遍的主体なのである。

二、地位の基礎性

　人権が仮に基本的権利とするなら、その指すところの「『基本』は、こうした権利は剥奪することができず、いかなる状況下にあっても否定することができないことを意味している」。「人権もしくは人間の権利および基本的自由と称されるものの[56]」趣旨は、「一人一人の個性・精神・道徳・その他の方面における独立において、最も十分かつ最も自由な発展を獲得させることにある。権利として、これらは生まれながらにして存在する個人の理性・自由意志の産物と考えられ、実在法によって授与されているばかりでなく、実在法から剥奪もしくは取り消されてはならないものなのである[57]」。
　実際、人権における基本的人権は必ずしも人権全体ではなく、それは人間を理性と自由意志を持った人間にするために欠くことのできないそ

うした固有の権利を指している。もしもそれを失ったら、人間の本質属性を維持するのは困難となり、喪失する可能性もある。発展権地位における基本性は、主体がいささかも欠けてはならず、譲ることができず、かつ切り離すことのできない権利である点に体現されており、すなわち権利主体に固有な、人間に対する絶対的必要性および恒久安定性を備えた権利なのである。一旦発展権が剥奪されれば、人間は分解された、不完全な、真の意味で完璧さを有することのできない社会的本性の人間となってしまうのである。

　発展権は「人間」に対し、いささかも欠かしてはならぬ性質を有している。発展権は人間の社会において実現され、人間の本質から離れることはできず、人間の本質もまた人間の生存および発展から離れることはできない。人間はこうした権利を得て初めて、その他の動物と一体化された状態から脱却でき、社会上・法律上の人間となるのである。生存権のみでは、人間がその他の動物と根本的に異なる点を体現するには足りない。なぜなら「生存権は生存の最低基準のみを確定させているに過ぎないからである」。こうした区別、すなわち人間の社会性を十分に展開・実現させるには、人間の「生き延びようとする」本能から「生存の質」の追求へと進化させるべきである。人間は自己の肉体および精神組織を不断に発展させることができ、各集団主体が自己の生存空間において自己の生存能力を発展させ、生存の質を高める権利を有している。だからこそ、人間と人間の集団が「獣」とは異なる健全かつ完全な主体となるのである。

　発展権は人間に対し譲歩不能な性質を有している。発展権は人間と社会をつなぐ紐帯かつ後ろ盾の一つであり、主体相互間における各種複雑な関係を有効かつ理性に適うよう処理する重要な基準である。発展権を譲渡すると、個人が発展の実力を持たないため社会に入る資格を喪失し、国家や民族も独立者・平等者としての身分を持つ権利のないまま国際社会に立脚し、最終的に独立した国際法主体になれないのである。実際、いかなる人もこうした譲与を行い受けることを望まず、またそうし

た権利も有していない。

　発展権は、人間に対する究極の配慮性を備えている。発展権の趣旨は、人間の基本的価値を実現させ、人間自身に内在する能力の十分な発展および人間と外部の世界との協調的統一を促進するのである。主に以下のものが含まれる。第一に、これは人間の個性的発展を実現するものであり、人間にその本質的需要を十分占有させるのである。人間の個性とは、特定の社会条件の下で形成された一人の人間における比較的固定された特性を指し、すべての個性は条件的かつ暫定的に存在しているため、相対的かつ不断に完成させていく必要があるのである。人間の個性的表現を発展させるには、人間の自立性・自主性・自治性を強化することで、人間の独立性における発展の獲得、自主性のたゆまぬ強化、人間自身の活動における制御力の着実な向上を促す。そのうち、人間の自立性とは自主性の前提であり、自主性はまた自由な発展のための保障を提供するのである。人間の自由意志に対する占有および自由行動の支配能力は、異なる背景および主体条件の下、千差万別である。発展権を実現させてのみ、客観的外在環境によって人間の個性発展に対して起こされた制約作用を、人間自身で操縦できるのである。第二に、これは人間の能力における全面的発展に必要なものである。人間はその独自に有する自然の力および社会の力を以って、外部から独立した世界を獲得し、個性を備えた主体となる。そのうち自然の能力とは、人間が自然の変遷において有機体として獲得した天然資源および力であり、一切の発展の力における生物学的意義上の基礎でもある。人間の社会的能力とはすなわち、物質的生産と精神的生産の表れを含んだ人類の生産能力のことであり、経済能力・政治能力・思考能力・知識能力・価値選択能力といった多くの方面に体現される。自然の能力がなければ、人間の社会的能力は形成の基盤がないこととなり、人間が他の有機体と区別されるものとしての属性も形成できない。逆に社会的能力がなければ、人間における自然の能力も延長および強化することは不可能である。しかしながら、人間の能力は常に現実的とは限らず、往々にして潜在的であり、発展権を

取得し運行することを通してのみ、人間の潜在的かつ現実的な自然の力と社会の力を十分に発展させ、高度な統一に至らせることが可能なのである。第三に、これは人間の社会関係の需要を全面的に発展させるものである。発展権は、経済成長の進展およびその社会との調和からなる持続的発展を通し、人間の相互関連性を不断に豊かにさせる。特に市場モデル、とりわけ国際大市場の形成および発達は、人と人との間に深く広範な社会関係の形成をもたらし、発展権はこうした高度に発達した社会関係における合理化・正当化を通じ、ここから人間にその社会性を最大限に実現させ、社会関係の各方面から均等に全面的発展の現実的力を得るのである。発展権の最初の提唱者の一人であるワサクはこれに対し、次のように述べている。発展権等「新たな人権は必須である。相互対立した個人の自由の絶対化および一種の社会連帯性の形成を克服し、ここから相互に協力してその所属する各種群体の社会生活参与を通し、すべての個人に彼らが所有する人間のポテンシャルを十分に発展させる[58]」。人間の自身における価値実現の追求は、発展権が作用している過程においてのみ最高レベルに至ることができ、真の人間性を備えた人間は、発展過程に参与し発展の結果を享受することを通じ、自身の自然かつ社会的な本質属性を全方位的に示さなければならない。発展の権利に対するいかなる否定もしくは排斥も、人間の本質属性に対する歪曲もしくは剥奪を引き起こすことに相違なく、人間の退化および社会の未発達をもたらす。発展権が人間に対して有する基本的価値の証明は、発展権の基本的人権における内在的根拠となるのである。

三、論理の優位性

基本的人権の系譜における核心的権利は、人権論理構成全体における上位のレベルに位置し、地位において一般的人権より優位に、順序において一般的人権より先に、関連性においては一般的人権を構成する原因なのである。基本的人権は一般的人権が有する共通性を備えていると同

時に、人間に対するその独特な機能を有しており、一般的人権が影響することの難しい全局性・根本性作用を発揮している。発展権における基本的人権価値は、まさにこの基本的人権のために普遍的に備えた特徴を体現しているのである。

　発展権は、他の人権が取って代わることのできない独立した基本的人権の一つである。発展権はその他の基本的人権とともに、主体の価値および尊厳、独立性および自主性、権威性に対し、取って代わることのできない決定的な作用を示している。完全な意義における人間とは、私生活・社会生活・政治生活の主体としての三重の役割の統一体であり、発展権はすなわち、主体が社会・政治生活に参与する際の広さと深さを集中的に体現しており、経済的・社会的・文化的・政治的発展権におけるどの方面を喪失したとしても、それは人間の不完全を暗示するものである。すなわち、発展権はその独特の地位を有しているがために、その他の人権の実現を制約すると言える。なぜなら発展権は、そもそも一種の物質形態における権利であり、その趣旨は社会のためにその生存と発展の維持に必要な物質生活における材料を提供することにある。人権の中の選挙権、言論・出版・結社・集会・デモ・抗議における自由権、宗教信仰の自由権、文化教育権、平等権等々はすべて精神形態の権利に属する。精神現象の源は物質本源であり、人権構造における精神形態の権利も、疑う余地なくその生存を支える物質実在権利によって決定される。物質的経済条件を離れた「政治的平等」は、「彼らの政治世界における天国では平等であるが、この世に存在するうちは、彼らの社会生活は不平等[59]」に過ぎない。基本的生存発展権のない国家では、「人間は想像上の主権における虚構分子である。ここでは、人間の実在的個人生活は失われ、非実在的な普遍性が満ち溢れている[60]」。現代の国際社会はすでにこの一点を次第に認識し始めている。1992年10月5日、ギニアビサウの代表が第47回国連総会において発言した際、「世界はまさに民主化と基本的人権の尊重という巨大な変化を経験している。しかしながら、繁栄と安寧が伴わない場合、こうした願いは実現不可能なのである。

発展がなければ、真の民主化過程はない[61]」と語っている。政治的・民主的権利はこうであるが、その他の人権も概ね同様であり、「発展権の重要性は、人の尊厳より低いところにない。人の尊厳に欠かすことのできない一部分は、人間は自己およびその家庭に、人間として持つべき生活水準能力を獲得させようとするのである。発展の力を借りてのみ、人間の食物権、服装権、庇護権、医療権、就業権、教育権が十分な実現を見ることができるのである[62]」。まさにこうした具体的分析から、1993年にウィーンの世界人権大会において各国代表は、「安全保障を欠き経済的未発達の状況下では、真の人権はあり得ない。経済的繁栄が一定の程度に達していない場合、民主と人権も完成に至ることは不可能である」、「人権を維持・促進するには、経済と社会の発展状況から離れてはならない。なぜなら、貧困・旧態・疾病に圧迫され息ができないような状況下では、政治的自由を語ることに何の意義もないからである」と考えた。またシンガポール等、東南アジア国家の経験では「経済発展は人類の尊厳を高めることができると称するいかなる制度においても必要的基礎である。そして秩序の安定は発展の基礎である[63]」。アジア・アフリカ法律協商委員会事務総長の Nzanga は、再び結論を出している。「発展の不十分が人権の実現および享有における主要な障害となるならば、貧困の主要な根源となる。それならば、発展と人権の関係は最重要の位置に置く必要がある[64]」。

　発展権の人権的地位を否定する西洋の学者たちにしても、実は発展権がその他の人権に対して及ぼす最終的制約作用について意識している。イギリスのミルンは『人権哲学』という本の中で、『世界人権宣言』が列挙した平等・自由・政治・経済・社会の権利は、人類が努力して到達すべき理想的基準に過ぎず、「この理想的基準は、自由民主的工業社会の価値観念および制度の権利構成から体現されている」と指摘している。これは「すべての国に自由民主的工業社会になれとの要求」を暗示しているのである。しかしながら、経済発展水準が低いために、大部分の人は未だにこうした理想的社会で生活をしておらず、一度もこうした

社会で生活をしたことがないことから、予見できる将来においても彼らがこうすることは不可能なのである。「多くの国、とりわけいわゆる『第三世界』国家においては、こうした理想基準がユートピアとなってしまうことは避けられない[65]」。こうした「反人権」の論点は、偶然にも発展権の実現が長期にわたる極めて困難な任務であることを示し、第三世界国家、すなわち発展途上国が真の人権理想を実現させたければ、工業化された経済発達の社会的条件を備えていなければならず、国家経済の発展および社会的進歩を実現させてのみ、「民主」、「平等」、「自由」のための着実な物質的基礎が固められるという意味を含んでいる。故に、人間の発展の権利を離れれば、人間が政治的平等および人身の自由を得ることは不可能なのであり、発展権のない人権は想像できないのである。

　同時に、発展権は経済発展に対する一種の権利要求であるが、経済需要を満たすことのみに限られているわけではなく、その内包的価値目標および基本要素は経済的権利より遥かに豊富なものである。その趣旨は、主体政治モデルの選択における自由・文化・社会的発展の自治性と伝統性を合理的に満足させるために十分発揚し、集団主体における権利の総合的向上のみならず、個体主体の精神的価値と物質的価値の各レベルにおける保障を実現させるものである。これに基づき、『社会の進歩と開発に関する宣言』第２条では以下のように宣言されている。「社会進歩と発展は、人間の尊厳と価値に対する尊重の上に築くべきであり、さらには人権および社会的公平の促進を保障すべきであり」、ここから不平等と差別の撤廃を要求するという前提の下、「公民と政治の権利および経済・社会・文化的権利を認めると同時に有効に実施し、いかなる差別もおこなってはならない」。そして『発展の権利に関する宣言』においては、より踏み込んだ規定が作られ、第１条において冒頭からはっきりと規定している。「発展の権利は、剥奪することのできない人権の一つである……こうした発展の中で、すべての人権および基本的自由は十分な実現をみることができる」。

さらに、発展権は人権評価における最重要基準の一つである。一国の人権状況を判断する基準は多元的であるが、根本的なところから言えば、すなわち国家と社会の均衡的発展が人間の個体および集団に対して作り出した実際の価値および発展機会の提供、さらに個体が社会発展の各段階において獲得した利益の大きさを以って基準としているため、国家が国際交流、とりわけ国際協力事務において獲得することのできる生存環境の質の改善および発展動力の大きさも基準としなければならない。すなわち、国家集団と個人による共同発展の程度を度量尺度として人権評価を行わなければならず、それこそ正当な評価準則なのである。まさにここから、発展権は「生存権と同様に重要であり、一国における人権状況の評価としての最重要基準であるべきなのである[66]」。人間の生存および発展に対する権利主張と権利実践を離れれば、人権評価は混乱に陥ることとなり、その価値方向は人権運動が取り入れた抽象的かつ片面的に語る自由・民主・権利への道のりでしかなくなってしまう。当然、これは後者が人権評価の指標体系の中から剥離されることを意味しているわけではない。発展権という人権価値評価準則における基準性は、それが含んでいる内容および投影している理念によって決定されるのである。ある方面において、発展権は客観・外在に対する物質要求権であるが、同時にそれによって制約され生まれてくる主観・精神発展権でもあるため、一種の総合性を持つ評価特性を体現しており、主観的要求から客観的満足へ、物質的権利から精神的権利への各方面における人権状況を完全に評価する上で助けとなるのである。もう一つの方面において、発展権は、横並びの同世代および縦並びの世代ギャップを含んだ人類の各構成単位における公平かつ持続的な発展を核心としているため、最も生命力を備え、かつ客観的な評価尺度なのである。それは、伝統的な「人を以って万物の尺度とする」を源とする人類中心主義の評価方式と異なるだけでなく、個人と社会・団体を切り離して考える個人主義人権評価モデルとも違うもので、さらには集団利益の至上を核心とする純粋極権主義の評価方法とも区別されるものである。発展権は、まさ

にこうした全面的・公平妥当・中立的な合理的価値尺度を以って人権評価のために一つの基準を見つけ出し、基本的人権の一つとなったのである。

　要するに、発展権が人権関係における上位性を表しているのは以下の点である。第一に、論理の上から言えば、発展権と生存権は各種具体的な人権形式における相互結合によって構成された人権系統の中でも上のレベルに位置するものであり、その他の人権形式はすなわちその下に置かれる。第二に、地位の上から見れば、発展権はその他の人権形式が生存と融合をおこなう場所であるため、人権ビルの礎石にあたり、とりわけ公民の権利および政治的権利等の人権形式に対し定礎の価値を有している。第三に、機能の上から見れば、発展権は実体性ある人権の一つであるばかりでなく、その他の人権の実現を追求する際の必要手段としての権利でもある。言い換えれば、それは本体論意義における人権の一つであるだけでなく方法論意義における人権の一つでもあり、自在・自的な人権であるだけでなく、その他の人権を証明・制御・さらには完成させるものでもあるため、最も十分な実現を獲得させる基本的人権なのである。

四、機能の母体性

　基本的人権は、その他の具体的人権形式の特徴の派生を有する一種の母的人権であり、人権の特定形式を生み出しそれを規範化することのできるものだけが基本的人権に属するのである。発展権における基本的人権属性は、基本的人権が持つべき母体性特徴を十分に体現している。

　まず、発展権は基本的人権の一つとして、人類の普遍的発展を価値とする法律の形成および発展を生み出した。発展権は当初、一種の思想および理念として存在しており、不断の実践を通し発展権の法律へと派生した。その通り、法律とは発展権を保障するための最も強い力を持つ武器である。しかし、発展権は人権に関する法律規範の確認のために生ま

れたわけではなく、逆に発展権の法律規範における理念と価値は、まさに発展権の実践から来たものである。

　発展権は、法律の論証および法律の必要性を証明する価値を有している。法律規範存在の合理性に対する判断基準には、昔から異なる理論の食い違いおよび現実的差異が存在し、そのうち最も典型的な観点が、自然法学と分析法学の両派による学説である。両者の食い違いの本質は、いったい法の「実然」すなわち実定法規範自身から法の有効性を証明するのか、それとも法の「実然」すなわち自然法理念から法の合理性を導き出すのかという点である。分析法学派は、法の必要性と有効性は法律の外になく、純粋な法理念にもなく、法規則自身にあるものと固く信じている。人間のいかなる自由・権利もすべて法規則に源を発しており、特殊法律規則もまた源は普通法律規則、普通法規則もまた憲法という最高法規を依拠としており、憲法に対する効力の理由としては最初の憲法に源を発すると考えている。「最初の憲法の効力は最後の仮定であり、法律秩序における一切の規範効力が根拠とする最後の仮説であり、すなわち人々は最初の憲法創設者が命令するように行動すべきである。これこそ当該法律秩序における基本的規範なのである[67]」。では、なぜ最初の憲法を尊重しなければならないのかに対しては、「なぜなら、それは有効と仮定されたものだからである。それが有効と仮定されたのは、この仮定がなければ、人々のいかなる行為、とりわけ規範を創立しようとする行為を法律行為と解釈できないからである[68]」。こうした一切の規範をその上級の規範を以って根源とする観点は、超越することの難しい虚偽のロジック・サイクルの中にすでに陥っているのが明確である。したがって、これは法律実践と人権保障に必要な検証に耐えることはできない。しかし、発展権および発展権の法律文書における依拠と法的効力を討論する際、少なからぬ学者は現行の発展権に関する国際法律文書には法的強制効力がないという点から、発展権は人権にあらずと否定し、発展権には法律規則の依拠がないため人権を構成することはできないと考える。こうした観点はすでに前述したように、国際社会において一定

第四章　発展権の価値づけ　151

の代表性を有している。結局実際のところは、当該観点は実証主義法学権利観が発展権問題を分析したものの二番煎じに過ぎず、何か創意があるわけでもない。なぜなら、法律無規定すなわち無合理性および必要性の論点はロジックに適っていないばかりでなく、法律進化と人権法発展の動力を見つける方法も持たず、特に例えばファシズムの類による大規模な人権侵犯の暴挙、現代世界における貧富の格差の著しい分化、未発達人口の生存状況等の問題に直面した際、応対のすべもなすすべもないところから、その理論の貧弱性を曝け出すこととなるのである。したがって、一世紀におよぶ沈黙の後、自然法学が機に乗じて乗り込み、新自然法学を復興・形成することとなった。先にあったいくつかの権利を認め、それを実在法の上に位置する理性もしくは道徳的要求であるとし、それが法律発展の基本的力となった。今日に至るまで、分析法学と自然法学は不断に統合されていく趨勢を見せており、「『is』と『ought-to-be』の結合における原則を探ってみた」結果、人々は「いかなる正義の権利制度も絶対的に必要もしくは核心とする最少先決条件には、必ず個人の自由もしくは人身の自主的価値におけるある種の賛同を含まなければならない[69]」ことを見つけ出した。実際、人権の理念と人権の実践がなければ人権の法律規範も存在せず、現行の法律規範から人権の内包を規範化し、人権価値が証明できるかどうかという観点を試みたとしても、それは理論上成立不可能であるばかりか、実践上においてもできないことなのである。当然、これは基本的人権の保障および操作に対する法律規範独特の機能を否定しているわけではない。法が基本的人権を確認し保障するのは、基本的人権が法律の精神と魂を育んでいるからであり、人間が獲得しなければならない享有すべき権利なのである。

　実際、発展権の合理性と現実の必要性から法律規範および法律秩序全体の合理性を判断することのみが、人権法発展におけるロジックの方向性なのである。そして、人間性の全面的実現および人間の持続・均衡の全方位的発展における法規則と法秩序の保証を助けることのみが、社会正義と人類の進化が要求する法に適うのであり、さもなくば人類の法律

秩序を調整もしくは再構成しなければならない。発展権価値における基本的人権属性は、まさにそれが発展権というその母体を以って頼みとし、法律の理念を育み、人間の発展における法律文化と社会背景に適い、かつ法律原則と法律規則に具体化されたものを作り出すのである。なぜなら発展権は、法の正当性における根本性評価基準でもあり、また法の不断の進化と発展における動力および条件でもあるからである。したがって、発展権は母的人権および基本的人権の一つである。

次に、発展権は母的人権の一つとして、一連の子的人権を繁殖・派生させている。ミクロ的に見れば、発展権の享受とは、主体が経済発展協力権、国際援助発展権、社会保障発展権、生活の質向上権、環境浄化権、教育発展権、科技発展権等の具体的人権を享有していることを意味している。派生されたこうした具体的な形式自体は基本的人権ではないが、非基本的人権に派生させた人権は明らかに基本的人権に属する。要するに、発展権の母体性の表れは次の三つの方面に帰結する。第一に、全面的な包容性である。発展権は、経済・社会・文化・政治の内容に対する各方面における人権要素の総合および有機的統一であり、理論上の具体的な分離解体および細分化の実施が可能である。人権保護の実践においては、具体的な規範により確証および救済する必要がある。第二に、高度な抽象性である。発展権は人間の全面的発展における各レベルの権利に対する高度な抽象および凝結、すなわち人間の全面的発展と直接結びついた各項権利における普遍的要素を抽出したものであり、人間における均等な発展機会の付与を核心要素および紐帯結合として形成された総体性人権の一つであり、具体的な人権形式を派生させることができる。第三に、形式の開放性である。発展権は各種構造形式およびレベルによって作られ完成した人権形態として、発展内容の不断な更新および人権本質の不断な最適化に伴い、開放的かつ非閉鎖的な特徴を現している。まさに発展権が自身の不断な進化の過程において、新たな人権要素を不断に吸収することを通じ、その豊かさを不断に完成させ、ここから内容が充実し構造の安定した人間に対する固有の権利を形成したのであ

る。したがって、発展権は人権法体系において、人権保障の前提である法律規範とその他の一般的人権の進化と保障に対して、原生意義的な建設型人権形態を備えているのである。

五、運営の総合性

いかなる基本的人権も運営メカニズムにおいて、公共権力の干渉を免れる消極性権利と公共権力に主体的に保障を要求する積極性権利との統一であるべきである。発展権は、脆弱ではあるものの総合性を有する重要な権利として、公共権力に対し消極的・受動的に侵害阻止と障害排除を要求しているのみならず、国際政治法律関係における積極的建設および国内政府による主体的かつ高効率な法律・政策措置の積極的促進および保障の採用を必要としている。そうすることでのみ、発展権における基本的人権価値は証明および体現を得られるのである。

権利の運営メカニズムの上から見れば、人権は積極的権利と消極的権利とに分解され、消極的に政府に対し侵害と妨害をさせない権利は、消極的人権と呼ばれる。また公共権力が主体的に法律方式を用い、特定の行為を実施し保障する権利は、積極的人権と呼ばれる。「基本的人権としての権利は、政府からの侵犯を受けない自由を含んでいるだけでなく、政府は基本的需要に対する満足および生活水準の向上を積極的に提供かつ保障しなければならないことを含んでいる[70]」。

人権はいったい積極的権利と消極的権利に分けられるのかどうかという観点に関する論争はあるものの[71]、人権における基本的人権としてという点に関して言えば、それは積極的権利と消極的権利の統一である以外になく、純粋な積極的権利と単独の消極的権利だけでは基本的人権に与えられた特別保障の緊迫性を体現するには足りず、基本的人権と一般的人権との相互差異性を説明することもできないのである。公共の権力から妨害を受けないことで簡単に得られるそうした権利は、明らかに法律上における基本性権利の一つに昇格させる必要はない。また公共の

権力が主体的に動くことで初めて保障を得られるそうした権利も、おそらく基本的権利になる可能性はあるものの、必然的に基本的権利となるわけではなく、人権の一つが積極性と消極性の二重権利属性を同時に備えてることで初めて、最も重要な基本的人権の一つであると言えるのである。

　発展権は政治的権威の能動を必要とし、同時に主体の自由行動における総合保障性を必要とする権利でもある。そのうち、政治的権威における能動性の前提は、主体の自由、自主権利、とりわけ発展の道およびモデルにおける自主選択権である。発展権は、日々増加するグローバルな相互依存性に対する反応である。なぜなら、当代社会は持続的かつ平等な経済を奨励し、社会発展は国家内部および国際レベルにおいて協力行動をとるよう求めているからである。「その結果、各国の単独行動では、第一世代・第二世代の人権が科した義務であったとしても、二度と再び負担することができなくなった[72]」。なぜなら、発展権は「世界的範囲において、すべての民族および国家の間におけるグローバル的依存性によって生み出された人権に対する脅威への相互協力の反応を要求するからである[73]」。ここでは、人間によって構成された集団主体における発展権の障害要素およびその排除、主体の能動的協力行為および責任者の義務における積極的履行に対して論述を行い、発展権が消極的でもあり積極的でもあることを表明し、発展権価値に対し優先選択および先導性定位をおこなう必要性を体現している。

第三節　発展権の主要な価値形式

　発展権の価値形式とは、発展権の内包的価値の実体およびその趣旨である実現した価値目標の外在的表現形式を指し、それが反映する価値内容は、すなわち発展権と主権との間の相互過程において現れた主体の発展権に対する要求のレベル・程度であり、発展権の主体需要満足に対す

る効果・効能である。発展権の価値形式は、いくつかの段階における具体的価値によって構成された一つの複合系統であり、理性的社会の秩序モデル構築に対する外在的な工具性価値を含んでいるだけでなく、主体全体の均等な発展および社会正義の増加に対する内在的な目的性価値をも含んでいる。その中では、社会関係の秩序および社会構成の正義を前提とし、人間に付与された全面的・均衡的発展機会および社会の進歩と発展成果に対する十分な占有を根本的帰属としている。

一、発展秩序関係の理性化

　発展権は、新国際秩序建設の要求の中で誕生したものである。発展権の価値形式の一つは、すなわち国内における社会法律秩序の再調整を通したものであり、とりわけ国際社会発展モデルにおける新型秩序関係の樹立を以って人類の発展ならびに発展秩序関係の理性化を実現させようとするものである。秩序とは無秩序の反対であり、「秩序という概念が意味するところは、自然的過程および社会的過程においてはある程度の一致性・連続性・確定性が存在するものだということを指している。一方、無秩序（disorder）という概念は、すなわち断裂（もしくは非連続性）・無規則性という現象が存在していることを表し、これすなわち知識の欠乏がもたらしたモデル——これは一つの事態からもう一つの事態への予測不能な突発的状態を表している[74]」。秩序は人類の社会活動における基本的目標として、異なる社会背景の下では異なる内包を有しているものの、純粋形式的な意義および最も抽象的な角度から言えば、秩序は以下の五つの特質を備えている。第一に、秩序と社会生活の中には相互依存が存在し、すなわち一人一人の行為は偶然や乱雑ではなく、相互の応答および他人の行為への補充なのである。第二に、秩序と社会生活の中には一定の制限・禁止・制御との関連が存在している。第三に、秩序は社会生活の中で予言的要素と重複的要素を捕捉、すなわち人々は相互への期待を互いに知っている状況において初めて社会における活動

を行うことができる。第四に、秩序は社会生活の各構成部分におけるある種の一致性および非矛盾性を表明することができる。第五に、秩序は社会生活におけるある種の安定性を表しており、すなわちある意味において長期にその形式を維持するのである[75]。実際、すべての社会がみな同様の秩序価値的現実および価値追求を有しているわけでもなく、人類がかつて経験したことのある秩序価値体験および追求が、すべて発展権と発展秩序の特定要求に反映されているわけでもない。社会の発展過程を縦に見れば、人類の秩序観は古代の等級構造秩序観、近代の自由・平等秩序観、そして現代の「社会本位」秩序観および唯物史観的秩序学説への変遷の経歴であることを発見することができる。早くは古代ギリシア時代、アリストテレスはこう指摘している。人間には異なる特質があり、すべての人がその美徳を発展させる能力を備えているわけではない。したがって、人間は生まれながらにして異なる等級に分けられるべきであり、ここから構成される社会秩序は、才能による分類、適材適所、明らかな階級制、調和的一致を要求する。スコラ派哲学の典型的代表であるトマス・アクィナスは、神の啓示の中から、理性秩序、神法秩序、政治権威秩序の三重の組み合わせから成る等級特権社会秩序を築こうとした。仮にアリストテレスが人間のポテンシャルにおける発展の自由の強調を通じ、発展秩序要求の必要性をある程度隠し含めていたとしたら、アクィナスはこうした要求に対し完全な否定をしたことになる。なぜなら、こうした越えることが許されない等級秩序においては、いかなる個体も全体の付属に過ぎず、自由に個性を発展させる社会秩序の背景を得ることはできないからである。近代秩序観から現代秩序観への変化は、実際のところ個人の自由権における核心から「社会統合」、「社会連帯」秩序への転換であり、歴史的な進化機能および相対的合理価値を有している。特に「自由」と「平等」の二つの方向においては、発展権の趣旨である均等かつ自由な発展秩序の促進との間に一定の相通じるところがある。しかしながら、前者の持つ歴史的局限性のため、秩序におけるその深い本質を示すことができない。歴史唯物主義秩序観は上述の観

点を超越し以下のように考える。ある方面において、秩序の特質は生産方式の歴史的個性によって決定されるが、最も根本的な意義の面から見れば、秩序とは社会における人間が偶然性および任意性から脱却することで現れる結合方式であり、社会生産方式がどういった性質のものかによって、社会生活状況および相応する性質の社会秩序が決まってくる。もう一つの方面において、秩序の力の源は基本的社会関係における合目的性にある。組織構成および規範体系は、利益衝突の圧力の下で社会の現行秩序が崩壊するか否かに影響する直接の前提性要素ではあるが、本質的なところから言えば、現行秩序が維持および有効な運行を得られるかどうかは、現行の社会関係モデル、とりわけ政治・経済関係が歴史的合理性および現実的実現性を未だに有しているのか否かを決定条件としなければならない。仮にこうした関係が社会全体の需要における価値の共鳴を得られるのであれば、人類の普遍的な理性的選択を代表することとなり、秩序に力を付与でき、自足・合理による恒久的な安定関係指向を備えることとなるのである。さもなくば、旧秩序の打破および新秩序の建設は客観的必然となってしまう。

　発展権における秩序価値の源から見れば、ある方面において「発展権」という言葉の創始者は、前植民化時代における各国、民族内部およびその相互間における固有の秩序の回復に対して反省を行い発展権を提起したのであり、発展権におけるある種の先在的秩序への憧れおよび向上を体現している。例えば、当該民族における言語および文化的伝統の発展、人間における個性的自由の発展等がそれである。もう一つの方面において、発展権は既存の国際・国内秩序が生み出した非平等型秩序モデルに対する否定であると同時に、新型の国際・国内関係に対する強烈な要求の産物なのである。こうした秩序が存在する原因については、ボーデンハイマーの分析方式を用いて検証することができる。「第一に、人間は満足できたと考えられる過去の経験や計画を再び繰り返すという先見傾向を有している。第二に、人間には以下に述べるいくつかの状況に対し逆らう反応を見せる傾向がある。こうした状況の中、彼らの関係は

瞬間的な興味・わがまま・横暴な力によって制御されるのであり、権利・義務に関する対等かつ合理的・安定的決定を受けて制御するのではない[76]」。

　発展権における秩序価値の存在範囲について言えば、国内レベルで見ると、発展権は公民および各地区・各民族間における良性な相互発展秩序を増進する基本的依拠かつ出発点である。また国際社会から見ると、発展権はすなわち旧国際秩序の否定および新国際政治・経済秩序建設という独特な価値を有している。古い国際秩序とは、近代以来の西洋大国の勃興と拡張、国家間における政治・経済の交流の不断の強化によって、次第に形成されたものである。起源の上から言えば、古代社会において早くも国際秩序の萌芽は出現しており、例えば西洋における「ローマ統治下の平和」秩序観である。西洋の学者は、これを「一つの民族はその軍事力に頼ることで、優越した文明と共に世界帝国を建設・維持できるとする概念である[77]」と考える。東洋でもまた、「納貢制」を核心とする「華夷秩序」が出現し、「中華とは中央から出たものであり、その影響は次第に地方、異民族、民族地域へと拡大し、一つの同心円関係を形成した。これは一つの一元性かつ統一的な秩序体系である[78]」。これが数千年にわたる秩序状態として持続され、近代になってようやく不平等なピラミッド式階級制を構造とし、強権と利益を基本原則とし、戦争と暴力を保障方式とする「覇権安定論」式な非安定秩序へと発展させられた。「無政府」と「専制」は反秩序における二つの基本形式であり、旧秩序が日増しに強める専制の色彩は、それを有秩序から理性上における無秩序へと変えていき、こうした無秩序に対する否定には多くの形式があったものの、発展権はその人類における平等発展秩序に対する価値追求を以って、既存の不合理・不公平な国際秩序を否定する価値理念を含んでいったのである。

　発展権における新国際秩序建設の価値は、旧国際秩序否定の価値に比べて重要なものである。新国際秩序の建設は1970年代以来、すでに国連に正式に受け入れられ、各種国家において普遍性反響を持つ価値選択

を引き起こした。アメリカが主導する秩序観もあれば、ヨーロッパ・日本が共同で計画・主導する世界秩序との主張もあり、さらには発展途上国による新国際秩序設計も存在している。その中で、発展権はまさに新国際経済秩序価値建設の実現のために形成され、発展権の運行を通して公正かつ合理的な新国際経済秩序の建設を試みた。南方委員会の主席であるニエレレが、1990年10月6日の第10回当該委員会会議においてまさに述べたように、「発展途上国が直面する最も主要な任務は、自身の経済発展、南南協力の実行、新国際経済秩序建設を勝ち取ることである」。また、発展権を初めて法定人権として受け入れたアフリカ統一機構は、1990年に『アフリカの政治・社会・経済情勢および世界における根本的変化の発生に関する宣言』を発表し、発展権の価値実現を要求、すなわち「国際協力と団結、さらには国際経済秩序に根本的な変革の発生が必要であり…公正かつ平等な国際経済秩序を建設する」。こうして、国際分業、不合理生産、消費と貿易構造、多国籍企業活動および地域内部関係モデルの全面的見直しについて要求し、発展権の経済秩序価値の実現を以ってその一つとした。二つ目は、政治的秩序において、発展権の趣旨は新型国際政治関係モデルの建設である。発展途上国はアメリカ・日本・ヨーロッパの国家とは異なり、新国際秩序は「覇権安定」反対を原則としなければならない点を強調し、各国は大小・強弱を分けず一律に平等であり、国際事務参与への権利を共に享有できると主張した。まさにグアテマラ代表が1991年9月の第46回国連総会において述べたように、「この秩序は、狂ったように権力を濫用することを基礎としておらず、すでに存在する国際法・国民自決・不干渉原則の基礎の上に築くものである」。なぜなら、彼らは強権と圧制による最大の被害者であり、長期にわたって平等な国際的地位を得られぬまま、国際事務において僅かな発言権すらなかったからである。したがって、自主発展に対する様々な外在覇権による制御の否定、自身における発展の権利の拡張、平和で公正かつ平等な新国際政治秩序の建設を強烈に要求したのである。これに対し、『発展の権利に関する宣言』の序言において「努

力して新たな国際経済秩序を建設しなければならない……ことを認識し」、さらに第3条第3項にて「各国がその権利の実現およびその義務の履行を行う際、主権平等、相互依存、各国の互恵および協力に基づいた国際経済秩序を着眼点とすべきである」と規定している。

　要するに、人類のいかなる発展も人類の社会関係における安定と正常から離れることはできず、特定の社会条件の下においてのみ、人類の発展は生存・進化によって更に高いレベルへと飛躍できるのである。また発展が依存する存在である社会「関係」とは、すなわち一種の「秩序」関係であり、規則によって支えられる連続性関係、安定性関係、統一性関係なのである。いかなる主体の自由な発展も、発展の秩序に対し一定の要求を提出し、同時に秩序の創設のために動力を提供する。相対的な安定および良性の秩序は、発展の必需品かつ発展が頼りにするものであり、発展権は生存権を前提として進化および発達した一種の産物なのであり、「もしも生存ですら秩序を非常に必要とするというのであれば、発展はそれ以上に秩序から離れられないのである[79]」。それと同時に、発展権を十分に獲得することは、社会が動乱から有秩序へ、専横から秩序へと根本的に転換することをも意味しているのである。発展権を剥奪された社会は、主体が良性で秩序ある関係を形成できない社会であり、逆にそれは無秩序で混乱し動揺した社会にしかならない。

二、社会構造運営における正義化

　発展権は、外在的発展秩序を築くだけでなく、それを基礎とした上で、当該秩序関係に対し実質性ある価値評価を行う。仮に秩序を一種の外在的な中性の価値とするならば、公正と正義がすなわち秩序の実在内容となる。発展権は、個体と個体の間、集団と集団の間、個体と集団の間において構成される社会構造関係の増進を備えており、正義・公平に発展する価値を以って、それが追求する国内および国際政治・経済における新秩序に公平・正義の実体価値を持たせるのである。

第四章　発展権の価値づけ　161

　社会構造運営における正義化の価値を発展権が保障する内在的根拠は以下の通りである。まず、正義は、社会秩序建設における実体内容であり、発展社会における背景構造の正義化の増進を助け、発展権の秩序価値のために誘導および定位を行い、発展権実現を妨害する現有秩序における不合理および非正義要素を取り除き、発展権の新秩序に対し理性的で人類普遍の均等な発展需要に適った価値内核を注入するのである。「秩序概念が関連するのは社会生活の形式であって、社会生活の実質ではなく」、人々の予期のために一定程度のそうした安全保障提供を受け入れ、さらに正確な秩序規則を確定することが、必ずしも人間を満足させる生活様式を作り出すとは限らない。しかし、まさに正義観念は、価値選択の注意力を秩序規則における公正性および合理性の上に引き付けられる。秩序が「重きをおくものは社会制度と法律制度の形式構造であるが、正義が関心を示すものは法律規範と制度性配置の内容、それが人類に及ぼす影響、並びにそれが及ぼす人類の幸福増進と文明建設方面における価値なのである。最も広範かつ最も一般的な意義から言えば、正義の注目点は、一つの群体の秩序、もしくは一つの社会制度がその基本的目標を実現するのに相応しいかどうかであると考えることができる[80]」。発展秩序追求の過程において、全く同じではないものから根本的に異なるものに至るまで、様々な異なる新秩序の概念を形成した。一つは旧ソ連モデルである。西洋が主導する旧国際秩序の打破を強調し、「公正な民主的平和」国際秩序建設を主張し、こう宣言している。すべて圧迫されし民族たちは、自らの国の主人となるべきであり、自主的に自身の発展モデルを選択し自主的に自己の運命を決定する権利を有し、「ロシアの労働人民における、真の平和と圧迫された民族たちの自由獲得の手助けを力強く求める勢い盛んな願望を表している[81]」。『搾取された労働人民の権利宣言』の中では、旧国際・国内秩序は本質的に不平等であることを宣言し、「アジアおよび一切の植民地ならびに弱小国家の数億人の労働人民を奴隷のようにこき使い、特殊民族の搾取者のために福利をむさぼる[82]」としている。これは本来人類の普遍的発展に適っ

た新国際秩序建設のために、全く新しい思考および発展前途を提供したものである。しかしながら、第二次大戦後に形成されたヤルタ体制では、逆に両極主導の下での等級式国際秩序がもたらされた。二つ目はアメリカモデルであり、これは一種の単極式体制である。主に以下のものを含む。アメリカは新世界秩序の企画者・主導者・保護者となり、ここから責任を持って国家行為の規範全般の制定ならびに安定した新秩序が必要とする「ゲーム」規則を確立し、その他の国家をその主導の下における世界秩序体系の中に組み込むよう尽力する。その戦略の重点は、国家利益の増進、海外市場の拡大、世界の経済発展における未来の方向性主導であり、伝統的な等級式特徴に合致する新世界経済秩序を設立させることにある。三つ目は、欧州・日本モデルである。ここでは、一つの国家が一切の国際事務を決定することに反対し、一つの国家によって単独で新世界秩序が設計されリードされていくという観点は不可思議であると考える。世界事務に対する主導権を団結して最大限に分かち合い、新秩序がもたらす権力と利益を分かち合おうと主張するものである。さらに、こうした欧州式秩序は新国際秩序の最もよい状態であると強調し、『新しいヨーロッパのための憲章』において、一つの「統一された自由な新欧州」は新世界秩序における「モデル」および「模範」を築くべきであると宣言している。日本の新秩序構想は欧州のものと大体一致しており、主な表れとしては日米欧共同主導下における新国際秩序の建設であり、アメリカが単独で新国際秩序の建設過程をコントロールすることに反対し、日本の地位を回復および上昇させ、その国連および関連する国際平和と発展事務における重要な地位を積極的に模索し、日本の憲法創設時の平和主義憲法の原則に少しずつ変化が出てきている[83]。その他に、中国を含めた発展途上国の国々も、次々と新秩序建設の様々な考えおよび主張を打ち出した。

　こうした秩序観は、発展権の価値目標における地球規模範囲での実現に深く影響した。こうした複雑かつ食い違いの激しい秩序観が出現したのは、結局その実質、肝心なのは異なる主体では政治・経済の新秩序に

おける「新」という字の含む意義に対する理解が異なり、新秩序の「新」に対して各自が認める内包と外延を付与したからである。「新」秩序に対する解析過程は、実際には秩序という外在形式が行う価値分析および価値判断に対する過程なのである。そのうち、安全、民主、平等のラベルはそれぞれ異なる秩序の殻の上に貼られ、自身の秩序における合価値性、合目的性、とりわけ現実的合理性の証明を求めるのである。実際、正義が含む意義にはいくつもの異なる解釈があるにしろ、最終的には社会の基本構造、特に社会関係の制度化構造における正義性と国民性を全体評価基準とすべきであり、社会制度・社会構造の正義性は秩序価値を評価する実体準則なのである。一種の社会秩序関係モデルが、発展権が実現を欲する社会新秩序にふさわしいかどうかは、こうした秩序が安定しているか否かと持久状況がどうであるかのみに頼って盲目的に結論を出すことはできず、秩序の各締結者たちが主観的・片面的利益要求から出発して任意性ある解釈をすることもならないのである。発展権が含む社会関係構造を促進する正義価値の秩序理念建設を助けてこそ、真の意味で発展権の本意に符合するのである。

　次に、社会正義は発展権に内在する価値要素を含んでいる。社会関係モデルの正義性を発展権実現が追求する国内・国際政治経済における新秩序構築の中に組み込み、発展権の外在的価値追求を反映したが、内在価値理念から見れば、社会正義そのものに発展権が人類社会の全面的発展要求を満足させる価値内核が含まれているのである。なぜなら「個人の合理的需要と主張を満足させ、それと同時に生産の進歩と社会における凝集性の程度向上を促進する——これは文明を継続させる社会生活に必要なもの——すなわち正義の目標なのである[84]」。正義は自主と平等を示唆すると共に、外在的利益に対する均等と公正の追求も表している。社会全体、とりわけ弱者個体および弱者集団の発展における制度の整備もしくは論理関係に対して不利となる一切のことは、すべて非正義である。「正義の要求は、その他のものを含んでいる以外に、不合理な格差待遇の防止、他人への傷害の禁止、基本的人権の承認、職業におけ

る自我実現の機会提供、義務の設定による普遍的安全と政府における必要職責の有効な履行の確保、公正な賞罰制度の確立等を含んでいる。上述の要求はすべて、人類における共通の需要とある程度関連している[85]」。更に肝心なことは、正義は保守と革新の二重機能を備えている。正義はすでに確立された社会秩序を保護しなければならないのと同時に、秩序が更に公正な方向へと変わっていくよう促す。公平は「結局、現存の経済関係におけるその保守面もしくはその革命面の観念化・神聖化の表れに過ぎない[86]」。こうした正義に関する唯物史観は、社会進化と社会発展に対して正義が備える機能の二面性を示している。また正義の革新機能について言えば、需要の満足もしくは企画根拠を有する条件の下、それは人々に新たな権利を与えることを許す。「秩序の変動には不公正なところもあるが、しかし、先に来た者が先に利益を得る原則を人々がいかなる状況でも堅持できるというわけではないのである[87]」。発展した者と未発展の者との間に正義の原則を貫くには、後者に一種の新たな保護を受ける権利を付与する必要がある。発展権が有する正義価値に対し、国際社会は一貫して特別な関心を注いでいる。早くは1969年に国連総会で採択された『社会の進歩と開発に関する宣言』の序言において、明確に宣言されている。人間の発展を保障することは、まさに「人権と基本的自由、ならびに憲章が宣言した平和、人間の尊厳と価値、社会公平の各項原則における信念」を基本とし、「公正な社会秩序の中で初めて（進歩と発展の）徹底した実現が可能なのである」。そして、発展権を全面的に認めた『発展の権利に関する宣言』は、すなわち公平に「発展に参与し、それがもたらす利益の公平な分配の基礎の上に」築かれたのである。

　発展権の正義価値は、正義に関する古い概念の中から導き出すことはできない。なぜなら、こうした観点は抽象的すぎるのでなければ片面的に陥っており、例えば正義を「一種の徳行」、「適材適所」、「対等な見返り」、「形式上の平等」、「自然的」理性、「合法性」と簡単にまとめてしまっている[88]。近代自由市場社会から現代自由市場社会への変遷は、

正義感に対する様々な再思考をもたらした。功利主義法学派の代表ベンサムは、正義に関する著名な公式、すなわち「最大多数個人の最大幸福」を提起した。社会の利益全体を以って功利を測ることを強調し、同時に苦痛と快楽の数学計算原理に基づいて一つの社会の正義性を判断すべきとし、最大限度に苦痛を軽減し快楽を増加できる者はすべて、道徳における善良、政治における優越、法律秩序における権利とし、正義の快楽における生存、富裕、平等、安全の四つの指標への分解を体現した。そのうち「生存」と「富裕」は一対の範疇であり、「安全」と「平等」はもう一対の範疇であり、ここから功利を計算することができるのである。そのうち「富裕」を、人間の「生存」の上においてより高いレベルの需要を満足させる快楽とする観点は、実質的には自由な発展と正義における内在価値の関連を含んでいる。功利法学派は発展権における価値の提起ならびに詳説はしておらず、することも不可能ではあるが、もしも大多数の人の未発達と貧困を代価（「苦痛」）として、少数の人の発展（「快楽」）を得るのであれば、それは非功利かつ不正義なのであり、政治上の優越と法律上の権利を体現することは不可能であることを含んでいる。これに対し、カナダの著名な人権法学者 Errol Mendes は、伝統的な自然の権利が社会全体の総体的福利に対する国家の改善をくじくかどうかを分析した後にこう指摘している。「功利主義哲学運動の発起人たちは、国家が国民の総体に対して平均的に福利を行う義務（その本質はまさに『発展権』）について頑なに強調し続けた。19世紀のベンサムが指摘したように、法律の主要目的は『大部分の人』のために最大の幸福を提供することであり、これはやはり発展権の要旨である」。さらに、西洋と非西洋国家における差異を分析した後、中間国家、例えば「カナダのような西洋国家においては、法律と憲法の発展は、自然的権利の表面絶対論と社会功利の命令との間に一本の道を見つけ出そうと試みている[89]」。

正義の発展理念は純粋な功利的角度から掘り出されるだけでなく、より重要なことは、社会体制の構造全体から分析されるという点である。

社会学法学派は、正義とは必ずしも個人の徳行を指すものではなく、人々の間における理想的関係を意味するものでもなく、それは一種の体制構造の存在を指すのだと考える。なぜなら当該構造の正義性は、理想的に人間関係を調整した上、人間の行為を手配し、人間によりよい生活をさせ、人類のある物あるいは各種主張を実現する手段の享有を満足させ、人類になるべく最小の妨害および浪費の前提の下、最大の程度でその需要を満足させるからである。ロールズはこれに対し、おおむね同じ観点を有している。当代において最も影響力を持ち、最も系統的な社会正義理論として、その趣旨は社会体制の正義は最も重要な正義であることを強調し、すなわち社会経済・政治法律制度セットの基本的権利と義務に対する正義の分配なのである。「一つの社会体制における正義は本質上、いかに基本的権利と義務を分配するかに依存し、社会の異なる階層において存在している経済的機会および社会的条件に依存している[90]」。経済発展機会の不公平および社会条件の悪化は必然的に社会の不正義をもたらし、ここから起こる権利と義務の分配は、部分的な人間の発展および部分的な人間の貧困と落伍でしかなく、したがって、社会の正義は社会全体の自由かつ平等な発展を要求し、発展の自由平等理念はまさに社会の正義の中にあるのである。イギリスの人権法理学者シェスタック（Jerome J. Shestack）は『人権法理学』の中で、発展権と社会正義理論の相互関連に対する朦朧とした認識を提起し、発展権の価値は「おそらく比較的早い時期に討論されたロールズ理論における差別原則の中のものを含む[91]」と考えられる点を強調した。社会正義、すなわち資源・利益と負担・義務の分配における実質正義と社会利益の衝突を解消する形式正義が最重要の正義であるのは、それが人間の生活に対し根本性および永続性ある影響を備えているからであり、すべての法律正義の母体および源でもあり、その他の領域もしくはレベルの正義に対し、実質性の価値を有しているからである。具体的に言えば、社会正義には二つの原則が含まれる。一つは「すべて人間は、その他すべての人間と同様、自由に相容れる最も広範な基本的自由における平等の権利を

享有している」。二つ目は「社会と経済の不平等は、下記の各項原則によって決められる。①それらはすべての人にとって有利である。②それらは職業的地位と関係があり、職業的地位とはすべての人に開放されている[92]」。前者は平等原則（Principle of greatest equal liberty）と称され、後者は差異原則（difference principle）と称される。発展権と関係のある「差異原則」には二つの子原則が含まれる。一つは「格差原則」で、格差のある不平等な社会経済負担は、すべての人に有利となるよう手配すべきであり、とりわけ最も不利な地位、すなわち貧困者がなるべく大きな利益を得られるようにしていかなければならない。二つ目は「機会原則」で、すなわち「公平な機会均等原則」であり、社会経済の不平等を職業的地位と結びつけ、機会均等の条件の下、職業的地位を人類全体に開放するものである。

　前者の趣旨は、社会制度が物質と社会的地位を分配する際に、この原則を堅持すべきと要求する点である。基本的物質需要の獲得面におけるいかなる不平等も、社会における最も不利な地位にいる人間の最大可能な利益を増進させなければならない。後者はさらに形式的公平の実質正義を超越することを強調し、すなわち社会に対して制度上の具体的な物質援助計画の提供を要求するものである。これは非純粋的・抽象的な制度計画ではなく、同等な技能、似通った能力と動機がある人間における平等な機会保有を保証し、ある仕事を得る機会において低所得家庭の成員が富裕家庭の成員と平等に得られるよう保障する。こうした「最も不利な地位にいる者がなるべく多くの利益を得る」という区別待遇の原則の保障は、ベンサムが簡単に「最大多数の最大幸福」を求める原則を強調したのに比べ、さらに具体的かつ公平であり、とりわけ未発達および貧困の極みに置かれている弱者に対し非対等な重点的保護を与え、人間の自由な発展に対するその独特な価値を有している。権利救済の角度から言えば、一つの公正な社会における基本的構造は、平等原則と差異原則を中枢とすべきであり、上述の原則に背く秩序はひどく不公正な秩序としかなりえず、社会における主体は抵抗を行う権利を有し、これには

非暴力的な手段で公正・均等な権利方式を以って抵抗する旨が含まれる。当然、社会正義論には理想と現実における著しい食い違いと矛盾が存在しており、まさにこうした社会モデルが明確な歴史および現実的傾向を代表しているため、当該学説は必ずしも均等発展の機会をメカニズムとする発展権についてここから直接提起したわけではないのである。

　次に、発展権は社会正義の価値方向を体現している。発展権の存在および実現は社会関係の中にあり、人間の自由な発展を実現させたければ、単一個体の発展過程への積極的な参与を必要とすることはもちろん、社会のマクロ制度背景が与える主動的な反応と保障が要求される。アメリカの著名学者トダロはこれに対し、比較的影響力のある論述をおこなっている。彼は「それぞれの国はすべて発展のために奮闘している。経済的進歩は基本的な部分ではあるが、それは唯一の部分ではない。発展は一つの純粋な経済的現象ではない。最終的な意義から言えば、発展は国民生活の物質および経済面を含んでいるだけでなく、その他のより広範な面をも含んでいる。したがって、発展を経済および社会体制全体の再構成および再調整を含めた多元的過程と見るべきである。収入と生産量の向上以外に、発展は明らかに制度、社会、管理構造の基本的変化および人間の態度を包括しており、多くの状況の下では人間の習慣および信仰の基本的変化を含むことすらあるのである。最後に、一般的には国という範囲で発展を見るわけであるが、発展の普遍的実現では、おそらく国際経済と社会体系に対して根本的な修正をおこなうことが必要となるのである」。この分析に基づけば、「発展を社会構造、人間の態度と国家制度、急速な経済成長、不平等の減少と絶対的貧困の根本的除外など主要変化の多方面にわたる過程と見做す」必要があるのである。「実質面から言えば、発展はすべての範囲における変化を代表していなければならない。こうした変化を通じ、社会制度全体（この制度の中において、個人と社会集団における多様化された基本需要と欲望へと変化）が人間の生活条件における普遍的不満を、物質上もしくは精神上において『より良い』と考えられる生活状況もしくは条件へと変化させ

る[93]」。片面的発展は社会正義と同等とは限らず、発展権の要旨と同じであるわけもない。発展権は主体の全面的な発展の権利要求に対する満足を通じ、主体と社会の間における一種の請求と応答の関係を体現し、双方の関係が調和的共生を得られた場合のみ、経済変量が増加し、人間の福利および社会正義が同時に増長して融合し、発展の自由が保障を得られるのである。

　全体的に言えば、発展権が含む社会正義価値が集中して現れるのは以下の点である。第一に、価値指向の一致性である。発展権は一種の応然性価値指向として、実然の発展に対する誘導、是正、均衡を実施する機能を有し、発展の現状における全体的構成と基本性状がどうであるかは、発展権の実現程度の上から評価を行うことができると同時に、発展権というこの人権メカニズムによって制約することができるのである。実際、発展権には正義における価値評価準則が隠されている。第二に、価値内容の関連性である。発展権の正義価値は、内容の上でそれが一つの整合性人権であることを体現しており、その趣旨は全面的正義の実現にある。一つの面で、静態の上における発展権は総合性人権の一つとして、社会と経済・政治各方面にわたる発展全体を要求し、経済構造と社会政治法制モデルならびに文化発展モデルの協調と調和を要求し、内在有機循環と外部相互連結に至るのである。もう一つの面で、動態の上における発展権の実践過程は、立ち後れから先進へ、貧困から富裕へと経済エネルギーが日々成長していく過程であり、同時に専制から民主へ、人治から法治へと政治が進化する過程でもあり、さらには封鎖から解放へ、野蛮から文明へと文化が発達する過程でもある。発展権における社会正義価値内容は、まさにこうした日々進化する動的変遷の中に体現されるのである。第三に、価値機能の競合性である。発展権の正義価値は、発展権と社会正義の間における価値機能の競合の上に反映されている。発展権は、生存権等の人権形式に比べて更に強い価値修正機能を備えており、それ自身に対する具体的な権利要素を内容において絶え間なく充実させ続け、範囲において展開をさせ、更には外在的社会体制およ

び管理構造における不合理な要素に対し、調整と修正を行うよう要求する。これは国内の範囲における改革と調整であるが、それ以上に国際経済・政治・社会体系に対する修正と整合であり、まさにこれが前述のトゥターロが言うところの「体系に対し、根本的な修正を加える」なのである。そして正義、とりわけ社会正義は、その利益と負担、権利と義務に対する再分配機能を以って、社会構造関係に対する革新と修正を実現させるのである。こうした革新と修正機能は、社会経済条件の違いにしたがって絶え間ない伸張と縮減をし、正義と秩序の調和へと到達し、同時にこれを以って自由に発展する権利と価値機能の上で合致するのである。

三、主体の全面発展における自主化

　発展権が実現させたい主体の普遍的かつ全面的発展は、実質的には人間の個体および人間の集団における自由な発展なのである。主体が自由に権利の内容を主張することは、人間が一切の権利を獲得かつ行使する基礎と表れである。発展権について言えば、自由と自主は、一般性価値の属性と内容を備えているのと同時に、他とは違うその特殊価値を有しており、主体の発展過程に対する全面的参与における自由、ならびに発展における利益を公平に享有する自由の統一において現れ、自主発展における意思の自由ならびに行為とその結果が占有する自由の結合なのである。主体が自由に主張する発展利益における発展権価値が集中して体現されるのは以下の二つの面である。

（一）主体能力における発展の自由

　発展権と自由は必ずしも同義語ではなく、両者が相互に入れ替わることはできない。しかし、発展権が追求する主体能力における発展の自由と、主体として必然的に獲得する自由な能力からの脱却との間には、価値要素の上において相互に関連があり、一つに融合している。発展権の

第四章　発展権の価値づけ　171

自主的価値は、まず主体が自身の潜在能力を発展させる「自由」の中において体現される。これは以下の二つの面から示すことができる。

　ある面において、自由は発展権の価値要素である。なぜなら「自由は人間の潜在能力における外在化[94]」であり、発展権は人間の多くの素養が全面的発展を獲得する需要であるため、主体の内在的潜在能力と需要の外在化および現実化を意味しているからである。まさに主体の内在能力の外化を契機とし、自由は発展権の価値理念の中に深く浸透したのである。この本質的関係を細かく説明するためには、自由と基本属性についてはっきりさせなければならない。「自由」という言葉の源はラテン語であり、もともとは束縛の中から解放されることを指した。現代までの変遷の中で「自由」に対する様々な解釈が出現し、異なる自由観を形成した。実のところ自由の本質が体現されるのは、自由がまさに必然に対する勝利であり、必然性を制限する認識と克服を通し、主体は抽象的自由を得るだけでなく、更に制約の脱却とその獲得した物質的発展の力と精神的発展の資源に影響する様々な阻害要素を備えるのである。客観面において、主体のための発展権は権利の客体要素を創造し、それを日増しに豊かにさせ、ここから発展権実現における実在基礎を築く。主観面においては、発展権の権利資格と権利能力を育み、主体のために発展権創造における主体性条件を求める。少なからぬ西洋の学者は、自由と能力外化の相互関連性をすでに認識し始めている。例えば、ボーデンハイマーは、人間はみなその人格の潜在力を実現させる強烈な欲望を備えており、同時に大自然が付与した彼らの能力を建設的に運用する強烈な欲望も備えていると考える。「一人の人間はその能力を発揮させるべきであり、どういった能力であれ、これは客観的に言えば『正解』なのである[95]」。ホーキングのこの論述を借りた後、ボーデンハイマーはもう一歩踏み込んでこう語っている。「人間になる能力が、圧制のための手かせ足かせの束縛とならない時、なるべく多くの人間の高度な文明を助けるものが築かれるのである。疑う余地なく、主動能力の発展、思想資源の増加、創造性才能の発揮は、すべて文化的発展と進歩に大きな貢

献をするものである[96]」。したがって、「自由」と人間の「能力」、「潜在力」、「才能」における実現と発揮は一致しているのである。人間の自由を実現するのと同時に人間の潜在能力の外在化を実現しているため、人間の潜在能力発揮の程度は人間の自由における享有状況を示すこととなり、ここから自由は、人間の潜在能力の増進を以ってその外在化された発展権のあるべき価値となるのである。それ以外に、人類における自由の獲得および社会自由度の日々向上は、発展状況における評価尺度でもあり、人類が新たな自由の境地に入り新たな発展の条件を獲得したことでもある。これは再度、自由価値の発展権に対する不可欠性を物語っていることとなる。

　もう一つの面において、発展権は自由における内在的価値を含んでいる。なぜなら、発展権が実現させたい発展は、高度に発達した生産能力および豊富な社会関係の創造を意味し、主体に自身における生命力を少しずつ発揮させていき、日増しにその完全性が明確になり、ここから客観的外在の必然的束縛を脱却して自由を獲得するのである。すなわち、人間の生理器官はこれにより拡張と延伸を得ることができ、人間の社会的属性は豊富かつ充実となり、人間の発展により広い空間を持たせ、人間の主体性活動、つまり自然力を支配する自主活動のために実在的条件を創造し、ここから主体における例の「個人の全面的発展および彼ら共通の社会生産能力の上に建設されたものが、彼らの社会的財という基礎の上に成り立つ自由な個性[97]」へと発展するのである。人間の世界改造および世界に対する自主的取組がない限り、発展権が含む人間の全面的発展が現実になることはできないのである。「人間がようやく自らの社会における主人と成り、そこから自然界の主人ともなり、自己そのものの主人——自由な人間になれる[98]」という条件の下で初めて、発展権は真の実現を見られるのである。人間の全面的発展は必ず、自由な発展を内核としていなければならず、その中の「真の自由における労働」は、発展権における自由価値の実体である。すなわち「個人の全面的発展は、個人の才能における実際的発展に対して外部世界が起こす促進作

用が、個人そのものによってコントロールできる状態に達した時に初めて、二度と再び理想、職責ではなくなるのである[99]」。一人一人の自由な発展がすべての人間の自由な発展における条件であるだけでなく、逆に一人の人間の発展は、彼と直接的もしくは間接的に交際を行うその他一切の人間の発展によって決まるのである。しかるべき角度から見れば、個人の自由な発展とすべての個人の自由な発展とは、互いに助け合い補完する一致した関係である。したがって、主体における発展権実現の過程は、主体が自然の、とりわけ社会における必然性を脱却し、主体自身の能力の発展を以って自由な進化を実現する過程なのである。

(二) 発展モデルにおける選択の自由

発展権は、主体が自身の歴史および現実的条件に符合した発展モデルを自由に選択できることを意味しており、発展モデルの自由な選択は、主体の発展における具体的な道のり、方式、方法を決定し、自由な権利発展の実現において全体性のある制約作用を有している。仮に主体の発展モデルが、外在的非主体性の力による制限を受け、社会の力の賛同もしくは協力を得ることが不可能であるならば、発展権は実践の道と方向を見失うこととなり、個人、とりわけ民族・国家の集団的主体は、自由かつ自主的な発展の前提を失うこととなる。

発展モデルは、発展における具体的形式として、発展権に関わる発展の研究において異なる解釈を有している。「現代化理論」では、発展モデルはすなわち近代化モデルと同一であり、多くの具体的モデルなど存在せず、近代化建設を行うすべての国にはそう大差はなく、後に出てきたモデルは先行者の複製に過ぎないと考える。「従属論」および「世界体系論」では、発展モデルの差異性を強調し、中心国類型、辺境国類型、半辺境国類型の異なる三種類のモデルが存在すると考える。他にもそれを早発（先発）型、すなわち内生型と、遅発（後発）型、すなわち外生型の二種類に分け、前者は発展の基本動力が内在的、国家と社会内部の需要から来ており、自らの政府と国民の主観的努力によって実現するこ

とを指す。後者は発展の基本動力は外部から来ており、外来の力に頼り、往々にして外在的圧力が発展を促進すると考える。実際、発展モデルを単一の複製品式と確定する現代化モデル論では、最終的に西洋における近代化の経験を人類全体における近代化発展の通則であるかのごとき誤りを引き起こす。また従属論の解釈は簡単にすぎるきらいがあり、後発国家における内生性の重要な意義への重視が十分ではなく、外部誘因および圧力をこうした国家における早期近代化の基本的推進力と錯覚している。この理論では、外部誘因と圧力が仮に内部の動力へと転換されなければ大きな作用は起こし得ないという点を認識していない。発展経済学、発展社会学と哲学等、諸領域にわたってここまで多くのモデル分析および差別が起こるその鍵となる原因は、法律哲学の角度から発展モデルの定位依拠および前提に対し、権利と義務関係における研究をおこなっていないためである。

　人権法哲学的な意義から見れば、発展に自由な権利の属性を付与し、異なる主体がみな自主的に発展モデルを選択する資格もしくは能力を有し、ここから自らの民族的伝統、歴史的基礎と資源条件、国家規模の大きさから自由にその豊富な活力を有する発展モデルを確立すると認識することで初めて[100]、発展モデル理論の多元および実践差異に関する真の原因を説明することができるのである。もしも現有モデルにおける実然分析と評価の上にのみ留まり、主体に発展モデルにおける自主決定権を付与しないのであれば、客観的に内在・外在の力を強く抑えつけられた主体は、どんなに素晴らしい発展モデルであれ、能力不足を痛感するしかなく、実施することはできず、する権利も持たないのである。したがって、最も根本的な問題は発展モデルにおける評価と比較の上にはなく、主体の発展モデルに対する優先選択および自主採用の自由なのである。いかなるモデル、それが最適化されたモデルであれ、強行に外部からその他の主体、外在的圧力、強制性要素の送り出しを阻止すれば、おそらく発展に対して積極もしくは消極的作用を起こすことはできるものの、こうした外在的影響要素は内生力に転化させる必要があり、外在的

第四章　発展権の価値づけ　175

要素は内化処理を通すことで初めて、その「外在」の特性を消去することができ、主体内在における一つの有機的構成部分となっていけるのである。一つ一つの個体と集団はみな、その他の主体と一致する共通性を有し、発展における潜在的性質を備えており、発展の最も重要な生長力の根は主体自身の内部にあり、外部担体にはない[101]。したがって、持続的かつ真の発展は発展権の基本的内包として、二つの面において発展モデルを自主的に選択する権利と関係がある。一つは発展の同生性である。すなわち、主体性の力の十分な発揮を発展における基本的依拠とし、主体の自立・自主意識の覚醒と自由・自主行為の展開を要求する。二つ目は発展の主体性である。すなわち、主体の外にある非理性的・客観的力の強制を排除し、主体に外来的阻害要素がその自主的発展を制限するのを免れる否定性自由を享有させるのである。

　自主的に発展モデルを選択する権利は、主体における自我設計およびモデル創造における自由であり、主体が願望に基づき外在モデルから取得可能要素を参考とし導入する自由でもある。1999年9月、世界銀行が発布した『世界発展報告：グローバル化と地方化』は、「グローバル化と地方化」は昨今最も典型的な発展における二大趨勢であり、21世紀における世界発展の潮流でもあると指摘し、この二つの力をいかにコントロールするかが、各国の盛衰と国民の発展を決定すると考えた。道のりの上から言えば、「全面的・持続的な発展の基礎が頼るものは、地域コミュニティにおける自主統治能力およびこれを基礎とする多中心統治における多階級における制度の枠組みである。ここからロジックを延伸させれば、国際組織における発展の努力には、各国政府および地方政府とその他公的責任を有する機関の協力が自然と必要になる[102]」。「多中心統治道」の理解に対し、適度な分権のために自主統治を基礎とした制度的枠組みをいかに提供するかという観点に限られているのは、普遍的賛同を得難いことではあるが、少なくとも一般的な意義から言えば、ここに含まれる多元主体の自主的発展は十分に啓発性を有している。当然、全体的に見れば、自由と制限、自主と制約との間は、一定の条件の

下においてバランスが必要で、グローバル化の共通性と地方化の個性の間の関係は絶対化させてはならず、こうした発展関係モデルをいかに取捨するかを強制的に統一させるべきではない。「グローバル化と地方化をいかにコントロールするかという問題において簡単な答えはなく、完全に各国の具体的な国情によって決定されるのである[103]」。実際、発展モデルおよびその影響要素がどんなに複雑かつ多元的であれ、発展権は主体における発展モデル選択の発展自由価値を追求し、ここから自主発展の動力と道のりを獲得し、最終的に発展のすべての成果の道を開くことを公平に享有するのである。

四、発展利益の配分における公平化

　発展権は、いかに発展するかを選択・決定する自由権にとどまらず、究極の目標から言えば、主体の発展動態過程に参与する自由と発展利益に対する公平な占有との統一であり、主体が発展利益に対して享有する公平・平等化を以って価値帰属とすべきである。仮に発展と発展の道のりへの参与における自主決定権が一種の機会公平であると言うならば、発展に参与して得た成果もしくは利益を自由に占有・支配することへの追求は、すなわち結果の上における公平なのである。逆に言えば、正義・公平な発展を見ただけでは、発展権の価値分析としてまったく足りず、正義・公平な実体内容と主体性の力の上から把握すべきである。したがって、『発展の権利に関する宣言』の序言において、「発展を認めることは、経済・社会・文化・政治の全面的進化であり、その目的は国民全体とすべての個人の積極・自由・有意義な発展とそれがもたらす利益の公平な分配への参与の基礎の下、国民全体とすべての個人の福利を不断に改善させること」とし、さらに第8条において各項利益の「公平な分配等の面における機会均等」権に関する具体的内容を詳しく列挙し、「適当な経済および社会改革の実行を以って社会におけるすべての不公正現象を根絶すること」を強調している。

発展の利益は、主体の発展が一定の条件の下で必要とする具体的転化形式であり、社会主体の利益客体に対する一種の主動関係を反映し、人々が発展過程に参加する内在的動力を構成している。それは主体の内在的需要と願望を以って起因としているだけでなく、主体の発展に対する客観的需要の認識および発展価値を実現させる活動をも意味しており、主観・客観の統一を体現している。社会関係における利益関係は常に、相互一致をしつつ相互衝突をする矛盾関係にある。なぜなら、第一に、利益は個体の存在であると同時に全体の存在でもある。個体の利益もあれば、社会の利益もあり、社会の利益は公衆の社会文明状態に対する一種の願望および需要として、単独の個体利益と相互に関連しつつ、相互に独立している。分化の利益は、異なる発展構造において、発展利益の衝突もしくは対立をもたらすことを前提としている。第二に、利益の最大化はすでに普遍的な客観的規律となっており、とりわけ経済発展においては、すべての行為主体もしくは「経済人」は常に利益の最大化を追求し、最大の範囲で利益の需要を満足させる。したがって、「社会秩序の中で、個人と群体の間には協力するスペースが必ずあるのと同時に、相当緊張するスペースも必ずあるのである」。利益衝突の調整および解消は、法律規範と法律理論がひたすら討論してきた重要な問題であり、「物質上と知識上において高度な発展をしている一種の文明が、『善なる生活』を確保できるとは限らない。それが、他人の利益のために自我束縛の方式を以って自我利益を調和することを人々に教え、他人の尊厳を尊重し、各レベルの調整の設計を人々に教えれば別であるが——そこには、国際社会レベルにおける群体生活の共存と協力における適当な規則が含まれている[104)]」。したがって、調和、協調、平和的発展は、発展権における欠くことのできない価値目標となっているのである。

　発展利益における公平な享受に対しては、人々の間に異なる見解がある。「平等は発展にとって非常に重要であるが、平等の実現方式には大きな隔たりがある。『どの方面における平等？』を実現させるかは根本的な問題であり、この問題に対する異なる解釈は、発展に対し異なる影

響を生み出している[105]」。実際、発展権にとっての平等の実現方式にどのような差があれ、肝心なことは、発展の平等における方式の上に留まっていてはならない。なぜこのような差が生まれるのか及びこうした差を引き起こす原因を探すべきなのである。日本の比較憲法学者である杉原泰雄は、国連発展計画が『人間の開発報告書』において列挙した発展に関する極めて不安定なデータを分析した後、「経済上の差異は現在不平等から、人と非人との程度へと向かっている[106]」と考えた。発展過程における有効な成果の総和としての発展利益の、分配における傾斜および著しい偏向性が、まさに未発展あるいは発展不平等を引き起こす鍵となる要素なのである。したがって、発展権における平等価値は、必ずしも一般社会における秩序もしくは法律秩序における平等価値と同じではなく、それが不公正な平衡価値における行き過ぎの是正および矯正を備え、こうした価値作用における一種のメカニズムを含んでいるところにある。すなわち、自由な発展に対する合理的制限および既存の社会発展関係における変革を通し、発展の利益に対し傾斜性を持った保障強化を与えている。まさにこれが、発展権の独特な価値の一つなのである。

　法哲学の上から言えば、発展権の趣旨は、上述のメカニズムに依存して個体間、集団間およびその相互間、主体の人間と客体の社会との間における均衡・調和性発展を実現させることにある。発展権のこうした価値は、人間と自然対象との調和を、人間と人間、人間と社会における調和の中から実現させるのである。調和の最も基本的な意味はすなわち、つりあいが適当かつ均等であり、人間を中心としている点である。現実の調和は、人間と自然、人間と人間（の社会）、人間と人間自身の心身の調和三大類型に分けることができ、主体と対象の相互の間およびそれら各自の諸要素、諸構造相互の間およびその全体との間の相互分立の基礎の上に到達した融合および有秩序状態なのである。こうした相互関係を離れ、関連する双方のどちらか一方に偏向するようであれば、常に不調和を招く。発展権が追求する人類の全面的発展という理想・目標は、

第四章　発展権の価値づけ　179

最も普遍的、最も深い意義においての調和なのである。なぜなら、発展の究極の目標は、一人一人に「人間」という種族が備える一切の本質的力と特性を持たせ、すなわち「人間は一種の全面的な方式を以って……一人の完全な人間として、自己の全面的本質を占有する[107]」。全面的に発展をする人間は、人間の本質的力による生産性と享受性、すなわち人間の能動と受動の統一であり、人間が自由に社会関係を支配しつつ、十分に社会の群体文明成果、すなわち個体の力と社会の力を統一することを含んでいるのである。ここでは一方において、人間の対象性関係の全面生成をシンボルとして人間と自然の調和に至っており、「人間は思考を通すのみならず、すべての感覚を以って対象の世界の中で自己を肯定する[108]」。「人間の対象性関係とはすなわち、自然生態系統における規約性の基礎の上に、人類の実践を動力源とする社会文明過程である[109]」。したがって、人間の発展権に対する不断な実践の過程を離れれば、人間と自然対象の調和的関係を生成することは不可能なのである。もう一方においては、人間の社会関係における高度な豊富さをシンボルとして人間と社会、人間と自身の調和に至っている。こうした「個人の全面性は想像もしくは仮想の全面性ではなく、その現実的関係と観念関係の全面性なのであり[110]」、個人に各分野・各レベルにおける社会交流活動に積極的に参与し、すべての人間とその物質的活動および精神的活動を相互交換するよう要求する。発展権はまさに、人間の本質を人間個人に復帰させることで価値の方向性とし、それが根付く異なる時代の社会規範および観念形態の中に安定・調和の社会秩序を建設し、発展利益における共生と均衡化を実現させる。言い換えれば、人類の個体・群体の間には発展の不均衡が永遠に存在し、いかなる時代においても常にいくつかの個体もしくは群体は、別のいくつかの個体もしくは群体の発展水準より高いところにいるものである。これに対し、人々は以下の点を認識することとなった。昨今、「『人権』という言葉の伝統的概念をより一層発展させるべきである。真の平等を実現させたければ、まず機会均等から着手すべきで、最も不利な地位にいる人々に同等な権利を享有さ

せ」、「新たな国際秩序を真に築くためには、まず価値体系において意見の一致を見、その結果である正義、平等を共に負担することを希望すべきである 111)」。実際、発展権は平等・調和の価値を備え、それを以って不均衡・不平等な発展関係の中に置かれている弱者がこうした差異性を消去する資格および権能を獲得することを保障し、発展利益における公平享有の価値を体現している。

　発展権の価値は、異なる歴史段階において異なる具体的内容を付与されている。当代において発展権が有する最も根本的な価値は、世界平和の維持と共同発展の促進であり、平和と発展という現在の世界を取り巻く二つの重大な難題を解決する。初めに、発展権は世界各国全体、とりわけ発展途上国のバランスよい発展の調整を促進する重要な手段である。目下のところ、全世界の四分の一の人口のみが先進国で生活しており、その他の四分の三の人口は発展途上国、すなわち未発展国家にて生活をしている。南北間の差は縮まるどころか、逆にますます拡大し、南北問題、すなわち発展途上国の発展問題は、各国が共同で発展する問題を解決するための鍵となっている。地球の四分の三を占める発展途上国の発展そのものこそ、グローバル的発展のシンボルなのである。同時に発展途上国の発展は、先進国の繁栄に危害を及ぼさないばかりでなく、逆に先進国および世界全体の発展を推進することができる。これは、発展途上国の経済競争力の増強が、先進国に変革と創造をより重視させることを促し、有効に各種資源を利用し、労働生産率を向上させるからである。また発展途上国の経済効率の向上は、先進国のために日々たゆまず豊富で安い製品を提供することができ、その原材料・消費品、ある種の資本品の需要に至るまで満足させる。さらには、先進国のために広がる一方の市場を提供することができ 112)、先進国の企業に規模経済の優勢を十分に発揮させ、グローバルな範囲における資源の配置を最適化できる。たとえ西洋の学者であっても、この点は否定しない。「富裕な工業国は、貧乏国の富裕の中から利点を得られる。新興国家の比較的早い成長は、すでに富裕国の経済成長に強力な刺激を提供している 113)」。し

たがって、「先進国がはっきりと見るべきなのは、第三世界国家の経済が発展しなければ、先進国の経済も比較的大きな発展を得ることは不可能なのである[114]」。「発展の問題は、全人類の高さにまで高めて認識すべきであり……そうすることで初めて、発展問題は発展途上国自身の責任であると同時に、先進国の責任でもあることがはっきりするのである[115]」。実際、各国の発展の権利の行使、とりわけ発展途上国の発展の権利を保障することは、世界各国の共同発展にとって重要な時代的意義を有しているのである。

　次に、発展権は戦争と衝突を制約し、世界平和と安定を守る重要な武器である。平和と発展とは一つの問題における二つの側面であり、発展が平和から離れられないのは平和にとって有利でもある。現在、発展途上国と先進国は互いに協力し、共同促進をし合っているが、激しい競争と矛盾も存在している。「現在の世界経済体系において、圧倒的多数の発展途上国は依然として先進国の原料生産地、販売市場、投資場所であり、これを用いてこうした関係の『相互依存』概念を形容するのであれば、互恵の一面もあることはあるが、実は極度に不平等な性質を含んでいるのである。その結果、世界的範囲での貧富の差は目下のところ拡大し続ける一方である。飢餓と貧困は多くの発展途上国を悩ませており、これは多くの地域性動乱および衝突の主要な原因の一つである[116]」。発展問題を解決しなければ、発展途上国と先進国との間の対立および食い違いを消し去ることは不可能であり、国際社会も恒久な平和と安全を得られない。正面から見れば、発展権と平和というこうした内在関係は、二つの面において集中的に現れる。第一に、発展権の実現は、弱小国家の総合的国力、とりわけ経済的実力の増強を促進する。21世紀の国際競争は、経済と科技を核心とした総合的国力の競争となる。国民経済が発展して初めて、国家の国際社会における政治的地位を高めることができる。国際的な政治的地位の向上が世界の支配権を求める手段になってはならないが、弱小国家と大国の力の対比を変えるということに関しては、強国が経済的実力を後ろ盾として他国に対し政治干渉をおこなった

り、世界の支配権を握ったりすることを制約する重大な意義がある。鄧小平は、1984年に日本商工会代表が中国を訪れた際、第三世界の発展は平和的な力を増加させる重要な要素であると述べた。その後さらに、戦争を制約する力としてはまず第三世界であるとの指摘を強調した。第三世界の独立・発展においてそれぞれの力が追加されるごとに、戦争を制約する力も同様に追加される[117)]。第二に、発展権の実践過程は新たな国際秩序建設の過程であり、それは各国の間に相互協力、互恵関係、国際的矛盾の緩和、世界平和の推進を促すことができる。目下、各国が発展を推進する共同の段階は経済調整と経済改革の実行であり、調整と改革の潮流は、各国の執政者の注意力を国内に向けさせ、各国の対外戦略に対しても積極的影響が生まれ、地域衝突の緩和と世界平和の維持にとって有利である。さらに、調整改革は、異なる制度における国家の経済管理、科技発展、政治社会生活の面における補塡、相互の参考を推進する。経済発展における共同措置の制約の下、各国の対話と交流強化は促進され、共通点を探り異なる点は残し、矛盾を緩和し、戦争を制約し、世界の安定を維持するのである。

第四節　発展権の価値整合機能

　発展権の価値整合機能とは、発展権が基本的人権の一つとして、発展権自身の価値要素間および発展権とその他の人権価値との間における衝突を解消し、相互協力・相互調整をさせ、一つの好循環の有機体系を形成する機能を備えていることを指す。それは、価値の差異と矛盾を認めることを前提としており、差異と矛盾に対する調整から生まれた関連および共通認識の達成を目的とし、価値要素の中の不合理性・反人類性を取り除くことを通じ、人権の価値目標を実現する。発展権が有するこうしたマクロ整合属性はまさに、発展権の基本的人権価値としての特徴における生き生きとした表れなのである。

一、発展権における価値の衝突

(一) 発展権における内的価値の衝突

　価値の衝突は価値整合の前提であり、価値要素間における対立と矛盾がなければ、価値を整合する必要もない。発展権自身が有する内在的価値の上から見れば、発展権における価値衝突は主に以下の三つの点に表れる。

　初めに、発展権の価値主体間における衝突である。主体は価値要素の中で最も活発な能動的力であり、主体間における価値需要の差異およびその衝突は、発展権価値の波動において常に主導的地位を占める成分である。それは個体と個体における発展権需要の衝突を含むだけでなく、個体と集団の間における価値衝突も含んでおり、さらには集団主体相互の間における価値衝突をも表している。なぜなら、異なる主体では、歴史的発展条件と自身の現実的発展状況の二大方面における差異を有しており、こうした差異は時に極めてかけ離れていることもあるのである。発展資源の希少性および社会構造の非対称性が原因で、主体間に発展権価値占有における緊張と対峙をもたらす。その一は、人間の個体における発展権価値に対する要求が普遍性を備えていることであり、こうした普遍的発展要求への満足度は往々にして不足しているか、まったく満足を得られていないこともある。この際、個体間の差異と対立がその外に表れるのである。その二は、個体が個体を構成する集団に対するもので、主に個人の国家に対する発展権の主張および国家の個人的権利実現における欠陥もしくはズレであり、価値主体間における不一致性を形成することができる。その三は、集団としての国家は国際社会で言えば相対的な個体でもあり、非理性もしくは理性化の程度が高くない国際関係構造の中で、国家個体における発展権価値の内容が充実され豊富になることは往々にして難しく、これにより、それらの間に一種の摩擦、更には対峙関係が生まれるのである。

次に、発展権における価値内容の間の衝突である。現行の不合理な秩序モデルを変更、更に廃止するのは、発展権価値を実現させる基本的要求の一つである。なぜなら、不公平な秩序の中で発展を求めることは、こうした発展の程度が深いほどその不公平性も明らかとなるからであり、主体が不公正な関係モデルの中で平等な発展を得ることを望むのは不可能なのである。そこで、公平な発展における価値を実現させたければ、ある程度において現有の発展を阻害する秩序価値の犠牲を代価としなければならない。逆に見ると、秩序の破壊は、発展権主体が既得権益を守ろうとする基本的要求を妨害することにもなり、不安定な、更には短期の無秩序社会の状況を作り出してしまう。そして無秩序の非規則化社会では、発展に前途はない。こうして見ると、公平な発展と安定した発展との間には、強烈な衝突が形成されるのである。同時に、公平な発展は、発展の自主的価値とも矛盾を起こすこととなる。なぜなら、発展権は主体における自由資格の確立を前提とし、発展方式の自主的な選択を手段とし、主体が発展の中で得られる自由を目的としており、まさに『発展の権利に関する宣言』が強調しているように、発展権を実現させることは民族自決権の十分な実現を意味しているからである。個体から見ると、自主と自立がなければ、発展の程度とレベルを検証することはできない。しかしながら、発展は公正かつ共同の発展であり、いかなる主体もその他の主体と比較した場合の平等な発展権を享有しているため、こうすることで、この主体の自由な発展とあの主体の平等な発展主張がぶつかった際、緊張と対峙が形成されることとなり、価値の衝突は避けられないのである。さらに、応然的価値から見ると、発展権は発展への公平な参与、発展の促進、発展利益の享有の三者における統一であり、応然的価値の外在化の過程において、この三者の間には相互に関連する一面もあれば分化と分離が出現する可能性もあり、したがって、発展権における応然的価値内容と実然的価値状況の間には非重複性が形成されるのである。

　次は、発展権における価値目的の間の衝突である。発展権の価値存在

における段階と発展に対する意義の大きさから、その価値目的は現実性価値と究極性価値に分けられる。現実性価値は価値の特殊個性に着眼し、往々にして発展主体における弱小勢力に対し重点的な関心を示し、その価値の偏愛性は非常に明確である。究極性価値は価値の普遍的帰属に立脚しており、発展権のすべての主体に対し平等な目線で見る考慮をおこなっており、その価値の妥協性は比較的突出している。例えば『発展の権利に関する宣言』では、一般的に「人間は発展の主体である」と公言し、「すべての個人と人類全体」が皆同等の発展機会を享有するとしており、これは一種の中立かつ理想化に過ぎる発展価値を十分に表している。しかしながら、前者にとって、その価値の重心は人類全体の共同発展の上にはなく、発展途上国と未発達の人々の優先発展の上にある。現実の価値重心と一般的な価値目的との間には、こうした理由で噛み合わない部分が出てくるのである。

（二）発展権における外的価値の衝突

　発展権の価値衝突の人権体系全体における表れが、まさに発展権の外在価値の衝突であり、これは発展権自身の価値と、その他の人権の価値との間における衝突である。人権系統における価値形式の間では、相互の調和・一致をみるか、もしくは相互に衝突・対立すべきであり、ここから、異なる人権価値観には異なる解釈が存在する。伝統人権観は、自由・平等・財産等を重点的に保護する個人主義人権観から出発し、発展権と伝統的人権が価値およびその現実的地位の上で分岐・対立している点を強調し、発展権と伝統的人権の価値衝突は両者の関係の基本的方面であると考える。「発展が人権と宣言されたことは、発展権を少なくとも平等にその他の個人に属する権利に対抗させる。いくつかの政府は、発展がなければ自由もないと強調する可能性があるが、彼らにとって、それは、自由とは待たなければならないものだということを意味している。そうした政令に基づき国を治める政府にとって、これは、対立する政党、違法拘禁、さらには酷刑の取り消しを意味している。――彼らは、

こうすれば工場の建設と国民総生産の増加の助けになると考えており」、さらに「発展の名目で犯した罪は、自由の名目で犯した罪と同じくらい多い[118]」と考える。このように発展権とその他の人権との衝突をあまりに誇大化させすぎ、ひいてはそれを絶対化する観点は、国際人権法領域において一定の市場を占めており、ただその表現形式が時代の変化とともに少しずつ変わってきているに過ぎない。

　1993年の第二回世界人権大会における論争の焦点の一つは、発展権とその他の人権との価値関係の問題で、西側政府と非政府組織は、発展権に対する追求が最終的に個人の公民的権利と政治的権利に対する大規模な破壊を引き起こすことを懸念している。例えばドイツ代表は、「はっきりと指摘しなければならないのは、社会と経済における発展の不足および豊かになることのみを目的とする思想が、基本的自由と自然の権利を否定合法化することは不可能なのである」と考える。イギリス代表は、「人権に対する尊重は、必然的に発展を第二の地位に据えることになると言う人もいる。私はこれを間違いであり、一種の深刻な政治と社会の異端であると考える。もちろん人権と繁栄が相互に関連し合っていることは認めるが、しかしそれは二者における相互依存・共同発展を意味している。人権に対する尊重は発展そのものと比べた場合、必ずしも選ぶことのできる贅沢品であるとは限らない。実際、人権に対する尊重の欠如は、いかなるものよりも早く経済的進歩を扼殺するようである」と指摘する。アメリカ代表は、「異なる文化的背景から来たいかなる人も、我々が背負っている世界人権宣言を遵守する義務を回避することはできない。酷刑、強姦、人種主義、反ユダヤ主義、任意留置、人種粛清、政治的原因による失踪――こうしたすべてのものは、人権尊重のいかなる信仰・信念・文化も容認できるものではなく、同時に経済発展もしくは政治的権利の必要性からこれを合法化してはならないのである[119]」と考える。こうした観点は、発展権とその他の人権とを完全に引き離し対立させているため、それらの間における価値衝突の真の状況を把握することができないのである。実際、発展権とその他の人権との

間の価値衝突は二つの面に表れる。一つは、主体価値概念の衝突である。個人主義人権観から出発すれば、発展権における集団主体性を自ずと否定することから、発展権と伝統的人権は絶対的な対立状態となり、これは明らかに間違っている。個体と集団の相互関連の中から発展権を把握していくことで、発展権とその他の人権との衝突とは相互依存の中における衝突関係であることが分かるのである。個人の人権と集団の人権との間は、相互に協力しつつ相互に衝突し合う弁証ロジック関係にある。伝統的人権に限って言えば、発展権は個体と集団の発展権の統一であるが、伝統的人権は個人を唯一の主体としており、これでは、価値主体間にズレが生じた場合、食い違いが形成されてしまう。二つ目は、具体的価値内容の衝突である。発展権はその他の人権、例えば生存権から制約を受ける。最低限の生存の権利が保障を得るという前提の下、発展権は実現を見ることができ、生存権を離れれば人間の生命力は失われ、発展権を語ることも一種の贅沢としかならないのである。同様に、平和の社会および優良な環境があってこそ人間の発展は存在し、環境権と平和権を離れれば、発展権は根を張る土壌を失ってしまう。そして、自由と民主のない国においては、国民の最低限の政治的権利が剥奪されることで平等権を特権に変えさせるため、真の発展をもたらすことは不可能である。たとえ発展があったとしても、それはごくわずかな人々の発展に過ぎない。こうした相互関係は、発展権とその他の人権との間に価値認可を起こさせる可能性があると共に、対立を起こさせる可能性もあるのである。自由権、平等権等の公民的権利および政治的権利を過度に強調し過ぎれば、発展の権利が優先的な保護を受けられない状況を引き起こすのは明白である。単純に経済的権利と社会的権利を突出させたとしても、それは発展権と公民的権利・政治的権利との不調和を引き起こすのである。

二、発展権における価値の整合

(一) 発展権の内的価値の整合

　発展権における各項具体的価値形式もしくは要素は、相互分化・相互衝突しつつ、相互調整・相互補助をし合っている。全体における分化ならびに分化に対して整合をおこなう価値メカニズムを把握しなければならず、そうすることで初めて、真の意味で発展権における人権価値を示し実現することができるのである。「なぜなら、一つ一つの具体的な価値判断が仮に体系との整合性を保持していないとすれば、具体的な価値判断の最終結果は根本的な価値を否定することになる[120]」。衝突している単一の価値は、発展権の総体価値に対して一定の相殺作用を有し、それぞれの具体的価値における疎通・調整・整合は、発展権内在価値における外化の動力メカニズムなのである。

　具体的に言えば、発展権は人類とすべての個人に有利な個人の普遍的発展における社会秩序価値を建設し、それは一種の人間関係モデルにおける外在形式の反映である。それ自身は、必ずしも実在内容における価値方向性を必然的に反映するわけではないが、連動的価値整体である発展権が、価値形式における空洞のはずがないのである。発展権の形成自体が不合理・不公正な政治・経済秩序に対して止揚をおこなった産物であるため（すでに詳述済み）、不正義な秩序とは反発展権価値なのである。発展権の秩序価値は明確な方向性を備えているべきであり、すなわち非正義・不公平な既存の発展関係構造を否定し、理性的かつ正義の発展秩序形式を追求することである。発展権の整合価値メカニズムは、まさにこうした阻止機能と建設機能との統一なのである。同時に、主体の自由・自主的発展を求めることは、すなわち内側の発展から示された自由発展価値が制約の一切ない絶対的任意性ではなく、外在的要素の制約を受けなければならないものであるということであり、純粋な客観的・自然的制約以外に、主観に内在する制約もより必要となる一面を持つ。

したがって、最大限に主体の内側における自主的発展を発揚するとともに、発展の機会を平等に享有し発展の成果を公平に分配することを以って、自主的発展の自由に対し理性的な規制と均衡をおこなうのである。さらに、発展権における価値観から見れば、典型的な個人主義の価値観と極端な全体主義の価値観はどちらも非理性的であり、前述した自由・正義・秩序の価値要素との間で整合をおこなう必要がある。集権主義に対する自主的な発展はバランスのとれた良好な方式であり、理性・秩序は個人主義に対する有効な規制である。しかしこれだけでは足りず、最終的に全面発展をした社会正義の中に統合されて初めて、発展権価値における原型を復活させられるのである。これ以外に、発展権の現実的価値と究極の理想との関係に限って言えば、国際人権法分野において目下のところ流行している価値傾向は、「優先論」に帰結できる。すなわち発展権における経済発展優先傾向は、伝統的人権価値の優先傾向でもあり、未発達の人々における価値の優先傾向は、抽象的な人類全体の発展における価値の優先傾向なのであり、ここから発展権論争に関する問題点の構成が展開される。実は、これは発展権価値における現実の目標と究極の目標との間の衝突絶対化なのである。ある面において、いかなる究極の価値も多元的な現実価値を基本的単位かつ構成要素としており、異なる主体への発展需要の特殊内容に関する十分な考慮がなければ、人間全体の発展価値への関心にまで蓄積されることはあり得ない。したがって、異なる発展主体における発展価値主題の優先選択における違いは、発展権の究極の価値とは矛盾しないのである。もう一つの面において、いかなる価値元素の分化・分立・その重心定位も、人間の客体性の力と主体性能力における全面的・持続的な発展の尊重を常に中心として展開されるべきであり、さもなければ、発展は不完全かつ不十分、更には価値形式の崩壊により、発展権における全体価値の喪失もしくは相殺をおこなう可能性が極めて高い。

(二) 発展権の外的価値の整合

　発展権の外的価値整合とは、発展権の内的価値形式の外にはみだした全体としての発展権の価値を、その他の人権形式における価値との間で疎通・調整・統合させることを指す。まさに価値の上での整合が、発展権が人権体系に入った後も、系統構造全体の安定・調和・機能の相互補助と優先を維持するのである。

1. 発展権は伝統的人権と根源において価値が通底すること

　個人主義の基礎の上に築かれた伝統的人権は、その道徳的形態であれ法定形式であれ、みな自由・平等・博愛という三つの価値理想に源を発している。まさに自由と平等が、人権を朦朧とした虚無における超験価値現実化から、規範化・法定化された一連の具体的人権へと導いたのである。また「自由」、「平等」、「博愛」は資産階級人権における基本的価値として、その内容は相互に関連し、分立することはできない。これに対し、ユーゴーはかつて見事な論述をおこなっている。「政治においては、一つの原則しかない。それは人間の自己に対する主権である。こうした自己の自己に対する主権を自由と呼ぶ。こうした主権を備える二人もしくは二人以上の人間が組み合わされれば、政府が出現する。……一人一人が一部の主権を譲ることで公法ができる。すべての人が譲る部分は等量である。一人一人の全体に対するこうした等しい譲歩を平等と呼ぶ。こうした公法は他でもなく、みなの個人の権利に対する保護なのである。こうした集団の個人に対する保護が博愛である」。反対に、「もしも自由しかないとすれば、不平等は拡大し、最も富める者と最も強き者が、結局のところ最も貧しい者と最も弱い者を圧倒することになる。もしも平等しかないとすれば、自由はまた破壊され、国家は全体の個人に対する過度な統治によって消滅するのである。自由と平等、そして博愛を結合させることで、完璧な共和国が作れるのである。博愛は公民に、彼らの一切の権利を調整させ、自由な人々を平等に変化させようとする[121]」。実際、自由と平等しかなければ、人権の完全な価値を生み出す

には不足しており、博愛の価値をその中に確実に注入させることで初めて、人権の真の価値を実現できるのである。個体の公民から言えば、博愛の趣旨は集団の公民個人に対する人権保障の強調であり、ここから国際大家庭を推進し、個体としての国家における国際社会という集団に対する権利主張が形成される。まさにこうした理由から、ワサクは公民・政治権、経済・社会・文化権、発展権等の第三世代の人権を、こうした三種類の人権価値とそれぞれ結び付け、その中から発展権の価値における依拠および第一・第二世代の人権との価値関連性を見出そうと試みたのである。彼はこう指摘している。「第三世代の人権は、フランス革命時代に主張された三種類の理念、自由・平等・博愛とそれぞれ適応している[122]」。発展権を「連帯権」と称するのは、まさに発展権の価値が根拠とする伝統的人権理念の根源を探る意義の上からおこなわれた総括だからである。現代の国内・国際社会における日々緊密・複雑になっていく社会連帯関係は、「博愛」の伝統的人権価値の誘導の下、発展権と伝統的人権形式の価値の上での疎通およびつながりを可能にする。こうした天賦人権論の基礎の上に成り立つ契約式分析および因果推理法には厳格な科学的依拠が欠けるが、伝統的人権観は個人主義を核心としているため、発展権というこうした集団と個体が享有する人権に対しては、総体的に受け入れがたいのである。したがって、否定者における価値依拠を以って論証し、発展権における価値の源を探ることは、発展権の人権体系における通約性と整合性を証明する助けとなるのである。当然これは価値における表面的分析に過ぎず、その本質は、発展権における人類の尊厳の普遍的尊重、人と人との公平な発展促進、人の人に対する発展障害の除去の上に成り立つ人権であり、実在の社会関係と秩序モデルの理性化に根差していることから、伝統的人権の人間に対する個性・尊厳・人間の価値実現の需要を助けることになる。こうしておこなった考察に立脚することで初めて、発展権独特の価値を喪失しないという前提の下、「権利間」における真の価値疎通をおこなうことが可能なのである。

2. 発展権はその他の人権と規範において価値が関連すること

　純粋精神の花園を抜け出して実在規範のレベルに入り、発展権の価値が存在している規範担体に依存しているという面から分析すると、その他の人権との相互依存および優先価値保障において明確な証明を得ることができる。ヴィンセントはこの理屈をあまり受け入れたくないという前提の下、やはりこの事実について論述している。彼の分析では、第三世代の人権思想は前二代の人権と必然的な関連があることを含み表している。『世界人権宣言』は第一世代の人権のシンボルとして、その第28条において発展権に明確な規範依拠を提供している。当該規定は、「人々には社会秩序および国際秩序を要求する権利がある。こうした秩序の中で、本宣言に記載されている権利と自由は十分な実現を見られるのである」。「そして第二世代の人権は、経済と社会の権利における秩序の獲得に関心を持たない国家では、経済と社会の権利が保障を得ることは不可能であると考える。こうした思想もまた発展権のために依拠を提供している」。『発展の権利に関する宣言』を起草する際、発展権のこうした価値連結性についてすでに明確に触れられており、発展権は「結社権単独で、もしくは統一体の方式に基づいて確立された一人一人及び各国国民を含むその他集団における剥奪することのできない人権なのである[123]」と指摘している。こうした権利に基づき、すべての人は単独もしくは集団で、平和な国家秩序と国際秩序の十分な実現の獲得への参与をする権利を有している。こうした権利は民族自決権の十分な実現の上に成り立ち、国民がこうした自決権を実際に享有したければ、新たな国際経済秩序の建設に優先的な地位を与える必要がある[124]。発展権と『世界人権宣言』、『市民的及び政治的権利に関する国際規約』、『経済的、社会的及び文化的権利に関する国際規約』の三つの規範性国際人権法律文書が体現する人権価値には重複するところがあり、一定レベルにおいて発展権の人権法的地位を証明しただけでなく、発展権とその他の人権との相互関連性を示している。発展権は、すでにある人権に依存しつつも、その他の人権に価値前提および価値帰属を提供しているのである。

3. 発展権はその他の人権と内容において価値が協調すること

　発展権の価値要素は、一定の意義において、すでに存在するその他の各種人権から来ており、個人の自由と尊厳に対する尊重および人間の基本的要求における平等な満足がなければ、公平に発展の新秩序を追求し、全面的かつ自由に発展する権利の価値方向性を実現させることは難しいのである。同時に、発展権は伝統的人権における部分的価値内容を含んでおり、伝統的人権の価値機能を延伸し、生命権およびそこから生まれる人格権、人身の自由権等の権利形式の上で拡張および昇華し、経済・社会・文化・政治における広範な発展の自由を包容している。発展権は集団を保護するためだけに設けられたものではなく、個人を尊重し保護することを可能にするのである。経済発展の自由は、国家にその公民の経済と社会における権利の確保をさせることができ、この目的の実現のために必要な資源の増長を獲得し、この目標を最大限に実現させる手助けをする。社会発展の自由は、個人に対しても基礎性を備えており、個人の理解と権利の主張に対し、社会が承認する人類価値尊厳の行使と享受を行うことは欠かすことのできないものである。政治発展の自由は、個人が政治に参与する過程において、価値誘導機能を有している。発展権は一部の人が考えるような反人権なものではなく、逆に、すべての伝統的人権を増進・延伸・強化することを主旨とする基本的人権の一つなのである。

　当然、いかなる自由な権利の行使もみな、主体内在および外在の力の制限を受け、発展権も例外ではない。発展権における内・外在価値の総体の整合は極めて必要かつ現実的・合理的であり、発展権の価値整合は結局のところ、多元的利益と複合的人権要素の間における互いに排斥・阻止し合う中での助け合い・補い合いの統一なのである。多数の利益を守り、傾斜的に弱者の利益にも関心を寄せ、最終的に人類全体の発展利益を実現させることは、発展権価値の整合における総体的原則なのである。

注釈：

1）Theodor Meron: Human Rights in International Law –Legal and Policy issues. Oxford University Press 1984, p.100.
2）［スリランカ］C.G. 威拉曼特里（Weeramantry）『人権与科学技術発展（人権と科学技術の発展）』知識出版社、1997 年版、77 ページ。P.T. 鮑爾（Bauer）等「反新的経済秩序（反新経済秩序）」、『評論』1977 年 4 月、25 ページ。
3）［米］L. 亨金（ヘンキン）『権利的時代（権利の時代）』知識出版社、1997 年版、257～258 ページ。
4）Jack Donnelly, In Search of the Unicorn: The Jurisprudence and politics of the Rights to Development. Cal. W. Int'l L. J., 15（1985）, p.473. John O'Manique, Human Rights and Development. Human Rights Quarterly 14（1992）, p.78.
5）Kanavin, The Right to Development: Some Norwegian Points of View.
6）［米］L. 亨金（ヘンキン）『権利的時代（権利の時代）』知識出版社、1997 年版、256 ページ。
7）Philip Alston, Conjuring up New Human Rights: A Proposal For Quality Control. American Journal of International Law October No.3, Vol.78, 1984.
8）James Crawford, The Rights of Peoples. Oxford: Clarendor, 1988, pp.39-54. Roland Rich と Philip Alston は発展権の提起者に引き続き、最も早く、最も明確に発展権の人権的性質に対し肯定を表明しており、学術界の発展権に対する支持を代表している。発展権は現在すでに、いくつかの国際組織、国家政府、学術団体等、多くの方面からの承認を少しずつ得ている。
9）Rhoda Howard, Law and Economic Rights in Commonwealth Africa, 15Cal. W. Int'l L.J. 607, 1985; YemiOsinbajo&OlukonyisolaAyayi, Human Rights and Economic Development. 28 The Int'l Lawyer 727, 1994.
10）KonradGinther, Participation and Accountability: Two Aspects of the Internal and International Dimension of the Right to Development. Third world legal studies 55, 1992; James C.N. Paul The Human Rights to Development: It's Meaning and Importance. 25, John Marshall L. Rev. 235, 1992.
11）Michele L. Radim, The Right to Development as a Mechanism for Group Autonomy: Protection of Tibetan Cultural Rights. 68 Wash. L. Rev. 695, 1993.
12）［米］L. 亨金（ヘンキン）『権利的時代（権利の時代）』知識出版社、1997 年版、7 ページ。
13）ホロマンの「人権運動」とは何かという解釈は、発展権を一種の人権運動における観点の本質から理解する助けとなる。彼は「まさに私が考えるように、人権運動とは動態的な歴史過程であり、それは（主に）西洋によって推進された人権の行動、非西洋の西洋人権が生み出したものに対する反応、衝突回避のために各方面が和睦状態から作り出した道義上の努力等、

いくつかの面から構成されている」と考える。一見したところ、西洋諸国が普遍的人権を「勝ち取り」、非西洋諸国が普遍的人権に「反対している」ように見える。人権運動における多くの積極分子にはこうした誤解が普遍的に見られる。実際、非西洋国家はただ西洋人権概念の中の、ある方面および人権運動がこうした概念を力強く推進しようとする方式にのみ反対しているに過ぎない。これは人権そのものに反対していることにはならない」。（［米］霍勒曼＜ホロマン＞「普遍的人権＜普遍的な人権＞」、『西方人権学説史＜下＞』四川人民出版社、1994年版、315～316ページより）

14）人権の根拠と運行方式の上から歴史的考察を行うと、英国法の伝統は経験的依拠から人権の正当性を探ることに重きを置いており、こうした経験には二つの面が含まれる。「第一に、権利主体が置かれている社会的地位と享有する財産・利益・権力等であり、すでに客観的存在に属している。第二に、こうした地位と利益の法律、習慣を認めることもまた、客観的存在に属するのである」。(121) 5年の『マグナ・カルタ』第1条において「最も重要かつ最も必要なのは自由選挙であり…朕の特許状をもって確認し、…善意を以って永久に遵守する」と規定している。継承権、自由権はすべて「古い習慣」、「習慣」もしくは「古くからある自由と自由な習慣に基づき」、行使される。1628年の『権利の請願』では、前書きにおいて宣言している。「上述の法律、その他イギリスの良き法律と規則に基づき、国王と臣民はみなこうした自由を享有することができる」。イギリスの経験式人権推定と相対的なのがフランス、アメリカ等による先験式の方法である。自然の権利、天賦の人権、自然法から出発し憲法人権の合理性を探る。フランスの『人権宣言』にしろ、アメリカの『独立宣言』にしろ、結局のところ憲法典の規定であり、いずれも人々が享有する権利は、「自然の」、「生まれながらの」、もしくは「造物主が付与した」と明確に記載している。当然、こうした両分法が絶対的なわけではない（夏勇『人権概念起源』中国政法大学出版社、1997年版、146～159ページ参照）。

15）［英］R.J.文森特（ヴィンセント）『人権与国際関係（人権と国際関係）』知識出版社、1998年版、9～10ページ。

16）［豪］R.里奇（リッチ）「発展権：一項人民的権利？（発展権～人民の権利の一つなのか？）」、『西方人権学説史（下）』より、四川人民出版社、1994年版、280ページ。

17）Jerome J. Shestack, The Jurisprudence of Human Rights. See Theodor Meron, Human Rights in International Law——Legal and Policy issues. Oxford University Press, 1984, p.100.

18）現代科学では、人の脳細胞の総数は一千億に上ることが示され、五千万種の異なるタイプに分けられ、これらの細胞が延伸し枝分かれしたものが

1015対の突起を形成する。したがって、人間の脳は1015のスイッチを持つコンピュータと同じであり、これは目下のところ世界で最も大きいコンピュータの何倍に当たるか知れない。記憶のみを例にした場合、比較的保守的な見積もりでも、人間の脳は一生のうち一千万億単位に上る情報量を蓄えることができると考えられている（丁学良「馬克思的"人的全面発展観"概覧（マルクスにおける"人間の全面発展観"概要）」、『中国社会科学』1983年、第3期参照）。

19)『馬克思恩格斯全集（マルクス・エンゲルス全集）』第23巻、202ページ。
20)『馬克思恩格斯全集（マルクス・エンゲルス全集）』第25巻、297ページ。
21)『馬克思恩格斯全集（マルクス・エンゲルス全集）』第42巻、96ページ。
22)『馬克思恩格斯全集（マルクス・エンゲルス全集）』第46巻（上）、494ページ。
23)［米］A. 馬斯洛（マスロー）「人類動機論」、『心理評論』1943年、第50巻、372～382ページより。［英］R.J. 文森特（ヴィンセント）『人権与国際関係（人権と国際関係）』知識出版社、1998年版、115ページ参照。
24)［英］R.J. 文森特（ヴィンセント）『人権与国際関係（人権と国際関係）』知識出版社、1998年版、120～121ページ。
25)『北京大学学報・哲社版』1992年第2期、8ページ。
26)［仏］E. 弗洛姆（フロム）『健全的社会（健全な社会）』貴州人民出版社、1994年版、142ページ。
27)『馬克思恩格斯全集（マルクス・エンゲルス全集）』第46巻（上）、287ページ。
28)『馬克思恩格斯全集（マルクス・エンゲルス全集）』第46巻（上）、392ページ。
29)『馬克思恩格斯全集（マルクス・エンゲルス全集）』第46巻（上）、108～109ページ。
30)『馬克思恩格斯全集（マルクス・エンゲルス全集）』第46巻（下）、367ページ。
31)［米］L. 亨金（ヘンキン）『権利的時代（権利の時代）』知識出版社、1997年版、4ページ。
32)［英］R.J. 文森特（ヴィンセント）『人権与国際関係（人権と国際関係）』知識出版社、1998年版、116～117ページ。
33)［米］菲利普・阿爾斯頓（Philip Alston）「人権和基本需要：一種批評性評価（人権と基本的需要：一種の批評性評価）」、『人権評論』1979年、第13巻、47～55ページより。
34)［英］約翰・蓋爾坦（ジョン・ゲルタン）「国際経済新秩序与基本需要方法（新国際経済秩序と基本需要の方法）」、『選択』1979年、第4巻第4期、

461～467 ページより。［英］R.J. 文森特（ヴィンセント）『人権与国際関係（人権と国際関係）』知識出版社、1998 年版、118～119 ページ。
35)［英］R.J. 文森特（ヴィンセント）『人権与国際関係（人権と国際関係）』知識出版社、1998 年版、119～120 ページ。
36)『馬克思恩格斯全集（マルクス・エンゲルス全集）』第 6 巻、486 ページ。
37)『馬克思恩格斯全集（マルクス・エンゲルス全集）』第 4 巻、155 ページ。
38)『馬克思恩格斯全集（マルクス・エンゲルス全集）』第 23 巻、400 ページ。
39)『馬克思恩格斯全集（マルクス・エンゲルス全集）』第 23 巻、464 ページ。
40)『馬克思恩格斯全集（マルクス・エンゲルス全集）』第 3 巻、24～26 ページ。
41) Tedley Bull, The Anarchical Society: A Study of Order in World Politics, New York: Columbia University Press, 1974, p.11.
42)［仏］涂爾干（Émile Durkheim）『社会分工論（社会分業論）』生活・読書・新知三聯書店、2000 年版、313 ページ。
43)［仏］涂爾干（Émile Durkheim）『社会分工論（社会分業論）』生活・読書・新知三聯書店、2000 年版、366 ページ。
44)［仏］狄驥（デュギー）『憲法学教程』遼海出版社、1999 年版、10～11 ページ。
45)［仏］狄驥（デュギー）『憲法論』商務印書館、1959 年版、134 ページ。
46)［仏］狄驥（デュギー）『公法的変遷、法律与国家（公法の変遷、法律と国家）』遼海出版社、1999 年版、245 ページ。
47)［独］吉爾徳（Gilder）「馬克思的社会本体論（マルクスの社会本体論）」、『現代外国哲学社会科学文摘』より、1990 年、第 10 期。
48)『馬克思恩格斯全集（マルクス・エンゲルス全集）』第 46 巻（上）、47 ページ。
49)『馬克思恩格斯全集（マルクス・エンゲルス全集）』第 25 巻、105 ページ。
50) 夏勇『人権概念起源』中国政法大学出版社、1992 年版、215 ページ。
51)「尊厳論」と前述の「需要論」は、当代人権法哲学において代表性を有する二つの理論であり、その趣旨はどちらも人間と人権の内在関連性を探求し、人権の本源と現実的合理性を示そうとするものである。「尊厳論」では、人権の基礎と源は人間の尊厳であると考える。人間の本性はまさに人が「体面を保った尊厳ある」生活を送れることであり、すべての人間は生まれながらにして平等な価値と尊厳を備えており、各国際社会における成員は、その大きさ、強さに関わらず、みな平等な価値と尊厳を有している。すなわち、自由かつ平等に自身の利益ならびに発展の道を自主選択する固有の属性である。「人権を享有することは、必ずしも満腹になるためにひたすら生きることではなく、真の人間らしく生きるためなのである。

人権の根源は哲学人類学の中まで遡らなければならず、人類の本性における道徳理論の中まで遡るのである」（［英］傑克・唐奈利＜Jack Donnelly＞「人権的概念＜人権の概念＞」英国古得弗与肯思出版社、31ページ、『人権新論』より引用、海南出版社、1996年版、101ページ）。「人類が体面ある生活を勝ち取るためにおこなった闘争の歴史は、おそらく人類の社会と同じくらい長い。しかし、人権を一種のメカニズムとして頼る人間の尊厳保障は、当代の歴史においてようやく見られる発展である」(Rhoda E. Howard and Jack Donnelly, International Handbook of Human Rights, New York: Greenwood 1987, p.1.)。『社会の進歩と開発に関する宣言』においても、前の二条において人々には尊厳ある生活の中にいる権利があると認めている。「発展は人間の尊厳と価値の尊重の上に築くべきである」。人間の尊厳は、こうして最も説得力のある人権の依拠となったのである。しかしながら、人間の尊厳とはどこから来るものなのか？なぜ人間の尊厳は更に人権の需要を生み、人間の権利主張を形成させたのか？深く追及すると、「尊厳論」が答えるのは難しくなる。これに対し、ホロマンは見事かつ肯定的な分析をおこなっている。「人々は度々それを引用し、深く信じて疑わなかったが、一体尊厳とは何を意味しているのかについて、その解釈はやはりよくわからないのである。人々はそれを『言わずともわかる真理』と考える。……結果、そうした西洋人権文献に反対する人たちは、度々人間の尊厳を尊重していないと誤解され責められている。……ある種の非西洋的な角度から見れば、西洋こそまさに人の尊厳を尊重していないのである」（［英］霍勒曼＜ホロマン＞「人権運動：西方価値和神学観＜西洋の価値と神学観＞」、『西方人権学説史＜下＞』四川人民出版社、1994年版、318ページ）。これはまさに尊厳論のロジックにおける非自足性を示している。それは発展需要論が、その需要内在構造の中からでは発展の権利の根源を探ることができないのと同じように、尊厳論もまた人類の尊厳を尊重する要求そのものから、自動的かつ直接的に人間の発展の権利の誕生を証明することは難しいのである。

52）［セネガル］阿馬杜・馬赫塔爾・姆博（Amadou-Mahtar M'Bow）『人民的時代（人民の時代）』中国対外翻訳出版公司、1986年版、97ページ。

53）Karel Vasak, pour une troisieme generation des droits de l'homme. Cited in Christophe Swinarski, Studies and Essays on International Humanitarian Law and Red Cross Principles. 1984, p.839.

54）Lesley Brown, The New shorter Oxford English Dictionary on Historical Principles 1993. Cited in Carl Wellman. Solidarity, the Individual and Human Rights Quarterly 22（2000）, p.643.

55）『馬克思恩格斯全集（マルクス・エンゲルス全集）』第3巻、142〜143ペー

ジ。
56）［英］亜当・庫伯（アダム・クーパー）主編『社会科学百科全書』上海訳文出版社、1989年版、338〜339ページ。
57）［英］沃克（Walker）主編『牛津法律大辞典（オックスフォード法律大辞典）』光明日報出版社、1988年版、426ページ。
58）KarelVasak, pour unetroisieme generation des droits de l'homme. Cited in Christophe Swinarski, Studies and Essays on International Humanitarian Law and Red Cross Principles. 1984, p.838.
59）『馬克思恩格斯全集（マルクス・エンゲルス全集）』第1巻、344ページ。
60）『馬克思恩格斯全集（マルクス・エンゲルス全集）』第1巻、426ページ。
61）李林主編『当代人権理論与実践（当代人権理論と実践）』吉林人民出版社、1996年版、249ページより引用。
62）李林主編『当代人権理論与実践（当代人権理論と実践）』吉林人民出版社、1996年版、318ページ。
63）こうした観点は、韓国、インドネシア、シンガポールの外相が第二回世界人権大会においてそれぞれ発言した主旨であり、当該大会の準備会議において採択された『バンコク宣言』および当該大会の正式文書である『ウィーン人権宣言』にはこうした観点が十分に反映されている。
64）李林主編『当代人権理論与実践（当代人権理論と実践）』吉林人民出版社、1996年版、318〜319ページより引用。
65）［英］米爾恩（ミルン）『人的権利与人的多様性——人権哲学（人間の権利および人間の多様性——人権哲学）』中国大百科全書出版社、1995年版、3ページ。
66）李龍、万鄂湘『人権理論与国際人権（人権理論と国際人権）』武漢大学出版社、1992年版、142ページ。
67）H. Kelsen, General Theory of Law and State, Harvard University Press, 1945, p.115.
68）H. Kelsen, General Theory of Law and State, Harvard University Press, 1945, p.116.
69）Jerome J. Shestack, The Jurisprudence of Human Rights. Cited in Theodor Meron, Human Rights in International Law——legal and policy issues. Oxford University Press, 1984, p.86.
70）［米］L.亨金（ヘンキン）『権利的時代（権利の時代）』知識出版社、1997年版、189ページ。
71）人権変遷史から見れば、各国の憲法は権利をそれぞれ二種類に分けている。第一類は消極的な基本的権利であり、主に自由権を指す。「個人の知識、道徳および身体的な優性をなるべく発展させ、国家はこうした自由に

対し侵犯を加えず侵犯を防止する義務を負っている」。第二類は積極的な基本的権利であり、受益権とも称される。「個人の知識、道徳および身体的な優性をなるべく発展させるために、国家は時に個人に対し積極的に若干の活動を履行しなければならない場合がある。国家のこうした積極的義務は、我々のいわゆる個人における積極的権利を構成するのである」（王世傑、銭瑞昇『比較憲法』中国政法大学出版社、1997年版、61ページ）。また、「新たな解釈を持つ者は、国家の個人の各種自由に対する侵犯を加えず侵犯を禁止した消極的義務を認めるだけでなく、国家の国民に対する積極性を有する義務をも認めるのである。彼らは国家の国民に対して負う積極的義務に対して単独では認めず、国民もまた国家に対してその個人的人格の発展に対する義務を負っていると考えるのである」（王世傑、銭瑞昇『比較憲法』中国政法大学出版社、1997年版、67ページ）。

72) See Roland Rich, The Right to Development: A Right of Peoples? Cited in James Crawford, The Rights of Peoples. Oxford Clarendor, 1988, pp. 39-41.

73) See Carl Wellman, Solidarity, the Individual and Human Rights. Human Rights Quarterly 22 (2000), p.642.

74) Iredell Jenkins, Justice as Ideal and Ideology, in Justice (NOMOS vol. Ⅵ), ed. C. J. Friedrich and J. W. Chapman, New York, 1963, pp.204-209;［米］E. 博登海黙（ボーデンハイマー）『法理学――法律哲学与法律方法（法律哲学と法的方法）』中国政法大学出版社、1999年版、219-220ページ参照。

75) P. S. Cohen, The Modern Social Theory, London, 1968, pp.18-19.

76) ［米］E. 博登海黙（ボーデンハイマー）『法理学――法律哲学与法律方法（法律哲学と法的方法）』中国政法大学出版社、1999年版、226ページ。

77) ［米］伯恩斯・拉爾夫（バーンズ・ラルフ）『世界文明史（第1巻）』商務印書館、1990年版、333ページ。

78) ［日］山本吉宜『国際政治理論』上海三聯書店、1993年版、49ページ。

79) 卓澤淵『法的価値論（法の価値論）』法律出版社、1999年版、180ページ。

80) ［米］E. 博登海黙（ボーデンハイマー）『法理学――法律哲学与法律方法（法律哲学と法的方法）』中国政法大学出版社、1999年版、251～252ページ。

81) 『国際公法参考文件選集（国際公法参考文書選集）』世界知識出版社、1958年版、16ページ。

82) 董雲武、劉武萍『世界人権約法総覧』四川人民出版社、1990年版、338ページ。

83) 劉傑『秩序重構――経済全球化時代的国際機制（秩序の再構築――経済グローバル化時代における国際メカニズム）』高等教育出版社、1999年版、29～48ページ。

84）［米］E. 博登海黙（ボーデンハイマー）『法理学——法律哲学与法律方法（法律哲学と法的方法）』中国政法大学出版社、1999 年版、252 ページ。
85）［米］E. 博登海黙（ボーデンハイマー）『法理学——法律哲学与法律方法（法律哲学と法的方法）』中国政法大学出版社、1999 年版、270～271 ページ。
86）『馬克思恩格斯選集（マルクス・エンゲルス選集）』第 2 巻、539 ページ。
87）張文顕『二十世紀西方法哲学思潮研究』法律出版社、1996 年版、573 ページ。
88）「正義の作用は以下のところに表れる。一人一人がそれぞれ有する、破壊された分配秩序の復元（アリストテレス）。不正義な立法の検査・抑制（トマス・アクィナス）。平和・秩序の保護ならびに競争の利益の調整（ホッブズ、ヒューム）。人々の道徳化（自己の道徳的品格の発展）の機会と自由の保障（カント）。すでに制定された規則をすべての人に無差別に適用する保証（ビンクレストン）等々。（張文顕『二十世紀西方法哲学思潮研究』法律出版社、1996 年版、572 ページ）。
89）［加］艾若・孟徳斯（Errol Mendes）「人権、発展権与均衡法的法律及憲法基礎（人権・発展権・均衡法の法律および憲法基礎）」、『国際人権与発展（国際人権と発展）』法律出版社、1998 年版、53～54 ページより。
90）J.Rawls, A Theory of Justice, Harvard University Press, 1971, p.7.
91）Jerome J. Shestack, The Jurisprudence of Human Rights. See Theodor Meron, Human Rights in International Law——legal and policy issues. Oxford University Press, 1984, p.100.
92）J.Rawls, A Theory of Justice, Harvard University Press, 1971, p.60.
93）［米］托達羅（トダロ）『経済発展与第三世界（経済発展と第三世界）』中国経済出版社、1992 年版、50～51 ページ、79 ページ。
94）卓澤淵『法的価値論（法の価値論）』法律出版社、1999 年版、393 ページ。
95）William E. Hocking, Present Status of the philosophy of Law and of Rights. New Haven, 1926, pp.71-72.
96）［米］E. 博登海黙（ボーデンハイマー）『法理学——法律哲学与法律方法（法律哲学と法的方法）』中国政法大学出版社、1999 年版、281 ページ。
97）『馬克思恩格斯選集（マルクス・エンゲルス選集)』第 1 巻、82 ページ。
98）『馬克思恩格斯選集（マルクス・エンゲルス選集)』第 3 巻、443 ページ。
99）『馬克思恩格斯全集（マルクス・エンゲルス全集)』第 3 巻、330 ページ。
100）発展モデル論争の帰因分析に対し、こう指摘する学者もある。「発展モデルをはっきりさせる鍵となるのは、発展モデルをはっきりさせる確立された依拠であり、すなわち発展過程に影響する主要要素とは何かである。……その主な要素について言えば、この三項目に他ならない。一つ目は民

族的伝統、二つ目は歴史的基礎、三つめは資源条件および国家規模の大小である」。「各国の民族における民族的伝統には大きな違いがあり、そうであるならば、まったく異なる発展モデルが出てくるに違いない」。「歴史的基礎の違いは、異なる発展モデルを決定する。すなわち早期発展モデルと後期発展モデルである」。「自然条件および国家規模は、発展における自然基礎であり、ここから大方において発展の具体的形態が規定されてくる。天然資源が豊富か否かは、当民族の発展が国外資源に依存する程度を決定する。そして国家規模の大小は、少なからぬ程度において、本民族における国内市場の大きさを決定することとなる。こうして、自然基礎によって決められる発展は、二種類に分かれる。(呉忠民『漸進模式与有効発展＜漸進モデルと有効発展＞』東方出版社、1999年版、74～77ページ)

101) 呉忠民『漸進模式与有効発展（漸進モデルと有効発展）』東方出版社、1999年版、71ページ。
102) ［米］邁克爾・麦金尼斯（Michael Mcginnis）主編『多中心治道与発展（多中心治政と発展）』上海三聯書店、2000年版、中訳本序5ページ。
103) World Bank: 1999/2000 World Development Report: Globalization and Localization, 1999.
104) ［米］E. 博登海黙（ボーデンハイマー）『法理学――法律哲学与法律方法（法律哲学と法的方法）』中国政法大学出版社、1999年版、300～301ページ。
105) ［ベネズエラ］羅徳里格・阿羅森納（ロドリゴ・アルセナ）「不平等――拉美発展中的常見問題（ラテンアメリカの発展においてよく見られる問題）」、『現代化：拉美和東亜的発展模式（近代化：ラテンアメリカと東アジアの発展モデル）』より、社会科学文献出版社、2000年版、274ページ。
106) ［日］杉原泰雄『憲法的歴史（憲法の歴史）――比較憲法学新論』社会科学文献出版社、2000年版、175ページ。
107) 『馬克思恩格斯全集（マルクス・エンゲルス全集）』第42巻、123～((124))ページ。
108) 『馬克思恩格斯全集（マルクス・エンゲルス全集）』第42巻、125ページ。
109) 丁学良「馬克思的"人的全面発展観"概覧（マルクスにおける"人間の全面発展観"概要）」、『中国社会科学』1983年、第3期。
110) 『馬克思恩格斯全集（マルクス・エンゲルス全集）』第46巻（下）、36ページ。
111) ［セネガル］阿馬杜・馬赫塔爾・姆博（Amadou-Mahtar M'Bow）『人民的時代（人民の時代）』中国対外翻訳出版公司、1986年版、152ページ。
112) 世界銀行が1995年4月18日に発表した特定テーマに関する報告によると、1980年代末、発展途上国が工業化国家から輸入した商品は、後者

の輸出総量の20%を占め、現在はすでに25%にまで増加している。21世紀初頭になれば、この数字は30%を超える。クライン教授の予測によると、2002年になれば発展途上国の輸入は世界の輸入総量の65％以上を占めることになる（『世界経済』1995年、第11期）。

113）［英］P.伍徳爾（ウッドアー）「世界之戦」、『経済学家』1994年10月1日より。

114）『鄧小平文選』第3巻、56ページ。

115）『鄧小平文選』第3巻、282ページ。

116）『為了和平与人類的未来（平和と人類の未来のために）』世界知識出版社、1986年版、36～37ページ。

117）「鄧小平縦論国内外形勢（鄧小平による国内外形勢放談）」、『瞭望』週刊、1985年、第37期。

118）［米］L.亨金（ヘンキン）『権利的時代（権利の時代）』知識出版社、1997年版、234～235ページ。

119）［加］簡・鮑爾（Jane Bauer）『聯合国世界人権会議報告（1993年6月14日～15日、オーストリア・ウィーン）』、オタワ人権研究及び教学センター、1993年、129ページ、144ページ。『国際人権与発展（国際人権と発展）』法律出版社、1998年版、55ページ参照。

120）［日］川島武宜『現代化与法（近代化と法）』中国政法大学出版社、1994年版、251ページ。

121）［仏］勒努維耶（Charles Renouvier）『人権和公民権共和国教材（人権と公民権の共和国教材）』、夏旭東主編『世界人権縦横』時事出版社、1993年版、162ページ参照。

122）Karel Vasak, pour une troisieme generation des droits de I'homme. Cited in Christophe Swinarski, Studies and Essays on International Humanitarian Law and Red Cross Principles. 1984, p.837; p.839.

123）E/CN.4/AC.39/1983/L.2.

124）［英］R.J.文森特（ヴィンセント）『人権与国際関係（人権と国際関係）』知識出版社、1998年版、113ページ。

第五章
発展権の憲法規範の分析

　現在の世界各国における憲法典および憲法性法律文書を考察すると、発展権は絶対的多数の国々の憲法において、明確な確認を未だに直接得てはいないものの、全体的に見れば、人権概念としてであれ、人権形式としてであれ、一種の特有な価値理念もしくは制度的基礎を体現しているのを見つけ出すのは難しくない。世界各国の憲法のうち、相当多数のものは、発展権についてそれぞれ異なる規範を立てたが、いずれもそれを強化・普及させる傾向にある。

第一節　発展権における憲法規範の内容概要

　法とは、実在の法律規範を以って直観存在形式としたもので、法はまず「実際にどういう法であるか」(law as it is)[1] を指し、すなわち法律規範そのものである。技術レベルから実在法に対しミクロ透視を行い、ここから規範が奉仕する価値理念を分析し、法律科学の独特な神秘を示す。規範分析法を運用して憲法を考察することは、憲法の「法」の属性から出発することであり、憲法典もしくは憲法性法律の条文内容、ロジック構成、その表現形式に対しておこなった分析と詳説である。これは単に、憲法の条文における内容のみから発展権の憲法規範化に対し解析をおこなうものである。
　作者の初歩統計によると、世界の半数以上の国々の憲法において、明確か曖昧かの差はあれ、発展権理念もしくは原則に対し規定をおこなっている[2]。アジアにある45個の憲法のうち、27個の憲法が発展権への

要求を体現している[3]。ラテンアメリカの 27 個の憲法のうち、17 個の憲法に発展権の内容が含まれている[4]。太平洋諸国の 9 個の憲法のうち、5 個の憲法に発展権の思想が反映されている[5]。ヨーロッパの 42 個の憲法のうち、自由な発展の願望を表明しているのは 8 個を占める[6]。その比率はそれぞれ、60％、62.9％、55.6％、19％に分かれる。調べることのできたアジア、アメリカ、太平洋、ヨーロッパ諸国の総計（123）個の現行憲法のうち、発展の自由、発展の権利思想内容もしくは形式を体現したものは 57 個あり、その比率は 46.3％となる。仮にアフリカを計算に入れれば、この比率を大きく上回ることとなる。

　憲法の発展権およびその具体的内容に対する確認が主に体現されているのは以下の方面である。

一、憲法の発展権理念に対する宣告と確認

　世界各国における現行憲法の発展権に対する認可において、相当な比率で採用されているのは、一種の宣告性もしくは確証型の態度である。ここでは一般的に発展権という概念には触れられていないものの、すでに鮮明に発展の内容と人権の形式とを結合させ、発展権の豊富な意義と内包を憲法における精神の中に濃縮している。

　第一に、人間は、国家と社会が存在する根本的価値であり最高の目的であると宣言し、人類の尊厳と人格の発展は立憲国家が最大限の関心を与えるべき事柄であり、憲法および憲法によって組織された政府権力の運営は、人類共同の繁栄と普遍的福利の発展増進を以って帰属とすべきである。アフガニスタンの憲法は、序言においてこう宣言している。立憲国家の目的は「社会の公正と平等の保障、国民経済の発展、国民の生活水準向上」のためであり、「アフガニスタン立憲運動の伝統保護および発揚、国連憲章および世界人権宣言の精神尊重に基づき、本憲法を最も重要な民族文献として批准する」。さらに「国家社会経済制度の基礎」の章には、始めから明らかに規定している。「国家はすべての民族・部

落・部族の全面的発展、理解、友好と協力に奉仕し、政治・経済・社会・文化の平等を保障し、落後地区の社会と経済の発展政策を加速させる[7]」。アラブ首長国連邦の憲法にも国家の国民発展権に対する尊重と承諾が体現され、「連邦の目的は……各分野の繁栄・進歩を促進し、緊密な協力から得られた成果で国民全体の生活を改善する[8]」と指摘している。国家の主要任務を、憲法によっては直接「国家の経済・社会面における主な責任は、(1) 社会経済福利向上の促進、国民生活の質、とりわけ人口において多数を占める下層階級の生活の質の改善……[9]」と規定している。あるものは、概括式に国家は「文化と経済の進歩を推進し、それを以ってすべての人の良好な生活の質を保証する[10]」と明確に示している。

　第二に、発展と責任、義務と価値の追求を結合させ、発展は国家政府が負担する最も重要な責任もしくは義務であることを強調し、発展を推進することは国家・政府が果たさなければならない、もしくは果たすべき責任の一つであり、すでに根本法における最高責任にまで引き上げられているのである。責任に対する負担または義務に対する履行は、すなわち権利に対する保障または利益に対する保護であり、発展が国家の責任の一つであるならば、それは当然国民の権利の一つとなるわけである。「人間、人間の権利と自由およびその保障は、すなわち社会と国家における崇高な価値と目的である。国家は公民の個性における自由とあるべき発展のために、責任を持って条件を創り出す[11]」。政府は、一般的な意味において国民の発展に責任を負うだけでなく、こうした責任はすでに一種の法的責任にまで昇華されており、憲法制度の基礎となっている。「ロシア連邦は社会的国家であり、その政策の趣旨は、人間の正当な生活の保障と自由な発展の条件を創造することにある[12]」。太平洋諸国のいくつかの憲法にもこの思想が反映されている。パプアニューギニアの憲法は、国家の総「目標は、一人一人が一切の形式による奴隷や圧迫の下から自己を解放する過程へと積極的に身を投じ、すべての男子あるいは女子にはみな、人間関係において完全に独立した人として自己

を発展させる機会があることである[13]」と規定している。発展義務の主体は国家に定まり、すでにいくつかの国の憲法から認識され、かつ記載されている。グアテマラの1985年の憲法では第2条において、「国家の義務は、住民の生命、自由、正義、安全、平和、人の全面的発展を保障することである」と規定している。

　第三に、義務の結果としての発展の責任と、権利の内容としての発展は、その存在の正当性を憲政法律秩序との融合と浸透に求める。経済発展と社会文化諸方面の発展の自由がなければ、一切の法律制度および法律秩序は強固な基盤を失うこととなり、表面上の安定を維持できたとしても、それははかないものに過ぎない。まさに韓大元教授が述べたように、「アジア社会にとって、立憲主義の最大の価値は憲法の調整を通じて、経済の迅速な発展のために立憲基礎を提供できるところにあり[14]」、「現実の経済発展の中で初めて、立憲主義の社会的基礎をより拡大させることができ、同時に立憲主義の価値を体現できる[15]」。国内に限って言えば、人と人との間には社会関係の複雑性および錯綜性が現存し、それが一人一人に均等な発展の機会を付与する必要性を決定し、「人間の価値を堅持する……趣旨は、人類を繁栄・幸福にさせることにある」。また、「平等」と「機会均等は社会の柱であり[16]」、発展の価値は社会正義促進の中に存在し、「国家が発展するすべての段階において、社会的公正が促進される[17]」。形式の上から見れば、人間の発展の権利と自由は、社会が良性に相互連動する一切の有機的連結を維持する前提であり、「人間の尊厳……個性の自由な発展、法律の尊重と他人の権利の尊重は、政治秩序と社会平和の基礎である[18]」。国際的に見れば、現代社会は、国家・民族・地域間における相互連絡をしつつも相互制約をし合う社会である。憲法の権利および立憲主義は、自身を国際的背景の下に置いてその生存方式と運営モデルを考慮すべきであり、未発達およびその他各種発展の障害は、発展権存在における国際意義の上での依拠である。「我々が今日置かれている時代は、各民族が不断に進歩し、科学と知識が不断に発展する時代であり、互いに政治・経済・文化におい

て相互作用をする時代である[19]」。したがって、協力と交流を強化するのみならず、「未発達と不正義を排除[20]」することを以って、人権を徹底的に実現するのである。国際関連性の日々強化ならびに国際秩序関係における人間の発展、とりわけ未発達の国家の発展に対する負の影響に基づき、発展の権利は憲法の権利として、憲法規範で確認された緊迫性と合理性は日増しに高まってきている。

二、憲法における発展権の内容に対する確認と規範

　発展権の内容は総合性の指標体系であり、社会生活・経済生活・政治生活の各方面における発展の主張と需要を含んでいる。もしも各種具体的権利形式に対する高度な抽象がなければ、基本的な権利形態の一つに凝結することはできず、権利形態が収納する豊富で多様な権利形式およびその内在的に構成された分解と解析がなければ、基本的人権の生き生きとした部分かつ豊かな活力を持つ存在方式と価値を示すことも不可能である。発展途上国における少なからぬ憲法（いくつかの比較的発展した国の憲法も含む）では、憲法の規範形式を以って発展権の内容に対し、比較的全面的な規定をおこなっている。

　第一に、発展権の経済的意義は、憲法規範の中で相対的に十分かつ完全に体現されている。憲法制定の過程において、発展権を認める国は、その憲法の中に立憲および憲政の目的を国家と国民の生存・自由・安全・発展の計画および促進であると規定しているものがほとんどで、すなわち国家の経済発展を通じ国民の発展主張を実現するものである。「経済秩序と社会秩序の目的は、国家の発展と社会正義を実現させることにあり[21]」、「経済を発展させることは……社会と公民の物質的・文化的需要を不断に満足させ、人間の個性と人の尊厳における発展を促進するためである[22]」。ある国はすでに国家制度の原則および基礎として、憲法の中に規定をしている。「経済制度の最高の目標は、国民の物質・文化・知識において日々増加する需要をなるべく十分に満足させ、彼ら

の人格を発展させることである[23]」。ここから、国家の文化的伝統と現実的社会状況に基づき、憲法は自主発展の助けとなる経済制度および経済体制を確定することを通じ、発展の権利の実現のために物質的基礎を定める。例えば、中国、ベトナム、北朝鮮、クウェート等の国における憲法はその典型である。ベトナムの1992年の憲法では特別に経済制度という一章を設けており、「国家は、国家管理下にある市場メカニズムに基づき、多岐にわたる成分の商品経済を発展させる。多種にわたる生産経営組織形式の多岐にわたる成分経済構造は、全民所有制、集団所有制、私人所有制の基礎の上に成り立ち、そのうちの全民所有制と集団所有制は基本である」と規定している。「国家の経済政策の目的は…国民の物質・精神方面における需要をますます満足させ、物質的技術基盤の建設を推進し、経済・科学・技術における世界市場との交流と協力を拡大することにある」。アフリカのモザンビークで1990年11月30日に発効となった新憲法の中には、多岐にわたる経済的成分が併存する市場経済を発展させると規定されている[24]。異なる国家においては、経済制度と体制・モデルの憲法規定が一致するとは限らず、本質的な差異が存在する場合があるものの、自主的に経済発展の道を選べるかどうか及び具体的にどういった発展モデルを選択するのかという問題に関して言えば、仮に憲法規定がこうした選択の自由権を保障できる、すなわち国家における国民全体に対し、自国の経済を内源的に発展させられる経済モデルと制度の自主的な決定を付与するとすれば、当該国家の憲法における経済発展方面の発展権の規範は比較的十分である。まさにフィリピンの憲法第19条が規定するように「国家は、フィリピン人が有効に制御、自力更生する国民経済を発展させるべきで……」、ネパールの憲法第2条が規定するように「民族の精神と伝統に基づき、政治・経済・文化的生活を促進し、他国との関係を決定することは、国家の取り消せない、奪い取ることのできない権利である」。当然、少なからぬ国家が憲法における経済性規範の開放性に日々関心を抱いているが、これは必ずしも経済発展の自主性を否定するものではない。

第二に、発展権における非経済性要素に対する憲法の確定および保障である。発展権はアジア、アフリカ、ラテンアメリカ諸国にとって、その内核とポイントが経済発展そのものに置かれており、これはすでにこうした国家の憲法規範における一つの普遍的特徴となっている。それと同時に、経済発展の成果と利益における占有と分配および経済発展がもたらす社会や自然にとって良くない多くの結果もまた、経済発展そのものでは解決できないものである。したがって、多くの国家は経済発展の促進に力を注ぐと同時に、次第に社会の調和と協調的発展に注目するようになり、憲法を核心とする法律体系において、権利の経済性と超経済性の結合を原則とし、社会的・文化的・政治的発展の権利を強調している。スリランカの憲法第27条は、社会発展の基本的目標を細かく列挙している。「できるだけ有効な保障と保護を通じ、（社会・経済・政治の）公正を国民生活メカニズムにおける一切の指導的原則とした社会秩序は、国民の福利を促進する」。「公民全体およびその家庭の衣食住が満足できるレベルに達し、広々とした住宅、生活水準・生活条件の不断な改善、休息と社会文化生活の十分な享受を実現させる」。「公正な社会秩序を構築し…個人の個性における全面的な発展を保証する」。「国民文化と言語の発展を促進する」。「国家は必要な経済・社会環境を創造し、各種宗教を信仰する人々にその宗教原則を実践させる」。「国家は青少年の利益に特に関心を持つと同時に促進し、彼らの身体・知力・道徳・宗教・社会における全面的発展を保証する」。上に挙げた内容は、すべて国家政策の指導原則ならびに公民の基本的義務の項目に列挙されている。タイの憲法にもまた似たような規定があり、国家の芸術および各学科に対する研究を強調し、科学技術を国家の発展に用いることを提唱している。「国家は人口政策を制定すべきであり、それを国家資源、経済および社会状況、技術発展に適応するようにすることは、社会と経済の発展および国家の強固化に有利である[25]」。フィリピンの憲法は、国家が負うところの国民における発展増進の義務を規定している。「国家は、教育・科技・芸術・文化・体育に優先的地位を与え、国民の愛国主義と民

族主義を培い、社会進歩を加速させ、全人類の解放と発展を促進する[26]」。専門に章を設け、発展の社会内容を規範化している憲法もある。例えばベトナムにおける1992年の憲法では、「文化・教育・科学・工芸」という専門の章を設け、「国家と社会はベトナム文化（民族文化、現代文化、人文文化）を保存し発展させる（第30条）」と規定している。「文学・芸術は、ベトナム人の美しき人格と魂を培うのに貢献している。国家は文化・文学・芸術の発展のために投資をおこない、国民が鑑賞できる価値ある文学・芸術作品のための条件を創り出す。文化・芸術の創造発展のために資金援助を行う。国家は、各種文学・芸術活動形式を発展させる（第32条）」。国家は「多くの形式による科学研究組織および活動を発展させ、科学研究と経済を──社会発展と結び付ける（第38条）」。「特長ある学生に対して、国家と社会はその学習条件を創造し、その才能を発展させる（第59条）」。ヨーロッパのいくつかの国の憲法ではより細かく規定しており、発展権が含む具体的内容をそれぞれの指標項目に分解している。この面において、ポルトガルの憲法規定には最も特色があり、基本的権利と義務という項目の中の「具体的権利」において列挙式に規定している。国家の義務は「社会組織と協力し、休息およびリゾートセンターを系統的に発展させる（第60条）」。「生活環境と生活の質」に関して、「国家はポルトガル人全体の生活の質改善を、徐々に加速させるよう促進する（第66条）」と規定している。さらに居住環境と条件の改善を強調し、生存の維持を満足させられる一般的需要にとどまらず、「いかなる人にも、基本的な人およびその家庭のために、面積が十分で、衛生かつ快適、個人の私生活と家庭生活が保護を受けられるような住宅を要求する権利がある（第65条）[27]。こうした権利はすでに明らかに、生存を維持する権利の最低ラインを超えている。これに対し、異なる憲法では、その取り上げ方も異なり、あるものは「体面的生活水準」権と称し、あるものは「生活の質」改善権等々と称す[28]。これ以外に、特殊な主体、とりわけ青少年、老人、土着民等の平等発展権について、明確な規定をおこなっている憲法もある。

三、憲法の発展権実現に対する保障と救済

　発展権の保障とは、権利主体が発展の促進を担っている義務主体に対し、その取るべきもしくは取らなければならない発展権実現を保証する制度・措置・手段の主張における総和であり、発展の義務主体としての国家・政府が取る法律方式を含んでいると同時に、権利主体としての国家が獲得する国際社会における発展援助における権利の実現形式をも含んでいる。まとめて言えば、昨今各国の憲法は、主に国家・政府を義務主体として見る角度から、国民の発展の権利実現における道のりと手段を規定しているのである。

（一）公共権力と権利関係の発展に対する憲法による位置づけ

　国家の公共権力における運行目標は、憲法によって発展の権利実現を保障する限度内に制限されており、これに対して明確な規定を打ち出した憲法の数は多くなく、主にスペイン、カタール等少数の国家である。スペインの憲法は総則においてこう規定している。「公共権力は、個人と個人から構成される集団の自由・平等が、名目通り有効におこなわれる条件を創造すべきであり、自由・平等の十分な発揚を阻み妨げる障害を取り除くべきである。そして公民全体における政治・経済・文化・社会生活への参与の便宜をはかるべきである」。社会・経済政策の指導原則においてはさらに踏み込んで、「公共権力は経済安定政策の範囲内において、社会と経済の進歩および地域と個人の収入分配の推進のために、より均衡のとれた有利な条件を創り出し、十分な就業を旨とする政策の執行に対し特に注意を払う」と強調している。「すべての人は、人間が発展するのにふさわしい環境を享受する権利を有し……公共権力は一切の資源を合理的に使用し、その目的は欠かすことのできない集団支援に頼り、生活の質を保護・改善し、環境を保護・回復させることである」[29]。カタールの憲法は前文において、憲法制定の目的は、自由・尊

厳を獲得する最良方式を規定することであると明確に述べている。「こうした目的を実現させるためには、我が国が全面的発展の実現のためにすでに、もしくは現在用いている重要な段取り以外に、公共機構の規定を調整する基本原則を確定すべきであり、それらの権力、それらの間の関係は、公民のこうした機構に対する権利と義務である[30]」。

（二）発展企画もしくは計画の制定

　発展権保障の実施を実現させる具体的措置の趣旨は、発展の自由と発展機会における発展企画もしくは発展計画増進にあり、期限における違い以外に、内容における差異もあり、以下の三種類に区分することができる。一つ目は経済発展計画である。大多数の国家における憲法はこの方法を採用している。例えば、モンゴル、カタール等の国は、憲法保障の重心を経済発展の上に置き、その計画の内容は主に、工・農業経済方面における発展問題である。二つ目は総合性発展計画であり、すなわち経済と社会の各方面にわたる全面的発展計画である。例えば、トルコ、北朝鮮、ベトナム等は、経済と社会の協調的発展を強調している。トルコの憲法は、「経済規定」の専門章を設け、その中にさらに計画という項目を専門に設け、「経済・社会・文化の発展に対し、特に全国農工業の協調・調和および急速な発展に対し、計画を作り、国家の天然資源における詳細な分析・評価の基礎の上に有効な利用を獲得し、このために必要な組織を建設することは国家の責任である」と規定している。さらに計画内容と批准・修正の手順に対し、規定をおこなっている（第166条）。三つめは専門発展計画である。例えば、マレーシアは憲法の中に国家「発展計画とは、発展地区の天然資源の発展・改造もしくは保護のために、この種の資源の開発もしくは当該地区における就業機会の増加を制定した計画である[31]」と規定している。経済社会発展計画の制定と採択に対し、各国の憲法には比較的一致したやり方が見られる。それは、政府部門によって提出され、代議機関の審議　採択を通して後、正式に有効となるのである。例えばイエメンの憲法規定は、内閣から最高

人民委員会に経済と社会の発展計画が提出され、最高人民委員会の批准を経て後、実施の段取りを決める[32]。これ以外に、計画内容に対して加えられた規範における程度の差も一致しているわけではない。比較的複雑なものもあれば、比較的原則的なものもある。例えば、イランの憲法は「国家の経済計画策定は、労働の形式・内容・時間を合理的に手配し、一人一人が努力して働く以外に、自らの精神的、政治的、社会的素養を高め、国家の事務に積極的に参与し、技術および創造精神を向上させることができる十分な機会と余力まで考慮しなければならない」と規定している。これは、発展計画制定における総体的指導思想でもあり、計画保障措置の発展権実現に対する必要性と重要性を十分に反映したものでもある。

(三) 発展権保障の重要な手順

　発展の障害を除き、社会の弱者と未発達地区の優先的発展を保護することは、発展権保障の重要な手順である。国家の法定任務を、「経済および社会面における障害を取り除くこと——実際には公民の自由と平等を制限し、人格の十分な発展と労働者全体が国の政治、経済及び社会組織に真に参加する障害を阻むこと[33]」と規定する憲法もある。また発展障害を取り除くことを、国家の義務の一つと規定するものもある。「国家にはニカラグア国民の間における真の平等と国家政治・経済・社会生活への切実な参与のために障害を排除する義務がある[34]」。発展を欠く人々もしくは区域の発展を速めることもまた、少数の国家の憲法によって認識されている。イエメンの憲法は「共和国各地における生活水準の差を次第になくしていくために、国家は努力して落後地区のレベルを向上させる[35]」と規定している。インドの憲法は「国家は、とりわけ収入における不平等の縮小に力を入れ、個人の間、居住地区の違い、もしくは異なる職業に従事する個人もしくは公民集団の間における地位・設備・機会の面における不平等を努力して取り除く[36]」と規定している。相対的に遅れている地区の発展問題に対する具体的な規定が散見される

のはイタリアの憲法で、例えば「法律は山地の発展に有利な各種措置を規定している（第44条）」。ポルトガルの憲法は「経済と社会発展を指導することは、各経済部門における各地区を均等に発展させ、都会と田舎間における経済と社会の格差を次第に取り除いていく。……優先的に国家発展重点地区を考える必要性から……科技政策を制定する（第81条）」と規定している。

　国際秩序において、発展権実現を制約する各種不合理な要素を取り除くことは、国家ないし国民全体が発展権を獲得できるか否かという重要な問題に関わってくる。不平等な国際関係が国家生存と民族発展に対してもたらす深刻な脅威を認識した後、少数の西洋諸国もまた「各民族間における平和と正義関係を確保できる国際秩序建設の必要性[37]」を意識し、新国際政治経済秩序建設の主張は憲法に明確な規定がある。すなわち、主にいくつかの発展途上国において体現されている。例えばスリランカとニカラグアの二国である。前者は公正・平和等を促進する国際経済と社会秩序の設立を原則性を持って宣言し、後者は、平和を勝ち取り公正を築く国際秩序のための闘争は、国家が責任を逃れることのできない義務であると規定し、発展権概念はまさに古い国際政治経済における不公平な社会秩序を変えようという呼び声の中で提起されたものであり、あきらかにこれは、発展権に対する鮮明な時代の要求を反映している。

（四）発展権保障制度と機構の設置

　ニュージーランドは、1977年に採択された『人権委員会法』に「本法は、国連国際人権公約と議定書原則に基づき人権委員会を設立し、ニュージーランドにおける人権の発展を促進する」と規定している。ニュージーランドの憲法性法律文書は、発展権の法的地位を正面から肯定してはいないものの、国際人権公約が含む発展の権利思想および当該国家の人権公約に対する認叫から見れば、当該国家が発展の権利を含む人権の保障メカニズムにおいて、一定の独特な部分を有している点を発

見できる。経済発展を促進し、国民の福利を増進させるため、ネパールの憲法の中には「評議会制度」という保障方式が規定されている。サルヴァドールもまた「国家は適当な組織および服務を創立し、必要な法律を制定し、家庭の完全および幸福および社会・文化・経済諸方面における家庭の発展を保護すべきである[38]」と強調している。

第二節　発展権の憲法規範における形式比較

　発展権の憲法化に関する上述の列挙と分析は、現在世界各国の憲法において発展権が置かれている地位に対しておこなった概括式の客観的描写である。こうした分解と排列方式による分析方法は必要かつ合理的で、発展権の問題における憲法の一般的な態度および総体的な配置を全面的に把握する助けとなる。しかしながら、こうした抽象と帰納をしただけでは全く十分ではない。なぜなら、これは発展権が現行の憲法において、すでに全面的な規範と有効な保障を得られ、すでに一つの比較的完全な発展権法律体系を形成しているかのように人々に思わせるが、実際の状況はまったくこのようではなく、上述の概括は関連国家の憲法の中の発展権に関する散らばった、片面的な理念・制度・規則をまとめて分析したものだからである。それが反映するのは発展権が憲法においてすでに規範によって確認された内容のまとめであり、必ずしも世界の憲法の発展権規範における総体的特徴および発達程度を反映しているわけでもなければ、反映できるわけもない。また各国の発展権認可と受け入れにおけるレベルと範囲を表すこともできない。後ろの二つの問題を解決するため、発展権の規範化方面における各国の憲法と世界憲法の発展の現状を正しく掌握し、以って憲法規範の完全化を促進し、比較憲法学の角度から発展権憲法規範問題に対して深く検討する必要がある。

　発展権に対し形式上の規範性比較分析を行うことは、法の存在形式と直接関係する三つの法学基本範疇、すなわち法律形式、法的要素、法律

規範の類型およびその相互関係にまで及んでくる。法律形式における意義上の分析は、法律効力体系の組み合わせ形式から出発しマクロ分析を行う。法的要素における分析では、すなわち単一の法規範に対しミクロ解析を行い、法律規範の類型意義における分析は、すなわち法律の諸要素によって相互結合してできた法律ロジック規範の類別において、研究対象に対し中観分析を行う。同時にこの三つのレベルから比較分析を行うことによってのみ、ある研究項目に関する全体の見識を全方位的に得ることが可能なのである。

一、憲法形式の構造的意義における比較

法の形式は、法が包容する抽象的内容の外部における具体的表れであり、法律効力の源としての法の外在表現形式を指すことが多い。憲法形式の意味は「憲法の存在形式、すなわち憲法に従事する解釈もしくは適用の際、援用することが可能なすべての規範の謂れ」を指しており、「憲法典」、「法律」、「命令」、「条約」、「慣習法」、「条理」、「判例と解釈」[39]が含まれる。憲法形式のレベルは多岐にわたるが、発展権は主に成文憲法典の中に存在し、憲法性法律や憲法慣例等その他の形式の中で見られることは稀である。したがって、ここでは憲法典という憲法形式の角度のみから分析を行う。いわゆる成文憲法典の形式構造とは、一国の成文憲法典を構築する各要素の外部組み合わせを指し、憲法典の体例と憲法典の格式を含む。前者は篇、章、節、条、款、項、目等の排列から成り、後者は名称、目録、序言、正文（総則、分則、附則）、付録、制定機構等の組み合わせから成る[40]。発展権の憲法形式構造におけるレベルもしくは地位の上から比較分析を行うとわかることは、憲法は発展権の規範に対し、だいたい以下のいくつかのモデルを有している。

一つ目は序言宣告型である。憲法の序言部分においてのみ発展権の内容もしくは理念に対する簡単な規定を行い、必ずしも憲法の篇、章、節の中には反映されていない、すなわち一般性宣告型憲法規範であり、具

体的な条項に明確な細分化を加えていないものである。当然のことながら、序言においてのみ規定をしたとしても、異なる国家の憲法における具体的なやり方と細かさの程度は一致するものではない。規範の方式に限って言えば、序言形式で明確に記載し、直接「序言」という言葉を冠しているものもあれば、「序言」という二文字を明確に書かず、それでいて篇章の下に属しているわけでもなく、これは前言性非明示型序言に属するようである。これは各国の立憲伝統と立憲技術によって決まり、規範の実質的内容に対して直接の影響があるわけではなさそうである。内容の簡潔さから言うと、憲法が異なれば、その序言における発展権思想への認定にも一致が見られず、比較的大きな差が見られる場合もある。あるものはその細かさを厭わず、あるものはほんの僅かな語しか使っていない。前者は、例えばスロバキアの1992年の憲法では、序言において簡単に「民主的政治形式を努力して実現させ、自由な生活を保証し、理性的な知識文化と繁栄した経済を発展させる」と規定している。またホンジュラスの1982年における憲法の序言も同様であり、そこには「国家は、政治・経済・社会面における公正な社会を保障し、その民族精神を強化し、公正・自由・安全・安定・多文化・平和・代議制民主・共通の幸福な環境作りを促進し、人の人間性ある人としての完全な実現を可能にする」と規定されている。後者は、例えばユーゴスラビアの1974年の憲法では、序言において、発展、自由、発展の責任、経済的発展、政治的発展およびその社会との協調的発展、ないし国際発展の各方面の内容を繰り返し陳述し、流暢に多くの言葉を用い、ほとんどの部分は発展の権利と自由に関する内容である。

　総体的に言えば、発展権思想を含んだ世界各国の憲法において、序言の中でのみ発展権の内容を表明し、具体的条文規定を持たない憲法は多数を占めている。

　二つ目は複合規範型である。これは、憲法の形式構造において、二つのもしくは二つ以上のレベルにおいて発展権の思想内容を規定し、さらに単一の序言レベルもしくは正文レベルに留まっていないものである。

当然、こうした複合規範の方式はまた多元的で、一定の交錯および重複が存在しており、序言と総則の複合でもよく、総則と章節の結合として表現してもよく、また序言と原則もしくは条項の組み合わせでもよい。ただし、ある一点に関しては同じであり、それは単一の規定のみを作るのではないのと同時に、発展権の要求を憲法構成形式のすべてのレベルの中に浸透させているわけでもないということである。前者では、例えばアルメニア共和国の1995年の憲法が、序言の中に人類の価値を発展させるという承諾と理想を規定しており、同時に第二章「人間と公民の権利」において専門の条項を設け、「すべての公民は、自己と自己の家庭のために満足できる生活水準を求める権利を有しており、その中には住宅権と生活条件を改善する権利が含まれている。国家は必要な措置を取り、こうした権利の行使を保証しなければならない」と規定している（第31条）。後者では、例えばポルトガルの1992年の憲法が、「基本原則」と具体編章の中で相互に配慮し合った規定を設けているものの、序言の中には特に反映が見られない。当該憲法の基本原則部分における第9条では国家の基本任務を規定し、生存における経済・社会・政治・文化的条件を満足させるという前提の下、より一層の発展を求め、「国民の生活福利および生活の質を向上させる」。この規定を徹底的に実施するため、第一編「基本的権利と義務」の中において専門の条項を設け、具体的な規定をおこなっている。総体的に見れば、この規定方式は、発展権の内容を含む憲法において少数の比率しか占めていない。

　三つ目は総合確認型である。これは、憲法形式の構成における各主要レベルにおいて、比較的全面的に発展権の地位・性質・内容を規定し、序言もしくは編章内における原則性宣告では満足していないものである。すなわち、発展権の基本的内包を、比較的一致した形で憲法構成における各主要レベルに貫かせ、憲法の序言から編章における一般規定、さらには具体的章節下における条項まで、発展権のために一定の内容を準備しているのである。この類型の憲法の数は極めて少なく、現有資料によると、トルコ等数か国の憲法しかこうした構成設置をおこなってい

ないことがわかる。トルコの1982年の憲法では、序言、総則、編、章、条項等、五つのレベルにおいて発展権に対し異なる程度の規定をおこなっている。まずは序言において国際面における「共和国の物質と精神の繁栄」を促進する権利と、国内における生存の前提の下、国民の「物資と精神の発展を追求する権利」を実現させるべきという国家の二重義務を規定している。こうした「発展の権利」と前文における生存の権利とは次第に進行する関係にあり、両者の間には「同時に」という連語が使われており、発展権と生存権のレベルにおける差異性を示しており、それは平行関係ではないのである。次に総則部分の第５条において「国家の基本目標と任務：……個人の物質的生存および精神的生存における発展のために条件を提供する[41]」と規定している。国際的発展から国内の発展まで、国内における個人の発展と国際社会における国家の発展実現の二者の結合における権利・義務関係が、すでに序言から憲法の総則へと具体化されている。さらに、公民の基本的権利と義務の一編の中で、社会の経済的権利と義務および政治の権利と義務についてそれぞれ専門の章を設け、さらに社会の経済的権利と義務を前面に置き、その中に発展権における内容の一部を体現している。そして最後に具体的な発展政策・措置を規定している。第四編・財政と経済規定の下にある第二章・経済規定において、国家の発展計画・企画・国家責任等の問題を規定し、発展措置を講じることを強調し、「経済・社会・文化の発展」を推進することは「国家の責任[42]」であるとし、国家の国民に対する発展責任には発展計画の制定と執行が含まれ、国家は市場資源、農林業の発展を実施し、適切な経済組織形式等の戦略を発展させる。

二、憲法規範の要素的意義における比較

憲法の基本構成単位としての憲法規範は、一連の相互関連、相互作用の要素によって構成されている。憲法規範の要素は、法の要素という一般性概念から変化して出てきたものであり、いわゆる「法の要素とは、

法を構成する基本元素を指し」、「一般的に法の要素は、法律規則、法律原則、法律概念、技術性事項を指すと考えられている[43]」。憲法規範の要素とは、すなわち憲法を構成する基本元素を指し、憲法規範における最小単位の組み合わせであり、「憲法規範は、規則、原則、国策、概念と手続き性、技術性規定から構成されている[44]」。憲法規範における各要素を以って基準とし、発展権の憲法内における規範方式は主に以下のいくつかの形となって表れる。

(一) 基本国策を以って発展権の内容を確認する

基本国策とは国家の基本政策のことであり、憲法規範において重要な地位を占め、国家・社会・個人の間の相互関係確立を以って、その調和的発展を求めるために取られる根本性・全局性を有した戦略・策略である。基本国策という憲法要素の形式を用い、憲法内における発展権の地位を確立することは、いくつかの国家における憲法形式構成の諸要素が、発展権に対して相互選択を行う重要な表れおよび結果であり、東南アジア国家の憲法がその典型である。そのうち、規範名称と内容範囲において差異が存在している。一つ目は、「国家基本政策」と称すものである。例えばタイの憲法では「国家基本政策」という専門の章を設け、「立法の指導と政策の制定、ここから国家に対して法律訴訟を起こさせない権利」に用いると規定している（第53条）。発展権に関する基本政策規範には、国際的に「国家の発展」を勝ち取るものが含まれている（第55条）。国内においては「科学技術を国家の発展に用いることを提唱している」（第61条）。「国家は青少年の発展を支持・促進すべきで、体育・精神・知力面において全面的に発展した人間となるようにする」（第62条）。「国家は人々の社会的地位と経済的地位を向上させるべきである」（第66条）。二つ目は、「国家政策」と称すものである。例えばフィリピンの憲法では「国家政策」という節の下に、「すべての人の生活の質向上」等に関する権利の条文を専門に設けている（第9、第10条）。三つ目は、「国家政策指導原則」と称すものである。スリランカとインド両

国の憲法は、こうした専門の章を設け、国家政策と原則を一体化させ、発展権の内容を含んだ憲法の原則の地位強調に重きを置きつつ、憲法指導原則において国家政策という憲法要素をはっきりと説明しており、その例は比較的独特である。

(二) 憲法の原則要素を以って発展権の内容を確認する

　憲法の原則は、憲法規範において総合性と安定性を有する原理かつ準則の総和である。憲法の中に発展権の内容における原則を含んでいるものは、主にロシア、ミャンマー、パキスタン、ギアナ、チリ等数ヶ国で体現されている。当然、発展権の内容に対するこの数ヶ国の憲法の原則は同じものではない。憲法の制度原則の中に規定しているものもあれば、国家目標と指導方針もしくは体制基礎の中に規定しているものもあり、さらには基本原則もしくは政策原則と直接命名した憲法規範の中に規定をおこなっているものもある。前者は主にロシア、ベラルーシ、トルクメニスタンの三ヶ国である。例えば1996年のベラルーシ共和国憲法の中では、「個性の自由とあるべき発展」に関する規定を「憲法制度の原則」という部分に置いている。1993年のロシア憲法では「自由な発展」を「憲法制度の原則」の中に組み入れており、1992年のトルクメニスタンの憲法においては、「人の自由な発展」を「憲法制度原則」の項に定めている。二種類目のものは多く見られるわけではなく、ギアナとチリ等の国のみが憲法にこうした規定を設けている。例えば1980年のギアナの憲法は「制度の原則と基礎」の下に、国家には人間の人格を発展させる責任があると規定している。最後の一種類では、例えばパキスタン憲法第二章は政策原則であるが、国家が国民の発展に対して負うべき責任を強調している。バングラデシュ憲法第二章の国家政策の「基本原則」では、「国民の物質的生活と文化的生活を次第に改善すること」（第15条）、「発展の機会均等」および「経済発展」（第19条）、「人間の創造性と個性の十分な表れ」（第20条）等の内容が細かく規定されている。ミャンマー憲法では「第二章・基本原則」において人間の自由

な発展思想が反映されている。

（三）憲法概念要素を以って発展権の範疇を述べる

　憲法概念は、憲法規範が体現する各種権利・義務関係における基本的な連結点であり、判断もしくは命題を以って主要形式とする法律規範の基礎を形成している。憲法概念は憲法規範に欠かせない構成元素として、発展権の内容と理念に対する高度な濃縮と昇華を通じ、憲法の人権原則における発展権思想を体現している。世界百数か国における憲法を通観すると、発展権という概念を採用している国は十近くしかないものの、やはりこれは大きな突破なのである。当然、これもまた二種類に分けられる。一つは直接規定で、すなわち憲法規範において直接「発展の権利」という言葉を運用しているものであり、これにはトルコ、グルジア、キルギスタン、チリ等五ヶ国が含まれる。例えば1993年のキルギスタン憲法第16条には「個性における自由発展権」という概念が記載された。1982年のトルコ憲法序言では「物質と精神の発展を追求する権利」、すなわち「発展の権利」という言葉が採用された。1980年のチリ憲法では「生存の権利と心身の健康的発展の権利」と規定し、明確に「発展の権利」という概念を使用している。二つ目は間接的な確立で、すなわち「発展の権利」という言葉を十分明確には用いていないものの、分断的もしくは間断的な意義においてこの概念を採用している。すなわち、発展の権利とは未だに成型されていない憲法概念ではあるが、すでに初期の憲法概念の雛型は有しており、主にロシア、ベラルーシ、ペルーの三ヶ国である。例えば、1993年のペルー憲法第2条には「その個性を自由に発展させる権利」と規定しており、すでに明らかに発展の権利というこの憲法概念を間接的に使用している。

（四）憲法規則要素を以って発展権の内容を規範化する

　法律規則は、具体的な行為モデルと法的結果を設定することを通じ、主体間の権利・義務関係に対し分配と再分配を行う。憲法は強制規範性

法律として、それが含む法律規則は憲法要素全体において主体的地位を占めるべきであり、ここから憲法の主幹が構成される。したがって、憲法要素の上から発展権問題を分析することは、発展権およびここから形成される権利・義務関係の憲法規則の中に置かれる段階および占有の度合を考察しないわけにはいかない。各国の憲法における発展権理念と内容に対する確認は、憲法規則というレベルにおいてはあまり多く見られず、主に国家の責任、国家の基本任務、政府が負う発展措置の実施を以って国民の発展の自由保護を規定することを通じて体現している。またこの種の規定における行為モデル、とりわけモデルを超越した際の行為が負うべき法的結果が明らかではない。憲法規則自身の抽象性、綱領性等の特徴以外に、特定の国家の発展権実施に対する憲法的態度も反映している。

三、憲法規範の類別的意義における比較

　憲法要素の組み合わせが憲法規範を形成し、憲法規範は異なる角度から更に異なる類別へと分解することができ、授権性規範と義務性規範、すなわち確定性規範を含んでいるだけでなく、委任性規範と準用性規範、すなわち非確定性規範も含んでおり、さらには強制制裁性規範と奨励・提唱性規範をも含んでいる。異なる種類の憲法規範は、憲法構造において独特な機能を発揮する。世界各国の憲法を見渡してみると、発展権に対し規定をおこなっている憲法規範は以下の三種類に帰結している。
　一種類目は、確定性法律規範を以って発展の権利を直接確認しているものである。憲法法律規範の中に明確な権利・義務関係およびその運営モデルを設定し、その法律上の地位と最悪の結果について規定している。その中はさらに、授権性法律規範と義務性法律規範とに分かれる。前者の趣旨は、権力主体に対し、ある行為に従事もしくは従事しない、もしくは相手に対し作為もしくは不作為を主張する資格を付与すること

で、一定の選択性を有しているものの、必ず法律の強制的保障を受ける。例えば前述したように、国によっては憲法規範の規定に、「一人一人が自由に個性を発展させる権利」、「公民は個性発展権を有する」、一人一人に物質と精神の「発展を追求する権利」がある等規定されており、明確な規則モデルを創設している。このモデル設定のレールの上におけるその前提条件は、一国の国籍を有する当該国家のすべての人であり、その規範内容は発展を享有する権利である。さらに付け足せば、具体的法律条文規定における当該権利を侵犯した場合の法律責任もしくはこうした権利実現の法的結果の保証義務は、完全な法律規範を構成する。後者は、憲法関係の主体がある種の行為を行うもしくは行わないことを要求もしくは禁止することを明確に規定した規範であることを指し、これもまた命令性規範と禁止性規範とに分かれる。例えば、エルサルバドル憲法第53条には「個人の教育と文化における権利は生まれながらのものであり、文化の保存・発展・伝播は国家の義務であり最重要目標でもある」と規定されている。ベネズエラ憲法第108条には「共和国は……資源の協調と経済発展の提唱に努め、共通の福利と安全の増進に力を入れるべき」であると規定され、すなわち国家に対する命令性規範に属するものである。当然、発展の権利に関する大部分の規範内容と法的結果はすべて原則性・抽象性の規定である。これに対し、各国の憲法は三種類の異なるやり方を採用している。一つ目は、発展権の内容に関する原則もしくは政策規範が備える最高の法的効力は、一切の法律・命令・行動における最高の依拠であるとするものである。例えば、トルコ憲法第10条は「憲法至上と拘束力」の原則を確立し、「憲法条項は立法・行政・司法機関・執行当局・その他の機関および個人のすべてに対し、拘束力を有する基本的法規である」と規定している（第11条）。二つ目は、発展の権利に関する憲法政策指導原則性規範の付与を以って最高効力とするものの、その司法上の効力は認めないとするものである。例えば、スリランカ憲法の国家政策指導原則における法的結果に対して下記のような規定を設けている。「法定権利と義務に関して授与もしくは強制的に

規定するわけではなく、いかなる裁判所もしくは法廷において応用することもならず、いかなる裁判所もしくは法廷においても上述の条文不一致に関する疑問を提出してはならない（第29条）」。三つ目は、これに対して特に明確な規定を設けず、一般性宣告もしくは確認のみを作るものであり、少なからぬ国家の憲法はみなこのように処理している。

　二種類目は、非確定法律規範を以って間接的に発展の権利を認可するものである。憲法典によっては、授権性もしくは義務性規範を直接採用せずに発展権を確定しているものもあり、間接的方式によって非確定性法律規範を運用し、この権利を認可している。同時に、法律規範において規範適用の条件、モデル、法的結果を固定させず、その他の人権法規範から引用が可能であることを規定、すなわち準用性法律規範という弾力性を持たせた規範形式を以って憲法の要求を表明している。少数の国の憲法がこの方法を採用している。例えば、ニカラグア憲法は典型であり、その第46条には「一人一人が『世界人権宣言』、『人の権利と義務に関する米州宣言』、国連が組織した『経済的・社会的及び文化的権利に関する国際規約』と『市民的及び政治的権利に関する国際規約』および南アメリカ国家が組織した『米州人権条約』の中の規定における一切の権利を十分に享受する」と規定している。発展権の内容は、すでに『世界人権宣言』と『経済的・社会的及び文化的権利に関する国際規約』と『市民的及び政治的権利に関する国際規約』に含まれているため、発展権の内容に関する上述の二つの国際人権法律文書の関連条項は、当然当該国家に対し法的効力を有する。ツバル憲法は本民族の自主的発展の内容を規定すると同時に、国際人権法文書に対する準用性内容をも規定している。当該国憲法第15条では「いかなる法律もしくは行為も、正当に人の権利と尊厳ある民主的社会の尊重を確定することが正しい過程であると証明できるに足るかどうかにおいて、法廷は以下のことを考慮してよい。①伝統的基準・価値・慣例……。②人権に関する公約・宣言・建議・司法決定」と表明している。こうして見ると引用可能な人権法文書は、公約から宣言・建議等へと拡大しており、仮に相反する禁用

性規範がなければ、『国連憲章』、『発展権に関する決議』、『発展の権利に関する宣言』を含む国際人権法文書に関連するものは、当該国家の法律実践において運用することができる。

　三種類目は、提唱性規範を以って発展権の国家と国民に対する必要性を宣言しているものである。その他の規範形式と比べ、提唱性規範は一種の新型の法律規範として、その独特な特徴は強行法の意義における法律制裁の結果というわけではなく、逆に当該法律規範が創設した行為モデルを遵守する行為に対し、肯定式の法的結果、激励もしくは表彰もしくは奨励を付与することで、法の誘導と激励機能を十分に体現している。各国の憲法における発展権の内容に対する確定は、多くが提唱性規範の方式を採用しており、序言、総綱、総則もしくは政策の中に反映されている。

第三節　発展権の憲法規範における価値比較

　同一対象に対する異なる規範方式と規範態度は、法律調整メカニズムと規範技術の差異によって決まるが、それ以上に規範生存の価値理念と法律精神を導くことにより決定される。発展権に対する憲法の立場は一致している場合もあれば、区別をしたり対立したりしているものもあり、たとえ発展権に関する憲法規範があったとしても、その確認モデルと運営方式は同じではないのである。こうした状況を引き起こす鍵となる要素は、各国の憲法が体現する価値と価値基準の違いにある。法律規範形式の構造を超え、発展権の憲法規範における内在的価値の依拠およびその基礎に対して深く比較を行うことは、発展権と現代憲法関係における全貌と総体構造を把握する助けとなる。ここで指す「価値」とは、発展権の憲法価値もしくはあるべき価値ではなく、各国が憲法を以って発展権に対して規範を行う際に依拠とする各国の憲法精神に符合した価値理念もしくは準則のことである。もしも前述した規範比較の趣旨が、

憲法が「いかに」発展権を規定するかを明確に説明することであるとすれば、ここで行う発展権憲法規範における価値比較の趣旨は、すなわち憲法が「なぜ」どのような価値原理を依拠として発展権を規範化するのかを示すことである。

一、発展権の憲法規範における価値基礎比較

　発展権思想の観念は、早くは発展権という概念が提起される前に、すでに国際人権と国内憲法等に関する法律文書の中で芽生え、体現されている。現実の社会的背景は発展権の成育にとって必須の条件を創造し、民族独立と自主発展を探求する過程において誕生した新憲法が、新興国家の生存と発展に対し発揮する最大の価値は、発展を一つの人権もしくは人権の基本的内容として固定することにある。角度を換えて見ると、国家の国際社会における地位に限って言えば、発展権に対する憲法の確認は発展途上国の創新に属し、先進国は自身の生存背景における優越性により、一般的にはみな発展権という人権理念を持ち合わせておらず、したがって発展権における憲法化問題など話すに及ばないのであり、これはすでに立憲史上における一つの普遍的な規律となっているのである。当然、発展途上国において発展権を憲法内で規範化する状況も絶対的に同一ではなく、二つの異なる状況に分かれる。一つは発展権に対し積極的規範化、正面から認可する態度であり、法律能動主義となって表れる。二つ目は発展権に対し消極的・中立な態度を取るものであり、憲法の中に置いた方がよいかといった際に、積極的な賛成もしなければ明確な反対もせず、法律受動主義として体現される。当然のことながら、憲法に発展権の問題を規定していない国はさらに二つのタイプに分かれる。一つは憲法には規定を設けていないものの、通常の法律政策において認可をしているものである。二つ目は憲法でも通常の法律および国家政策でも明確に認可をしていないものである。

　発展権に対する価値選択と価値同意は、発展権が生成された価値の基

礎における深さによって制限される。すなわち歴史的伝統と、現実の社会構造および文化的背景であり、その共通の価値における基礎には以下の面が含まれる。一つ目は経済の未発達、さらには絶対的貧困の境地に陥り、外界との発展の差が社会の変遷に伴って縮小しないばかりか、時には逆に一層の拡大を見せるものである。発展と未発達との間におけるかけ離れた差は、発展権を一種の道徳的要求から法的訴求の客観必然条件にまで高めている。二つ目は西洋植民体系に制御された歴史と現実を有していることである。まさに前文で述べたように、西洋旧植民体系が瓦解した後、こうした国家はまた新植民主義の影の下に覆われている。いくつかの古き大国の凋落は大国への対抗を不可能にさせ、一定程度において大国の制約を受けざるを得なくさせている。三つ目は国際政治の構造における主権平等と民族自決法律原則の確立であり、発展権主張のために主観的条件を提供している。もしも伝統的人権における自由・平等・博愛の理念が、近代自由市場経済と封建的生産関係の鋭い衝突に端を発していると言うのであれば、発展権を主な表れとする現代新型人権は、すなわち不合理な国際社会における分業およびこうした不合理な現象の除去における強烈な要求を基礎としているのである。国際社会の不合理・非正義性関係モデルの悪性循環のため、国家全体の貧困と落後を招き、その間に生存している一人一人の国民も当然全体の発展がかなわない地位に置かれている。西洋における憲法の変遷史は、ある学者により「近代市民憲法」から「現代市民憲法」への発展過程の経歴であると帰納され、そのシンボルはドイツにおける1919年のワイマール憲法であり、社会権・参政権・平等権に対する憲法規範と保障の突出を以って特色としている。これは確かに大きな歴史的進歩ではあるが、新興独立国家を困らせている発展問題を解決することはできない。そしてこの問題を解決しなければ、「発展途上国の名実伴った存在もありえず、国際社会の安定は更に不可能である。とりわけ『東西問題』が次第に『南北問題』へと転化してきている今日においてはより鮮明である。しかし、現代市民憲法ではこれまでのところ、こうした問題を解決するに足る原

理および具体的な方法を持ち合わせていない[45)]」。価値レベルの上から言えば、こうなっている重要な原因の一つは、現代市民憲法は人間の尊厳と価値を日増しに尊重する傾向になってきたというものの、未だに覇権主義・文化・経済植民主義の伝統的価値基盤の制限から抜け出すことができず、国家の間で構成される国際社会の共同発展という利益から出発して憲法価値の方向性を定めることができないからである。これとは逆に、発展途上国は主権平等原則を堅持するという基本の下、国家と個人における発展の権利を主張し、まさに不平等な発展構造と対等ではない発展の機会に頼っている社会の基礎を打ち破ろうという点から出発し、人権的な憲法選択をおこなっているのである。1993年1月の世界人権大会ラテンアメリカおよびカリブ地域における人権準備会議では、発展途上国とその国民の発展権に対する各国共通の立場および優先的に考慮すべき態度を表明した。各国の人権観と憲法理念は同じではないものの、社会正義と共同発展に対する共通の関心では終始一致しており、まさにこの共通の背景が、発展権問題を法律保障の議事日程に繰り返し上らせているのである。

　1993年4月、世界人権大会アジア地域人権準備会議において『バンコク宣言』が採択され、発展が一つの基本的人権であり、発展途上国国民の発展権保護に対し特に重視が必要であると指摘された。同年、アフリカ地域人権準備会議において『チュニジア宣言』が採択され、これもまた同様の価値背景を基に発展権事項に関して普遍的な関心を寄せたものである。すべてのアジア、アフリカ、ラテンアメリカの国家が発展権における憲法人権地位を認めているわけではないが、こうした国家の憲政実践および法律活動においては、憲法の中に明確にしろ、曖昧にしろ、発展権の内包とその権利意識について大方反映されている。

　当然、発展途上国の制度モデルには比較的大きな差が存在しており、社会主義タイプの憲政制度もあれば、民族主義・資本主義性の憲政制度もある。加えて、伝統と文化の制約を受け、同じ発展レベルに属する異なる発展途上国においても、発展権に対するその憲法の基本的価値方向

性および具体的な規定は、一致しないどころか完全に相反する場合もある。

二、発展権の憲法規範における価値理念比較

発展権の憲法規範が体現する価値理念は、共通のものもあれば個別のものもあり、それは普遍性と特殊性、絶対性と相対性の統一なのである。そのうち、普遍的に認められている価値理念としては、団体本位主義価値観、社会正義準則、伝統文明と宗教文化に対する価値尊重となって主に表れる。初めに、憲法における団体本位主義価値観の個人主義価値観に対する止揚である。発展権の本位における趣旨は、国家・民族・国民全体の利益もしくは権利を強調することであり、これは伝統的個人主義人権観と区別される根本的な特徴である。なぜなら、これは個体としての人間を、人と人で構成された群体の中に置いて見ているからであり、弱小国家が統一された民族の力の凝縮を以って外部世界との関係に対抗する要求に適合しているからである。まさにインドネシア代表が世界人権大会の発言において指摘したように、「我々はインドネシアにおいて、同時に発展途上の世界を含めるかもしれないが、実際は人権に対し完全な個人主義の態度を保持しておらず、またそれは不可能でもある。なぜなら我々は、我々の社会と国家の利益を無視することができないからである。一個人とは一人の独立した個人であるが、同時に社会の一員としての内在的属性、彼または彼女の存在・権利・義務もあるからであり、社会との間で発生した社会関係における社会環境において初めて意義を有するものになると我々は考える[46]」。発展権思想が比較的活発なアジアにおいて、その「立憲主義における団体本位思想の形成にはその経済と歴史の背景があり、アジアの伝統的社会構造においては、個人主義の伝統はほとんど見られず、あるのは社会本位、団体本位もしくは国家主義の伝統なのである[47]」。団体主義価値は、個人の社会に対する責任、国家至上、社会的優先、個人利益が利益の全体的発展に入り込むことを

核心としている。したがって、こうした国家が発展権に対して憲法規範を行う際、大部分は全体的利益から出発して考慮するのであり、憲法の中に「国家政策」、「国家政策指導原則」、「国家発展」、「経済計画」、「人と社会」等を規範形式として採用し、発展権に関する内容をその中に挿し込むことも不思議なことではない。アジア以外のその他の地域の国家における憲法には十分にこの思想が体現され、太平洋のパプア・ニューギニアは一つの典型である。当該国家の憲法は「国家目標と指導方針」の下に一つの部分を設け、そのタイトルを直接「人類の全体的発展」と命名し、「一人一人が我々のこの努力の中に身を投じ、一人一人が独立した人間として人類全体の発展を実現し、一人一人が共通の幸福のために力を捧げることを通して自我の発展を求める」と規定している。団体主義における発展権価値理想は、ここにその十分な体現を得られたのである。なぜならこの規定は一つの憲法規範であるというより、むしろ発展権の価値に対する記載と詳説と言えるからである。

　次に、少なからぬ憲法は社会制度構造の正義に対し、明確な価値偏向を示している。発展権は、社会という集合体の発展およびここから制約される個人の発展に注目しており、社会の発展における基本的前提は、社会政治構造と経済構造および運営モデルの正義性であり、各種経済関係・社会関係において正義の価値精神が十分に体現されて初めて、人間の発展は現実的可能性を有するのである。これに対してはすでに前述しているため、ここでの贅言はしない。正義の社会構造は、人間の均衡、自身に見立てた根本的価値の全面的発展に関し、孤立した個体における段階性発展にのみ関心を注ぐのではなく、まさにブラジル憲法が規定しているように「経済秩序と社会秩序の目的は、国家の発展と社会正義を実現させることにあり（第160条）」、発展と社会正義を直接結び付けている。ペルー憲法は、正義の社会における最高の帰属を人そのものの存在に確立し、個性発展権を一つの憲法的権利であると確認する（第2条）前に、先にその価値目標を詳説し、「人間は社会と国家の最高目的である。すべての人は人間を尊重し、人間を保護しなければならない（第1

条)」と強調している。社会正義価値が個人正義の保護を否定するわけではなく、ただ団体主義と同じように、個人の利益を社会利益の大系統の中に置いて保護を与え、時には個体の局部的利益を犠牲にすることも惜しまず、群体における根本的利益の保護を以ってより広い範囲の権利保障を実現させる。バヌアツ憲法の規定は非常に特徴的で、当該憲法第7条に「民族・家庭の発展への積極的な参与を認めることのみを通じ、個人の才能は十分に発展し、当人の真の利益を増進させることができる」と規定されている。こうして見ると、発展は一つの権利でもあり、同時に一つの憲法義務でもある。発展過程に参与することは公民が履行すべき基本的義務であり、民族・家庭における発展の権利に満足のいく結果をもたらすと同時に、個体自身も発展の利益における前提が得られるのである。

　さらに、憲法は伝統文明と宗教文化的価値の影響を深く受ける。自民族の伝統文明を伝承することは、文化帝国主義を防ぎ、発展権、とりわけ文化における自主的発展の権利という基本的要求を求めることであり、これは人権主体独特の価値における特有な内包が存在するところであり、同時に権利存在の重要なシンボルでもある。したがって、少なからぬ国の憲法が原則性条項、さらには権利義務の具体的規範において自国・自民族の伝統文化に対する注意と重視をことのほか強調しており、そこには一般的な「各種文化伝統を……大切にして発揚[48]」するという宣言が含まれ、さらには比較的具体的な伝統文化における法律価値を規定したものも含まれている。例えばツバル憲法では、「平和と広範な福利を求める事業において、国際社会の中でその正当な地位を占めねばならず……現在および未来の社会における安定と国民の幸福および福利は、多くの場合においてツバルの各種価値・文化・伝統の保持に頼っており、そこには島社会の生命力と同一性およびこうした社会内部とその間における相互協力と団結の態度が含まれる……[49]」と宣言されている。さらに、本憲法は、こうした原則と価値がツバルの生活に対し根本的かつ重要な意義を有している点を認めなければならないばかりでな

く、必ず、こうした原則と価値の表れと発展を必要もなく阻害するものであってはならない[50]」と踏み込んで規定している。他にも、伝統文化における発展を各項の具体的な権利形式に分解している憲法もあり、「本民族における言語・文字の権利[51]」の使用・発展、民族文化の発展、進歩的な「民族遺産[52]」の保護等々を含んでいる。これ以外に、宗教文化価値観は発展権の憲法規範内容に対し比較的強い影響を引き起こし、憲法が発展権に対して規範化を行う過程において、比較的明確に各国の異なる宗教価値観を反映する。例えば、アジアで発展権を認めている国の多くはイスラム教と仏教を信奉している国であるため、その憲法価値観は宗教的烙印を押されることを逃れられない。イラン憲法の第1条は共和国の建国および憲法原則の源を規定しており、まさに「公正に国を治めるコーランの古き信念に基づき」、人の自由と権利制度を含む一切の制度の基礎は「人類の崇高な価値・自由・アラーに対する職責」を含んでいる。したがって、本民族の宗教信仰発展は、発展権が憲法規範に昇格した後の重要な内容となる。当然、宗教は人権と憲政の価値に対して多重であり、プラスの影響もあればマイナスの作用もある。しかし、ある一点においては同じであり、異なる信仰を尊重し、自我発展に特有な信念の自由を人々に付与することで初めて、真の自主発展を実現できる。逆に、こうした自由な発展の方向を強行に禁止もしくは変更すれば、必然的に発展過程を阻害することとなり、混乱の境地に陥る。

　要するに、団体主義本位価値観と社会正義価値の追求は、権利の主体と担体に整体性と普遍性かつ非個体性を有する社会存在形式を確立し、発展権の集団性と結合し、社会団体主義本位憲法規範における確認を得られる。伝統文化と宗教信念の多様性はまた、発展内容の差異およびその憲法規範の内容と形式多様性をもたらす重要な要素でもある。

三、発展権の憲法規範における価値理論比較

　発展権に対し確固たる支持の態度を表明している国は、みな共通の人

権法律価値理論を有しており、すなわち人権の普遍性と特殊性の統一である。なぜなら、人権の目的は他人との比較において明らかに出てくる個人の道徳および法的地位の表明であり、その本質は個人と社会、個人と政府における関係の調整にあるからである。異なる人権理論では、この関係における処理も異なる。個人と社会を統一させ、普遍的人権の特殊性と特殊的人権の普遍性を見ることは、まさに発展権存在の理論的前提なのである。これに対し、西洋の異なる発展途上国における人権理論を三種類に帰納させた者がいる。一つ目は文化相対主義であり、人権生存における文化的背景の共通性と差異性を強調する。二つ目はコミュニティ主義であり、人と人の関連性および権利の公共性の説明に重きを置いている。三つ目は発展観であり、人権と人の発展・国家の発展を直接一体に結びつける[53]。アジアの国々は発展途上国の重要な構成部分として、「アジア的価値観」の制約の下、比較的系統的かつ特色を有するアジア人権理論を形成した。そこには以下のものが含まれる。①核心権利論（Core right theory）。各種社会背景の下の人権観は千差万別であり、個性を認めるという前提の下、伝統的人権価値に対する選別を繰り返し行うことを通じ、最低限における共通の人権、すなわち核心的権利を濾過することができる。こうした核心的権利の他、その他の人権は共通のものであるはずがなく、それらの調和的共存を許すべきである。②特定情況論（Particularity theory）。各国の人権を実現させる能力には差があるため、国際社会は異なる国家がそれぞれ自身の発展水準に基づいてその人権保障に関する優先選択を許すべきであり、強行に一致を求めるべきではない。③トレードオフ論（Trade-Off theory）。ある種のより基本的かつより重要な権利を保障するため、その他の人権は暫定的に放置もしくは部分的に遅滞させた後考慮する。④発展優先論（Development Priority theory）。生存と発展の二大問題はアジアの国々を脅かす基本的問題であり、もしも国家と民族が初めに経済面で強大かつ富裕にならなければ、人権は空論となる。国力を増強し、発展の協力と援助を求めることは、発展途上国の優先選択のはずである[54]。こうした理論はそれ

それに偏重しており、あるものは人権の差異性と多元化を強調し、あるものは人権の優位と劣位の比較に重きを置いている。しかし、人権の内容について言えば、その意図は発展途上国の発展問題に関する諸方面の内容と人権との相互関係を説明しているものである。なぜなら人々は日々認識を高めているからである。「安全保障を欠き、経済も未発達の状況において、真の人権はあり得ない。経済の繁栄が一定のレベルに満たない時、民主と人権が完成に至ることもまた不可能である。否定できないのは、人権と発展は固く結びついたものである[55]」。発展途上国は「我々の経験では、経済の発展は人類の尊厳を向上させると称するいかなる制度においても必要な基礎であり、秩序と安定は発展の前提である[56]」と認識している。これに対し、西洋の人権理論では信じがたいとし、逆に「アジアでは、経済成長・経済発展水準と人権保護との間に明確な関係はない。社会・経済の権利面において、東アジア国家の一部の人口は経済発展の中から利益を受けている。例えば、教育を受ける権利である。ただし、その他の権利、例えば労働組合に参加する権利では、『公平かつ有益』な労働条件を享有する権利に関して、疎かもしくは侵犯されている……アジアの多くの都市と農村では、腐敗と関連する超常消費が富める者と貧しき者の間における社会の緊張関係を増加させている[57]」と考える。実際こうした論点は、早くは十数年前に発展の権利に関する宣言の草案について討論した際にすでに出現している[58]。この伝統的人権価値観点の支配の下では、一国の憲法が発展権という新しい人権形式を認め保障することは不可能である。

　上述の人権価値観と人権理論の支持の下、発展権の法律化と規範化はすでに普遍的趨勢となっている。ただし、具体的なやり方において差異も存在している。一つ目は権利法定型である。発展と人権における切り離すことのできない互いに融合した内在関連性を認識し、人権と発展を直接まとめて憲法における発展の権利規定に組み込んだもので、例えばトルコ、キルギスタン等の国における憲法である。二つ目は権利反証型である。立憲の際における人権的背景と技術的条件に縛られ、憲法が発

展を国家の義務もしくは責任としか規定しておらず、必ずしも国民の権利の一つに直接昇格していないものである。ただし、ここから発展の義務における受益者と受益の内容——国民主体およびその発展の権利を反証することができ、例えばグアテマラ等の国における憲法である。三つ目は権利推定型である。憲法に発展権の内容が列挙されているわけではないが、国際人権文書・条約・宣言の本国憲法に対する効力を明文化規定しているものであり、ここから発展の権利に関する国際人権法の源の国内における有効性が推定できる。四つ目は権利推論型である。発展と人権の相互関連を認識はしているものの、両者を一体に融合させた人権の一つとして固定できていないものである。例えばインド、バングラデシュ等であり、憲法の序言、国家政策、経済目標等の規範の中で、この思想を明確に示している。

第四節　発展権の憲法規範における全体分析

　比較分析の目的は比較そのものにあるのではなく、そのポイントは「関連の確定および異同の認識であり……前者は分析性を有し、後者はすなわち批判性および総合性を有している[59]」。発展権の各国憲法における表れ、規範方式、価値選択の諸方面に対する比較と分析を通じ、以下の総体性結論を導き出すことが可能である。

一、発展権が現代憲法の基本的特徴であることの確認

　歴史的背景と時代的特徴という角度から出発すると、憲法は四つの類型に分けることができる。一つ目は伝統的憲法で、主にイギリスの憲法性文書をシンボルとしている。二つ目は第一次世界大戦以前の憲法で、フランス、アメリカ等の近代市場経済を条件とする憲法を手本としている。三つ目は二度の世界大戦の間に出てきた憲法で、ドイツ等の自由市

場秩序介入に主旨を置くものを典型とする。四つ目は第二次世界大戦後に出てきた憲法で、主に新興独立国家が独立後に発布した憲法を指し、多くが発展途上国の憲法である。この四種類の憲法のうち、前三種類の憲法には基本的に発展権に関するいかなる規範も存在せず、自由に個性を発展させる人権理念がほとんど反映されていない。四種類目の憲法はそのほとんどに、発展の権利に関する主張と発展の権利そのものが反映されており、これもまた具体的に二つの種類に分けられる。一種類目は比較的発達した国の憲法による発展権思想への確認であり、この種の憲法は同類憲法の約5分の1の比率を占める。二種類目は未発達国家の憲法で、大多数が発展権の内容を規定し、この種の憲法は同類憲法の3分の2以上の比率を占めている。もしも憲法制定の年代によって時代分けすると以下のことが分かる。①1940年代以前、非発展途上国の憲法には基本的に発展の権利に関する規範がなく、発展の人権価値を体現することもできない。②発展権思想が次第に受け入れられたのは主に1940年代以降に発布された憲法で、1948年のイタリア憲法、1949年のドイツ連邦基本法、1975年のギリシア憲法、1978年のスペイン憲法、1982年のポルトガル憲法等を含む。当然、ここではこうした国がすでに発展権を具体的な人権形式として憲法に記載していることを意味しておらず、憲法が発展権の一部の価値もしくは思想内包を体現していることを指す。③発展途上国は1940年代に憲法を以って発展の権利価値観を確認もしくは反映して以後、さらに三つの異なる度合の変遷を経ている。一つ目は憲法変遷において元々の憲法から発展権の内容を取り除いたものである。例えば1992年のポーランド新憲法では、1976年のポーランド憲法に国家経済、社会発展の要求、国民の「発展の自由」（第5条、第11条）等の関連内容を削除している。ユーゴスラビアの1974年の憲法は、世界各国の憲法の中でも、発展の自由、発展の権利、発展の責任および政治・社会・経済の協調的発展に対し序言形式を以っておこなわれた最も全面的かつ最も長い記載の憲法であったが、1992年のユーゴスラビア憲法においてはすべて削除されている。ブルガリアもまた似た

ような状況である。二つ目は憲法の発展過程において、発展権に関する規範を増加もしくは書き入れたものである。この現象は主に旧ソ連解体後に独立した西アジア諸国において発生したもので、1992年のトルクメニスタン憲法、1993年のキルギスタン憲法、1995年のグルジア憲法、1995年のカザフスタン憲法等を含む。その中では発展権の原則性問題を規定しただけでなく、発展権という権利形式を最も目に見える形で明確に列挙している[60]。三つ目は憲法変遷の中で発展権における基本的人権の地位を強調するものである。主にアフリカ諸国が1990年代以降に修正もしくは新たに制定した憲法であり、1981年に採択された『アフリカにおける人権と民族権憲章』の人権保障に関する基本的要求に応えたもので、発展権（第22条）を含む公民個人と民族集団の人権を、憲法を核心とする国内の法律体系の中に組み入れている。

　相対的に言えば、第一の状況は個別的例外であり、その発展権の憲法的地位に対する削減は、発展権の要求と願望に対する世界的範囲での憲法確認・保障の減少を示しているわけではなく、逆に発展権がもたらす特別な関心と日々豊かになる法律規定に対し、新興国家は発展権における憲法化の不断の拡張と発達を呈する趨勢を反映している。発展権の確認と保障に対する憲法規範の機能を発揮することは、当代憲法における一つの基本的特徴となっている。

二、発展権の現行憲法における法律保障の欠陥性

　世界全体の憲法という角度から見れば、発展権の地位は不断に強化されているが、仮に分析の視点を全体から局部に移し、単一の憲法典に対して研究を行うと、絶対多数の国の憲法は、発展権の価値方向と現実の規定において二つの共通した特徴を有しているのを発見するのに難くない。第一は規範不足である。人権的理想を道徳的要求から法律規範へと昇華し、具体的行為モデルと相応する法的結果の確立は人権実現における必然の道である。伝統的自由権、平等権等に対する法律化・規範化と

比較してみると、憲法は発展権を明らかに比較的見慣れないものとしている。具体的に言うと、発展の願望と必要性を序言の中で象徴的に宣告し、国家と国民の発展の権利もしくは自由に対する主張に肯定を与えつつも、基本的権利もしくは人権規定の一つとして入れていないものであるか、または発展権を一つの人権形式として承認し、国家の基本的人権体系の中に組み入れつつも、具体的な法律保障方式を欠いているもの、あるいは基本的人権の一つである発展権が必然的に発展権のすべての内容を反映しているとは限らず、片面化・単一化が明らかなものである。さらには権利主体の発展権に対する行為モデルを設定し、例えば主体には社会・経済・文化の発展過程に参与する権利があり、発展の成果もしくは一人一人が国家の発展過程に参与し、その中から利益を受ける権利を享受すると規定しているものである。しかしながら有効な法的結果の欠如を以って当該権利の保護を強行に運営したため、発展権の法律規範に対し要素もしくはロジック構造上の欠陥と不完全を存在させている。全貌を見れば、完全な規範構成要件を備えた発展権の憲法規範はあまり多く見られず、稀欠性・曖昧性という特徴を有していることが分かる。

第二は救済が難しい点である。本来、権利の救済は権利規範の必然的結果と要求であり、救済、とりわけ司法救済効力のない規範において自足運営は難しいものの、法的実効は得られる。しかしながら、発展権に関する憲法規定は一般的に宣告性の序言もしくは抽象性原則として処理され、強制執行の法的効力を有するものは少ない。当然これは憲法の序言と憲法原則における法的効力を否定するものではないが、問題の鍵となるのは、もしも憲法が発展権の序言もしくは原則規定の内容に対し強制規範もしくは具体的法律形式を加え保障しなければ、その法的効力と実際の効果への肯定はし難いということである。また、国によっては更に憲法において明確に規定しているものもある。発展権の内容を含んだ憲法原則もしくは国家政策指導原則は、法律上普遍的に尊重を受けるべき地位を付与されてはいるものの、同時に実際上の法的効力がないため司法システムに入ることができず、裁判所が具体的な訴訟を処理もしくは

裁判所に国家に対する発展義務の履行請求を提出する際の依拠となっていることも明確に示されている。これは実際には一種の矛盾した法律意識を反映しており、すなわち法的性質と法的効力の間における矛盾性である。法的性質と法的地位を備えた発展の権利の法律規範は、法律運営システムにおいて強制拘束力を持った規定ではない。これはむろん多方面にわたる要素、とりわけ法外要素によって引き起こされるが、無理に一致させてはならず、過度な要求をしてもならない。ただし、ある一点においては肯定することが可能である。すなわち発展権を規定したこうした国家の多くが発展途上国であり、こうした国家の憲法審査制度が十分に発達しているわけではないため、あるものはこの制度を全く創設していないか採用していないものもあり、もしくはすでに採用しているものの十分にその応用機能を発揮していない。こうしてみると、発展権に対する法的救済は一つの解決の難しい難題となっている。

三、発展権を充実化させることは現代憲法発展における必然的趨勢

　既有の発展権憲法規範がすでに一定の水準にまで達したとは言え、規範内容の上で豊富かつ充実させる必要のある多くの面を抱えており、それが集中的に表れるのは以下の点である。憲法における発展権の内容は、主に権利の経済的方面に重きを置いており、人と自然、人と社会の調和的発展と持続可能な発展の規定に対しては相当欠如している。発展権の内容規定が相当抽象的かつ間接的であり、直接明示型規範と具体的列挙式規定はあまり多く見られず、すでにある規定も概括性の宣言に限られているものが多く、発展権の多重主体による多重な権利要求を全面的に包括するのは難しい。少数の国が国際人権文書における憲法の地位に言及しているが、しかし一般的に言えば、国際社会の発展という角度から発展権を規範しているものは比較的少なく、大多数は発展に関する国際法と国内法の関係問題に言及しておらず、国際法の国内法律体系における地位と効力に対し、相当慎重な態度を取っている。当然、これは

過度に非難すべきことではなく、各国の主権範囲内における管轄事項に属する。しかし、発展権の憲法における地位が向上するにつれ、この問題はますます回避することが難しくなっている。国内個人による国家の発展の権利に対する主張の拡大と、国家による国際関係における発展の権利に対する要求の高まりにつれ、国際社会と国内政府が実施する発展権に関する政策措置、例えば発展援助、発展協力、優先発展項目等の徹底した実行は、発展の権利における法律規範に確実に大きな発展をもたらし、ここから発展権の憲法における完全化に対して契機と動因を提供できる。

　要するに、発展権とは一つの若い権利であり、その人権要素と人権の法制化は未だに未成熟・不完全から成熟・発達へと向かっている進化段階にあり、各国の憲法が発展の権利要求をすぐに反映し相応の法律規定を作ることは、憲法史上における一つの大きな進歩であり、発展権そのもの及びその憲法規範に様々な不完全な部分があるのは避けられないことである。力の限り克服する必要があると共に、憲法の発展にも挑戦とチャンスをもたらしている。そして、いかにこの歴史的機会をつかみ、挑戦に対しいかに有効な応対をするかが、21世紀の憲法ならびに法学理論界全体において十分に重視されなければならない重要な課題となるのである。したがって、正反両面から発展権の憲法規範に対し対比性分析を行うことは、発展権の法律規範における本質と発達程度を理解する助けとなるばかりでなく、経験と教訓を総括し、発展権の法律制度、とりわけ憲法における権利保障制度を豊かつ完成させるために有利な条件を創造する助けとなるのである。

注釈：

1）法哲学の意義において、「実際にどういった法であるのか」もしくは「実然法」（law as it is）と「どういった法であるべきか」もしくは「応然法」（law as it ought to be）との関係は、常に西洋法学における基本的問題の一つであり、その論争の結果は分析法学派と自然法学派の発生・分化およびある種の意義の集合である。結局その本質を見ると、こうした分岐を引き

起こした鍵は、法学方法論の差異と対立にあり、実際、前者はロジックにおける語義学の規範分析方法であり、後者は超ロジックの先験的な価値分析方法である。法律規範の内容と形式を分析する際、規範分析法と価値分析法を同時採用すべきであり、両者のどちらかを片手落ちにしてはならない。当然、実在法律規範に対する価値分析が発展権に対する応然法価値分析と同等とは限らないが、ここでは各種憲法が発展権を規定する際に従う価値理念と実現させたい特定の異なる価値目標のみを指しており、全体の上から発展権が備えるべき価値属性と追求すべき価値理想を説明しているわけではなく、その趣旨は各国の憲法が発展権を規範する際に遂行する価値準則と法律精神を明らかにさせることである。

2）筆者は、調べることが可能な世界各国の現行憲法典計123部および憲法性法律文書に対し、全面的な閲読と分析をおこなった。資料出典：姜士林、陳瑋主編『世界憲法大全（上巻）』中国広播電視出版社、1989年版。姜士林等主編『世界憲法全書』青島出版社、1997年版。

　これより前に、かつて国外の学者も発展の自由に関する問題に対し統計をおこなっている。例えばオランダの学者 Maarseveen.H.V と Tang,G.V.D の二名の教授は、世界中の142の憲法を分析した後、「憲法が人間の自主権もしくは自由に個性を発展させる権利に言及しているか否か」という項目において、言及しているものは25部と総数の17.6％を占め、言及していないものは117部で82.4％を占めた。この統計の意義は否定できない。しかし、筆者がおこなった統計と比べると、以下の差異が存在する。一つ目は、ここでの選択肢は「自主権」もしくは「自由に個性を発展させる権利」しかなく、発展権の内容に関する各関連方面を網羅できていないことである。二つ目は、資料出典の最終時間が「1976年3月」となっているが、発展権問題は主に1980年代以降に徐々に議事日程に上るようになったものであり、筆者の統計資料は1997年1月までを網羅したものである（亨利・範・馬賽爾文＜Maarseveen.H.V＞、格爾・範・徳・唐＜Tang, G.V.D＞『成文憲法的比較研究＜成文憲法の比較研究＞』華夏出版社、1987年版、123ページ、28ページ参照）。

3）憲法の中に発展権思想を含む主なアジアの国々：中国、パキスタン、バーレーン、北朝鮮、フィリピン、カタール、クウェート、マレーシア、モンゴル、バングラデシュ、ミャンマー、ネパール、スリランカ、タイ、トルコ、シリア、イエメン、イラン、インド、ベトナム、グルジア、カザフスタン、韓国、キルギスタン、トルクメニスタン、ウズベキスタン、アルメニア。

4）憲法の中に発展権思想を含む主なラテンアメリカの国々：パラグアイ、ブラジル、ペルー、ボリビア、ドミニカ、エクアドル、コスタリカ、キュー

バ、ギアナ、ホンジュラス、ニカラグア、エルサルバドル、トリニダード・トバコ、グアテマラ、ベネズエラ、ウルグアイ、チリ。

5）憲法の中に発展権思想を含む主な太平洋諸国の国々：パプアニューギニア、ソロモン諸島、ツバル、バヌアツ、ニュージーランド。

6）憲法の中に発展権思想を含む主なヨーロッパの国々：モナコ、ポルトガル、スペイン、ギリシア、イタリア、ベラルーシ、ロシア、スロバキア。ユーゴスラビア、ポーランド、ドイツ、ブルガリアは1990年代以前の憲法において関連規定が見られるものの、現行憲法には明確に反映されていない。

7）『アフガニスタン民主共和国憲法草案』1987年、第12条。

8）『アラブ首長国連邦臨時憲法』1971年、第10条。

9）『ポルトガル憲法』1982年、第81条。

10）『スペイン憲法』1978年、序言。

11）『ベラルーシ共和国憲法』1996年、第2条。

12）『ロシア連邦憲法』1993年、第7条。

13）『パプアニューギニア独立国憲法』（1975年）では、「国家目標と指導方針」の中に「人類全体の発展」という部分を特別に設け、その他の内容と並列し、人類発展という立憲価値に対する優先的な考えを示している。

14）韓大元『亜洲立憲主義研究（アジア立憲主義研究)』中国人民公安大学出版社、1996年版、146ページ。

15）韓大元『亜洲立憲主義研究（アジア立憲主義研究)』中国人民公安大学出版社、1996年版、151ページ。

16）『バーレーン国憲法』1973年、序言、第4条。

17）『フィリピン共和国憲法』1986年、第10条。

18）『スペイン憲法』1978年、第10条。

19）『アラブ・イエメン共和国永久憲法』1970年、序言。

20）『ペルー共和国憲法』1993年、序言。

21）『ブラジル連邦共和国憲法』1988年、第80条、第160条。

22）『キューバ共和国憲法』1976年、第16条。

23）『ガイアナ協同共和国憲法』1980年、第14条。

24）姜士林等主編『世界憲法全書』青島出版社、1997年版、7ページ。

25）『タイ憲法』1978年、第69条。

26）『フィリピン共和国憲法』1987年、第17条。

27）『ポルトガル共和国憲法』1982年。

28）例えば1996年に採択された『ベラルーシ共和国憲法』第21条には、「すべての人には体面的な生活水準を享有する権利があり、そこには十分な飲食、服装、住居およびここからしばしば改善される必要条件を含んでいる」

第五章　発展権の憲法規範の分析　245

と規定され、さらにこうした権利と「生存権」(第24条)とを並列に並べ、規定をおこなっている。

29)『スペイン憲法』1978年、第9条第2項、第40条、第45条。
30)『カタール臨時憲法』1970年、前言。
31)『マレーシア連邦憲法』1984年修正、第92条第(3)項
32)『イエメン民主人民共和国憲法』1978年、第70条、第104条。
33)『イタリア憲法』1967年修正、第3条。
34)『ニカラグア憲法』1986年、第48条。
35)『イエメン民主人民共和国憲法』1978年、28ページ。
36)『インド憲法』1979年、第38条第二項。
37)『ポルトガル共和国憲法』1982年、第7条。
38)『エルサルバドル共和国憲法』1983年、第32条。
39) 謝瑞智『憲法新論』台湾文笙書局、1999年版、21〜22ページ。
40) 周葉中主編『憲法』高等教育出版社、2000年版、117ページ。
41)『トルコ共和国憲法』1982年、第5条。
42)『トルコ共和国憲法』1982年、第166条。
43) 李龍主編『法理学』武漢大学出版社、1996年版、70ページ。
44) 李龍『憲法基礎理論』武漢大学出版社、1999年版、128ページ。
45) [日] 杉原泰雄『憲法的歴史(憲法の歴史)——比較憲法学新論』社会科学文献出版社、2000年版、182〜183ページ。作者がここで指摘した問題と矛盾は二つの面を含んでいる。一つ目は先進国が発展途上国に対して「輸出戦争」、「宗教・民族の矛盾を武力紛争に変え、発展途上国はこれにより経済と財政の衰微を起こし、ここから発展が阻害され、国民の人権も保障を得られないか、得ることが難しくなる」。二つ目は「輸出経済統治」が、「発展途上国に『今日』であっても未だ先進資本主義国家をはじめとする政治・経済・軍事大国の帝国主義式干渉・介入・支配から抜け出すことができずにいる」。「こうした事態の発展を有効に制御するため、まずは発展途上国の……『発展の権利』を尊重しなければならない」。
46) 劉楠来主編『発展中国家与人権(発展途上国と人権)』四川人民出版社、1994年版、23ページ。
47) 韓大元『亜洲立憲主義研究(アジア立憲主義研究)』中国人民公安大学出版社、1996年版、130ページ。
48)『ソロモン諸島憲法』1978年、序言。
49)『ツバル憲法』1986年、序言。
50)『ツバル憲法』1986年、第7条。
51)『インド憲法』1979年、第343、345、348、351条。
52)『イエメン民主共和国憲法』第29条。

53) ［シンガポール］K・馬哈布班尼（マハブバンニ）『東南亜国家聯盟作出反応的新領域：環境、人権和民主（ASEANが反応した新領域：環境、人権、民主）』、劉楠来主編『発展中国家与人権（発展途上国と人権）』四川人民出版社、1994年版、304ページ参照。
54) 夏勇主編『公法』法律出版社、1999年版、177〜179ページ。他に劉楠来主編『発展中国家与人権（発展途上国と人権）』四川人民出版社、1999年版、305〜306ページ参照。
55) 韓国外相が1993年の第二回世界人権大会において発言したもの。劉楠来主編『発展中国家与人権（発展途上国と人権）』四川人民出版社、1994年版、11、29ページ参照。
56) シンガポール外相が1993年の第二回世界人権大会において発言したもの。劉楠来主編『発展中国家与人権（発展途上国と人権）』四川人民出版社、1994年版、11、29ページ参照。
57) Sidney Jones, The Impacts of Asian Economic Growth on Human Rights. Council on Foreign Relation: Asian Project Working Paper, January 1995.
58) A/C. 3/40/SR.35, pp6-7.
59) ［日］大木雅夫『比較法』法律出版社、1999年版、98〜99ページ。
60) キルギスタン憲法第2章「人間の権利と自由」の第16条において平行する総計14の権利を列挙している。(1) 生存権 (2) 人身の自由と安全権 (3) 個性の自由な発展権 (4) 宗教の自由権 (5) 自由に表現等をする権利 (6) 移転権 (7) 結社権 (8) 集会・デモ権 (9) 住宅権 (10) 通信の自由権 (11) 名誉の保護、私生活の自由とプライバシー権 (12) 財産権 (13) 経済の自由 (14) 労働の自由。ここから見られるように、「個性の自由な発展権」と生存権、財産権、精神の自由権等は平等であり、隷属関係にない。これはすでに憲法により、憲法の独立した基本的人権として「人間の権利」の中に規範化されている。グルジア憲法もまた「人間の基本的権利と自由」の章を特別に設け、20項目にも及ぶ相互に独立した人権を列挙している。平等権、生存権に続くものが、すなわち自由発展権である。発展権と生存権を並列させ、憲法の人権に対する斬新な観点と鮮明な時代的特徴を反映している。

第六章
発展権の法律重心の位置づけ

　法は人権を、道徳的要求とあるべき姿から実在的人権へと向かわせる権威的な力である。法律調停と法律保障は人権実現の内的要求であり、「一つの人権制度を開発する中心となる作業は、法的地位を以って権利を授け、権利の保障を以って制限と背離を受けないようにすることにある。もしも権利制度が創設した法的関連性を理解しなければ、この任務を完成させることが不可能なのは明らかである[1]」。発展権は当初、国家もしくは民族個体が国際社会という全体に対して主張する権利として提起されたものではあるものの、その変遷と成熟化は、国際・国内両面における普遍的な保護を受けることを必然的に要求する。発展権に対する国際法の保障メカニズムと国内法とでは大きな差異が存在するものの、相互の関連もあり、仮に両者を分けて偏った考察をおこなった場合、発展権における国際法と国内法の保障メカニズム間の連結が不可能となり、発展権の価値目的を著しく実現させることはできなくなる。憲法は実在法存在における最高かつ最有効の形式として、国家の法律体系内の各法律部門のために規範資源と価値理念を提供するだけでなく、国内法と国際法を結ぶ根本的なルートでもある。憲法の発展権に対する規範確認を通し、普通法律制度と法律規範の具体化を以って発展権に対し保障と法的救済を実施することは、法律進化の客観的要求であるだけでなく、発展権法律化と現実化における必然の選択であると言える。発展権に対し効力の強い法律保障を施したければ、発展権に対しいかに法律上の位置づけを行うべきかを、まずは明らかにしなければならない。

第一節　発展権の法律性格の確認

　発展権の法律性は、法律価値と法律規範の二つの道から確認と実証を行うことができる。国内の法律秩序について言えば、発展権の法律性と法的地位を否定する観点は、往々にして、発展権が追求する発展と自由・平等・財産等の人権との非兼用性、とりわけ発展が必ずしも自由・平等・財産等における人権の実現を引き起こすとは限らないことを理由に、発展権には実在法の性質と効力がない、あるいは持つべきではないことを証明している。また国際法律秩序において、西洋の学者の一部は発展権法の法的性質を否定し、国家発展の原則は国際法の原則の一つではないと考える。なぜなら、発展の原則、とりわけ非対等な権利・義務待遇は、伝統的な国際法の性質に違反しており、すなわち国際法とは、すべての国家が平等な権利を基に共同で参与し制定・執行する法律なのである。1960年代末に、この主張は徐々に市場を失い、英米法学者が初めて作った「ソフトロー」説もしくは「綱領法」説に取って代わられた。「ソフトロー」説では、国連が制定した発展途上国の政治・経済・文化・社会の発展の権利に関する文書において体現されている法律規範を、ことごとく「協定性を有していない決議・宣言・綱領もしくは憲章が規定した規則である」と見做し、すなわち「未だに規則を形成していない、疑問のある規則と原則、言い換えれば、すなわち『懇請』性もしくは『綱領』性の規則である[2]」。それ自体には特に法的拘束力がなく、直接実施することができず、ある特定の条件、とりわけ先進国の同意を得るという条件の下においてのみハードローに変わり、拘束力を有することが可能であり、さらには国連がすでに制定した発展権の法律をソフトローと認識し、たとえ「将来、南北対話が行われたとしても、ソフトローしか制定できない[3]」としている。ソフトロー説は否定説に比べて一歩前進し、発展権規則を受け入れたものの、その本質はこれまでと変

わるものではない。ある面において、これは発展権の法律価値を低く見ているだけでなく否定しているとも言え、発展権法の法的効力を否定し、とりわけ例の、先進国の同意を経なければハードローに昇格できないという観点は、実際には西側先進国における絶対主権と造法権の永劫性のためであり、発展途上国の国際社会における主権と造法権を否定している。もう一つの面において、すでに制定されたものにしろ、将来的に制定されるものにしろ、発展権法を一概にソフトローと見做し、更には発展権法の法律地位全体に対して全面的否定を行うことは、発展権の保障に対していかなる実質的効果をもたらすことも不可能である。

　発展権が観念形態から客観的現実へと変わることを保障するためには、発展権を憲法および国内関連部門法の効力を備えた法定権利へと昇格させなければならず、同時に国連および関連する国際機構および組織により、すでに制定かつ将来的に制定しようとしている発展権規則に法律上相応な地位が与えられ、その法的性質と各国に対して組織される法的効力を認めなければならない。この点はすでに時代の発展における必然的要求となり、不断に実践されている。その主要な表れは以下の通りである。

一、法理的根拠

　法理学の上から見れば、発展権の法律性と法的効力は疑いの余地のないものである。発展権の法的属性を否定する観点における強大な支柱は、発展権規範が世界中で通用する強行法律規則を形成しているわけではなく、組織的な制裁体系という後ろ盾を欠いている点にある。「発展権という概念を『強行法』と同じものとして使おうとすれば、それは一つの自己矛盾、更にはやり過ぎの行為でもある。発展権はこうした規範レベルにおける主要な特徴を備えているわけがなく、発展権は未だに普通法律規則における地位すら得ていないと考える人もいる[4]」。

　こうした今日でもまだ大きな幅を利かせている観点は、実際には「法

律」と「強制命令」を簡単に混同するという旧式の過ちを犯しているのである。ハートを代表とする新分析実証主義法学派は、オースチンを代表とする「法律は、実質上は威嚇を後ろ盾とした命令である[5]」という法律観の後、法律とは義務を設定して権利における行為規則体系を規定したものであると明確に指摘した。「法とは即ち、第一性の規則と第二性の規則との結合であり」、「第一類規則は義務を設定し、第二類規則は権力、公権力もしくは私権力を授ける[6]」。「法律の存在は、少なくともある種の行為に義務性を持たせることであり[7]」、義務とは必ずしも「懲罰」もしくは「災難」に遭う可能性としての予測ではなく、そうした義務があると考えるのは、それに違反すれば苦しみを伴う伝統的義務観を受け入れるという非常に片面的なものであることを意味している。いわゆる義務とは規則に基づき存在するもので、ある特定の人の行為が一般規則に帰属するものを通し、当該規則をそれに適用することを旨としている。義務とはすなわち「規則を行為の指導基準とし、それを受け入れ、この観点を以ってある特定の人の立場を評価し……義務もしくは責任を発生させる規則は通常、個人の利益に対し何らかの犠牲を払うことを呼びかけ、さらに一般的に規則を厳守する厳粛な要求および軌道を外れることに対する非難に支持されている。そして、我々がこうした予測性の分析およびそれに頼ることで発生する法律概念（すなわち法律は、本質的には威嚇を後ろ盾とする命令の概念であると考える）から一旦逃れれば、規範性義務概念を組織力に頼った制裁に支持されたそうした規則の中に制限される理由も二度となくなる[8]」。

　したがって、発展権法が組織力のある制裁を欠いている点を以って、その法的性質と法律拘束力の欠如を証明することは、「法律」概念と「義務」本性に対する深刻な誤解である。当然、我々は「強制制裁」と発展権法における「強制保障」とを区別しなければならず、それが強制制裁を欠いている点を以って、その強制性保障の実施性を否定することはできない。実際には、発展権法の原則と規則を遵守するという普遍的圧力、権益の主張、措置への反対、報復行為等を以って発展権義務の違反

に対する制約とし、以って発展権の保障を実現させることが引き続き存在している。

　実際、法律実証主義の観点からは発展権の法律属性を否定することができないばかりか、逆に当代法律実証主義は、その伝統的分析法学と純粋法学の更新と改善として、権利義務の基本法律原理において、発展権における法的効力のために有力な証明を提供するのである。仮に規則的意義における法を離れ、実質的意義における法に入り分析するのであれば、法律の人類社会に対する自由な発展権利への認識と賛同は十分に明らかである。ドウォーキンはその法律における独特な見解を以って西洋法学において極めて高い名声を得ているが、彼は社会モデルの分析を通し、人と人との連帯関係が法律存在における必然的条件であることを強調し、さらにこう提起している。いわゆる法とは「最も広い意味から言えば、それは一種の政治に関する詳説性・自我再認識の態度であり、一種の異議を示した態度でもある。それはすべての公民に、何が彼の社会の原則に対する公共の承諾なのか、また新たな状況の下、こうした承諾が要求するのは何であるのかを想像させるはずである。……それは一種の友好的な態度であり、我々は計画・利益・信念に対して各々の意見を述べるものの、法律に対する態度は、我々が社会においては共に結びついていることを表している。要するに、これこそが法律とは我々にとって何かなのであり、我々が理想とする人間と我々が享有を旨とする社会のためである[9]」。こうした個人における社会連帯性の超越を担保とし、法律価値の人間に対する究極の意義を依拠とする法律学説は、人が存在する社会と人が欲する発展の自由のために有力な理論的根拠を提供している。法は法定権利と法定義務との簡単な結合だけでなく、規則の上にある秩序と人類の自由・平等・安全の需要への反映でもある。人間の相互関連、平等な発展、人と人によって結成される社会全体における進化に対する確認がなければ、法は存在価値を喪失する。これは法律発展の必然的方向性でもあり、発展権の法的性質における有力な確証でもある。

さらに、発展権の新国際社会秩序に対する需要から見れば、発展権の法的性質と法的地位はすでに段階的な賛同を得ているのである。各国が自由な発展を含めた国際関係の問題をいかに処理するかに対しては、伝統的理論と実践において、現実主義と理想主義の二大流派が存在している。現実主義は国家権力と利益至上原則を以って国と国との関係を処理し、その権威的代表であるハンス・モーゲンソーは「現実主義六原則」を提起し、それには以下のものが含まれる。第一に、政治権力は人間性に源を発しており、人間性は「悪」であることを基礎として政策選択がおこなわれている。第二に、権力が利益を決定し、甚だしくは権力を利益と同等としている。第三に、権力と利益は普遍的に、一切の国際問題を分析・処理する客観的範疇に適用される。第四に、現実主義は道徳を否定はしないが、普遍的な道徳は必ずしも存在しないと考える。第五に、特定の国家における利益は、特定の国家における道徳を決定する。第六に、権力政治とは独立した観念の範疇であり、一切の問題に対し、均しく権力と利益に基づいて評価を行う[10]。理想主義はすなわち、人類の良知と普遍的な道徳を基礎とし、公平と正義が権力と利益に取って代わり国際発展関係における基本原則および目標となるべきであると主張する。国家間における根本的利益は協調的一致であり、その衝突と対立は二の次とし、各国は人類における共通の道徳準則を普遍的に尊崇すべきである。国家の権力と利益に対する追求は制限を受けるべきである。「すべての国民と一切の民族に公正に対処することは、彼らがその強弱に関わらず均しく自由と安全な生活を享受する公平原則の権利があることを確認するものである[11]」。

　現実主義と理想主義はどちらも一定の合理性を備えているが、その欠陥も容易に見受けられる。前者は現実の権力・利益関係の状況維持を強調し過ぎており、実際には不合理な現実への奉仕である。後者は有効な制度メカニズムを欠いているため、理想化に傾き過ぎている。20世紀中後期には、現実主義と理想主義の規範国際秩序関係を超越した新理念が出現した——「法理主義[12]」である。法理主義は合理的な制度メカ

ニズムの構築を方法とし、その趣旨は人類の生存と発展に必要な規範化・法制化の保障を実現することにある。それは「現実に適った道徳主義」を倫理的基礎としており、公平と正義を道徳主義における最高の目標と考え、それは国境を越えた国際的責任であり、当代社会における核心は「社会協力における利益と義務の適当な分配である[13]」。公平・正義を基礎とする協調的・協力的な国際性新法律秩序を建設することは、すなわち道徳主義における最良の道のりを実現することである。法理主義の発展権保障に対する重要な意義は、国と国との協力発展関係の法制化を主張し、発展権国際秩序関係における現実合法性の前提でもあり、この法制的枠組みの中で、国家権力の運行および国際社会の権力に相応する法律規範の有効な拘束を受けさせ、利益相対主義に基づいた国際共同責任および協力行動制度を築き、発展の権利における道義的考慮と発展の責任における道義的基礎に、法的効力を有した制度規範という支えを獲得させるべきなのである。なぜなら発展権の法的性質における確証と法的地位の強化は、発展権を保障する根本的要求だからである。

二、法的起源

　法的起源から見れば、発展権には強行法の基礎および『国連憲章』という最高の依拠が存在している。発展権の基礎および法律の源である生存権原則、民族自決権原則および『国連憲章』等の人権法律文書における関連規定は、発展権のために着実な法的基礎を築いている。

　その法学者が実証主義者であるか否かは別にして、誰も基本的生存権の原則反対を含んだ国際法および国内法の論証をしたがらないものである。もしもこれが事実であるなら、発展権の存在を実証する一切の証拠が圧迫されていることとなる。なぜなら発展権の基礎的論理は生存権の結果であると見られているためである。同様の論理を用いると、もしも発展権が強行法である生存権原則に源を発していないのであれば、民族生存権における人種絶滅の否定は法律が許可したとの実証が可能とな

る。発展のない生存は、進化の活力の欠乏により必然的に委縮するが、生存権原則における強行法の地位と法律属性を認めることは、ここに源を発する発展権の法的性質を認めないわけにはいかない。

現代国際社会は地球規模の「開放」された社会であり、過去のヨーロッパ諸国系統内部のみに限られた情勢とは、すでに全く相反をなすものとなっている。この明確な特徴は民族自決権のおかげと見るべきであり、民族自決権は現代国際社会が存在し発展する前提条件かつ本質的特徴でもある。自決がなければ主権国家の存在もなくなり、現在国際社会も存在しなくなる。国際法律規範制度システムにおいて、民族自決権原則はすでに国際社会におけるその他の原則を支配する一つの基本的・原始的・最重要な原則となっている。それが「強行法」の範疇に属しているため、「発展権は自決権に源を発しており、それらは同一の類に属する。なぜなら、もし我々がすでに自身の運命を決定している国民の発展権を『同時に』認めなければ、自決が一切を圧倒する最高原則であることが全く意味をなさない点を認めなければならない。発展権は絶対固有の内在的権利に過ぎず、自決権の中に埋蔵されていることから逃れられない[14]」。現行法がすでに自決権原則を強行法律原則へと昇華させているのであれば、この原則を根拠として得られた発展権が現代国際法の一部としてその法的性質を付与されない理由はないのである。

その上、国際社会の根本法である『国連憲章』では、その序言・第1条第3項・第55条において、「すべての人の発展」および「比較的高い生活水準・国民総就業・経済と社会の発展」を促進すべきであると規定している。これが発展権における直接的法律起源を構成するか否かについては、異なる見方が存在する。発展権を、『国連憲章』の中に濃縮された法律概念および原則であると主張する法理学者もいれば、1945年を背景とする『国連憲章』の関連規定を、発展権における直接的源泉であるとは解釈できないと考える者もいる。「『すべての人のための発展』という理想はやはり朦朧としたものであり、その憲章における法律表現は必然的にためらいがちなものとなる[15]」。またある者は「国連憲章そ

のものが人権と発展目標との間における緊密な関連を考慮している」と考えるが、同時にまた「長年、こうした純粋を求めることは形式的になりがちであり、実際の結果は特にない[16]」ことも認めざるを得ない。発展を一つの人権として『国連憲章』がすでに認証したとは言えないが、こうした規定が体現する内容・価値と発展権とは直接統一的なものであり、発展権のために否定することのできない法的依拠を提供していると我々は考える。なぜなら、ある面において『国連憲章』はすでに発展と人権との内在的関連性を十分明確に規定しており、発展における主体を普遍性主体、すなわち「すべての人」と見做し、「人種、性別、言語、宗教を分けず」、平等な発展を得るべきであると強調しているからである。『国連憲章』における「こうした承諾は、人々が人権と発展を追求する活動において拠り所とする基礎を構成している[17]」。もう一つの面において、『国連憲章』はすべての加盟国に対して否定することのできない法的拘束力を有しており、とりわけ発展の促進は『国連憲章』における趣旨の一つとして確立されており、趣旨の法的地位と法的効力は一般性条項やその他人権に関する国際法律文書よりも地位が高く、更には加盟国としての各国国内の法律もそれに抵触してはならず、さもなければ法的効力を有するべきではない。

　『国連憲章』は早くから発展と人権とを緊密に結び付けるよう繰り返してきたものの、人権の実践においてこの両者は別々に取り扱われ、それぞれ単独の法律制度ならびに運行システムまで設置された。研究の重点から見れば、「経済学者が『発展』推進において主役を演じているのに対し、法学者は人権制度の詳説において抜きん出ている[18]」。それだけでなく、異なる人権観と社会的意識から来る考慮は、発展を人権の外へと追い出すことすらある。当然これは発展権法律化過程における重大な障害の一つであるものの、徐々に克服されてきている。『国連憲章』の後、発展権系列における新たな法的根拠を見つけだすことが可能である。第一に、『世界人権宣言』第28条は『発展の権利に関する宣言』の直接的起源の一つであり、当該条項は「人々には社会ならびに国際的秩

序を要求する一種の権利があり、こうした秩序の中で、本宣言が記載する権利と自由は十分な実現を見ることが可能である」と規定している。第二に、170ヶ国以上の国が参加した第二回世界人権大会で採択された『ウィーン人権宣言』における以下の宣言である。発展と人権は「相互依存、相互促進するものである。民主は国民の自由な表現と意志の基礎の上に築かれ、こうした意志の表現を通じ、国民は彼らの政治・経済・社会・文化体制およびその生活における各分野への全面的参与……を決定する。国際社会は全世界の範囲において、民主・発展・人権尊重と基本的自由における強化と推進を支持すべきである」。こうして、発展と人権は二つの関連のない軌道から法律規範の中へと統一された。実際、発展権の法的性質には疑いの余地はない。

三、法的実践

発展権の法的実践は、その法的性質と法的地位の現実性を十分に示している。国際レベルから見れば、これは主に発展権における国際法律メカニズム、すなわち国際発展法を以って保障を与えることを指している。いわゆる国際発展法とは、国際社会、とりわけ発展途上および未発展国家の発展の実現を目的とし、国家間の発展に関する各種関係の法規・制度・原則の総和の調整に用いることを指し、「発展権法」もしくは「発展国際法」とも称される[19]。国際社会の発展権に関する絶対的多数の規定は、決議形式を以って採択され、伝統的国際法が決議を否定する法的拘束力のやり方は日々打撃を受け、あるべき法的効力を決議に付与する観念は日々固まってきている。決議の作用から見れば、人々は「国際組織の決議が国際法新原則と新規則の面、とりわけ新国際経済秩序面の創設において発揮される真の作用は、伝統的国際法起源が発揮する作用に比べ、ずっと複雑、あるいはずっと重要なものかもしれない。実際、決議は国際法が次第に発展する過程における極めて弾力性のある手段を構成することができる[20]」と考える。なぜなら決議は平等主義

の性質を備え、多数決を用いた民主的産物だからである。したがって「決議は、昨今必要とされる国際規範に適応する制定の方法として、発展途上国に対し十分な保障を体現しているようである[21]」。立法の実践から見れば、「ある特定決議における具体的法律効果は、その他さまざまな要素以外に、主に決議の言葉によって決められ、決議の関連声明およびこの面においてどれだけの反対者と棄権者がいるか、（おそらく）反対者と棄権者の重要性はどうか等も伴い」、国連総会の決議が賛成多数を以って採択されること自体が、その有効性を証明している[22]。例えば『各国の経済権利および義務憲章』に対し、多くの国家はそれが拘束力を有していると考え、さらには慣習国際法の一部であると見做す場合もある。また「一国が『各国の経済権利および義務憲章』を受け入れるか否かに関わらず、一つの国家としての経済秩序における責任は依然としてもとのままであり[23]」、それは「新国際経済秩序の法律基礎[24]」であり、「更に一歩踏み込んで国際経済関係制度全体を改善する措置をとる上で必要な先決条件でもあり、これにより法的依拠も提供した[25]」等、次から次へと指摘した。このほか、新国際経済秩序の建設および発展途上国が新たな国際経済法創設に参与するという観点から見れば、国際法における義務理論に対し新たな方針を採取する必要が出てくる。こうした新たな方針は意見を協議一致させ、これは伝統上の共同合意ではなく、国際社会を拘束する法律義務としての基礎である。ここから、国連総会の決議は重要な立法機能を得たのである。国際社会を有効に運営させたければ、必ず一定の立法権限を持たせなければならず、「国連総会の決議に制憲型準立法の権限を付与すべきである[26]」。司法の実践から見れば、国際司法裁判所はすでに関連決議を具体的な裁判活動に活用している。国際司法裁判所の理由は「国際協定において、ある規範が条項を創設する場合、当初は協定的性質もしくは契約的性質しか有していなかったものでも、一般国際法の総体へと組み入れられる可能性があり、ここから非条約締結国にまで拘束力を発生させることが可能となる。実際にこれは、慣習国際法の新たな規則形成における公認の方法の

一つを構成している²⁷⁾」。実際、決議の法的性質は疑うことも否定することもできず、総会の決議は提案であり決定ではないことを前提として決議の法律性に反対する観点は、すでに圧倒的な説得力を有してはいない。国連法律顧問エリック・シューイはこれに対し観点を発表し、「総会が従事する習慣性立法の作業は過去のものとは比べ物にならない。その上、最近の国際司法裁判所における判例の中に、すでに総会の立法活動の合法性に対する一定の支持が見られる[28)]」と指摘している。

　発展権の発展および発展権規範から全体を分析すれば、発展権法もその法的効力を備えているべきである。発展権の発展声明は他の人権と同様であり、発展権は三種類の存在形態、すなわちあるべき人権、法定人権、実際の人権を有している。享有すべき法律が認可されているとは限らず、実際に享有されているとも限らない。すでに規定された人権も、享有すべきかつ実際に享有している人権をすべて含むことができるとは限らないのである。目下すでに制定・採択された発展権規範の内容には具体性・明確性が足りず、国内法の規定は系統性を欠いており、国際法の関連規範も現有の古い国際人権条約に完全に取って代わり、国際新秩序を建設することは不可能なのである。すなわち現有の人権文書規定における発展権は、発展権におけるあるべき意義のすべてを包括しているわけではなく、保護措置も相対的に無力なのである。現存規範における比較的多い原則性規定や具体的内容が不完全なことを理由にそれをソフトローと断じ、軽々にその法的性質を最終的に否定するようなことをしてはならない。これに対し、国際社会は早くからすでに気づいており、「新国際経済秩序に関する国際法原則と規則」、「新国際経済秩序に関する異なる項目の国際交渉・実践・行為において運用される原則と規範を含んでいるだけなく、新国際経済秩序の目標は政策措置が要求するところの原則と規範であることも含んでいる。言い換えれば、それは新国際経済秩序における国際法現存の原則と規範に適用もしくは拡大・適用させるだけでなく、新国際経済秩序が必要とする法律環境を保護し建設完成させるべき法律環境が必要とする新たな国際法原則と規範を充足す

る[29]」。すなわち発展権法は不断に発展・変化するものであり、広義の上から言えば、この「次第に発展」する過程において規範の内容における変化に及んでいるだけでなく、その法的地位の変化にも言い及んでおり、それはすなわち法律の方向へ進展していると公認されているのである。発展権法そのものは、あるべき権利の不断の肯定に伴い必然的に発展と進化を遂げ、更に発展途上国の経済・政治的実力の不断の増強に伴い、不断に豊富化かつ強化されていくのである。

　当然これまでのところ、主権国家が発展権保障の面において普遍的に負担してきた国際法律義務は依然として極めて有限的なものであり、国内の立法・行政措置・社会的道義の力、特に国際上における国家の道義的責任の履行に頼り、発展権の保障体系を共同で構成することを通じて発展権の実現を推進する必要がある。例えば、一つの国が貧困のため立ち遅れ、国と国民全体の生存発展権の保障が脅威および欠乏にさらされた時、その他の国には経済援助を与える法的強制義務は暫定的に存在しないものの、相対的に豊かな国が経済的支持を行うことによって当該国の国民における生存発展権の保障および改善を行うべきである。こうした人道主義に基づいた道義的責任は、道義上断行せざるを得ず、客観的に存在するものである。しかしながら、発展権は国民が享有するその他各項の権利と同様、何らかのメカニズムを構築することを通してのみ獲得できる権利であることも、認識しなければならない。それは決して、どこかの大国の気前のよい行為によって獲得されるものではない。発展権の道義的責任負担における極度の脆弱性およびその集団人権性は、国家の発展権法律保障における重要性を決定する。早くは国連総会第三次貿易発展会議において、メキシコ前大統領のエチェベリアがこう指摘している。「我々は国際経済の虚弱な法律基礎を強化しなければならない。我々が弱小国家の権利と義務を保護すると規定しない限り、公正な秩序および安定した世界を建設することは不可能である。我々は経済協力を善意の天地から抜け出させ、法律の領域へと引き入れるよう努力する[30]」。ここから、根本的に言えば、人類がすでに有する発展権内容に

おける法的属性を付与し、法的拘束メカニズムを有した新たな国際新秩序を創設することは、発展権の保障を最終的に実現させる客観的必要事項なのである。

第二節　発展権の法律重心の位置づけ

　発展権の法的性質は、発展権と法との間に双方向相互作用性および内在包容力が備わっていることを表している。すべての一般実在法における効力は、均しく国家の法律体系の核心たる憲法という根本法に源を発しているため、法律、とりわけ憲法を以って発展権を規範化・保障することは、発展権現実化における基本的要求となるのである。ある種の人権に対する法律の保障方式は、当該人権が法律の中に占める地位によって決まるのであり、法律の発展権に対する保障制度を検討するならば、まずは発展権の法的地位を明確にしなければならない。生存権と発展権は人権体系における二つの基本的人権であるため、法律の発展権に対する確認は、簡単かつ一般的な規範を加えるレベルのみに留まるべきではなく、生存権など社会権の形式に対し以前と変わらぬ保障を行うという前提の下、法律は発展権をその保障における一つの重点対象として、法の重心を発展権へと移行させるべきである。

一、近代法律重心の位置づけ——自由権

　法律発展の歴史を考察すれば、当代の法律およびその未来発展の方向は特別な意義を有している。法の重心とはすなわち、法の基点もしくは基本法律価値の方向性であり、法律の核心価値理念および目標としての人権定位誘導およびその具体的形式の詳説を旨とする。人権は結局のところ法における価値基点ではあるものの、人権が一つの開放された発展の概念であることから、社会・経済・文化的条件の変遷に伴い、人権に

も不断の変化と発展が発生する。したがって法律発展の異なる段階においては、その人権に対し異なる形式が与える注目および重視の度合も異なってくる。反封建専制および市場経済を謳う近代社会においては、自由主義を核心とする法治観が形成された。これを理論的基礎とし、人権は規範化および法律化され、この転化における最も重要な成果として近代憲法の誕生および成熟があり、ここからすべての具体的法律部門が推進されていった。17～18世紀の法律がおこなってきた権利本位観は個人の自由権を核心としたものであり、具体的には以下の四つの面に表れる。

(一) 憲法が個人における自由権利法治化に源を発する必要性と事実

憲法の創設における趣旨は、人類を専制と人治の束縛の中から解放させ、生まれながらの個人の自由を保障することにある。人類の自由権は歴史上、古代ギリシア・ローマ時代まで遡ることができる。古代ギリシアの自由観が強調するものは政治的参与に過ぎなかったが、ローマ時代のストア学派もしくはキリスト教思想では、人間を理性的・精神的な存在もしくは神の子と捉え、ここから人類における自由・平等の主張を提起した。中世になると、人間の自由な権利は一定限度の認可を得る。例えば1215年のイギリスにおける『マグナ・カルタ』である。しかしながら、これは封建国における王と諸侯・騎士との間における伝統的特権と既得権益に関する分配のために作られた「協議」であるため、それが主張する自由と近代的意義における自由権の観念とが同じというわけではない。イギリスにおける1628年の『権利の請願書』、1679年の『人身保護法』、1689年の『権利の法案』はいずれも既存の自由権利を保障することを旨としている。近代憲法の重心としての自由権は、個人主義を理論的基礎とする人道主義と古典自然法思想に源を発しており、その代表的人物がロックである。彼は「人の自然な自由とはすなわち、人間界におけるいかなる上級権力の拘束も受けず、人々の意志もしくは立法権のないところでは、自然法を以ってその準拠とするしかない。社会に

おける人間の自由とはすなわち、人々の同意を経て国家内に設立した立法権以外、その他いかなる立法権の支配も受けない」と考えた。いわゆる「自由」とは、実際には「法律が許可する範囲内において、引き続きその自由な意志に基づいて、その行動および財産における自由な処理を享受することである[31]」。こうした自然法思想は、イギリス立法民主の源流となったばかりでなく、アメリカ人権理念および憲法創設時における指導的精神ともなった。フランスの『人権宣言』およびヨーロッパ諸国の憲法に対する影響が極めて深いのは、ルソーの社会契約論である。彼は私有制の誕生が人類を自由平等な黄金時代から不平等な段階へと突入させ、私有財産権から官職の設置、さらには合法権力から専制権力への零落と、不平等がその極致に至ったと考えた。平等を復活させるため、「一種の結合の形式を模索し、共同の力すべてを以って一人一人の結合者における人身および財産を保護・保障させることができる。さらに、この結合は一人一人および全体に結合された個人を自分自身に服従させるだけでいいのであって、これまで通りの自由は変わらないのである[32]」。まさに個人の自由に対する強烈な要求、個性の対抗に対する神性、人道が神道に戦勝する堅い信念と不断の追求、とりわけ革命成果としての自由権利の保障要求に対し、一種の制度性設計としての憲法誕生を引き起こした。

(二) 個人の自由権確立は近代憲法にとって根本的歴史使命

人権思想、とりわけ自由権思想の法制化は、近代憲法関連の文書および憲法典の誕生を以ってシンボルとしている。1776年6月12日、アメリカの『ヴァージニア権利宣言』第1条にて、「すべて人類は生まれながらに平等、自由かつ独立している」と宣言している。同年7月4日に採択された『独立宣言』では、「人々は生まれながらにして平等で、彼らは皆、彼らの『創造主』のところから、ある種の譲ることのできない権利を付与され、その中には生存権、自由権、幸福追求の権利が含まれる。こうした権利を保障するため、人々は中間に政府を成立させるので

ある」と明確に宣告している。1789年のフランスにおける『人権宣言』ではすなわち、「権利の面において、人々は生まれながら且つ終始一貫して自由・平等である」、「いかなる政治的結合も、人間の自然かつ動かせない権利の保存を目的とする。こうした権利はすなわち、自由、財産、安全、圧迫への反抗である」と宣言している。その第4条においては「いわゆる自由とは、他人の自由を損なわないすべての行為を均しく実行できることである。各人における自然権利の行使は、社会のその他の分子が享有する同一の権利者への妨害を除き、制限を加えてはならない。仮に制限があるなら、法律を以ってのみ制限を与えることができる」と規定している。また、第11条および第17条においては、人権の具体的内容に対し補充を行っている。すなわち「自由な思想および意見の伝達は人類の最も貴重な権利の一つであり、したがって公民は法律規定に抵触する形でその責任を負うべき場合を除き、言論、著作および出版の自由を有する」。1791年のアメリカ憲法第10条修正案、すなわち「人権法案」は、自由権利およびその他の基本的人権法定化におけるまた一つの重大なシンボルとして、人身の自由、言論の自由、出版の自由、宗教の自由、平和な集会および冤罪請願の自由な権利、財産権が侵犯を受けない自由等、一連の基本的人権を重点的に突出させ、さらに重要な憲法自由権利の原則を確立した。「本憲法に列挙されているからと言って、国民が保留するその他の権利を取り消し或は抹消してよいことにはならない」。フランス憲法はさらに「自由、平等、博愛」を一貫してフランス共和国のスローガンとしている。

　人権体系は多くの権利形式から構成されているとは言うものの、近代憲法が確立した人権形式において、自由権は一貫して筆頭の地位に置かれ、その排列順序の面、憲法の精神的本質、あるいは自由権の人権体系全体に占める量から見ても、個人が享有する侵犯あるいは関与を受けない自由権は、憲法の基点もしくは核心的価値である。

（三）公共権力の運営は主に自由権利の保障をめぐって展開される

　公共権利は憲法に基づき創設され、個人の自由を侵犯かつ破壊しないことを限度としている。法律、特に憲法は、個人の自由を公共権力の横暴な干渉から免れさせる盾となるべきである。法治社会は憲法から離れることはできず、憲法至上は法治の核心である。法治・憲法社会における公共権力は、すなわち広義の政府であり、法律上は有限かつ分立し、責任を負うべきである。有限な政府権力は、政府権力が法によって制限を受け、国民の自由を勝手に奪ったり制限したりしてはならず、「最高権力は本人の同意を経ず、いかなる人の財産のいかなる部分をも取ってはならない[33]」ことを指している。権力を制限する目的は、個人の自由権利を実現させることにある。この準則は、人類が原始時代から政治社会に突入し、国家と政府を設立した目的である。逆に、もしも絶対的な専断権力を使用、もしくは不確定かつ不定期に有効となる法律を以って統治を行うならば、政治国家もしくは政府における正当な目的とは符合しない。したがって、個人の自由権利保護を目的とした公共権力は、規定に基づき、公開され、連続性を有した法律を以って行使するべきであり、臨時の命令や主観・任意性によって統治をおこなってはならない。有限政府を実行するため、権力の分立、すなわち各種公共権力を法に基づいて区分すべきであり、これは一切の権力を一人もしくは政治組織に集中させ独自に行使することではなく、国家の権力をそれぞれ異なる機関によって掌握させることである。ロックは立法権・執行権・対外権の区分、とりわけモンテスキューの三権分立論に対し、西洋憲政モデルの基礎を築いた。それ以外に、ロックは権力の制限と分立は、個人の自由への侵犯に対する予防と矯正を構成するには不足しており、政府が責任ある政府、すなわち公共権力は法に基づいて追究を受けなければならず、公共権力が個人の自由を侵犯するのを防ぐための責任体制の建設を意識した。まさにこの意味において、憲政は「限政」の代名詞と呼ばれるのである。

（四）法定権利は個人の自由権に対する特別保障に重きを置いている

　憲法は一国におけるすべての規範的法律文書の礎石として、そこに含まれる自由権利価値理念と法律原則は、各具体的法律部門およびその規範の中に当然浸透している。規範性法律文書が個人の自由権を核心価値としているかどうかは、法律重心をチェックする一つの実践性操作方法である。実際、行政法は近代民主および法治の産物であり、新興資産階級が封建専制統治と闘争する歴史過程において、集権および人治が引き起こす厄災を避けるため、「三権分立」論を理論基点として次第に完成されていったものであり、政治権力と公民の自由との関係における憲法の基本的要求を十分に体現している。法治国家と行政法治観念の下、行政法は公共権力存在の目的が積極的に国民の利益と幸福を追求することではなく、国民の自由権等権利における侵犯と妨害を消極的に排除するためであると主張し、政府にできるだけ個人の自由権利への干渉を控えることを求めている。すなわち、政府が担うものは「夜警」の機能でしかなく、主に行政組織、警察、軍事、税収および外交等事項における組織管理に限られ、国家の安全、主権維持、社会秩序、自由権利の保障およびその救済を行政法の基本的内容としている。

　刑事法について言えば、近代法は「罪刑法定主義」を奉り、罪刑独断を以って人権侵犯することに反対し、犯罪を犯罪者の自由意志による産物であると主張し、自主的行為無能力および無危害性は、すなわち刑法が禁じていないところである。「罪と個人」を主張し、罪と自然人以外の主体に反対し、罪なき人の巻き添えに反対し、個人的利益の保護に重きを置き、個性における自由な発展を保障し、犯罪とは個人が意識と意志を以って社会に危害を加える行為であるという見方を堅持している。「無罪の者はすなわち罪を犯しておらず」を強調し、故意もしくは過失の罪は刑事責任を倫理的基礎としている。「結果無価値」基準を確定し、行為の刑事違法性を認定し、一般的には法律が保護する利益が法定秩序の侵害を受けるかどうかを基準とし、すなわち「結果無価値論[34]」である。「相当因果関係論」を推進し、すなわち行為人が行為を実施する

際、一般的に人が認識するであろう事実および行為人が認識した或いは認識できる事実を基準とし、通常の状況下においてのみ、原因としての行為が結果としての事実の発生を引き起こし得るのであり、当該行為こそが犯罪との間に因果関係を構成するのである[35]。実体法に対応し、近代秩序法は控訴人と被告人の資格を厳格に制限しており、訴訟に直接利害関係のある人しか訴訟を起こせないようにし、財産損失もしくは実質的損害に対する結果の造成を満足させている。身勝手もしくは不合理な訴訟を防止するため、訴訟コストの確認において有償主義を採用している。

　公法において個人の自由権利保障の要求が十分に反映されているだけでなく、私法においても自由権利に対する格別な愛顧が表れており、私法自治は最も典型的な反映である。当事者が私法上における法律関係を創設・変更もしくは消滅させる際は、基本的に完全な自由意志を備えており、法律は基本的に私法主体のために遵守しなければならないという強制規範を設けることはしない。主体の間において意思の自治に基づいた表れに対して、法律は原則上、その強制性効力を確認するものであり、拒絶を行うわけではない。1804年の『フランス民法典』は自然法を価値原則とし、ローマ法の規範を吸収することを通じ、所有権絶対・契約の自由・過失責任の原則を確立し、近代私法ないし法律体系全体における三大支柱を構成している。所有権絶対自由および契約の自由は、憲法における自由権具体化の最も直接的体現であり、過失責任はすなわちその反面規定である。過失責任は責任における主観的範囲を縮小するため、無過失の意識と意志の自由空間を法律上において行為人に残し、行為人は賠償問題を心配するあまり何もかも慎重にする必要がなくなり、ここから個人、とりわけ企業の活動と取引の発展に大きな便宜が与えられる。

　近代法律は自由権を本位としており、公法と私法の法律体系全体における地位の比較の中から再度それを実証することができる。専横権力による人権への恣意的な踏みにじりにおける人治の悪しき結果に対する反

省をおこなった際、個人の自由意志と自主行為に対する私法の保障は極めて目を引くものである。これを基礎とし、「私法優位論」は理論界において一世を風靡したものとなった。私法優位とは、私法が法律体系全体において公法よりも重要な地位を有しており、私法は法律の重心・基点であることを指している。その基本的依拠は、私法が近代自由市場経済における本質的特徴を最も反映できる点にある。なぜなら近代市場経済社会は、絶対的な私権自治、すなわち主体における自主、独立した人格と意思の自治、平等協商、等価交換を実行するからである。私法は個人の財産権を基礎、平等権を仲介とし、すべての社会成員における自由権利の実現を旨としている。したがって、私権自治、私権神聖、私法優位は、近代法律における主流理念となったのである。

二、現代法律重心の位置づけ——社会権

法律が19世紀末から20世紀初頭へと発展すると、現代市場経済が近代の自由放任な市場経済に取って代わるに連れ、その重心は伝統的な個人自由権から社会的利益を内容とした「社会権」へと移行していった。

社会権における生存権は、近代憲法においていくらか規定されているものの、独立もしくは実質性意義を設けられているわけではなく、せいぜい自由・平等権利に附属する補充概念に過ぎないのであり、それが請求権益保護の意義を有しているかは更に語るべくもないのである[36]。なぜなら、自由権が保護を受ける近代憲政体制の下では、個人の生存権に対する保障は、一人一人の行為を放任する自由と平等に過ぎないからである。形式的自由と法的平等の虚構の下、実質正義に背いた大量の現象が存在しており、利潤の最大化を追求し過ぎたために、一部の資本占有者による企業の独占、社会の富が少数の資産階級の手に大量に集まる事態を引き起こした。逆に、人口の絶対的多数を占める労働者階級は、資本が全くないために貧困の境地に陥り、普遍的な困窮 失業を招き、社会危機をもたらす。人間の生存問題は社会における最も根本的な問題

となり、それは自由権の上を行くものである。生存のため、身体を売って「奴隷」となり、自由を捨ててしまう人間すらある。そこで、基本的人権の保障に対する新たな訴求が発生した。第一次世界大戦後、多くの国が自由権を侵害しない消極的法律観を次々と投げ出し、積極的に国民の生活領域に介入し、社会・経済生活において発生した矛盾を強硬な措置を以って解決し、福利国家理念を形成した上で法律規範の中に引き入れた。社会権は基本的人権における核心として自由権の核心的地位に取って代わり、近代法から現代法への変遷における根本的なシンボルの一つとなった。そして社会権理念をまず規範化・体系化したのは、1919年のドイツにおける『ワイマール憲法』である。当該法第9条は、「連邦は以下に列する各項に対し立法権を有する。一、公共福利の保護。二、公共秩序および安寧の保護」と規定している。さらに「経済生活」の章を専門に設け、第151条の中に「経済生活の組織は、公平な原則および人類生存維持の目的に相応しいものであるべきである」と規定している。第153条は「所有権は義務を付帯し、公共福利のために行使しなければならない」と規定し、さらに労働者の団結権（結社権）、団体交渉権、労働権および生存権を規定し、20世紀社会権憲法の典範を形成した。

　その後、各国はその新たに制定もしくは修正した憲法において、社会権を人権系統の中に次々と引き入れた。例えばフランスの1946年における第四共和国憲法では、序言において「国家はいかなる人、とりわけ児童・母親・老人が、健康・物質的安全・休息・娯楽の保障を受けられるよう保障し、すべて年齢・身体もしくは精神状態・経済状況によって労働不可能な者は、公共団体によってその生存の権利は維持され」、「国家は個人および家庭に対し、その発展に必要な条件を確保させるべきである」と宣言している。イタリアの1948年における憲法は「労働能力がなく、最低限の生活資源を失ったすべての公民は、均しく社会の扶助と救済を受ける権利を有する」と規定している。マルタ共和国憲法は、「原則宣言」の中に専門の節を設け、労働権、教育権、文化権、保険権、

救済権、医療権、婦女・児童における特殊権利を規定した。日本は1946年の憲法第25条に「すべて国民は、健康で文化的な最低限度の生活を営む権利を有する。国は、すべての生活部面について、社会福祉、社会保障及び公衆衛生の向上及び増進に努めなければならない。」と規定している。国によっては、憲法法典の中に直接社会権を規定しているわけではないが、普通法律制度の枠組の中に社会権を本位とする新たな法律制度と法律部門を創設している。例えばアメリカの憲法は、社会権を明文化してその中に記載していないものの、判例法の形式を通じて社会権の法定地位を確立した。とりわけ1930年代、新政期に制定された社会保護法と労働保護法等の法律規範の中に、社会権に対する保護が十分に体現されている。要するに、現代法律が近代法律に取って代わる一つの基本的特徴とは、個人の自由権に対する制限と社会権に対する保障であり、「こうした保障と制限は車の両輪のようなもので、20世紀憲法における最も基本的な特徴を構成している[37]」。実際、憲法という最高法だけでなく、その他の法律部門においても社会権本位という法律精神が体現されており、そのうち自由権に対する制限はかえってこの思想を強化した。社会権の法律重視は、国内の憲法と普通法の中に表れるだけでなく、その国際化の上にも体現されている。1945年に採択された『国連憲章』は、人権保障を世界最大の国際組織——国連における重要な任務とし、社会権に対する重視を突出させ、その序言において人類全体の生活水準の向上促進を国連の根本的目的とすることを宣言し、第55条において更なる具体化を行い、生活水準の更なる向上の必要性、完全就業の促進を以って経済と社会の進歩および発展を推進することを強調した。憲章における社会権に対して具体化を行い、まずは1948年の第一回世界人権大会において『世界人権宣言』を採択し、当該宣言の第22条において公民の社会保障を受ける権利享有を規定し、第25条では公民全体が適度で十分な生活水準の保持・保障を享有する権利を規定した。さらに労働権（第23条、第24条）、教育権（第26条）、文化的生活の権利（第27条）等、社会権と関連する権利形態を規定した。1966

年に国連総会が制定した国際人権二大条約、すなわち『経済・社会・文化に関する権利条約』および『公民の権利と政治の権利条約』は、法的拘束力を有した「人権国際条約」(International Covenant on Human Rights) であり、『世界人権宣言』に対する実定法化かつ法的効力の生き生きとした表現でもある。そのうち、A条約、すなわち『経済・社会・文化に関する権利条約』においては、全面的・系統的に社会権を規範化し、その第11条で「本条約の締結国はすべての公民がこうした権利を享有することを承認する。すなわち公民は、本人および家庭の構成員が使う相当量の糧食、衣服、住まいを内容とする一定の生活水準、および生活条件に対する不断の改善を要求することができる」と規定し、労働権（第6～8条）、社会保障権（第9条）、家庭・母親・児童の権利（第10条）、健康権（第12条）、教育権（第13条、第14条）、文化的生活権（第15条）等、一連の社会権利形式を具体的に規範化した。当該条約は、実質的には一つの国際性社会権保障法であると言える。社会権の法律確認は社会権の世界的共通認識形成を促進し、社会権の国際法制化もまた、それに対する法律の確認範囲と保障範囲を一層広げた。特に社会権は、早期の法律原則性宣言による抽象的認可から、当代において被害者が直接法律規範を援用して具体的に保護を請求できる水準にまで発展し、社会権が一つの独立した具体的権利として、現代法において独特な地位を獲得したことを表している。

現代法の社会権に対する承認は、内容の上から生存権・教育権・労働権・社会保障権へと帰結することができる。それは「社会国家の理念に基づき、政府によって積極的な作為が採られ、国民が尊厳ある生活を送れる権利を保障することの総称[38]」である。その自由権との理念上における区別は、以下の部分に集中して表れる。自由権は自然法を根拠とし、国家の公共権力による侵害を国民が受けない保障を以って内容としているのに対し、社会権は「自由権のように自由主義性・個人主義性の思想を有しているわけではなく、それは社会正義の表れなのであり、その目標は現代福利国家を建設することにある[39]」。その思想の依拠は自

然法に根差したものであるが、「主に自由権の高度な発展によって発生した弊害を補うための社会福利国家思想を依拠としている[40]」。

　現代法における社会権保障に対する優先選択は、憲法以外の普通法律の中からも明確な検証を得られる。刑法における表れは、二大方面に集中して反映される。一つは罪と個人から法人犯罪論への確立であり、犯罪主体を単一の個人から個人と法人の二重主体へと発展させた。英米法系であれ大陸法系であれ、法人の犯罪主体資格を確立させた。その原因は、まさにイギリスの法学者ウイリアムスが『刑法教程』で述べている。「法人の刑事責任は、功利主義理論を刑法に応用した典型例であり、それは公認の理論を基礎としているのではなく、犯罪に出遭った際の必要性に越したことはない[41]」。その本質は、法人の不法行為に対する公共権力の強制性干与を通じ、社会利益を保障することである。二つ目は、主観責任論から客観責任論への発展であり、無過失原則を刑法に引き入れ、すなわち主観的犯罪を欠いたある種の社会に深刻な危害を及ぼす行為に対し、刑法の懲罰範疇に入れ、その刑事責任の追究を許可した。例えばイギリスにおける1951年の『水質汚染防止法』、1955年の『食物・薬物法』、1971年の『濫用薬物法』、アメリカの『廃棄物法』、『資源保護および再生法』、シンガポールの『海洋汚染防止法』、日本の『大気汚染防止法』等は、行為が公衆生活に対し損害を招いた時点で、行為者が行為をおこなった際の主観的心理状態がどうであったかを調べる必要はなくなり、刑事責任を追究することができると規定している。その理論的起源は、行為者が危害の結果を防止する可能性を有しているにも関わらず、客観上その防止義務を履行しなかった場合、人間の客観的防止能力からのみその責任を推察し、その主観的心理道徳における本性状態は問わないとするものである。これは明らかに、比較的少ない利益の損害のために、比較的大きな利益の保護を追求するものであり、これを「危害防止可能論」と称する。もう一つの説は、直接「社会福利論」を依拠とするものであり、個人本位から団体主義および国家干渉主義へと社会本位観が変遷し、刑法の目的における質の変化をもたらし、刑法を近代

における個人利益に対する偏重保護から、現代社会における全体利益に対する重点保障へと変化させ、個性の自由な発展は他人の利益に危害を与えるべきではないことを条件とし、これを現代憲法が遂行する「所有権付随義務」の社会権原則と緊密な連絡があると考える[42]。

社会権の行政法上における認可と強化は、消極的な法に基づく行政から、積極的な社会行政への発展を促進し、行政法の理念は近代の「権利制限」と自由妨害の禁止から、積極的なサービスを内容とする「最良の政府、最大のサービス」理論へと移っていった。私法領域においては私法自治三大原則に対する制限、すなわち所有権の絶対自由から所有権に対する制限へ、契約の自由から契約の自由に対する制限へ、過失責任から過失責任に対する補充へと表れ、無過失責任を導入した。また、社会利益保護に対する訴訟法諸規定において、集団訴訟法律制度の確立は一つの典型である。

三、当代法律重心の位置づけ——発展権

法律価値の重心を把握する前提は、法が確認する権利・義務関係を正しく認識することにあり、すなわち法関係における内在依拠および制約の力である。権力と権利の相互関係は、法関係における基本的依拠であり、法関係の基本的性質や法関係の基本的構造形式に関わらず、すべて権力と権利の相互関係によって決まるのである。万法の源である憲法に限って言えば、「全社会の範囲内において、権利と権力の間における『発生—調整—消滅—発生』といった矛盾の過程は、憲法関係における作用を全面的に発揮させ、運動の過程において本来の政治関係における不合理、もしくは憲法の価値を体現できない部分に対し不断な止揚を行い、同時に新たな憲法関係実践形式および内部構造を創造し、ここから憲法関係の発展を推進する[43]」。実際、法律重心を量る鍵は、重心としてのある種の対象もしくは権力と権利関係における実体の地位・作用・性質がどうかという点にある。仮にその権力関係に対する作用、権利関係に

対する功能、権力―権利関係に対する価値が突出した主要地位を備えているならば、ここから当該対象もしくは実体における法律重心としての合理性を検証することが可能となる。法律重心の位置づけにおける発展権の趨勢は、権利―権力関係の基準に基づいて実証を行うことができる。

生存と発展は人類が直面する二大テーマであり、時代の進歩と社会文明レベルの不断の向上は、必ず人類に最低限度の生存需要を満足させる権利を次第に実現させ、この過程の進展に伴い、発展権利の実現は次第に、人類社会発展および社会関係を調整する法律が関心を持つ重心へとなっていったのである。発展権は自身が有するその他の人権を超越する価値優性および総合性人権要素を以って、権利の範囲・内容・機能を大きく展開し、権力―権利関係における「権利」最大化に対し、自由権・社会権とは比べ物にならない作用を起こすのである。

近代法律における自由権重心と現代法律における社会権価値優位の方向性は、人類の尊厳を普遍的に尊重し、人類の自由・平等権利を保護し、人類の生存と基本的需要の満足への保障に対し、歴史における進歩的作用を起こした。しかしながら、人類相互依存性が日増しに高まり、国際社会関係の複雑化レベルが不断に上昇するのに伴い、それが有する局限性も次第に表れ、さらには不断に強化される趨勢も見られる。仮に、自由権の法律制度が人間の政治的解放に重きを置いていると言うならば、社会権の法律制度は人間の経済的価値に重きを置いていることになる。そして発展権の法律重心定位は、人間の政治的価値と経済的価値を実現する二重機能を含んでおり、人間の自由な発展を強調する一方、人間の平等な発展をより強調しているのである。個人の権利を保護するだけでなく、社会利益を否定せず、価値の優位性、外延の総合性、機能の統轄性を有している。発展権と生存権は、法律の未来発展過程における優先選択となるべきなのである。

現代法律は、社会権という重心を以って近代法律における自由権本位に取って代わらせ、これは確かに歴史における進歩的意義を有する。社会権を自由権と比較し対応できる地位に置いて分析し、この点を認識す

ることが可能である。初めに、社会権は法律の本質において自由権を上回る。近代資本主義市場経済の産物として、自由権は自由市場経済による法則、すなわち自由・等価交易の価値規律から派生し、社会成員である個人における自由意志の法律記録であり、権力と権利関係モデルにおいて、権力の弱化と後退、権利の強化と拡張という総体的態勢を反映し、「夜警国家」と自由国家における法律観と適応している。すなわち、社会経済運動における自主・自律・自由は、自由権における経済的本質であり、個人主義と古典的自由主義は、すなわち自由権における理論的起源である。社会権は、自由権が社会主体に真の意義における自由を平等に獲得させるに足りない後に形成され、自由権の欠陥を補う新たな権利形態を旨とし、近代市場経済から現代市場経済へと飛躍する必然の産物であり、社会国家・福利国家・積極的国家との政治法律観との対応であり、権力と権利の関係モデルにおいて、権利における平等の主張を体現するだけでなく、権力側の強勢と主動性を体現するものである。国家権力が社会経済に対し積極的干与と調整を行うことを特色とした現代市場経済関係は、社会権における本源の所在である。したがって、社会権は自由権に対する歴史的超越であり、自由権の本質属性に対し止揚をおこなった必然の産物なのである。次に、社会権は法律メカニズムの上で自由権を上回る。自由権は公民がその法定権利の範囲内において、国家における消極的不作為の権利を要求し、権力主体が消極的に侵犯をしなければ、公民に対する社会法律使命が完成するというものである。社会権は権力主体が権利主体に対して積極的な作為をとるべきである点を強調し、とりわけ社会の弱者に対し特別な補助と救済を与え、政府は受動的不作為ではなく、積極的作為を行い、さもなければ、公民の権利に対する侵犯と法律職責に対する怠慢となる。自由権は、国家権力の策定に対して介入してはならない限界について、権力の不関与要求を条件としている。社会権はすなわち、国家権力のためにその作為を施さねばならない範囲を設定し、権力の積極介入要求を基礎としている。したがって、社会権の下での権力運行が負担する義務と責任は、自由権の下での政府

行為を大きく上回っており、その権利に対する保障と救済の程度もまた、相応して自由権を上回るのである。次に、社会権は法律価値において自由権を上回っている。自由権は意思の自由と行為の自由を価値の方向とし、法律形式の上の平等を追求し、一人一人がその他不特定の個人および国家による二つの方面からの侵害を免れる自由を保障する。自由権は一種の社会に反抗する権利であり、一つ目は社会のその他個体に対する防御であり、その主体自由に対する侵犯を防止する。二つ目は社会成員が結成する国家組織に対する防御であり、その個体自由に対する妨害を阻止する。ここから、自由権では形式上における平等を実現させればそれでよいこととなり、形式の「平等は、自由が成立を見て展開される基礎もしくは前提性条件なのである[44]」。ある面において、自由行為と自由競争は主体が平等な資格を以ってその中に参与することを条件とするべきであり、機会の均等は一切の人に自由な個性を発揮させ、個人の才能を展開させる基礎なのである。もう一つの面において、平等は自由がもたらす副作用を取り除くことができ、機会均等の下の自由は、異なる主体の異なる行為能力と内在潜質作用の下で発生可能な事実上の不平等および自由に対する濫用なのである。平等のみがこうした局限を克服することを可能とし、過分な自由を制限するのである。この他、主体間における不平等な主従関係もしくは隷属関係を平等が否定することを以ってはじめて、自由を非少数者の自由ではなく、一人一人のものとすることができる。なぜなら不平等関係モデルにおいて弱者に位置している側の自由は、得ることが難しいか、もしくは完全に剥奪されているからである。自由を実現させたければ、鍵となるのはすべての社会成員に対してその平等な尊重と保護を付与し、その自由個性と自由行動に平等な保障を得させ、異なる人が有する具体的特質と外在的身分がいかなるものであれ、「自由の主体は形式という意義において完全に平等でなければならない。こうした完全に平等な実体として構想されたものは、市民法秩序における法の主体であり、すなわち原子と同じように存在する個人、一切の具体的特質を捨て抽象的人格として存在する個人なのであ

る。したがって、平等の観念は実際には主体の平等を意味しており、それは主体の抽象性によって決定され、形式上の平等でなければならない」。平等が個人の自由を制限する障害となってはならず、不平等連鎖の中に置かれた相対的に優勢を占めている側の主体の自由に対し、実質平等を以って剥奪をおこなってはならないため、「平等とはスタートラインに立つ各人の機会均等を保証するだけでよく、これは個人の能力と努力によって得られた成果を均一化することを意味しているわけではない。……もしも実質的に制御を加えるならば、自由競争の社会体系を破壊することとなり、個人の幸福と社会福利の発展を阻害する。自由の保障にとって言えば、形式上の平等のみが真に必要な平等におけるあるべき姿なのである[45]」。自由権の人格尊重と形式平等権に対する注目は、近代自由市場経済発展のために多大な刺激的作用をもたらし、個体のエネルギーを最大限に解放させ、社会資源・利益の分配と再分配における速度を加速したが、それに伴い一連の矛盾ももたらした。19世紀後期から20世紀初期にかけた西側経済危機の頻繁な発生は、失業率の直線的な上昇を招き、大量の貧困者と現れては尽きぬ社会的矛盾を造り出した。結局その法理的本質は、自由と形式的平等における共生がすでに協調一致から相互対立へと退化し、形式平等は純粋な抽象的法的人格という意義の上から言えば、主体が社会に参入する資格の上での平等を求めるのであり、主体が実際の能力と条件を有して市場に入るのか否かに対して社会は逆に聞く耳を持たず、市場社会に入った後の行為状態および性質に関してもまた配慮がなく、経済社会および文化面における実質性内容に注目しない結果、絶対的自由と放任自流な経済社会行為に対し与える誘導と矯正の内在メカニズムを失ったのである。したがって、形式上の平等はすでに大多数の弱者の自由権利における束縛となり、自由権利に対して真の保障を施す必要に適応することができないのである。そこで、形式平等意義における自由権法律制度に対し修正と再構築を行う必要があり、実質平等の法律メカニズムを以って形式平等における自由権法律制度で除去することができない矛盾と社会問題を解決するのであ

る。法律の中に初めに登場したのは、経済の自由に対する制限と社会権利に対する保障であり、契約の自由および個人の自由な経済行為に対し課税を行う制限の類の社会義務、自由経済危機の苦を受けた失業・貧困者の最低給与基準・住居・医療・労働等の社会保障を含んでおり、こうした基本的人権はまさに社会権勃興の表れである。まさに社会権の法律化および実在化により、平等を有する形式を用いて非正義・不公平な実質的社会の現実に対し一定の改善を得させることが可能となり、形式上の自由・平等から実質上の自由・平等への厳しい道のりが始まったのである。

当然、社会権の出現が実質上の正義を全体的に推進したわけではない。なぜなら社会権自身が形式上の自由・平等を矯正する際に引き起こす頑固な一面には、一定の治療効果はあるものの効果は最良ではなく、形式平等が造り出した疾患を治癒するのは難しいからである。とりわけ自由競争と多国籍独占によって引き起こされた植民略奪等のグローバル問題に対しては、より無力となり、対応が難しくなっている。これに対し、我々は社会権における法律本位から再び自由権本位の旧道に戻ることはできず、個人の間における単一の平等がもたらす社会権の法的枠組の中での解決を望むことも不可能であり、思想の視角を個人主義もしくは社会団体主義を超えたところを旨とするものに切り替え、社会全体を全面的に発展させる発展権を求めるところに持っていかねばならないのである。

個人の自由権利を以って本位とする近代法と社会を本位とする現代法は、人類の尊厳への普遍的な尊重、人類の自由平等権利への保護、人類の生存と基本的需要の満足保障に対し、歴史上の進歩的作用を与えた。しかしながら、人類における相互依存性の日々の強化および国際社会関係の複雑化レベルにおける不断の上昇につれ、とりわけ生存と発展が全人類の直面する根本的な二大問題となった際、それが有する局限性が次第に表れてくる。強烈な個人主義的性質を有する近代個人本位は、憲法がすでに人類の相互依存・緊密な関連にある当代社会の需要に適応する

ことができなくなり、社会を本位とする現代法でさえ、社会発展が人類共同の生存および発展にもたらす様々な挑戦に応対することが難しくなっている。具体的に言えば、その不足の表れは次の通りである。その一は、経済発展の片面的な強調、すなわち人類の生存のために物質的資料を求め発展等を増長させるとし、生存と発展を同列に論じ、経済要素以外のその他の社会的要素と項目における発展に対し、十分な重視をしているわけではない。その二は、人類当座の生存、とりわけ生理的意義における生存需要突出に重きが置かれ、人類と人類の生存環境、人と自然との緊密な関連に対する認識が不足しており、人類中心主義を法律秩序における根本的趣旨であると認識し誤ったり、環境・自然の犠牲を代価として人類の生存を求めたりするものもある。その三は、現代人需要の満足に基づき、人類の持続的・不断の発展への重視が不足しているものである。とりわけ、天然資源に対する過分な開発と人類共通の財産における壊滅的利用は、人類の子孫および未来の生存と発展に対する軽視であり、社会権法律系統自身が克服することの難しいもう一つの局限性なのである。なぜなら、それは個人の現実にしか着目しておらず、未来に立つことができないからである。その四は、人間における個体の生存を単純に強調し、人間における個体と人との集団的な共生共栄を軽視していることである。西洋社会権理念およびその法定化は、人の個体が社会から離れられない点に注目し、社会の個人利益への関与と保護を強調したものの、それが主に国家の個人利益への平衡と干渉という角度から個人の人権に対する保障を強調し、これを理論的起源とする社会権は本質上、集団的人権を肯定するものではなく、個人の人権を依託とし、個人のみを人権における唯一の主体であると認め、人権の集団存在形式を否定するのである。最後に、社会権は客観的に市民社会における弱者の生存需要を満足させるものの、「富める者から奪って貧しき者に施す」ことを大義名分としているようである。しかし、法的本質および立法の初心においては、市民国家が自由権法律本位によってもたらされた経済危機と社会矛盾を解消し、西洋市場経済秩序および既存の社会秩序を回

復および固定化しようとするためだったに過ぎず、資本の自由と有産者の財産自由権のために新たな法律形式を提供した。これに対し、日本の学者である内野正幸はかつて、最も早く社会権を承認したドイツの『ワイマール憲法』を背景とした詳しい描写を行い、社会権が当該憲法において規定される過程において、実質的には人々が想像するほど素晴らしいものではなかった点を指摘している。1919年2月21日、制憲会議に提出された政府確定草案において、社会権に関する面の憲法条項および関連内容は相当少なく、当時の社会主義者は関連憲法草案を提出しておらず、逆に保守主義傾向を有したフランスの学者フーゴー・プルースの個人草案の中に社会権の豊富な内容が含まれていた。制憲会議が憲法草案を審議した際、社会権規定を書き入れるよう要求した議員は、ほぼすべてが支配的地位を占め、民衆の社会化要求に対し背を向け、完全に政権方面に傾いていた社民党、中間派勢力の中央党と民主党であった。その上、憲法委員会が憲法草案を審議した際、保守的な国家人民党議員も同様の要求を提出している[46]。ここから分かるように、社会権を憲法に入れた本意は、国民の生存権実現にあったわけではなく、矛盾の緩和と社会購買力の向上にあったのであり、社会経済運行のために労働者を提供し経済復興を増進させた。また社会権立法における発展と展開から見れば、これもまた同様の目的を有していた。1929年に始まった世界経済大恐慌は社会権立法の隆盛をもたらし、アメリカのルーズベルト新政権では社会権立法を内容とする法律変革運動が起こった。しかしながら、「たとえ社会保障法の制定過程一つを挙げてみても、労働大衆は終始一貫して消極的地位に置かれ、積極性ある主体ではなかった[47]」。結局その実は、社会権そのものが備える新自由主義の特質によって決定されるのであり、それは個人の自由に対する背離でもなければ、社会主体の生活全体に対して完全な保護主義を実行することでもなく、個人の価値の尊重を自らの務めとし、「そうした社会の弊害を除去し、市民の自由と権利を回復するといったような制限の上のみで、国家は市民たちを助ける力となれるのである。この点においては、やはり個人主義的性質

の側面における自由主義の中から導き出された当然の結論なのである[48]」。したがって、個人の自由主義を超越せず、人の個体と集合体との相互結合および浸透する理論領域へ入るのであれば、社会権が有する局限を克服することはできないのである。

この他、こうした観点が異なる国家および異なる群衆に対し、全体的意義の上から考慮を行うことは難しく、すべての人の共同発展を相互依頼・相互制御の統一体と見做し、とりわけ発展群と未発展群、先進国と発展途上国における生存と発展の問題を結び付けて協調性を持った思考をおこなってはならないのである。

実際、自由権・生存権等の権利だけでは足りず、当代の法律においては、生存権等の社会権のみに重点的保障を与えるものが突出しており、それは更に非全面的である。

まさにこうした点から、人類が直面する生存危機に全面的に対応し、各種発展の難題を有効に解決するために、人類の全方位的・持続的発展権利の運動が、地球規模の範囲で湧き起こったのである。法律重心の変化という趨勢に対し、「持続可能な発展社会変革運動」と「21世紀知識経済時代の到来」に伴い、「法律はこうした時代の潮流に順応するために、生態主義思想を指導思想とし、法律生態化の理念を以って人と自然の関係を新たに調整し、生態本位を中心にしっかりと据え詳細に設計すべきである。ここから法律重心にも変化が発生、すなわち生存権を保証するという基礎の上で環境権保障へと邁進すべきである[49]」と考える者も出てきた。なぜなら「環境権は一つの新たな人権として、フランス『人権宣言』、ソ連の憲法、『世界人権宣言』に継ぐ、人権の歴史における第四の里程標だからである[50]」。環境権は新たな人権形式の一つとして、法律重心の伝統学説に対し一定のインパクトを有しているものの、環境権そのものは法律重心を変えられるほど強大な地位には未だに達していない。当然、環境権とは環境法もしくは環境保護に重きを置いた持続可能な発展法における重心と言っていいが、これは必要かつ合理的である。ただし、ここから法律全体の重心の確立へと拡張させるならば、

人々を信服させることは難しい。なぜなら、環境権は社会発展と法律権利進化において形成された多くの権利の一つに過ぎず、しかも社会関係における環境問題に関わる具体的権利の調整であり、社会発展のすべての方面を含んでいるわけではなく含める必要もない。環境権は生存と発展問題解決において必ず考慮すべき欠かすことのできない重要な権利ではあるものの、それは人類の生存と発展問題における最も全面的かつ最も肝心な内容ではなく、厳格に言えば、それは人類の生存危機に応対する形式の一つに過ぎない。なぜなら「生存権の環境保護に対する意義を過分に強調し過ぎれば、環境危機とその他の生存危機との異なる特性を突出させることができないからである[51]」。

　また、発展権と生存権は人権における二つの基本的人権として、人権序列において最重要の地位を占める。時代の進歩と社会文明程度の不断の向上は、人類の最低限度の生存を満足させるのに必要な権利を着実に実現させ、この過程の加速に伴い、発展権利の実現は日々、人類社会発展および社会関係調整の法律が注目する重点となっていったのである。発展権は、それ自身が備えるその他人権の価値優勢および複合性人権要素を超越したものを以って、権利の範囲・内容・機能を極めて大きく拡張する。生存権を主とする社会権の保障に重きを置いた憲法は、生存権と発展権という二大基本的人権に対する重点保障へと変化し、それは社会進歩と人類の全面的発展における必然的趨勢である。その理由は、第一に発展権が総合性を有し、経済・社会・文化・政治における発展過程の統一であり、政治における自由権利を強調するだけでなく、経済・文化における平等な発展を突出させ、近代法の個人における自由権利と現代法の生存権に対する重点保障という二つの面を網羅し、この基礎の上に、人類の自由から全面的発展へという法律保障における重点を練り出した。発展権は、すでにある政治権、公民権、経済・社会・文化権への単純な補充というわけではなく、既存の人権を組み合わせた寄せ集めでもなく、その独特な意義はそれが既存の権利を依拠とした、一種の人類が普遍的に享有する発展の機会均等権および全面的に発展した自由権に

ある。第二に発展権は全体性を有し、人類社会の異なる主体間における協調一致の発展を強調している。また人類自身にとらわれず、人類と自然との協調的発展を強調し、自然・社会・人類の発展を結び付けて全体的考慮を行い、人類と自然の共通利益を結合し、伝統的自由権・社会権における人類中心主義の局限を克服し、価値の最大合理性を有している。第三に発展権は動態性を有し、現代人の目下の利益を保護するのみならず、人類長期にわたる根本的利益をも保護し、人類の未来を調整制御の視野に入れ、人類の動態的発展、すなわち人類における世代間の不断な持続的発展に立脚し、「同世代」と「異世代」発展における二重平衡協調性を求めている。これは伝統的および現代的人権観では包容することのできない内容である。第四に発展権は完全性を有し、人間の個体と集合体における共同発展の産物かつ要求である。近代人権における個人主義本位を克服し、社会本位の集団人権主体への否定とここから個人と社会における矛盾に陥り、抜け出すのが難しくなる欠陥をも克服した。第五に発展権は優先性を有している。現代法が重点的に保護する生存権等の社会権と比べると、発展権はそれと同等の地位を有しているだけでなく、さらに大きな合理性を有しているとも言える。なぜなら、個人の発展権がなければ個人の生存権は不完全なものとなり、生存権のみで発展権のない人間が一人の健全な人間であることは不可能だからである。国家の発展機会均等権・発展モデル自主選択権・自由かつ平等な発展成果享有権がなければ、国家の主権は大幅にねじまげられ、甚だしくは剥奪される。この際の国家とその国民は、純粋な地縁意義における随意な組み合わせに過ぎず、不健全な「人格」では如何に正常な生存を語れようか。つまり、社会発展における必然的要求と発展権における内在的特質が表明するものは、発展権と生存権が共に法律保障の重点となるべきということである。発展権を法律規範の中に組み入れる際、それを人権保障体系における主要な地位へと置くべきであり、法律の基本原則と規則は発展権の保障という人権価値に対する重視を十分に体現させるのである。発展権の法律重心の位置づけは、法律の未来発展過程におけ

る優先選択の一つとなるべきであり、発展権保障を重視することは当代法律発展における必然的趨勢なのである。

第三節　発展権の法律調整原則

　法律の発展権に対する調整原則は、法律が発展権に内包される利益関係を確認・分配・調節する際、従うべき根本性と総体性を備えた原理と準則である。法律が発展権に対して行う調整の原則を把握することは、発展権の法律調整が網羅する範囲をまず明確にすべきである。
　発展権は国内の利益関係と国際的利益関係の二重の内容を兼ね備えた人権であるが、憲法は往々にして国家の範囲内、非国際レベルにおける利益関係を調節する法律であるとされる。すなわち憲法は国内法、非国際法である。では、こうした法律規範が、国内における発展利益関係を調整しつつ、国際社会における発展利益関係も調整するよう適応することはできるのであろうか。もしも憲法を、国際関係に及ばぬ国内関係のみを調整する法と見做すのであれば、導き出される結論は否である。しかし実際これは成立しかねるものである。なぜなら、これは以下の二つの命題、「憲法は国内法である」と「憲法は国内における法律関係のみを調整する」を混同して語るというミスを犯しているからである。確かに、憲法は国家の法律関係における法律部門の一つであり、国内の各基本的社会関係を大量に調整している。しかし現代社会においては、ますます多くの国際社会関係を自身の調整・制御範囲内に納めるのである。国内法は、国際法律規範を排斥するわけではなく、逆に国際法律規範は国家法律体系における法律起源の一つなのである。「国際法律秩序は、国内法律秩序の存在を前もって必要としている。国内法律秩序がなければ、国際法律秩序は法律秩序における適用のできない断片となってしまう[52]」。まさにこの意味において、多くの国では、憲法はじめ規範的法律文書において、国際法は本国国内法の法律的起源とされている[53]。

実際、憲法が発展権における国際的利益関係と国内利益関係の二つの面に対し同時に調整を行うことは、必要なだけでなく極めて重要なことなのである。憲法を起源および連結点とした、法律体系全体の発展権に対する調整原則は、主に以下の三つの面を含んでいる。

一、平等保障原則

平等保障原則は、法律が発展権における個人主体と集団主体に対し、その社会身分もしくは自然属性がどうかに関わらず平等な保障を与え、それが享有する権利と履行すべき義務を一致させる原則である。平等の保障は、法律を核心とした法律体系が利益関係を調整する際に遵守する、すでに存在する普遍性原則であり、それは発展権の専有ではなくすべての人権形式に対する保障に適しているが、発展権の法律保障メカニズム構築およびその運営過程においては相当重要なのである。

権利の平等的調整原則は主に二つの形式、すなわち「自主的調整」と「強制的干渉[54]」を含んでいる。自主的調整とは、異なる主体権利（もしくは義務）相互間における自主的制約、すなわち「権利」関係を通して法律における利益調整の目的を達成させることを指す。「私法自治」を典型的な表れとし、突出した自由と平等の価値特徴を有している。強制的干渉とは、国家権力が刑事制裁・行政管理等の強制手段にて利益関係調整を実行、すなわち「権力→権利」の関係を通して完成されるものである。明らかな公法的属性を備え、秩序をその価値特徴とし、権力が利益に対しマクロ的に配置と整合を行う保証にとって有利である。この二種類の利益調整原則には、具体的内容および運行方式における差が存在しているものの本質的な違いというわけではなく、それが共同で有している特徴は、両者とも権利・利益に対する平等的調整にあり、利益関係に対する双方主体における平等保護および義務と負担の平等分配を体現している。こうした平等保障の法律原則は、必要かつ広範に存在しているものである。

発展権における平等保障原則は、すべての主体に平等な発展機会および発展成果に対する公平な享受を付与するよう要求している。そのうち、発展機会の平等は発展権を実現させる最重要な内容かつ基本的前提であり、発展成果の公平享受とはすなわち、発展権を実現させる根本的帰着点かつ核心なのである。発展に参与する行為的自由と機会均等がなければ発展の動力と依拠もなく、発展過程における利益の結果を享受できない発展は、発展権の本性に反するものである。国際社会から見れば、それはすべての国家、とりわけ国際社会の平等な成員としての発展途上国が、世界の政治・経済問題解決における政策決定過程に参加する権利を有し、「一国一票」制を貫徹させることを要求している。国家平等の主権保護は、すべての国家に平等・自主的に発展モデルを選択させ、いかなる外来的干渉と強制にも反対する。国家主体は、本国の天然資源および一切の経済活動に対し、永久に主宰する権利を有しており、資源の所有権はこれを侵犯してはならない。

　この原則は全体利益配慮原則、すなわち、いかなる主体の発展権利も侵犯されない原則、人類共通の発展利益を損なわない発展平等協力原則、相互衝突の利益調整原則、利益制限原則の保障に分解することができる。

二、二重規範原則

　しかしながら現代社会においては、利益配置と利益占有の非均衡性が日増しに深刻化し、主体間の自由発展利益享有に対する非対称性が極めて突出しているため、平等保障原則がすでに法律合理への対応および利益関係の有効な調整の必要性を完全に満たしきれなくなっている。平等的法律調整における「基本的欠陥はそれが仮説から出発し、すべての権利に対し区別を加えず、この仮定はすなわちすべての人権が同一の手段を使ってもよいことを極めて簡単に証明したのである[55]」。こうした個人の人権平等保障に適した法律制度は、発展権の公共権力に対する公共

政策需要の保障を反映することができない。したがって、新たな原則を採用する必要性が生じ、すなわち政策性平衡原則である。それは「法律が公理の修正もしくは政策に対する増加を通し、自主的調整と強制的干渉の方式を結合させ、ある種の利益に対し傾斜性の保護を実施し、ここから利益の平衡を実現させること[56]」を指している。「権利←法→権力」の運行モデルに表れ、法に公共権力制約を要求すると同時に、権利に対して制御を行うことも要求し、社会協調および公共福祉の実現を旨とする。

上述の原理は法律の発展権に対する保障の中に運用され、発展権の法律保障メカニズムを構築することは、発展の権利平等原則および非対等権利保障原則という二大原則に従うべきである点を発見することができる。そのうち最も重要なのは、法律規定における二重性原則を実行、すなわち伝統法における異なる主体の利益を平行にのみ保護するやり方を変え、発展権の各主体に対して、発展程度の違いに基づいた異なる対応をし、非対称性権利保障方式を採用することで、異なる法律準則を別々に実行する[57]。

当該種の法律準則に対し、一体どの種の形式規定を用いるべきかについて、西洋の学者は「二重法律規範」保障の観点を提起し、すなわち先進国間における法律規範および先進国と発展途上国の間における法律規範に適応したものをそれぞれ制定し、発展途上国の発展を保証するものである。1964年、ジュネーブの第一回貿易発展会議において、工業発展国家と発展途上国の関係調整に関する国際規則の二重法律規範問題が提起され、『関税および貿易総協定』修正案による発展を規範性条項としたものが採択され、修正後の第四章、すなわち発展途上国国家の利益を特別に保護する規定に現れている。貿易発展会議主催の下、技術譲渡に関する国際行為規則および規範の協議では、この原則の運用が反映されている。伝統的な国際法と比べ、「規範の多元主義」は工業発展国家と発展途上国家間の関係を調整するという条件の下、国際法主体における多様性によって決定されると考える学者もいる[58]。また、発展途上

国の代表は「同等規範の二重内容」保障体制を提起し[59)]、「二重規範」と「規範の多元主義」を通しても発展途上国の経済的な地位不平等問題を解決することはできず、国際法が先進国間および発展途上国と先進国の間の関係をそれぞれ調整する二つの体系に分裂するに過ぎないと考えた。これは国家には自らに影響する国際法の着実な発展にのみ参与する権利があることを暗示しており、その最終結果は国際法を否定することとなり、「民族集中区法律」を創設し、この体制創設における国際秩序は虚構の安定でしかなく、発展途上国の発展を工業先進国グループ圏の中に入れ窒息させるだけである。したがって筆者は、国際法において「同等規範における二重内容」制度を構築し、同一・特定の国際法律規範を通じ、異なる発展程度の国家における異なる権利・義務内容の規定を以って発展途上国の発展を促進すべきと考える。

　形式の上から見れば、それらが反映する共通の問題は、発展途上国と先進国の発展関係における法律規範の二重性にある。発展に有利な国際法理論と実践の上から言えば、発展権実現を保障するには、発展途上国と先進国の発展における不平等という事実を認め、先進国は支援を行わなければならず、先進国と発展途上国における非対等の権利・義務関係を構築、すなわち先進国が発展途上国に対し、対等の義務を発展途上国が履行する必要のない優遇、非互恵等の特殊待遇体制を実施することである。こうした事実と観点を十分に認め、それを法律文書の中に規定することは、規範性文書を当該規範の制約の下、先進国が履行する義務を当面のところ享受する権利より大きく、発展途上国が享受する権利は当面のところ果たすべき義務よりも大きいという二重権利・義務内容が最後に体現され、それを以って最終的には先進国を含めた全世界の共同発展を促進する。

　国家主体間関係の調整における二重的法律原則は、国家内部における民族・地区と個人主体間における発展利益関係の調整に対し、同様に適応される。すべての主体の普遍的な発展権利享受を同等に保護するという基礎の上で、未発達地区と未発達者に対し、非差別・非互恵の特別優

遇利益保障を与えるべきであり、未発達主体と発達主体間において同一法律規範における二重的内容という原則を実行することは、発展権実現における現実的需要である。例えば中国が現在実施している西部開発戦略は、発展権の中国における具体的な現れの一つであると考えられている。実際、すでに一部の国家の憲法は、未発達地区への特別保障を一つの法律原則として確立している。例えば、イタリア憲法第44条には「法律は辺境地区の発展に有利な各種措置を規定する」と規定されている。ポルトガル憲法第81条第（4）項には「経済と社会の発展を指導し、各経済部門に各地区を均衡に発展させ……」と規定され、第（12）項には「国家発展重点地区の優先的考慮の需要に基づき」発展政策を制定すると規定されている。1974年のユーゴスラビア憲法では、序言の「基本原則」において、「経済全体をできるだけ協調的に発展させるため……経済のあまり発展していない共和国および自治省の生産力の加速的発展をとりわけ重視し、この目的に必要な資金を確保し、その他の措置を講じる」と規定している。イエメン憲法第28条には「共和国各地の生活水準の差を徐々になくしていくために、国は努力して遅れた地区の水準を上げなければならない」と規定されている。また『社会の進歩と発展に関する宣言』第8条の規定は更に全面的であり、「社会発展を策定する措置の中で、すべての国の内部における発展途上地区と発展地区の間、および都市と農村の間の需要の違いは、適度な注意を受けるべきである」と明確に規定している。要するに、すべての発達者と未発達者に対して異なる法律権利と法律義務を規定し、非対等地方式を以って未発達者に更に多くの権利を付与し、憲法の発展権利・義務関係調節における一つの普遍的原則となるべきなのである。

三、権力能動的原則

　権力能動的原則とは、公共権力に対して制約と監督を行う基礎の下、権力運行における積極性と高効率を十分に保証し、権力の制御と権力能

動運営保障との統一を実行することを指す。それは政府が発展権に対して消極的に妨害を与えないことのみ、すなわち公共権力による発展権利に対する侵害の排除を要求し、更に能動的権力運営の枠組みを構築することで、政府に発展権実現促進の責任を積極的に担わせることを強調している。

権力能動的原則の理論的依拠は以下の点に体現される。一つの面において、発展権は一種の総合性権利、すなわち消極的権利と積極的権利との有機的統一であり、権利主体と義務主体の双方向相互作用と能動的協調により実現させる必要がある。その内容の全体性、主体の複合性、過程の動態性は、伝統的な単純に個人を本位とする、もしくは社会を本位とする法律保障原理は整合と完成を与えるべきで、それを通してのみ、発展権保障に対する要求に適合させることができる点を表している。もう一つの面において、それは新憲政モデルに適合しており、権力を制御するだけでなく権力運営効率の需要を保障し、憲法至上を核心とする法治社会の基本的特徴を反映している。

権力制御は各国憲法によって認められ、憲政制度における核心と基礎を構成しているものの、それが誕生したその日から様々な懐疑・批判・修正、さらにはある種の否定を受けているようである。確かに、古代および以後発展してきた権力制御方式は多種多様であるが、それほど完璧かつ正確なわけではない。発展権実現の鍵は権力制御が必要かどうかではなく、権力制御を国家権力唯一の憲政運営メカニズムに敵対するものとしてはならないということである。権力制御は、権力制御のみにとらわれてはならず、権力制御と権力保護の統一こそ現代憲政における必然的要求かつ発展の趨勢なのである。権力制御と権力保護の統一を実現させた行憲規律は、憲政社会価値目標の誘導下における客観的反映である。全体から言えば、正義・自由・権利・平等といった憲政価値を実現させるには、二つの基本的道のりが存在する。一つは、権力制御における古典正統理論であり、これは立ち遅れた受動的な制度設計である。二つ目は、権力保障における新憲政論であり、これは積極的・能動的な制

度設計である。行憲の必然的規律とは、積極的保障と消極的防備の実現、超前能動誘導および滞後受動制約の有機的統一、すなわち権力制御と権力保障の結合なのである[60]。

いわゆる権力保障とは、制度設計を通じ、政府権力運営における高効率化と民主化をいかに保証するかを指し、その主な内容は以下の通りである。憲政理論と憲政実践は、政治権力に対し横暴に制限を加える古典的主張を超越すべきであり、批判的な懐疑主義から、良好な社会をいかに構築していくか、経済効率と公民精神の二つの面において制度設計を通じいかに良好な政治体制を構築していくかを思考していく必要がある。

憲政の強調は、権力保障系統における高効率および民主化運営の新憲政論に集中し、当代憲政論の欠陥への反省から立論を始めるべきである。これによると、当代憲政論には少なくとも三つの大きな欠陥がある。一つは「十分に政治制度を理解することができず、こうした制度を、権力乱用を制限する基本的実用手段としてしか見做していない点である」。二つ目は政治制度に付与する価値目標としてしか満足させることができず、各種政治制度を良好かつ可能な政治統一体に結びつける有効な連合原則にまで発展させていない点である。三つ目は「広範な社会福祉国家の発展をいかに評価するかを決定できない点[61]」である。

高効率・民主的制度設計およびその運営が憲政の中心であるならば、その構造およびその要素を研究すべきである。こうした要素は以下のものを含んでいる。①政治権力乱用の制限、②社会問題を上手に解決できる、③公民の性格形成、すなわち責任を持って権力を行使できる「憲法的美徳」を培う助けとなる。「立憲政体の核心は自我制限における国民主権である。こうした主権の基礎は以下の通りである。①立法の審議方式、こうした方式は公私領域間における内容の区別を規定し、政体の構成基礎を固める。②こうした制度は、憲法的美徳と称されるものを有する公民を育成する助けとなり……その他の制度によって、ここで語られていないそうした他の事物を処理する必要がある。立法の形式もまた、

こうしたその他の活動に適応していく必要がある[62]」。新憲政論者は、新憲政体制の下、国家権力に対し、いかに高効率・民主的に運行するかを述べているが、完成された理想像を設計しているわけではない。しかし、その共通点は一つしかなく、すなわち「民主政府がいかに制御を受けつつも能動的に行動するか——つまり、社会福祉を積極的に促進できると同時に、最もよく組織された公民の間のみでの利益分配という専制の中に陥らせないということである[63]」。

　権力制御と権力保護を結合させた憲政規律は、理論上より踏み込んだ総括と詳説が待たれるものの、法治実践においてはすでに注目を引き起こしている。1959年にインドのニューデリーで開かれた国際法学者会議において、法治に関する『デリー宣言』が採択され、第2条の法治原則に以下の指摘がある。法治原則は行政権の乱用制止に対して法律保障を提供できるだけでなく、有効な法律秩序保護を政府に行わせることを可能とし、これを以って人々が十分な社会的・経済的な生活条件を有する保証をする。

　発展権は、各国政府が積極的かつ極めて効率的な国内措置および国際協力行動をとる必要を有し、そうすることで実現できる人権なのである。発展権の義務負担者として、国際社会権力および国家公共権力の存在状況と制度を構築することは、発展権の実現に対し極めて重要である。権力とは一種の活動および統治過程であるため、統治理論研究は長期にわたっておこなわれてはいるが、結局有効に解決することのできない話題なのである。治理、すなわち英語における governance は、古代ギリシア語およびラテン語に起源を持ち、もとは制御、誘導、コントロールを指し、統治（government）という言葉と常に交代で使用されてきた。governance は「いかなる事物も指してもよい」と考える学者もいるが、それは主に国家公共事務の管理活動と政治活動に対して用いられる。1990年代から governance という言葉には斬新な意義が付与され始め、その外延と内包は伝統的な government という言葉を超越し、欧米国家においては市民権を得、極めてモダンなものとして、その他の地区ない

し国際組織からも注目される焦点となった。1989 年、世界銀行が当時のアフリカにおける政治・社会問題を概括した際、初めて「crisis in governance（治理危機）」という言葉を用い、そこから governance は政治発展と権力制度の研究において頻繁に出現するようになり、とりわけ発展権利の実現を切実に必要とする後植民地および発展途上国の政治状況を説明する際に用いられた。CGG（Commission on Global Governance）主席の Shridath Ramphal は、21 世紀は「善治の時代（Better governance for 21st Century）」であると考え、1995 年に発表した『我々のグローバルな仲間関係』において、治理に対して広範な代表性を有する権威的解釈をおこなっている。治理とは、各種公共もしくはプライベートな個人と機構管理およびその共同事務における諸々の方式の総和であり、相互衝突もしくは相違する利益に調和を得させ、連合行動をとらせる持続的過程である。それは人々を服従させる正式な制度および規則促進の権利があることを含めているだけでなく、人々が同意もしくはその利益に合うと考える非正式な各種制度の配置も含めており、以下の四つの特徴を有している。過程性：治理は全体の規則における堆積でも一種の活動でもなく、一つの過程である。協調性：治理過程の方式は制御ではなく協調である。社会性：治理は公共とプライベートの部分を含めた社会全体の行動である。相互作用性：治理は正式かつ不変の制度ではなく、持続的な相互作用である。これは実際には、伝統的国家と政府の権威に対する挑戦の提起を意味しており、政府が唯一の権力所在ではなく、国家政治権力の外にさらに公共権力もしくは社会権力が存在していることを強調している。政治国家の権力は、元々それが単独で負担していた社会的責任を次第に公民社会の権力系統へと移行させていき、国家政治権力と社会権力、国家責任と社会責任との間にある権力分立、権力依頼、権力相互作用は、治理の理想関係モデルなのである。

　実際、治理と統治の根本的区別は、権力再構築のイメージにあり、権力の外延を拡張し、統治はすなわち政治権力の強制活動であり、永遠に政府という主体しかない。「政府」の治理とは、治理は政治権力の運営

を含むだけでなく、政治権力以外の社会公共権力の運営も含んでおり、「政府」の統治と「非政府」の治理における統一体であり、上から下への統治と下から上への反応の統一体なのである。治理は統治の優越性と合理性より、市場と政府の社会資源配置における効果性に根差している。単純な市場と単一の政府は、現代市場経済社会においては均しく無能で力及ばず、奏功するのも難しく、市場が失敗した後に政府の失効も現れる。国家権力のみで計画・命令等の強制手段を以って社会資源を制御することは、市場手段を以って自由に調節するのと同じことであり、どちらも社会運行における非理性および硬化状態を引き起こす。治理理論の興味はこの両者の欠陥を補うことを旨としているが、治理そのものが失効・故障する問題も存在しており、治理自身の局限性を克服するため、治理に対する価値選択と制度設計は重要な課題となったのである。これに対し、学術界および国際社会は「元治理（meta-governance）」、「健全な治理」、「有効な治理」、「善治」等の治理新概念を提起し、そのうち「良好な治理」、「善治」もしくは「良治（good governance）」の影響が最大である。

　「善治（good governance）」と「善政（good government）」という言葉は対応するものであり、公共利益の最大化追求を目標とする公共管理過程を指し、五つの主要内容を有している。一つ目は合法性（legitimacy）で、権力と権威の治理における外在力量が内化されることを主体とする自覚意識、ならびに自主的に服従させられる性質と特徴を指している。法律規範の角度から言えば、実然法の特徴に合致しているわけではないが、合法は合法性と必ずしも同じではなく、法律規範およびそれによって作られた法律秩序と政治・社会的権威に対する認識・認可は、法律権威に対する忠実な遵守と服従に転化され、合法性を有する。したがって、合法性は実然性の法と実現された法、外在法規範と内心法信念とが結合された調和状態なのである。合法性は善治を量る基準の一つであり、合法性が大きくなるほど善治の水準も高くなる。逆の場合、善治のレベルは低くなる。したがって、力を入れて社会主体における権威への

共鳴感ならびに遵法信念を育むべきである。当然、圧制や専横といった暴政を通し、主体に受け入れさせたり服従を迫ったりしてはならず、権力と権力、権利と権利の相互間における矛盾を最大限の協調をはかることを通し、主体の最大利益の道のりを満足させることで合法性を作り上げる。

　二つ目は透明性（transparency）で、権力運営の指令・過程・結果の諸方面の情報を指し、社会公衆に公開して知らせることができるべきものである。知る権利（right to know）は透明治理を実現させる基本的形式であり、法に基づいて知る権利を確認・保障し、それを法定権利、とりわけ憲法における基本的権利へと昇格させ、知る権利における権利限界線および義務履行方式の設定を含めるべきである。その権利内容は、治理主体が運用する公共権力のとる政策決定形式（立法形式、政策形式、司法形式、法の執行形式等）、権力運営の過程（政策決定形成と実施の順序と段階）、権力運営の結果（政策決定の社会的反響と効果）へと広範に及んでいる。政府およびその他公共権力の責任者は、知る権利の法定義務者として、知る権利を行使するための施設ならびに道のりを提供する法律責任を負い、一人一人の公民にその利益に関わる情勢と情報を知ることができる権利を持たせるべきである。これは公民が権力過程に参与する前提性内容であり、権利運営過程が適宜行う監督・制約に対する必然条件でもある。公開と透明は正義における重要な保障であり、透明性の強弱は善治を量る上で疎かにしてはならない基準なのである。

　三つ目は反応性（responsiveness）で、権利主体の主張と意思表示に対し、権力主体が迅速かつ責任ある反応・応答を行うことを指す。受動的な権利受理請求、意見表明と提案、批評を含み、むやみな延長もしくは拒絶をしてはならないばかりでなく、社会公衆に対し、定期的に意見を求め、問題への回答、政策決定の説明を主体的・積極的に行うことを含めている。民衆の主張に対し迅速な反応をすることを要求するだけでなく、現在実施している政策・法律の正当性・合法性・有効性に対し追跡調査を行い、直ちにフィードバックすることを要求する。反応性は現代

治理における「善」性の必然的要求なのである。

　四つ目は責任制（accountability）で、権力主体が権力運営行為に対し責任を持つべきであることを指している。職権と職責は相互補完、切っても切れない関係にあり、権力とは極めて高いところにある職権でもあり、同時に法定義務・責任と関連したものでもある。仮に法定義務に対し、不履行もしくは履行上の不備がある場合、直ちに法律責任の発生を引き起こす。法律責任の基本的実現形式とは、すなわち法律制裁である。善治下における治者は、責任を持ち法的追究を受けられるものであるべきで、逆にもしも職はあれども責はなし、もしくは責はあれども懲罰なしであれば、善治はその責任性が形式に流れ過ぎていることにより、勢い見かけ倒しとなってしまう。

　五つ目は法治（rule of law）で、権力主体および社会公衆が正当な順序に従い、法律規範を創設・運営することを守り、権力主体の権威は法律の権威に服従し、いかなる人、とりわけ権力掌握者は必ず法律の治理を受けなければならないことを指す。法治政府、法治行政、法治権力は善治の核心的内容であり、この意義において法治は善治を要求し、善治はすなわち法治なのである。当然、その最高目標は自由と権利の実現であり、人権は法治・善治の起点であり帰属でもある。しかし、人権に立脚し人権を実現させることは、法に基づいた治理、とりわけ法に基づいた公共権力の制約に依拠し、それを以って権力独占と権力乱用を防止しなければならない。このため、有限政府・分立政府が善治における治理形式要件となり、適度かつ適宜な分権・権利制限が行われる。仮に良好な制度性計画を配することができれば、社会公衆に自己の公共問題を極めて有効に自主処理させることができ、政府の過分な投入を必要とせず、ここから政府の圧力と負担を軽減させることに有利なばかりでなく、権力集中と腐敗現象を防止することができるのである。

　六つ目は有効性（effectiveness）で、権力運営におけるコスト投入と収益効果の比率・大きさが、常に高効率の運営状態に置かれていることを指す。公共権力の社会に対する管理は、管理機構の設置、人員配置の

合理化、科学的管理プログラム、先進的管理手段、弾力性を持った管理行為、廉価な管理コストを含めて高効率管理であるべきである。いかなる低効率もしくはゼロ効率の管理も、善治の本位に反しているのである。

　善治とは善政と比較した場合のより上級、より理性的な権力運営方式として、国家権力の制約と公民の権利の保護に対し、取って代わることのできない作用を備え、政治国家と市民社会、公共部門と私人領域、民族国家と国際社会における緊張と対峙消去の助けとなり、権力と権利の間の疎通・協調・協力関係を奨励する。しかし、西洋の治理理論に源を発するこうしたものには、少なからぬ問題と欠陥も存在し、国家権力と国際社会の権力、権力と権利の間における境界線を曖昧、さらには抹消し、政府機能削減の極端な状態に陥ってしまう恐れがある。このため、その中の真理性成分と非真理性要素とを識別し、合理的にその有益な成分を参考にするべきなのである。

　発展権に対して言えば、国家権力と国際社会権力との二つのレベルにおける理性的運営を必要とし、国際と国内の権力「善治」は、発展権が共通認識および普遍的保障制度を得る基本的方面である。善治論の内容は広い分野に及び、観点と見解にも不一致が見られるものの、まとめてみれば発展権実現における啓示と価値は一つしかなく、すなわち権力運行における制約と能動、権力運行における制約と効率の相互依存・相互補助において片手落ちになってはならないということである。ある面において、基本的人権としての発展権は、人の政治国家に対する利益主張であり、国家権力およびその他公共権力に対し、発展自由の権利を侵犯せず破壊しないという消極的要求をし、国際社会において国際社会の権力が各国の発展権利に対する消極的責任を強調している。このため、権力制約の実現を要求し、公共権力を制限・制御もしくは制約を受ける有限権力にさせ、権力の制御不能および権力の独占に反対する。善治は民治と法治の統一体であり、民治は善治の「裏」、法治は善治の「表」であり、両者は切り離すことができない。また二者の究極の価値は、人間

の全面的・自由・持続的な発展を帰属とし、人権のために存在している。この究極の価値を実現させる道具性価値は民主制度と法治制度であり、民意と民権を通して権力を制約し、法治と規範に基づいて権力を規制することは、善治を実現させる人権価値の内在メカニズムなのである。したがって発展権の権力制約に対する要求は、民治と法治を通して表現され満足される。善治における「責任性」、「反応性」、「法治」、「透明性」はすべて、権力に対する制限と制約を十分に体現している。もう一面において、発展権におけるその他の人権とは異なる特質の一つは、それが消極的人権である以上に積極的人権であるところであり、主体の複合性・整体性および内容の包括性・総合性、実現の可持続性を有し、それが及ぶのが単一の人間もしくは局部的範囲内の事項にとどまらず、異なる地区、異なる発展程度、異なる国の人にまで及んでおり、したがって、強大かつ高効率に運営される公共権力系統によって弱者の発展権利の主張を満足させ、積極的・主動的な社会性ないし多国籍性ある地球規模の行動をとらなければ、発展権実現は不可能である。したがって発展権は権力を制約するのと同時に、権力の高速かつ極めて効果的な運行を強調している。権力能動・高効率・低消耗は、発展権の治理モデルに対する価値選択の一つである。善治は民治と法治の統一であると同時に自主と自理の統一でもあり、「自立」とは、権力運営における主動性と積極性が、制約を受けないことにより権力を完全に硬化・受動的受体にさせ、権力の運営を活力に満ちた能動性あるものにすべき点を指す。「自理」とは、権力掌握者は弾力性を持った管理をすべきであり、適度な空間と範囲内において自由に政策決定をし、自ら独立して思考・プラン設計をし、高効率な公共管理を行うことを指す。善治における「反応性」、「有効性」は権力能動の生きた体現であり、「透明性」と「合法性」の善治において権力運営のコストおよび代価削減の助けとなり、権力効能を上昇させる。なぜなら、民主と法治は必ずしも権力掌握者を完全制御できることを示しておらず、政府関係者およびその他非政府社会権力掌握者を屈服のための道具とし、こうすることで見たところ国民の国民

による決定を反映しているように見えるが、実際は代価が高く、コストもかさみ、民選政府等の公共機構における公共支出を激増させ、大政府、更にはいわゆる「民主暴政」を形成させる。現実の民主は社会が負担をすべきであり、有限政府と有効政府が依託した法治化民主を公民が負担する気があると同時に支払可能であり、社会公衆と民選政府との間に良性の激励と相互作用メカニズムを構築し、公衆が公共生活に適度に参与でき、権力活動を完全には制御しないと共に、政府がより主動的・有効的に公共利益のためにサービスをし、処理を一任もしくは一部の特殊な利益グループの私利を満足させないことを激励する。

　要するに、人権を唄うことは、善治を行わなければならないということである。発展権に対する国家義務と国際義務を着実に履行するために、善治下における権力運営では以下の規則を遵守しなければならない。第一に、制約の権力と権力の制約の統一である。権力は「命令→服従」を方向性とする一種の強制過程であり、社会に対しマクロ的制約とミクロ的制約を行い、それには構造規制と行為規制が含まれるが、他人の権力を規制および規約することそのものが規制および規約を受けるべきであり、「命令→服従」の単方向性規則を「命令←→監督」という双方向相互作用規則へと変えることを旨とする。第二に、国家範囲の善治と地球範囲の善治との協調である。例えば国家内部の権利運行が政治国家を基として公民社会へ向かうべきであるのと同様、国際社会の権力構造およびその運行目標もまた、平等・協商と相互作用・協力を強調すべきである。人類における発展権の実現には、先進国と発展途上国との関係、すなわち国際社会における権力関係を新たに構築する必要があり、未発展国家の貧困と危機に対し、先進国はより多くの責任を果たすべきであり、これは平等・協商・非大国覇権を基調として、国際性組織もしくは多国籍性組織を含む国際社会の権力系統を構成し、弱小国家への理解・尊重・援助を強化しなければならないことを表している。地球規模の発展事務における解決メカニズム、秩序および計画の設計と選択は、相互作用の充満した過程であるべきである。グローバル治理モデルの改

善、グローバル性善治の形成は、発展権問題解決における根本的な道のりなのである。第三に、権力に対する制約と権力に対する保障の一致である。権力制約は、法治社会が人権を実現する内在メカニズムであり、一つの分立し有限的かつ責任ある権力体系は、人権と法治における必然的要求である。さもなくば社会は専横・権力乱用・人治に陥り、人権・自由・発展を徹底的に否定することとなり、発展があったとしても、それは強者の発展と弱者の未発展に過ぎない。しかし、権力に対する制限を強調するのと同時に、権力運営における効率と能動にも注目し、政府が制約によって完全に硬化し、消極的な無能政府となることは避けなければならない。

ここ数年、東南アジア諸国が実践中の「善治」モデルという公共権力と発展権利との法律関係モデルを奉るやり方は、一つの典型である。東南アジア諸国は、経済の発展、生活レベルの向上、各項人権の十分な実現には、「善治」の基礎の上に建設をするしかないと考えた。この観点の主な代表者であるシンガポールのリー・クアンユー前首相は、民主と人権はどちらも価値ある考え方だが、我々は真の目標が善治であることを理解すべきであると考えた。さらに「善治」の定義を、「清廉・有効でなければならず、国民を保護することができ、一人一人に安定かつ秩序ある社会において自己を向上させ、こうした社会の中で素晴らしい生活を送り、子供を育て、彼らによりよい結果を得させる機会を持たせなければならない[64]」としている。マレーシアは「清廉・有効・信頼できる[65]」が善治の基準であると強調している。各国の歴史・伝統・現実的背景には差があるため、「善治」が含む意義に対しての理解は異なるものの、政府の権威、積極・主動に作為を行う点を強調すると同時に、政府の経済社会発展における権利実現面の作用を強調し、社会発展と人類の進歩を政府が力を入れて実現させることを目標としている点は一致している。インドネシアのスハルト大統領は、「民族国家が人権を守る最後の責任は、それに関係する国家政府にある」と指摘している。

我が国の政府は「発展途上国国家の人権状況を量りチェックする主な

基準は、その政策と行動が経済・社会の発展促進に有利かどうか、国民の衣食住問題解決に有利かどうか、国民生活・福祉の向上に有利かどうかを見るべきである[66]」と考えており、まさにこれこそ発展権の要旨なのである。

　実際、「善治」によって発展権実現を必要としているのは発展途上国だけでなく、すべての国家公共権力の運行は制御・制約を受けると同時に、保障と強化を受けるべきであり、公共権力に主動性と高効率を付与することで初めて、発展権を真に実現することが可能なのである。

　発展権の国際規範もしくは法律規定は、国家権力に対する積極的・高効率な運行の強い要求を体現している。『社会の進歩および発展に関する宣言』は序言において、「各会員国は世界中の社会全体における進歩の促進、とりわけ発展途上国の経済成長と対内・対外政策の加速を助けることを旨とする各種措置をとる責任を有すべきである」と強調し、「本宣言を各項社会発展政策における共通の基礎として国内・国際的行動に用いる」ことを呼びかけている。第8条においては「政府の最重要任務および根本的責任は、その国民の社会進歩と福祉を確保し、全面発展計画の一部としての各種社会発展措置を策定し、奨励・調整もしくは全国の力を集結することを以ってこの目的を達し、社会構造上における必要な変化を導くことにある」と規定している。『発展の権利に関する宣言』では更に明確に「国家は、適当な国家発展政策を制定する権利と義務を有し、その目的は国民全体とすべての個人の福祉を改善することにある」と規定している（第2条）。少なからぬ国家の憲法においても、これに似た規範性内容が多く見られる。

第四節　発展権の法律責任制度

　権利と義務の相対性は、権利の実現には必然的に相応の義務負担が伴うことを決定し、義務者が義務を履行するかどうか、その履行程度と履

行方式がどうであるかが、権利が有効な保障を得られるかどうかを直接制約している。その他の人権と比べ発展権が他と異なる重要な特徴は、その権利・義務主体に現れる特有な複雑性にある。国際社会について言えば、国家は権利主体であり、その他一切の不特定な国家およびその組織は相対的義務者である。国家内部について言えば、国家は義務主体となり、国民が権利享受者となる。国家は権利主体と義務主体の二重身分を兼ね備えている。したがって、発展権の責任者は複合性を現すこととなり、まさに『発展の権利に関する宣言』第２条第２項に規定されているように「すべての人は単独および集団で発展に対し責任を持つ」のである。

一、国家責任

発展権における国家法律責任の創設は、法律およびその他法律が発展権を保障する重要な方式である。それは法律の公共権力に対する人権保障の満足を目的とする原則への要求に符合するだけでなく、国際法律文書の認可を得ることができる。『発展の権利に関する宣言』第３条では「各国は、発展の権利を実現させるのに有利な国家および国際条件を創造することに対し、主要な責任を負っている」と規定している。第８条では「各国は、国家一級レベルで以って発展の権利実現に必要な一切の措置を講じるべきである」、「発展過程において婦女による積極的作用の発揮を確保できるよう、有効な措置を講じるべきである。社会におけるすべての不公正現象を取り除くために、適当な経済および社会改革を実施すべきである」と規定している。理論上から分析を行えば、国家が発展権に対して負う法律責任には以下の四つの面が含まれている。

(一) 尊重

尊重とは、政府が経済・社会・文化・政治発展の権利に対し、干渉をおこなってはならないとする義務を指している。このため、国家は個人

が所有する資源・機会および単独もしくは合同で必要な資源および機会利用のために一定の行動をとる自由を尊重し、それを以って権利主体の発展需要を満足させなければならない。明らかに、国家機関およびそのスタッフを含めた国家は義務主体であり、公民もしくは地区等の主体はすなわち、発展権における権利主体である。個人および個人の集合形式である「国民の天然資源に対して行使する永久主権の権利において、彼らの集合性ある努力を通すことができるのは、当該グループ成員の需要の満足にとって極めて重要である[67]」。『発展の権利に関する宣言』でも、これに対する承認をおこなっており、第1条第2項において「人間における発展の権利」、「人権に関する二つの国際条約における関連規定の制限の下、彼らのすべての天然資源および財に対し、剥奪することのできない完全主権を行使することを含む」と記載している。ここで強調されているのは、権利における「剥奪することのできない」排他性である。

(二) 保護

　保護とは、第三者による主体の発展権利侵犯を、政府に防止するよう要求することを指す。国家には強制性干与利益調整方式を運用し、それを以って発展に参与する行為の自由および各種資源を排他的に使用する自由を保護する責任がある。「国家のこうした保護性職能は、経済・社会・文化的権利にとって、国家の義務における最重要な一面でもある[68]」。国家の権利に対する保護責任は、すでに絶対的多数の国家における現行国内法に規定され、こうした立法は司法審査を受けなければならない。伝統的な公民の権利と政治の権利にのみ裁判所の司法判断・救済があると考えるそうした観点は、現在明らかに時代遅れとなっている。

(三) 促成

　促成とは、一人一人が自由に発展行動を実施して自身の発展需要を満足させられるよう、政府には条件創造の措置を講じる責任があることを

指す。例えば『経済・社会・文化的権利に関する国際条約』第11条には、国家は「科学技術の知識・建設もしくは土地制度改革、食品の生産・保管・分配方法の改善を十分に利用することを通じた」措置を講じるべきであると規定されている。『発展の権利に関する宣言』においても、国家が「適当な国家発展政策の制定（第2条第3項）」、「条件の創造（第3条第1項）」、「発展の障害を……除去する段取りを講じること（第6条第3項）」を通して、発展権の実現を促進するよう繰り返し強調している。その具体的方法には、発展税収の減免、貸付優遇、技術的支持、債務緩和等が含まれる。

(四) 提供

　提供とは、「安全バルブ」の概念に対応するよう提起された一種の国家責任形式であり、主体の自主発展能力欠如もしくは自主発展における最低内外条件を喪失した際、国家は直接その発展資源を提供し、その自主発展の資格もしくは能力を付与する責任を負担すべきであることを指す。例えば、経済もしくは生産における構造的調整において現れる部分的主体が隔絶化される状況では、国家が基本的要求を満足できる資源提供を履行する義務を要求する。

　以上四つの形式において、「促成」と「提供」は合わせて「実現」の責任とも呼ばれ[69]、いずれも政府が適度な立法・司法・政策措置を講じ、発展権の実現を保障することを要求する。

二、国際責任

　国内主体の発展権実現は、国家義務主体が提供する国内法律保障に直接依頼しているとはいうものの、国内保障系統の中に置かれている発展権はまた、国家と民族の発展権実現を基礎として初めて生命の源泉を得ることができるのである。なぜなら発展権が制限を受け、もしくは剥奪されている国においては、本国国民の発展権実現をまったく保障するこ

とができず、義務主体である国家が国内の国民に対して義務を履行する行為能力は、多くの場合において、権利主体として享有する際の発展権の実現程度によって決まるからである。したがって発展の権利を保障することは、根本的なところから言えば、国家の国際社会における権利主体としての地位を保護し、発展権の国際保障制度を実現しなければならない。『発展の権利に関する宣言』はすでにこの制度を認可し、明確に規定している。「発展途上国の急速な発展を促進するため、長期的な措置を講じる必要がある。発展途上国の努力に対する一種の補完として、こうした国家に向けて全面的発展を促進する適当な手段と便宜を提供する際、有効な国際協力を実施することは極めて重要であり……（第4条）」、このために「国際一級レベルの政策・立法・行政・その他の措置（第8条）」を講じるべきである。

　国際発展法は国際社会における経済発展および社会発展のすべての関係を調節し、その内容には以下のものが含まれるべきである。発展途上国と先進国との貿易関係の調整、貿易条件改善の要求、発展途上国の輸出製品に対する差別的制限規定の撤廃、合理的・有効的な規則制度の制定。「発展」協力では、先進国と発展途上国の協力および発展途上国間における協力の異なる性質を区別し、異なる法律準則をそれぞれに適用する。前者は公平互恵および発展途上国が実際に置かれている不平等な地位を考慮した精神に基づき、先進国によって非互恵を含んだ優遇性の協力が実行されるべきである。後者は相互援助性の協力に属する。「発展」援助とはすなわち、政府援助を主とした発展計画の援助に対し専用に用いられる。外債の国際手配。技術譲渡は、統一された国際規格を以って発展途上国が技術譲渡の過程で得られる経済的利益を保護し、独占と詐欺を制止し、発展途上国間における技術交流協力を提唱する。社会発展と文化発展。

　これに対し、国連経済社会理事会は第46回会議において、発展権障害を撤廃する立法および政策計画措置について専門に提起している[70)]。①民族自決権および天然資源の永久主権を尊重する。②国家と世界銀

行、国際通貨基金および商業銀行間において、外債償還と構造調整協議に関する発展権原則を重視し、日々重くなる債務負担と社会の最貧困および最弱の部分に対し重点的な構造調整をおこなうことを考慮し、世界の経済構造を緊急改革し、新たに国際通貨基金および世界銀行の関連条約を制定する。③これまでの貿易条件・金融政策・二国間もしくは多国間目標に関連する状況を審査する。これらはすべて、国際経済・金融・貿易機構により非民主的政策決定過程を永久化させられているのである。④工業化程度が最高の国家における政治・経済権力の高度な集中を分散させるために、財と資源を平等に再分配する。⑤国際労働分業構造、ブレトンウッズ体制を改革し、技術譲渡に対する保護主義の制限等を新たに調整する。

　国際発展権は責任メカニズムを実施し、国際発展政策決定領域における分権の実行を要求した上で、発展の法律過程と手続きに民主的参与を提供する。発展政策決定機構における「代表制」と「責任制」[71]の構築を考慮することは、発展政策決定権に対し適当な区分を行い、発展者の代表の参与を必要とするだけでなく、一定量の未発展者代表による政策決定への参与を必要とする。公共参与に基づいて形成された政策決定機構に対しては、法律方式を講じて監督と制御を加え、自らの活動に対し責任を取らせるべきである。これは現行の「発展における流行モデルが、すでに利益化され、人類の非理性によって決定されている」状況に対して提出した挑戦である。なぜなら、こうしたモデルは「大部分が人権と人類発展における社会・文化・政治面の要素を疎かにし、人々の生産積極性を制限する。それらはグループの間における力と資源制御力の更なる不平等を引き起こし、社会の緊張と衝突をもたらす…貿易財政措置および二国間援助に関する条件は、すでに世界経済・財政・貿易機構により、非民主的な手順を通し、すべて慣例とされている。これは人権である発展権の全面的実現に対し、一つの重い打撃である[72]」。実際、集権の国際発展体制は、権力区分と権力制約の新国際発展メカニズムに変えていかなければならないのである。

これ以外に、国家において国内に対して負担する責任と国際責任とは、絶対的対立・完全分立しているわけではなく、逆に、この両者は一定の条件の下では相互に連絡し合っている。国家が承認する国際性法律文書に基づき、それを国内法律規範へと転化し、ここから両者を結び付ける。これもまた、発展権実現における重要な方式の一つである。発展権が負担する責任を有効に履行するため、『発展の権利に関する宣言』の序言の中で、国連および人権と関係のある特別機構について特に提起し、当該宣言の法律基礎の一つを指摘し、「国連およびその各専門機関における、個人の全面的発展と各国国民の経済的・社会的進歩と発展に関する協議・公約・決議・提案およびその他の文書」とした。したがって、発展権を実現させるため、現存の人権保障メカニズムの正当性を考慮することは、比較的合理的なことである。具体的に言えば、以下の四つの制度から選択することが可能である[73]。①情報交流。発展権実施状況に関する情報交流システムを構築し、以って発展権に対する否認もしくは破壊を防止し、以って発展援助が行われているか否かの関連データを獲得する。②定期報告。国家は定期的に某特設もしくは専門性機構に向け、発展権状況について報告を提出する。報告は、国内の発展責任に対し監督を行うという前提のみとすべきではなく、ここを拠り所として、未発達の地位に置かれている人々に特別な保護を与えるべきなのである。報告義務はすでに国際人権「両条約」等、国際文書の中に取り入れられており、参考にすることが可能である。例えば、我が国がすでに調印した『経済・社会・文化的権利に関する国際条約』第16条においては報告義務を明確に規定し、第17条では「報告は本条約義務を履行する程度における要素と困難の影響を指摘しなければならない」と規定している。1987年以来、報告の審査はすでに国連経済社会理事会が設立した経済・社会・文化権利委員会の負担へと委託し、各締結国には5年ごとに総合性を有する定期報告を提出する義務がある。報告手続きは締結国と経・社・文権利委員会との間の対話を基礎とし、討論を通して実施すべきである。③調査、監督。特設機構もしくは専門家団体によっ

て構築された流動メカニズムであり、未発展の根源を調査し、発展権の実現状況を調査する。④特別措置。国際社会によって人権としての発展権の鍵となる某特殊問題では、特別な専項措置を講じ解決を見る。例えば、国際協力の発展、債務危機解決特別方案、国際援助、発展障害撤廃の専門性立法もしくは政策計画。

当然、上述の措置は国際性法律文書の存在、とりわけ国家が参加し、すでに当該国家に対し法的効力を有した条約を前提とし、特定の国家がすでに条約等、国際法律文書における当事国となった際にこうした責任を負担した場合にのみ、法律上の意義を有する。さもなくば、道徳的意義における責任形式でしかなくなるのである。

第五節　発展権の法律規範方式

一、憲法が発展権に対し規範を加える基本的構想

発展権を憲法規範の中に入れ、根本法の最高法律効力と法律保障を得させることは、発展権法律保障制度における礎石であり核心である。世界に統一された人権法律規範モデルは存在していないものの、「憲法においてどの種の形式を用いて人権を規定するか。これは主に当該国家の人権理論および歴史的伝統によって決まるのである[74]」。しかし人権と法律、とりわけ基本的人権と憲法との間には普遍性のある内在的関連が存在しており、これは憲法が人権を規範する際に用いる方式を決定し、差異が存在すると同時に共通の特徴もまた存在する。発展権の憲法規範における合理的方式を模索する際、一方において各国の憲法が人権を規範した歴史的・文化的伝統および既存の法律構造を尊重すべきであるのと同時に、もう一方において各国の現有憲法規範における基本的経験を積極的に参考とすべきであり、理性主義から出発して大胆に模索し、共通性・合理性を有したある種の基本的内容を発見するのである。

憲法が発展権に対して行う規範の相対的構想は、主に以下の五つの方面に現れる。

第一に、憲法の「序言」もしくは「総綱」において、人権の一つである発展権の憲法地位を抽象的に宣言し、発展権の基本的人権性質を突出させている。同時に、発展権保護という法律原則を確立し、発展権を憲法における人権保障原則の重要な内容とさせる。法の要素について言えば、基本原則形式を採用して規範を加えるのが相応しく、法律規則形式を採用するのは相応しくない。

第二に、「国家の根本的任務」において発展権に一般性の規定を行い、主体の発展権実現を国家における法定の根本性任務とする。例えば、民族もしくは地区、とりわけ未発展地区の優先的発展、発展援助の権利は、ここにおいて規定を加えることができる。これに対しては、綱領性・原則性規範を採用して確認を加えることができる。

第三に、「国家基本政策」もしくは「発展計画」において発展権実現の根本的方式を具体的に規定する。発展権と発展企画、発展計画および専門項目開発の間に法的関連を構築する。法律原則と法律規則を結び付けた方式を採用し、規範を加えることができる。

第四に、「公民の基本的権利」もしくは「基本的人権」の規定において、公民個体の発展権利を確認する。規範形式から見れば、提唱性規範・任意性規範・強制性規範の三種類の形式の中から一種もしくは数種を選択して使用することができる。提唱性規範が設定する行為モデルは国家の公民もしくは組織に対する希望もしくはある種の行為に対する価値肯定を表しているため、ここから規定すれば、主体の積極的・主動的な発展過程への参与、発展権行使の保障にとって有利となる。任意性規範は、主体が適用する規範を自由に選択することができ、主体が法定限度内において自身に適した発展行為モデルを自主的に選択する助けとなる。そして強行性規範は、その主体に対してある種の行為を必ず行う、もしくは行わないことを調整メカニズムとし、発展権に対する保障を義務主体における逃れられない法律責任とさせ、憲法の強制権威性を十分に体現

している。

　第五に、転換性条項を規定できることは、国際発展法と国内法を結び付け、発展権における国際・国内法律規範を憲法規範の中に統一させることができる。条約等の国際性法律文書は憲法における多くの法律起源のうちの一つの形式であり、各国の法律制度および法律伝統に適した方式を採用し、国際発展権の法律規範における国内化を実現することができる。

二、憲法の発展権に対する規範において善処すべきいくつかの関係

　憲法が発展権を規範する際、以下のいくつかの関係について具体的に処理すべきである。

（一）抽象的原則規定と具体的保障との関係

　発展権は基本的人権の一つであり、その基本原理は当然、憲法精神・憲法理念において確定性を有するよう抽象化された法律基本原則を包容すべきである。したがって、憲法において発展権の存在を一般的に示し、国家における立法価値の方向性を表明することは極めて必要なことなのである。では、抽象的な発展権原則を具体的な憲法権利形式に転化し、更に法律保障を与えるべきなのか否か。現行憲法に対しおこなった比較研究では、すでに二種類の異なるやり方が存在することが証明されている。絶対的多数のものは抽象的規定を作るのみで、具体的権利にまではっきりと細分化しておらず、序言もしくは国家政策指導原則等の中に規定しているのみである。少数のものが公民の基本的権利に具体化しており、更に新国際経済・政治秩序という国際法律秩序を促進すべきであると宣告し、それに基づいて発展権を実現させることを隠喩している。しかし全体的に言えば、こうした規定はどれも明確性を欠いている。実際いかなる人権規範でも、具体的な実施メカニズムと保障措置を欠いていればそれは不完全であり、法律規範の論理的要素が不完全なせ

いで結局、人権保障が形式に流されてしまう可能性を持つ。したがって、憲法が発展権を規範する際、憲法が発展権に対し確認・規範・保障という三つのレベルにおいての機能を発揮するよう注意すべきである。そのうち、原則性確認は前提であり、規範はすなわち発展権実施の行為モデルおよび法的結末を主幹としたものを建設的に創設し、相応する憲法保障措置を規定することは欠いてはならないことなのである。

(二) 直接明示型規定と間接推論型規定との関係

　発展権に対する法律規定過程は、まさに他の人権と同様であり、二つの異なる方法がある。一つは権利法定、すなわち法律規範を以って明確かつ確実に規定し、これに基づいて当該人権の合法性を証明する。二つ目は権利推論、すなわち現存の人権法律条文の中の不明確な規定であり[75]、現行法を通して当該人権形式に証明を加えることはできず、すでにあるその他の法定人権形式に基づくことで、論理的推理の方式を用いて当該人権の存在を推論することが可能なものである。発展権規範の既存状況は、世界各国の関連憲法において発展権を規定する際、主に採用するのは後者の方式であり、これでは明らかに一定の欠陥が存在することを表明している。なぜなら発展権と生存権は人権における二つの基本的人権だからである。基本的人権はその他の人権を論証する人権であり、基本的人権の法律規範は、その他一般的な具体的人権法律規範の効力起源の存在するところである。そして非基本的人権は、基本的人権の中からのみ発見され証明されるものであり、逆はない。非基本的人権の法的効力もまた、基本的人権を規定した法律の中からのみ得ることができ、逆の論証をしてはならない。もしも一つの人権の存在価値および法的地位が、すべてその他の人権法の中から証明され、発見されるものであるならば、当該人権は基本的人権ではないと断定することができる。「基本的人権はその他の人権が生み出した論理上での先行仮定なのであり」、これはすでに人権法学における公理となっている。発展権が基本的人権の一つであるならば、その他の人権における分解式規範の中で証

明および確認を行うべきではなく、憲法において正面から明確に確証を行い、言葉を濁した法律規定から疑いの余地のない法律権利へと転換させるべきなのである。「現行憲法は公民人権に対する記述の中から生存権・発展権を導き出した。こうした思考回路には大きな疑いがある。生存権・発展権が最も基本的な人権であるならば、その他の人権は生存権・発展権の中から導き出すことが可能であり、その逆はないのである[76]」。「根本法である憲法が、一国の人権主張およびその人権状況を記載する最も傑作で、最も権威ある白書である」ならば、「生存権と発展権を憲法に書き入れることができる[77]」。実際、発展権が基本的人権である点を回避せず、否定しないのであれば、直接憲法に書き入れる理由は十分すぎるほどあるのである。言い換えれば、憲法が発展権を確認する際、直接明示型の規定方式を採用した方がよいのである。

(三) 権利内容の法的効力肯定と効力未定との関係

　発展権に対する法的効力では、以下のように考える観点がある。発展権とは政府が「金を払」わなければいけない高価な権利である等、経済・政治といった非法律要因を考慮すれば、伝統的な自由権・平等権・財産権等にのみ「可司法性[78]」があるのであり、比較的簡単に司法機関によって適用される。そして、経済・社会・文化の諸方面の均等な発展機会を含んだ発展権利は、多くの面において一つの政治的問題であり「可司法性」を備えてはおらず、ここから発展権の法的効力を認めないのである。当然一つの折衷規範方法もあり、いわゆる「可司法」の人権と「不可司法」の人権とは明からさまに対立させるべきではなく、両者は協調とバランスをとるべきだと考えるものである。例えばインド憲法はその典型であり、そこでは人権を「司法上の権利」と「非司法上の権利」とに分け、前者は「基本的権利」を指し、主に政治的自由権方面の規定である。後者は「国家政策の指導原則」であり、主に社会権方面の規定である。後者には法的効力がないものの、いかなる意義もないというわけではなく、「具体的な権力を行使する際、権力を握る者は国民指令書

（Instruments of Instructions）における指導原則を遵守しなければならない[79]」。これは、伝統的人権と経済・社会・文化的発展との間の憲法バランス関係を表している。インド憲法は、ここから人権概念を社会権にまで発展させた一つの「成功例[80]」なのである。東南アジアと南アジアの少なからぬ国では、こうした憲政モデルを採用している。

発展権の憲法における効力に対しては、肯定的な回答を与えるべきである。発展権を憲法に書き入れた後は、憲法の他の部分と一体につながり、憲法において切り離すことのできない構成部分を形成する。憲法のすべての部分は法的効力を備えており、憲法の内容を有効と無効の二つの部分に人為的に分解してはならないのである。発展権の規範効力問題においてあやふやなものは許されないが、その効力形式においては区別が存在してもよく、それは普通法律立法の際の効力起源であってもよいし、行為の直接法的依拠であってもよいのである。

（四）発展権問題に関する国内法と国際法の関係

前の章節で述べたように、発展権は国際法の調整を受けると同時に、国内法の調整も受けるべきである。では、いかに国内法と国際法の関連内容を調和させるかは、発展権法制における統一問題に直接関係し、法制統一はまた、人権保障法制建設における基本的前提なのである。この問題は二つの方面に分けることができる。

一つの面は、内容において発展権国内法規範と発展権国際法規範との関係をうまく処理すべきである。国際法と国内法の関係に関する観点では、最も典型的なものに一元論と二元論がある。そのうち、一元論は更に国内法優先説と国際法優先説とに分けられる[81]。そして二元論は、現代国際法学界においてほぼ主流となっている観点である[82]。更に二元論に対する止揚を通し、「自然調整説[83]」を提起した学者もいる。疑いの余地なく上述の諸観点には一定の合理的見解が含まれているが、全体的に言えば、どれも片面的で妥当性を欠いており、日々複雑化していく現実の国際社会関係に対応し反映させていくことは難しい。「現代国

家の中で、法は全体的な経済状況に適応していなくてはならないばかりでなく、内在的矛盾によって自己の内部にある調和一致の表れを自ら覆してはならないのである[84]」。純粋法学の代表であるケルゼンは、これに対し以下の指摘をおこなっている。「国内法と国際法の統一は、認識論の上での準則である。法学者がこの両者を、効力を有する二セットの規範であると捉えるならば、それらを一つの調和体系における各構成部分であると理解するよう試みなければならない。この異なる二種類のうちのどちらの方式でも、先天的に可能なのである。二セットの規範は一つの規範性体系における各構成部分としてよいのである[85]」。これに基づけば、我々は以下のように考えることができる。法律規範における調和一致とは、国際法と国内法の関係を正確に把握する理論を出発点とし、法の内在的特質における普遍性と形式的特徴の共通性および法治社会の法律体系に対する融合・協調的な基本的要求が、国際法と国内法が法律規範の統率の下、調和的共生・協調一致をしなければならず、そうするしかないことを決定している。

　もう一つの面において、規範の上で、憲法という根本法のみが国際法と国内法規範の法律形式を有効に統一させられるという点を明確にすべきである。昨今の世界各国における憲法は、この関係に対して異なる程度の規定をおこなっており、規範の確定性に基づいて三つのモデルに分けることができる。①この問題を憲法の中で明確に規定しているだけでなく、両者の関係に対し具体的定位をおこなっているもの。②憲法規定は明確であるが、具体的関係モデルの選択は逆に抽象的であるもの。③抽象的で曖昧な原則規定のみを設け、この関係に直接言及していないもの。憲法はその効力の最高性および範囲の広範的優勢を発揮し、それを以って国内法と国際法の関係を調整すべきである。具体的に言えば、憲法と国際発展法律規範との間は、一つの規範間における一致でもよいし、個別の規範構成における規範群の調整でもよく、規範性法律文書の意義における協調と吸収でもよいのである。ただし、「法律体系」、「法律秩序」ないし抽象的な「法」の意義における協調一致であってはなら

ない。逆に、自治が不能な条件の下、自然的・自発的に両者の調和状態があってもならないのである。これを「法律規範協調説[86]」と称すことができる。したがって、発展権の国際法における憲法規範方式においては、条件付きの直接認証あるいは間接転換方式を採用し、憲法という国内法における最高効力を有する法定人権となることができるのである。国際法と国内法の規定が一致した際、憲法の規範設計は極めて簡単になり、直接認可すればよいのである。両者が不一致の際は、保留・選択等の方式を通じ審査を行う。憲法が発展権を調整する際に遵守すべき平等原則および主権尊重、発展協力原則、非対等優遇原則は、こうした判別を行う際に依拠となりうる法律価値基準なのである。

注釈：

1) Jerome J. Shestack: The Jurisprudence of Human Rights. Cited in Theodor Meron: Human Rights in International Law. Oxford University Press 1984, p.74.
2) 『中国国際法年刊』1983年、102ページ。
3) 『中国国際法年刊』1983年、103ページ。
4) Francis Snyder & Peter Slinn: International Law of Development. ProfessionalBooks Limited, Milton Trading Estate, Abingdon, oxon 1987, p.88.
5) See Austin: The Province of Jurisprudence Determined, Hart, London, 1954; Kelsen: General Theory of Law and State. 1961.
6) ［英］哈特（ハート）『法律的概念（法律の概念）』中国大百科全書出版社、1996年版、81～83ページ。
7) ［英］哈特（ハート）『法律的概念（法律の概念）』中国大百科全書出版社、1996年版、212ページ。
8) ［英］哈特（ハート）『法律的概念（法律の概念）』中国大百科全書出版社、1996年版、213ページ。
9) ［米］徳沃金（ドウォーキン）『法律帝国』中国大百科全書出版社、1996年版、367ページ。
10) ［米］漢斯・摩根索（ハンス・モーゲンソー）『国際縦横策論──争強権、求和平（強権を争い、平和を求める）』上海訳文出版社、1995年版、3～17ページ。
11) 趙一凡『美国的歴史文献（アメリカの歴史文献）』三聯書店、1989年版、265ページ。

12）「理論の上から言えば、法理主義は国際関係と国際秩序に、法制基礎の上の一種の秩序理念を構築させる。それは法律手段を用いて国家の対外行為と国家間における利益分配と協調を規範することを主張し、法制化を実現することで初めて国際関係における合理化と秩序化を実現でき、ここから国際メカニズムにおける重要な価値基点を構成すると強調する」。劉傑『秩序重構——経済全球化時代的国際機制（秩序の再構築——経済グローバル化時代の国際メカニズム）』高等教育出版社、1999年版、92～97ページ参照。
13）［米］羅爾斯（ロールズ）『正義論』中国社会科学出版社、1988年版、3ページ。
14）Francis Snyder & Peter Slinn: International Law of Development. Professional Books Limited 1987, p.94.
15）Francis Snyder & Peter Slinn: International Law of Development. Professional Books Limited 1987, p.94.
16）A. Pellet: The Functions of the Right to Development: a right to self-realization. UN Doc. HR/RD/1990/CONF. 6. p4.
17）［ノルウェー］A.Eide「人権対社会和経済発展的要求（人権の社会と経済発展に対する要求）」、劉海年主編『「経済、社会和文化権利国際公約」研究（「経済・社会・文化的権利の国際条約」研究）』中国法制出版社、2000年版、2ページ。
18）［ノルウェー］A.Eide「人権対社会和経済発展的要求（人権の社会と経済発展に対する要求）」、劉海年主編『「経済、社会和文化権利国際公約」研究（「経済・社会・文化的権利の国際条約」研究）』中国法制出版社、2000年版、3ページ。
19）フランスのFloryは1977年に『発展国際法』を発表し、「発展国際法」とは「国際関係における未発達状態の解消と、未発達国家の真の独立要求という究極の目標のために奉仕する法である」と考えた。
20）［旧ユーゴスラビア］米蘭・布拉伊奇（ミラン・ブライッチ）『国際発展法原則』中国対外翻訳出版公司、1989年版、66ページ。布里吉特・博勒克—斯特恩（ブリジット・ボラク・シュタイン）「新産生的国際経済新秩序規範的法律特徴（新たに発生した新国際経済秩序規範における法的特徴）」、卡邁爾・侯賽因（カマイル・フセイン）主編『国際経済新秩序的法律問題（新国際経済秩序における法律問題）』70ページより。
21）［旧ユーゴスラビア］米蘭・布拉伊奇（ミラン・ブライッチ）『国際発展法原則』中国対外翻訳出版公司、1989年版、70ページ。穆罕黙徳・貝賈維（モハメッド・ベジャウィ）『新国際経済秩序構築を目指した努力』ユネスコ、1979年、140ページ。

22) ［旧ユーゴスラビア］米蘭・布拉伊奇（ミラン・ブライッチ）『国際発展法原則』中国対外翻訳出版公司、1989年版、66～67ページ。莫里斯・門德爾森（モリス・メンデルソーン）「大会決議的法律性質：幾点原則意見（総会決議の法的性質：数点の原則的意見）」、『国際経済新秩序的法律問題（新国際経済秩序の法的問題）』95ページより。
23) 国連総会第7回特別会議・ラオス、A/PV.2347, p.11。
24) 国連総会第7回特別会議・ドミニカ、A/PV.2348, p.42。
25) 国連総会第7回特別会議・モンゴル、A/PV.2340, p.7。
26) ［米］理査徳・A・福爾克（Richard Falk）「論聯合国大会的準立法権限（国連総会の準立法的権限を論ずる）」、『美国国際法雑誌（アメリカ国際法雑誌）』第60巻、1966年、783ページより。
27) 『国際法院裁決集（国際司法裁判所判決集）』1969年。米蘭・布拉伊奇（ミラン・ブライッチ）『国際発展法原則』中国対外翻訳出版公司、1989年版、67ページより引用。
28) 埃里克・絮伊（エリック・シューイ）「服務于新世界秩序的新国際法（新世界秩序に奉仕する新国際法）」、『国際発展法原則』70ページより引用。
29) 国連総会事務総長の報告『新国際秩序における国際法原則と規範に関する着実な発展』国連総会文書 A/39/504/add. 1, pp.38-39。
30) 国連貿易と発展会議 A/PV. 2315, p.67。
31) ［英］洛克（ロック）『政府論（下）』商務印書館、1995年版、16ページ。
32) ［仏］盧梭（ルソー）『社会契約論』商務印書館、1997年版、23ページ。
33) ［英］洛克（ロック）『政府論（下）』商務印書館、1995年版、86ページ。
34) ［日］井上正治『過失的実証研究（過失の実証研究）』日本評論社、1950年版、31ページ。
35) 高銘暄主編『刑法学』法律出版社、1982年版、132ページ。
36) ［日］松本昌悦『現代憲法と人権の課題』成文堂、1972年、84ページ。
37) ［日］大須賀明『生存権論』法律出版社、2001年版、5ページ。
38) 謝瑞智『憲法新論』台湾文笙書局、1999年版、147、269ページ。
39) Carl Schmitt, Verfassungslehre, S. 169. Scheuner, Die institutionellen Garantien des Grandgesetzes, in Recht-Staat-Wirtschaft, Ⅳ., 1953, S.97f.
40) 謝瑞智『憲法新論』台湾文笙書局、1999年版、271ページ。
41) 徐輝「論法人犯罪（法人犯罪を論ずる）」、『現代法学』1996年第3期。
42) 陳正雲、楊磊「論英美刑法中的無過失責任（英米刑法における無過失責任を論ずる）」、『法学研究生』1992年冬季号。
43) 周葉中主編『憲法』高等教育出版社、2000年版、143～145ページ。
44) ［日］大須賀明『生存権論』法律出版社、2001年版、32ページ。
45) ［日］大須賀明『生存権論』法律出版社、2001年版、33～34ページ。

46)［日］内野正幸「社会権的法律性質理論的歴史分析（社会権における法的性質理論の歴史的分析）」、『法律時報』第53巻、第9号より。
47)［日］古米淑郎「新政的社会保障制度（新政社会保障制度）」、『経済学論叢』第13巻、第2号、34～35ページより。これに対し、大須賀明は「アメリカの情勢から見たとしても、社会権の保障は決して単純な市民社会に対する譲歩ではなく、一種の積極的・主動的な社会的措置なのである。その根本的目的は、市民国家が現代という斬新な歴史的段階において出現した経済と社会の矛盾を解消するため、資本主義社会の経済的秩序と社会的秩序を回復させ、今後自らを更に充実させる」と考えた（［日］大須賀明『生存権論』法律出版社、2001年版、15ページ。）。
48)［日］大須賀明『生存権論』法律出版社、2001年版、17ページ。
49) 陳泉生『可持続発展与法律変革（可持続的発展と法律変革）』法律出版社、2000年版、195ページ。
50)［日］奥平康弘、杉原泰雄『憲法学——人権的基本問題（人権の基本的問題）』1977年版、60ページ。
51) 陳泉生『可持続発展与法律変革（可持続的発展と法律変革）』法律出版社、2000年版、195ページ。
52)［豪］凱爾森（ケルゼン）『法与国家的一般理論（法と国家の一般理論）』中国大百科全書出版社、1996年版、382ページ。
53)「ワイマール憲法が『公認の国際法規定は、ドイツ連邦において拘束力を持つ法律構成部分である』と規定して以来、国際法に対する法的性質への疑いはすでに完全に晴れた。この規定に照らせば、国際法義務は国家の義務であるばかりでなく、同様に国家機関および国民の直接的義務なのである」（［独］拉徳布魯赫＜ラートブルフ＞『法学導論』中国大百科全書出版社、1997年版、152ページ)。
54) 張文顕主編『法理学』高等教育出版社、1999年版、221～223ページ。
55) Antonio Augusto Cancado Trindade, Environment and Development: Formulation and Implementation of the Right to Development as a Human Right. Cited in Asian Yearbook of International Law, Vol.3, 1993. Martinus Nijhoff Publishers, p.34.
56) 張文顕主編『法理学』高等教育出版社、1999年版、222ページ。
57)『中国大百科全書・法学』中国大百科全書出版社、1984年版、188ページ。
58)［旧ユーゴスラビア］米蘭・布拉伊奇（ミラン・ブライッチ）『国際発展法原則』中国対外翻訳出版公司、1989年版、52ページ。
59) 穆罕黙徳・貝賈維（モハメッド・ベジャウィ）『新国際経済秩序構築を目指した努力』国連ユネスコ、1979年版、253ページ。
60) 李龍、汪習根「憲政規律論」、『中国法学』1999年第4期より。

61）［米］Stephen.L.Elkin 等『新憲政論』生活・読書・新知三聯書店、1997年版、166 ページ。
62）［米］Stephen.L.Elkin 等『新憲政論』生活・読書・新知三聯書店、1997年版、39 ページ。
63）［米］Stephen.L.Elkin 等『新憲政論』生活・読書・新知三聯書店、1997年版、144～145 ページ。
64）［シンガポール］リー・クアンユー「民主と人権は世界の何処でも普遍的に当てはまる」、『聯合早報』1992 年 11 月 21 日より。
65) Mohamed Jawhar, Malaysia: Cultural Traditions, Good Governance and the Universality of Human Rights.
66）1993 年ウィーン世界人権大会における中国代表団団長の劉華秋による発言。『光明日報』1993 年 6 月 17 日より。
67）［ノルウェー］A.Eide「人権対社会和経済発展的要求（人権の社会と経済発展に対する要求）」、『「経済、社会和文化権利国際公約」研究（「経済・社会・文化的権利の国際条約」研究)』中国法制出版社、2000 年版、15 ページ。
68）［ノルウェー］A.Eide「人権対社会和経済発展的要求（人権の社会と経済発展に対する要求）」、『「経済、社会和文化権利国際公約」研究（「経済・社会・文化的権利の国際条約」研究)』中国法制出版社、2000 年版、15 ページ。
69）ノルウェーの人権法学者 James.R.Sims と A.Eide は、国家義務のレベルに対し、「早期に提起された三つのレベルのうち、『促成と提供』は二つの異なるレベルに新たに区分される。こうしてみると、時に促成のみ（奨励性の環境を創造）、時には直接『幇助』を供給するという発展概念により符合する。その上、両者は『正常』な発展作業の中で手を携えることができるものの、この区分も有用な『発展』と『救済』を区別するために有益である」と考えた（［ノルウェー］A.Eide「人権対社会和経済発展的要求（人権の社会と経済発展に対する要求）」、「国際人権法中的充足生活水準権（国際人権法における十分な生活水準権）」、『「経済、社会和文化権利国際公約」研究（「経済・社会・文化的権利の国際条約」研究)』中国法制出版社、2000 年版、16、226 ページ)。
70) Sakiko Fukuda – parr, Human Development and Human Rights Report on the Oslo Symposium 2-3 October 1998. Cf http://www.unhchr.cn.
71) Cf Ibid pp. 50-51.
72) Ibid, P48. Cf Antonio Augusto Cancado Trindade, Environment and Development: Formulation and Implementation of the Right to Development as a Human Right. Cited in Asian Yearbook of International Law, Vol.3, 1993.

Martinus Nijhoff Publishers, p.31.
73) Cf Antonio Augusto Cancado Trindade, Environment and Development: Formulation and Implementation of the Right to Development as a Human Right. Cited in Asian Yearbook of International Law, Vol.3, 1993. Martinus Nijhoff Publishers, p.40.
74) 韓大元『亜洲立憲主義研究（アジア立憲主義研究）』中国人民公安大学出版社、1996年版、186ページ。
75) 韓徳培、李龍主編『人権的理論与実践（人権の理論と実践）』武漢大学出版社、1995年版、364ページ。
76) 劉連泰「論修憲行為的評価（憲法改正行為への評価を論ずる）」、『憲法、行政法』より、2000年第6期、25ページ。
77) 劉連泰「論修憲行為的評価（憲法改正行為への評価を論ずる）」、『憲法、行政法』より、2000年第6期、20〜22ページ。
78) 国際人権法学界においては、発展権を経済・社会・文化的権利と類似した権利と見做す人もおり、さらに後者の可司法性否定を以って前者の法的効力を否定しようと試みる。これに対し、ノルウェーの人権法学者A.Eide教授は以下のように指摘している。「公民の権利と政治の権利は『絶対性』と『直接性』を有していると考えられている。そして、経済・社会・文化的権利は、過程性を有し、徐々に実現させていく必要があると考えられている。したがって、一つの権利の問題ではない。これに関連する一つの仮定としては、公民と政治の権利が『可司法性』を有していると考えられていることである。これはこうした権利が、裁判所や類似する司法機関から簡単に適用されやすいことを意味している。そして、経済・社会・文化的権利は、多くの場合において政治性を有している。更には、公民と政治の権利は『無料』であると信じている人もいる。なぜなら、こうした権利は多くの金を払わなくても済むからである。こうした権利の主な内容は、国家には個人の完全化と自由に干渉してはならない義務があることを設定することにある。これと逆なのは、経済・社会・文化的権利の実施が『高価』と見做されている点である。なぜなら、こうした権利は国家には個人に提供する福利という義務があると理解されるからである。したがって、この観点は主に、この二つの権利が生んだ異なる国家義務をめぐって展開される。これが原因で、そうした経済・社会・文化的権利が要求する義務を負担したくない国家が、いつの日か公民と政治的権利のみを含めた文書を批准するであろうと願う人も過去にはいた。（[ノルウェー] A.Eide「人権対社会和経済発展的要求（人権の社会と経済発展に対する要求）」、『「経済、社会和文化権利国際公約」研究（「経済・社会・文化的権利の国際条約」研究）』中国法制出版社、2000年版、9〜10ページ）。

79)［日］孝忠延夫「インド憲法における基本的権利と国家政策の指導原則」、関西大学『法学論叢』、248 ページ。「基本的権利と指導原則は相互補完の関係であり、すなわちその価値からすれば平等である。1980 年代以後、インド最高裁判所の判例においては両者の価値における同等性が何度も強調されている。最高裁判所は『国有化法』＜ Sich Textile Understanding (Natimalixotion) Act ＞案における判決において、インド憲法は第三篇と第四篇の間のバランスの上に成り立っており、もしも一方の優位的地位を強調すれば、両者のバランス関係の破壊を引き起こす可能性があると考えた」(韓大元『亜洲立憲主義研究（アジア立憲主義研究）』中国人民公安大学出版社、1996 年版、189 ページ参照)。

80)［日］安田信之「亜洲文化圏中的人権（アジア文化圏における人権)」、『法学家』1993 年 5 月より。

81) これに対し、各派の権威的学者は皆比較的系統的な帰納をしたが、ここでは詳しく述べない。詳細は、［豪］阿・菲徳羅斯（アルフレッド・フェルドロース）等『国際法（上）』商務印書館、1981 年版、140～153 ページ；［英］労特派特（ローターパクト）修訂『奥本海国際法（上）』第一分冊、商務印書館、1981 年版、24～32 ページ；周鯁生『国際法（上）』商務印書館、1976 年版、16～27 ページ等々を参照。

82) 二元論は比較的流行かつ比較的権威のある観点となりつつある。例えばローターパクトが修訂した『オッペンハイム国際法』には以下の指摘がある。「本書の作者は、こうした見解に対し大きく賛同する」、「二元論にはまだ不完全なところがあるものの、全体的に言えば、国際法と国内法の大きな区別に関するその観点は、客観的現実から比較的近いところにある。まさにこれが原因で、司法実践に従事する多くの裁判官、とりわけ国際司法裁判所の裁判官は、主に国際法と国内法の法律起源および適用範囲面での区別に基づき、二元論と言う観点を支持している」(余先予主編『国際法律大辞典』湖南出版社、1992 年版、9 ページ)。「二元論は比較的現実に即しており、国家主権を認めると同時に国際関係における国際法の作用をも認め、国際法と国内法は二つの異なる法律体系であると考える」(程暁霞主編『国際法』中国人民大学出版社、1999 年版、25 ページ)。

83) 周鯁生『国際法（上）』商務印書館、1976 年版、20 ページ。ここで作者はこう指摘する。「法律と政策の一致性という観点から言えば、国家が自らの国際義務をまじめに履行すれば、国際法と国内法の関係は常に自然に調整することができる」。こうした観点は何代にもわたって受け継がれた。今日、各派のかつての観点を批判するという基礎の下、「国際法と国内法関係における自然調整」という命題を直接提起する学者もいる（程暁霞主編『国際法』中国人民大学出版社、1999 年版、25 ページ)。

84）『馬克思恩格斯選集（マルクス・エンゲルス選集）』第 4 巻、483 ページ。
85）［豪］凱爾森（ケルゼン）『法与国家的一般理論（法と国家の一般理論）』中国大百科全書出版社、1996 年版、407 ページ。
86）李龍、汪習根「国際法与国内法関係的法理学思考（国際法と国内法の関係における法理学的思考）」、『現代法学』2001 年、第 1 期より。

第七章
発展権の司法判断適合性の分析

　人権は人類の価値に対し、それが法律文書の中に記載された法定人権であるばかりでなく、実践され最終的には実現を見ることが可能な実用的人権なのである。人権の法定化は人権の実在化と同等である必要があるわけではなく、一般的に言えば人権の実在化は人権の法定化を基礎としており、人権法定化と現実化の最終実現は、必然的に人権の司法判断適合性に依存する。執行可能な正当な法律過程を構築して初めて、系統的な人権法律救済メカニズムが構築され、純粋・抽象的な原則性確認法律状態から抜け出すことが可能となり、法律訴訟領域に入って初めて人権に強制実施の効力を確実に付与することができるのである。発展権の法的効力と法律地位の固定化は、発展権規範の法的性質によって決まるのみならず、発展権の法律規範における執行可能、司法実践における適用性によって決定されるのである。

第一節　発展権司法判断適合性の根拠

一、発展権司法判断適合性が含む意義と基準

　司法判断適合性（＝可司法性 justiciability）は、すなわち「可訴性」もしくは「可受裁判所審理性」であり、裁判所の管轄を受け、裁判所により判決が下される属性を指す。社会現象は法律現象と非法律現象の二つの種類を含んでいる。法律現象における担体は、一般的に言えばすべて訴えられる対象となり得るものであり、法律過程に入り法律の審判も

しくは保護を受けることができる。司法の価値は、公平・正義を確立し回復させ、社会利益・資源と負担に対し、分配と再分配を行うことである。起源から言えば、それは「私的救済」に対する否定・補足・突破の過程において徐々に発展してきたものである。一つの社会現象を司法領域に入れることができるかどうか、もしくは入れるべきかどうかの基準は主に三つある。第一は、私的救済のみに頼って確実に利益の自己救済ができるのか否か、すなわちある種の対象の自我生存が、自由・自主・自立の特徴を有しているのかどうかである。もしも当該対象の内部に自己の防備メカニズムが含まれていれば、すなわち外部から自己への公共の力による救助を必要としないということである。もしも対象自身の防備および矯正メカニズムが不健全もしくは欠如している、もしくは当該メカニズムの予期利益が良くない結果より低く損耗が収益効果を上回るのであれば、公的な力による救済メカニズムを導入しなければならない。この際、当該対象は司法性を有しているのである。第二は、加害対象の性質と力の強弱である。ある対象に対して与えた被害は、救済を実施する基本的条件であり、加害者と被害者双方の間の力の比率が、往々にして可司法性を有しているか否かを測る基準となる。双方の力の対比における差が大きければ、その可司法性は強いということになる。加害対象が強大であれば、加害対象に対するその制御・制約も大きくなり、司法の管轄を受ける必要性も大きくなるのである。例えば、国家は一種の社会制御における権威性ある存在として、個体である国民と比べた場合、その国民に対する制御および国民の国家に対する服従は、社会秩序および安定統治の基本的必要事項と見做される。まさにこうした原因により、国家、主に国家機構およびその権力行為に対する法的拘束は、法治社会における必要条件となり、ここからいわゆる「法治国家」が誕生、すなわち法を以って国家を「治める」わけであり、国家は訴訟提起可能の対象となる。第三は、損害を受けた程度と性質である。対象が侵害を受けた性質と程度は、対象が直接被害をこうむった計算できる利益ならびに正確な計算が難しい実在利益とから成っており、例えば精神的利益

および間接的影響の諸方面にバランスを加え、これは司法過程を起動させるか否かにおけるを決定する先導性要素である。対象の被害が可司法性を有しているかは必ずしも実証されるわけではなく、対象の被害が対象の存在と発展を脅かす時のみ、当該対象は一般的社会現象から法律現象を誘導し、司法救済の対象となるのである。

　普遍的社会現象である人権が、司法領域に入り可司法性を有することができるのか否かは、極めて簡単かつ言わずとも知れた問題のように見える。しかし詳細に探究してみると、実はそうではない。人権と法律の関係史を見渡してみれば、この問題に関して現在でも引き続き流行している観点とやり方は「両分法」、すなわち人権に対して分割・孤立の方式を以って見るやり方であり、人権の一部を具体的・可司法的と見做し、それ以外のその他の人権は可司法性を有していないとするものである。こうすることで、人権と司法の間に越えてはならない溝を人工的に作り出し、一方を「可司法性人権」、もう一方を「非司法性人権」とするのである。前者は、法律による厳格な宣告と原則を以って確認を得、人権法律規則に分解・細分化され、法律部門、特に法律過程の中へと入っていく。後者は、宣告され、場合によっては憲法の文書宣告、根本法における最高規範となりうるが、それが抽象的過ぎることから、法律部門における秩序性規範を以って保護することができないのである。1776年、アメリカの『独立宣言』では、三つの人権、すなわち「生命権、自由権、幸福追求権」が宣言された。1789年のフランス『人権と公民権宣言』第2条では、「いかなる政治的結合の目的も、人間の犯してはならない自然な権利を保存することにある。こうした権利は、自由、財産、安全、および圧迫への反抗である」と宣言し、当該宣言は以後のフランス憲法の中にそのまま記載された。1791年のフランス憲法第一篇「憲法が保障する基本的条項」では、「憲法は以下に列記する自然的権利と公民的権利を保障する」と規定している。1793年のフランス憲法では、人権宣言を35の条項にまで拡大させ、第1条と第2条において「社会の目的は共通の幸福であり」、「こうした権利が平等・自由・安全・財産

であり」と宣言し、「圧迫に反抗する権利」を「平等」権と改め、ここにおいて、「自然的権利」と「公民的権利」を並列させた。実際、この時の人権は主に、法定化された憲法性権利、すなわち自由権・財産権・安全権・圧迫反抗権（平等権）の四種類の人権形式を含んだ公民権を指しており、この四種類の人権のみが法律の保護を受けて法定人権となり、可司法性を有するのである。実際、公民における上述の四権以外、その他多くの人権形式が存在しているものの、未だに憲法上の認識および賛同を得ていない。例えば1776年のアメリカ独立宣言が宣言している「幸福追求の権利」は、フランス人権宣言およびその憲法によって修正された。アメリカ憲法は独立宣言をその中に書き入れたものの、当該権利の曖昧性のために、その司法機関における直接適用性が体現されることは少なかった。アメリカのルーズベルト大統領が1944年に提起した著名な四大自由論、すなわち言論の自由、宗教の自由、物資欠乏から逃れる自由、恐怖から逃れる自由は、この思想を極めて典型的に反映している。

1940、50年代の人権は、全面的に国際社会および国際法領域に突入し、1945年の『国連憲章』と1948年の『実質人権宣言』では、どちらも人類全体のすべての権利に対し、同等に見做した保護を与えるべきである点を強調し、各種人権における相互関連・分割不能という人権の基本的特徴を指摘し、人権のこうした整体性と主体人権における普遍性を憲章および宣言全体の理論的支柱とした。しかしながら、西洋伝統的人権観の影響が強く、故に1966年に国連総会で採択された国際人権法案は人権を二つに分けざるを得ず、『経済・社会・文化的権利条約』および『公民的権利と政治的権利条約』がそれぞれ採択された。そのうち「公民的権利と政治的権利」は、主に生命権、健康権、自由権、平等権等を含んだ可訴的人権として設計されている。『公民的権利と政治的権利条約』の第四部・第28条においては人権事務委員会の設立を規定し、同時に『公民的権利と政治的権利における国際条約任意議定書』を採択し、公民権と政治権侵害後に関する個人上告制度・国家相互訴訟制度を構築し

た。当該『議定書』の第1条は、「当議定書締約国となった条約締結国は、当該国管轄下にある個人から、当該締結国が条約に記載されている権利のいずれかが侵害を受けたと称された場合、委員会には被害者からの訴えを受け入れ審査する権利があることを承認する」と規定している。第2条は、「条約規定下にある権利のいずれかが侵害を受けたと称する個人すべてには、例えば国内における救済方法を運用することができ、すでにすべての援用を使い果たしたら、委員会に書面にて申請を提出し、委員会による審査を受けなければならない」と規定している。第5条は、「委員会は個人および関係締約国が提出した一切の書面資料を参照し、本協定書が引き受けた訴えに基づいて審査すべきである」と規定している。これによると、実質的な面から言えば、締約国の公民が国内救済措置を使い果たしても権利の救済の実現を見ない場合、国連人権事務委員会に申請を提出することができ、人権事務委員会は申請人および被申請国が提供した申請書類および意見回答を条件とし、事実と法律分析による事実確認を通し、相応の処理意見を形成する。こうした条約の手順は、国内法の意義における訴訟手順と必ずしも同一ではなく、その結果もまた国内司法裁判における性質と効力を有してはいないものの、国際法律の実施メカニズムおよび手順としては、その法的性質と効力は疑う余地のないものであり、これは「司法性を備えた一種の監視メカニズムであり、たとえこうした監視メカニズムが『付加協定書』を批准した国家にのみ適用されるとしても、条約批准143ヶ国のうち93ヶ国にも上る」。こうした司法性監視メカニズムに基づき、人権事務委員会は個人の訴えを受理する権利を有し、確定した権利侵害認定を上告者個人および訴えられた国家に手渡す。彼らはそれを大衆に公開することができ、「こうすることでおそらく研究委員会が作成した判例を理解することができ」、国内の人権司法に手本を提供する[1]。保守的に見ても、地区性機構を含む国際人権機構による権利侵害の認定は、国内法律救済過程と結合して以降、おそらく完全かつ典型的な人権救済司法過程を形成する。コロンビアを例にとると、1996年7月5日、当該国家では法律が

採択され、国際人権保護機構の認定を経て人権が侵害を受けているとされた被害者に対し、賠償を行うことが規定された[2]。さらにこうした司法性処理もまた、人権事務委員会にすでにある法律実践により再び実証を得、1993年から1997年にかけ、委員会が認定した人権侵犯案件は86件にも及ぶ。しかし『経済・社会・文化的権利条約』の実施メカニズムの中には、国家報告制度しか規定されておらず、個人による書面上告制度はなく、すなわち条約機構には、締約国公民個人がその国内における経済・社会・文化的権利が侵害された場合に訴える上告文を受理する権利がないのである。上記権利条約を実施するため、国際社会はすでにある種の努力を始めており、1985年には国連経済社会理事会にて決議が採択され、経済・社会・文化的権利委員会の成立が決定し、1996年12月には経済・社会・文化的権利の実施監督過程に関する議定書草案が制定されたが、当該草案は遅々として採択されなかった[3]。その主な障害は、侵害を受けたこうした権利は、多くの場合その性質上、集団的権利に属すため、仮に訴えることが可能だとすれば、誰が訴えるのか（個人および団体を含むのか否か）、被告者すなわち責任主体は誰なのかということになる。なぜなら、少なからぬ権利侵害行為は、国家、国家組織、多国籍企業を共同責任者として実施されているからである。

　これ以外に、いくつかの地域性人権条約実施メカニズムにおいても、こうした二分法を採用している。例えば『欧州人権条約』が創設した権利は公民的権利と政治的権利のみであり、ここから設立された欧州人権裁判所の裁判例もまた、多くが公民・政治権の権利侵害案である。ばらばらにされた人権の不足を補うため、『欧州人権条約』の外に、経済・社会・文化的権利の保障を旨とする『欧州社会憲章』が採択された。こうして、人権は人為的に二種類の異なる類型に分解されたのである。

　法理の上からその原因を探ってみると、上述の区別を引き起こす鍵は以下にある。伝統的人権観は、人権を政治的権力に対抗する道具としてしか見做しておらず、人権を、純粋な自然的動物と政治的動物が享有すべき、政治国家からの干与を受けることを免れるといった消極的な権利

と見做した。政府が積極的行動を取ることで実現と満足をみる、ああした個人の需要および主張は、往々にして人権とは見做されなかった。そこで、公民的権利と政治的権利は法律上の可適用性を有しており、司法訴求における依拠および起源へと変わり、経済・社会・文化的権利は政府による積極的行為の限界が曖昧で、とりわけ責任主体の集団性の代価が高く、字面の上では人権条約と規定されているものの、遅々として司法過程に入ることができなかったのである。これに対し、西洋には比較的流行している観点が存在し、この二種類の権利には三つの違いがあると考える。一つ目は性質の上から見れば、公民的権利と政治的権利は消極的権利であり、政府が積極的な行為を行う必要がなく、政府はただ消極的に邪魔さえしなければよい。しかし経済・社会・文化的権利は積極的権利であり、政府による積極的作為が必要であり、それにより初めて実現するのである。二つ目は代価の上から見れば、前者は経済性・廉価性を有しており、政府が投資をする必要のない廉価、甚だしくはゼロコストの権利である。後者は非経済性・高価性を有しており、政府に莫大な資金を投資するよう要求する、代価を伴う高価な権利なのである。三つ目は実施の上から見れば、まさに上述の二つの原因により、公民的権利と政治的権利は実施可能、可司法性を有し、可訴性を備えている。それに対し、経済・社会・文化的権利は、司法領域に入ることが容易ではない。さもなくば、政府は重責に耐えられず効率が低下する。経済・社会・文化的権利における可司法性が反対に遭うのだとすれば、経済・社会・文化・政治的発展を内容とする発展権の可司法性については言うまでもないことである。なぜならこの理論に基づけば、発展権は単一の経済・社会・文化的権利に比べ、必然的により莫大な資金および投入をしなければならず、可司法性を付与されないばかりか、当座のところ人々は発展権の司法問題に言及したいとは全く思っておらず、これは望んでも手が届かない夢幻だと考えている。実際、こうした伝統的人権観は日増しに懐疑と批判を浴びており、代価が高価かどうかと政府の経済負担状況から、人権が司法過程に入れるかどうかを決定するという観点は、

明らかに人権本性および司法特質に対する大きな誤解と歪曲なのである。

二、発展権司法判断適合性の客観的必然性

　発展権は基本的人権の一つとして、その可司法性の理論および実践依拠はマクロとミクロの両面から実証を得ることができる。
　初めに、発展権の可司法性は伝統的人権観に対する止揚である。伝統的人権観はこの問題における本質であり、一つの人権は法律文書が規定する人権であってよいと考えてはいるものの、こうした法定人権の一部は法律過程の保護を受けず、すなわち法定人権が不可司法なのである。これは疑いもなく、法律規定が法律の保護を受けていなければ、法定人権は法律適用の中で救済ができないと言える。仮にそうであるならば、法定人権の侵犯行為は法律評価の上では当然違法であるが、法律適用の中で審判も受けなければ法的責任も負わないということになれば、これは立法上の不法行為が司法上の非違反行為の奇怪なサイクルの中に明らかに陥っているのである。しかし実際には、可訴性を有していない法定人権が実在人権になることはできず、ある種の意味から言えば、可訴性のない人権は真の人権とはなり得ないのである。
　次に、発展権の可司法性は人権における絶対性と総体性の統一により決定される。人権本性の上から言えば、代価が高いか否か、政府の負担がどうかに関わらず、人間があるべき価値と尊厳を実現し、人間自身の基本的需要と希望を満足させるのに欠かすことのできないものであれば、すべて人間の権利の方向性となるべきなのである。人間にとって言えば人権は無条件に存在すべきであり、人権は人が人として人格を有する最低限の条件であり、こうした資格と条件を失えば、人間は人間となることができない。この一点に関して言えば無条件・永久なのであり、人権の絶対性を体現しているのである。また人権の相対性は、人権の存在状況および実現程度のみから言えば、人権の絶対性と相対性との関係

は、実質的には人権そのものの絶対性と人権実現状況の相対性との関係を指しているのである。いかなる人権も、現実的かつ外界の制約を受けて相対性を明らかにした人権であるべきで、ここにおいて、その存在範囲と限度および方式が比較的大きな限界と制限を受け、その存在性における現実的必要性および可能性を必ずしも否定しようというものではないとのみ言うのであれば、実は正反対である。制約を受ける要素が多く、制約を受ける力が大きければ大きいほど、こうした人権は保護を受ける性質が強くなり、保障を受ける程度も更に大きくなるべきなのである。経済・社会・文化・政治的発展を含めた発展権が、公民権および政治権と比べ、その制約・制限・依存を受ける要素がよい多いのであれば、それに対する司法保障は明らかに緊迫かつ必要なのである。

更に、発展権の可司法性は人権における分割不可性に依存している。今日に至り、人権はすでに人為的な形でばらばらにされ、人々は人権に対し、異なる角度から様々な分類や分解をおこなっており、こうした分解と細分化にはその理論的科学性ならびに現実的合理性という一面はあるものの、本質的に言えば、人権の本意から見るにしろ人権の価値から見るにしろ、人権とは統一された、完全な、分割することのできない一つの集合体なのである。なぜなら、人権の内核、すなわち人間の尊厳・人格・価値は、人類の存在に欠かすことのできない構成要素であり、人間のこうした存在要素は人間にとって欠かすことができない、同様に重要なものだからである。そのうちのどの一項目でも人間から引き離したとすれば、必ず奇形的な不完全な人間を作り出すこととなり、この時の人権も勢い支離滅裂かつ人間の本性を失ったものとなってしまう。それと同時に人権価値の実現は、一項目もしくはある種の人権形式における法律化と実在化の上のみに委託してはならず、人権要素の間における依存関係が早くから示されているように、人間はある種の権利を捨てて単独で別の権利を実施することはできない。住宅権を失った人間が公民的権利と政治的権利を行使することは往々にして机上の空論となり、人身の自由権を奪われた人間が経済的・文化的権利を享有しようとすること

は想像できないことなのである。いわんや少なからぬ権利、例えば健康権、労組権等に関しては、一体どの種の権利に属し、どの種の権利に属さないのかを語るのが難しい。「人権分割論」は人権を「国家に対抗する」公民・政治的権利と「国家に要求する」経済・社会・文化的権利とに分けており、人権の全体性を明らかに軽視している。この観点は現在いくらか変わりつつあり、例えば欧州人権裁判所はすでに「公民的・政治的権利と経済・社会的権利との間には、特に密封された壁があるわけではない」ことを肯定しており、社会・経済的権利のために集団控訴制度を構築したが、その本質はやはり「社会法方面に対し監督を実行しようという思想を（たとえ非司法的性質の監督であったとしても）各国はいかに信任していないか[4]」と表明している。これは 1945 年の『国連憲章』と 1948 年の『世界人権宣言』の基礎の上における一種の退化と言ってよい。1948 年の『世界人権宣言』の最後の一条では「本宣言のいかなる条文も、ある国もしくはある権力が、宣言が宣告した権利破壊を旨とする自由な活動もしくは行為をおこなう又は完成させることを黙認すると解釈してはならない」と再び強調している。すなわち、ある種の人権における優先性を以って別の人権の実現を制約する口実としてはならないということである。これに対し『発展の権利に関する宣言』では、「発展は経済・社会・文化・政治における総体的過程である」と明確に指摘している。したがって、「各項人権と各種基本的自由は相互に分割できず、相互に依存している。公民・政治的権利と経済・社会・文化的権利の実現・保護・促進は、共に同様の注目を受け、同等の緊急を要する態度で考慮を加えるべきなのである」。

　発展権は人間の全面的発展と各種権利における統一性と協調性を強調し、仮に公民的権利と政治的権利が可司法性を有している点を認めるならば、人権の不可分性により、経済・社会・文化的権利および統轄性と整体性を有した発展権の可司法性を必然的に認めることとなる。発展権等の人権形式における可司法性を否定することは、実際には人権の分割不可性を否定することなのである。

最後に、発展権の可司法性は司法の基本的機能によって決まる。社会の調整方式の一つである司法は、その他の社会的調整手段と併存するのみならず、その独特な価値と機能を備えており、司法は往々にしてその他の社会調整手段の存在における欠陥を存在前提としている。一般的には、その他の手段による調整不能もしくは調整コストが高すぎる場合に、ある対象が司法領域に入ることになるのである。逆に言えば、司法はその他の手段に欠けている調整硬度と力を備えている。司法は正義における最後の砦であり、これはすでに名言となっており、公平・正義・人権は司法における最高の価値である。発展権について言えば、道義的責任と慈愛的援助のみに基づくことは必然的に軟弱かつ無力となり、実践過程においてもすでに無情に否定されている。仮に国際政策およびいくつかの非強制制度を設置し、例えば国家報告制度のレベルから実施するとしても、最終的な保障作用を及ぼすことはできない。発展権への侵害がもたらす悪しき結果に対しては、公民個人の権利損害に留まるのみならず、個人から構成される集団的権利をも脅かすこととなり、危害の範囲は公民権および政治的権利を大きく上回り、これは発展権が有する集団人権性が決定するものなのである。同時に発展権の損害は、内容において人間の発展におけるすべての方面に及ぶ。発展権を奪われた個人にとって、その政治権・公民権が二度と存在しないことは明らかであり、その他の権利もまた尽きて喪失するのである。したがって、発展権の権利内容および権利主体における複合性と全局性に向き合えば、その権利侵害行為の結果は、必然的に全面性を有し、強いては一つの民族に対する滅亡を引き起こすのである。まさにこういうわけで『発展の権利に関する宣言』では、発展権を民族自決権における必然的延伸として規定しているのである。実際、発展権は司法保護における優先的対象となるべきである。したがって、司法と人権における内在的親和力から見れば、発展権が司法過程に入り可司法性を有するということは、発展権の基本的人権価値を実現する根本的要求なのである。

　まとめてみると、発展権可司法性における内在的根拠は以下の通りで

ある。第一に、現代法治社会において、司法は人権を実現する基本形式であり、人権保障は司法における最高の境地である。第二に、発展権は人権システムにおいて最も重要な基本的人権形態の一つであり、その司法との親和力はその他の人権を遥かに超越している。第三に、発展権は国家政治権力による消極的不干与を必要とするだけでなく、権力が設置した障害を司法に基づいて排除し、政治権力による積極的運行をより必要とし、こうした権力運行の形式を恒常性および権威性を備えた法律行為へと変えていかねばならないのである。

第二節　発展権の法的権利侵害における境界

一、発展権権利侵害行為の法律設定

　発展権の可司法性は、純粋理性が証明する観念機能の基礎の上にのみ成り立っているわけではなく、可訴性を有した権利法律制度を創設することが、法定人権実施における直接担体および外在形式なのである。発展権可司法性の内容が示すものは、発展権司法制度の構成過程ならびに運行活動の結果であり、法律規範が設定した権利の侵害と権利の司法救済過程が存在している時のみ、当該権利が可司法性を有していることを証明できる。権利侵害行為およびその法的確認は、権利可司法における基本条件である。つまり、権利侵害は司法救済における存在前提であり、権利無侵害の権利救済は存在しない。発展権司法制度の創設は、まず比較的明確な権利の境界線を設立し、権利の保障と侵害、尊重と妨害、侵犯と抗辯の間における法的基準を樹立すべきである。最も普遍的な意義から言えば、発展権の司法事由は、一般的人権の共生を備えつつ、自身の独自性も備えているのである。

　当然、目下のところ発展権が侵害されることへの権利侵害事実において、人々は「障害」という言葉を使いたがり、「侵害」という名の冠せ

られることにあまり慣れておらず、これはやはり発展権を不可司法の権利と見做していることから来る結果なのである。なぜなら人々は、あまり追究したくない、あるいは追究したくても発展権侵害の責任を負いたくないからである。実際には、発展権が司法の強制保護を受けられる最低限度を設定することができ、一旦この限度を超えたら、いかなる主体も訴追されるべきであり、いかなる例外もあってはならない。もしも常に意図的にこの事実を避け続けるとすれば、発展権は永遠に『宣言』のゆりかごの中に横たわって眠り続けることとなる。発展権障害の存在は極めて深刻であり、人々をはらはらさせることもある。国際上における重要な表れは、国際経済関係における現行制度の構造上の深刻なアンバランスであり、国際経済、とりわけ発展途上国の経済形勢を深刻に悪化させる。それには以下のものが含まれる。その一は、大量の労働力と物資資源を非生産的かつ無駄使いの軍備競争の上に浪費する。その二は、各主要先進国は内向性政策を遂行する。その三は、各発展途上国は金融および貨幣危機に瀕する。その特徴は、①全世界の完済手段が減少し、更に外貨準備率が下降する。②債務が不断に増加し、元金返済・利息支払いの負担がますます重くなり、逆に利率が極めて高くなる。③発展に使う優遇資金の流入が大幅に減少する。④財政援助の条件は一層過酷になる。⑤各先進国が国際資金市場に入ることに対し、ますます多くの障害を設置する。その四は、不利な外貿条件であり、その特徴は①各先進国は発展途上国から来た輸入品に対し、保護主義の壁を設置し、結果後者の輸出下降を引き起こす。②各発展途上国、とりわけ最も未発達の国家、すなわち非石油輸出国の貿易状況は悪化の一途をたどる。③商品市場の収縮、商品価格の暴落、組織的な原材料価格の操作。その五は、食糧の提供が不安定となり、供給不足となる。その六は、多くの不利な影響を及ぼすその他様々な要素を生み、そこには以下のものが含まれる。①先進国が発展途上国の獲得した技術に対し、様々な障害と制限を設け、技術譲渡に対して融通の利かない不利な各項条件を制定する。②人材の不断な流出が累積性の影響を引き起こし[5]、こうした状況は今に至

るまで依然として根本的な改善を見ていない。発展権の障害が国際社会において確認かつ提示されて以降、障害が形成する根源、すなわち発展権実施における法律責任の依拠問題は、異なる意見と観点を形成する。上述の発展権障害分析に対しては反対する多くの観点が存在し、発展途上国の未発展の原因をその内部に見出し、発展権実現の障害は国内法の発展と人間の発展の間における不調和にあり、有効な民衆参与メカニズムの欠如、政治権力の集中、経済構造の不合理、法治制度の欠乏等々がすべて発展権における障害を構成すると考える。

いかなる意見の相違が存在しようとも、発展権実現を阻害する外在人為的要素は常に客観的に存在しており、すべての阻害要素を法律調整軌道に組み入れることは不可能であるし、その必要もなく、その全てを法律上の禁止事項であると勝手に宣言するとはいえ、法律の境界線を見つけ出すことは必要であり、多くの事実の中から何が発展権を阻害しているのかの客観的要素を確立し、客観的事実を篩にかけてから、法律事実として昇格させ、道徳義務を法定義務へと転化し、合法と違法の判別基準と検証基準の樹立を通し、発展権が法律訴訟領域に入る基礎を築く。権利侵害の構成に対しては二つの方面から設定でき、一つは反面から見た場合で、発展権実現促進の法定義務を規定し、こうした義務に対する違反は必然的に権利侵害を構成する。二つ目は発展権を侵犯する法律行為を正面から直接規定する場合で、列挙された中にない行為はすべて権利侵害の範囲外に排除することができる。

二、発展権権利侵害行為の構成要素

具体的に言えば、発展権の権利侵害行為は内容と形式の二つの角度から提示することができる。

初めに、内容の上で、発展権の権利侵害行為が指し示す内容は、発展権の中に含まれるすべての権利要素である。法社会学的意義の上から言えば、構造性に基づく権利侵害と個体性に基づく権利侵害が含まれる。

前者は例えば、発展を深刻に阻害する国際貿易体制の設立、相手もしくは他国の発展の犠牲を代価とした二国間もしくは多国間発展条約の締結、不平等性条件を付加した発展援助等である。国際社会は今まさに、発展途上国の利益を保護する法的枠組について検討することに力を入れており、先進国の海洋探査から空間活動に至る事務において「人類共通の遺産[6]」を発展途上国が享受できる保障を旨としたものに及び、更には発展途上国の特殊な状況における「多国籍企業と技術譲渡の行為法典[7]」等々への注目を盛り込んでいる。この種の義務は一旦法律化されれば、すぐに確定性規範となり、こうした規範に対する破壊は発展権権利侵害行為における具体的内容を構成する。国内法における発展障害の均衡、局部性発展の制度性、とりわけ局部性法制障害、発展構造アンバランスの政策化ならびに法規化、差別待遇等は、主体の集団性の権利侵害および権利侵害を受ける対象の整体性特徴を有しており、その危害・悪しき結果は一人もしくは数人に及ぶにとどまらず、往々にして大規模かつ広範に存在する利益侵害を引き起こす。後者は往々にして、単一の国家もしくは単一の人間に対し起こす権利侵害行為であり、例えばある国に対する貿易差別、個人の発展手段および環境に対する制限・剥奪・破壊等である。これに対し、発展に関する国際法研究は人々から頗る注目を集めており、「内容から見れば、発展の国際法は以下のものを含む。発展途上国の特別待遇保護の促進ならびに発展援助を受けられる権利を有し、通常それらは貿易特待、債務減免、低金利ローン、直接援助、低コスト技術譲渡に及んでおり、基本的人権としての発展権を促進することは、この項目において最も希望のある点なのである[8]」。こうしたすべてが、経済的性質を有する発展権に対する具体的確認に属し、実際こうした義務への違反以外に、発展権における権利侵害は、政治モデルに対する選択ならびに自主発展・民族自決への関与と侵犯、本土民族文化の発展あるいは外来文化の自主的吸収および社会発展の権利における制限もしくは剥奪等の方面に表れる。こうして宣言され強調された権利内容が、慈善の代名詞になることのみに留まるべきではない。なぜなら、

「慈善心を備えた国家は、彼らがこうすることは善意から出たものであり、法律義務ではないと考え続けるからである」。逆に「こうした待遇こそ義務なのである[9]」。こうした内容を付与し、厳格な法的意義、構造性法律規範を以って義務違反の権利侵害行為に対し認証基準を提供すべきである。

　次に形式の上で、発展権の権利侵害行為は作為的および不作為的という二つの法律行為方式に表れる。一般的な法律権利が行為と異なるのは、目下のところ発展権に対する不作為が発展権実現における主な障害という点である。いわゆる「不作為」とは「必ずしも『何もしない』わけではなく、『何かをしていない』、すなわち期待される行為を実施していないということである[10]」。一旦法律が発展権の保護を受けられる領域および具体的権利項目を設定して以降、こうした法定条項に対する侵犯は、直接正面から積極的行動を以って権利人の法的権利を踏みにじることを可能とし、既得権益に妨害もしくは破壊を受けさせる。例えばその他の権利形式と同様、法律、とりわけ「憲法上保障された基本的権利に対しては、その大部分が国家に対して一定の不作為の自由権性質における規範を要求する。したがって、国家の積極的行為によって引き起こされた人権侵害は、実際すでに人権侵害形態の大半を形成している。憲法上のいわゆる『作為論』は、実質的には人権論における主流となっている[11]」。これはすなわち、自由権を核心とした公民的権利と政治的権利に対する侵害は、往々にして外界からの積極的作為でしかないのであり、消極的不作為ではあり得ない。なぜならこの種の権利は、政府もしくは他人の積極的作為を必要とせず、座して静観し妨害をしなければ自動的に実現する人権と考えられているからである。したがって、それらに対する侵害行為方式とは「作為」でしかなく、故に「作為のみが侵害する人権」と称することができる。もう一つの面において、現代人権法理論を近代人権法と比べた場合の最も根本的な進歩は、「不作為侵害を受けることができる人権」制度を開発したことであり、ここの『不作為』とは主に義務負担者——国家公共権力違背法の義務、一定の行為を行う

ことを拒否することで、ここから基本的人権に対する侵害を引き起こすことを指し、不作為行為が侵害するのは往々にして、伝統的な自由権人権体系に相対するもう一つの人権、すなわち経済・社会・文化的権利でしかなく、主に生存権等の社会的権利として表れる。この種の権利の権利侵害行為は当然、国家による積極的作為の結果ではなく、国家が一定の作為を実施しない、もしくは作為が不十分であることから引き起こされたものである。

　発展権は単純に自由権から構成された公民・政治的権利による表れでもなければ、簡単に生存権を核心とする経済・社会・文化的権利と同等でもなく、逆に、社会成員による良性の相互作用、人権の完全性・融合性を十分に体現した連帯性権利と呼ばれるのである。したがって、それは国家主体の消極的・無妨害を以って尊重・実現し、それとは相対的に国家の反抗・消極的無妨害を法律義務とし、それに対する積極的な権利侵害、すなわち作為ある発展権への侵害を構成しているのである。同時に、発展権は国家主体の積極的行為、すなわち様々な主動的促進措置を講じることをより必要とし、そこには制度供給および作為とその実質的内容である物質投資が含まれ、それと相対的に国家がこの義務を履行しなければ、それに対する消極的・不作為権利侵害を構成するのである。

　国家不作為の権利侵害に対しては、それによって引き起こされる司法上の追究・悪しき結果により、人権法理論界において長年争われている。こうした争議の発端は、第三世代人権観が提起された後、西洋法学界が第三世代人権における法的性質に対し評価をおこなったことにある。最も早くに出現した公民自由権は可司法的であり、その後出現した経済・社会・文化権は不可司法的、さらに形成が最も遅かった発展権等の新人権の可司法性はさらに疑う価値があると考えるものである。これに対しては、本書のその他の章節ですでに論述したため、ここでは詳しく述べない。こうした観点が東洋社会に反映されているのは、日本を代表とするものである。日本の法学界は生存権・教育権等の経済・社会・文化的権利（まとめて「社会権」と呼ばれる）の法的性質、とりわけ可

司法性に対してはもともと大きな論争があり、ここから三つの有力な学説が形成され、日本公法学研究および司法審査理論における主導的地位を占めることとなった。社会権は発展権と同等ではないものの、発展権を社会権における主体法律地位、価値、範囲の諸方面と比較してみれば、すべてに大きな差がある。しかし、発展権における権利侵害方式をはっきりさせるため、人権の発展史における相互連結性から出発し、上述の観点に対し論評を加える必要がある。上述の第一の観点は社会権の可司法性を否定するもので、「プログラム規定説」または「消極的プログラム規定説」もしくは「古典的プログラム規定説」と呼ばれ、1940年代から60年代にかけて全盛し、今日に至っても依然として、日本の最高裁判所の判例における代表性のある理論的依拠なのである。その主な代表は我妻栄、伊藤正己等で、社会権は私法上の具体的権利というわけではなく、ただ国家の法律上における政治的と道徳的義務を示したにすぎず、「具体的な請求権を付与したわけではなく、国家もまたこれに相応する具体的義務を付与されたわけでもない。したがって、現実的措置が国民個人にこうした権利を実質的に与えていない際、国民は訴訟を通して救済を得ることができない」と考える。さらに日本国憲法第25条と結び付けて分析し、生存権における国家責任は国家が福祉国家政治における「政治的責任」を実施するべき時にのみ属し、「たとえ生存権の実現から見たとしても、立法と施設は十分ではなく、裁判所を通してこれが違憲行為に属すると主張することができず、立法政策問題として政治性を借りて改善を試みるしかない[12)]」と考える。その理論的根拠は以下にある。国民の個人生活は自助を原則としており、社会権の具体化は財政予算を基礎としていなければならず、国家の財政政策問題に属し、同時に国家の行政裁量事項にも属している。故に立法権における不作為の範囲には属さない。当該権利の救済には具体的法律規則における明確な規範が欠けている[13)]。

「プログラム規定説」に比べてより踏み込んだものは、1960年代に橋本公亘等によって提起された「抽象的権利説」もしくは「積極的プログ

ラム規定説」である。当該学説は、「プログラム規定説」にて社会権を政治的・道義的権利とし、法的性質を備えておらず、政府の法律義務ではないとする観点に賛同していない。社会権の提起は、少なくとも憲法的意義の上での法的権利の一つであり、政府はここから当該権利を保障する法的義務を負い、国民はここから立法機関に当該権利保障における立法の実施、もしくは行政機関が当該権利保障のために講じる関連行政措置を請求することができ、国家に国民の社会的権利保障のための立法行為ならびに行政手段を講じるという法的義務を負担させ、「国民は国家に対し、立法およびその他の措置を講じるように要求する権利を備えている[14]」。しかしながら、こうした権利は法律においては抽象的権利の一つでしかなく、その中の国民の権利と国家の義務はどちらも抽象的な法的宣言に含まれ、強制的性質を備えておらず、審判規範性がなく、当該権利が侵害を受けた際、もしくは国家が作為の抽象的義務を履行しない、すなわち抽象的不作為の場合、国民個人はこの憲法抽象規定に基づいて裁判所に訴え、国家不作為の違法責任を直接追究することができない。専門の立法が憲法抽象規定を具体的な法律権利と義務条項に転化した場合を除き、「立法がここまで実行できない状態において、国民はやはり当該規定を依拠として訴訟を通して具体的権利を主張することができないのである[15]」。

　上に列挙した学説と本質的区別を有しているのは、1960〜70年代以来、大須賀明を代表とする法学者たちが提起した「具体的権利説」であり、当該理論は「プログラム規定説」における基本的観点を捨て去り、「抽象的権利説」を根本的に修正している。性質の上から言えば、社会権は政治性もしくは抽象的法律権利であるべきではなく、国民が国家に対して享有する具体的請求権であり、すなわち国家の立法権と司法権等の公権力による積極的運営を以って当該権利の実現を十分に保障し、ここから国家が法律、とりわけ憲法上の直接義務を負い、仮に国家が法定義務を履行しない場合、すなわち立法者が社会権を保障する立法を頒布せず、行政者が必要な権利保障措置を講じない場合、即座に憲法義務に

対する違反が構成され、権利侵害された国民はこれを根拠として国家不作為における権利侵害法律責任追究を請求することができると考える。この際、司法者は憲法権利条項の保護に対し、司法救済を実施する義務を負い、司法審査等の方法を通じ、国家の権利保障における関連立法の不頒布もしくは立法における不作為による権利侵害行為の不十分を取り除くことができる。逆に言えば、「生存権に対し立法を全く行わず、あるいは十分な立法を行わなかったという立法権不作為の場合、生存権の権利に対する侵害を構成する[16]」。これ以外に、「こうした不作為行為はもともと行政権と司法権の中に存在していたものである……憲法における基本的人権ならびに法の権利性を強化するため、さらに新たな憲法理論を展開するため、こうした状況をまとめて一つの整体とし、その憲法上の不作為原理を究明することは、極めて必要なことである」。法律の操作というレベルから、とりわけ判例法の角度から社会権における可司法性という問題を論証している。

　自由権と社会権という二種類の異なる権利の権利侵害行為理論は、発展権の権利侵害および可訴問題を探求する上で有益な素材を提供してくれる。発展権には自由権の一面があるだけでなく、社会権の一面もある。発展権に対する権利侵害は主体・範囲・程度の上のどれをとっても前二者を超越する強大な影響力と意義を有しており、こうした侵害は国内のものであると同時に、ある意味においてはより国際的であると言え、人類生存の国際構造に対する損害なのである。そして、こうしたマクロ構造が一旦ねじれた後は、往々にして打破または矯正することが難しく、これは発展権の法律保障に大きな制度性障害をもたらしている。また、まさにこうした理由で、法律形式を以って発展権の権利侵害行為および司法救済の必要性確立をより加速させているのである。司法救済に入るには、まず可司の法が必要となる。このため、二つのレベルから解決をはかることができる。一つ目は国際範囲における発展権権利侵害行為の法律設定であり、国連システムはすでに相応のメカニズムを建設し当該作業に従事しようと試みているが、当然その効果はまだ明らかで

はない。実際、こうした作業メカニズムが厳しく追求してきた最も根本的な目標を必要とするのは、責任のために一つの判断基準を確立すべきであり、責任そのもののみではないのである。『発展の権利に関する宣言』は国際レベルと国家レベルの責任を提示したが、どういった行為が責任を負わねばならないのかは、より明確化が必要な前提性の問題である。なぜなら法律行為は法律責任の条件であり、一般的に言えば、法律行為を伴わない法律責任はない。一旦、国際性権利侵害行為法律規範が設定されれば、当事国は法律上の義務を以って法律上の禁止行為をさせないよう履行する義務を有する。さもなくば、即権利侵害が発生する。国内法について言えば、最も根本的なのは、憲法というレベルに発展権法律義務を設定し、憲法義務に対する違反を一種の可訴的権利侵害行為とする。性質の上から見れば、発展権の権利侵害は主に国家の不作為から来ており、こうした不作為は国家公共権力運営における怠慢もしくは無視が生み出したものである。これに対し、国際にしろ国内法制度にしろ、一つの共通点があり、それは国家の発展権実現における不作為であり、以下の部分に表れる。一つ目は関連国家が発展権国際法規範もしくは発展国際法義務を無視し、その国際法上の義務履行を拒絶し、ここから発展権を享有するその他の国家主体に対する権利侵害を構成する。例えば約束していた技術援助、優先待遇義務付与等への拒絶・不履行である。二つ目は立法機関が憲法上に設定された発展権義務に違反することで引き起こされた立法空位もしくは立法不足である。発展権は社会全体もしくは政治共同体に対して個体が主張する権利であり、国内では公民個人の国家公共権力に対する主張であり、それに対応するのが、国家公共権力には公民発展権の実現を確保する義務があるとするものである。発展権は一種の積極的権利として、国家の主動的・配給的な行為をより必要とし、それによって実現するのであり、国家の作為がなければ、公民は自分一人の私力に頼るのみで当該権利を実現させることはできないのである。仮に一国の国民の発展権が満足を得られないならば、まずは立法が発展権に対し制度供給をしているのか否か、およびその程度を審

査しなければならない。仮に有効に提供できない、もしくは提供不能であるならば、法律、とりわけ憲法上の権利侵害が発生し、すなわち国家の立法権における不作為はそれが負うところの憲法における国民発展権実現促進の義務に対する違反であり、この時、憲法審査における法律過程に入ることができる。三つ目は国家行政権の不作為、すなわち行政機関が憲法等法律規定に基づき、必要な行政措置、例えば財政・信用貸付・税収諸方面における具体的政策を講じることで国民の発展権利要求を満足させない場合、これは更なる可訴的行為なのである。

　発展権の権利侵害行為における法律制度の設定は、法の理念の上から発展権、国家が負わない法上の義務、国家の不作為権利侵害はないとする伝統的観点を根本的に排除しなければならない。発展権の権利侵害問題に対しては、以下の二つの観点がある。一つ目は発展権を国家もしくは国際社会の国民もしくは関連国に対して負う政治的義務もしくは道徳的義務と見做し、この義務に対する不作為は法律上の不作為ではなく、したがってこれは法上の追訴すべき或は追訴することのできる行為ではないのである。伝統的人権法観点を持つ者は多くがこの言い方を採用する。二つ目は発展権を綱領性権利の一種と見做し、関連法律文書もしくは国家憲法のみにおいて、憲法上の原則であると抽象的な宣言をおこなうものであるが、その可司法性は否定する。例えば、ある発展途上国は憲法において人権を、「国家政策指導原則」あるいは施政綱領としての人権と公民的基本権利とに分け、後者は国家の司法上の義務であり、この義務を履行しなければ即、権利侵害が発生し、裁判所に審判を請求できる。しかし前者は国家の抽象的義務に過ぎず、この義務を履行しない場合、裁判所に審判を請求することはできない。すなわち、この種の行為は追訴を受けるべき権利侵害行為を構成することはできないのである。この二つの観点は実質上、既存人権観の人権権利侵害法律確認理論の発展権問題に関する焼き直しであり、特に創意があるわけでもなく、その共通点は、発展権権利侵害行為における法の性質と法上の可帰責性の否定にあり、国家が積極的に発展権を実現させる義務を負っているこ

とを認めず、国家の義務不履行における権利侵害性質を否定し、その致命傷は国家不作為権利侵害認定に対する恐怖にある。ただ実際はこうした心配は不要である。歴史の上から見れば、公共権力に対する制限は法治主義ならびに法治制度を生み出し、ここから国家免責主義から国家責任主義へと変化させ、国家は法律追究責任を受けることが可能な被告者となり、行政訴訟過程の誕生はこの変化の定型化を示しているのである。当然、こうした追訴は厳格な制限を受ける。作用の上から言えば、国家の不作為は発展権実現における最も深刻な障害であり、国家の不作為もしくは作為の不十分は、すでに発展権を引き続き深刻に侵害し続ける悪しき原因であり、もしも「国家権力の不作為状態を放任し、裁判所の事後審査を回避しようとするのであれば、これは主観の上で憲法上の公権に対する侵害を容認しただけでなく、権力が国民生活および自由の中でわがままに行動することを放任し、さらに客観的に見ても、憲法規範の保障を崩壊の方向へと向かわせるのである[17]」。国家の不作為は、国内憲法が確認するべきのみならず、国際権力および権利の関係モデルにおいても、国際法における不法行為となるべきなのである。

　まとめると、発展権権利侵害行為は明確な構成要件を有する有機体であり、三つの方面に概括することができる。一つ目は行為主体であり、発展権の法律義務負担者、法定義務に背き発展義務の負担を拒む集団もしくは個人を指し、主に立法・行政・司法機関を含めた国家を指す。二つ目は行為方式であり、作為と不作為の二種類を含み、そのうち国家機関の不作為は権利侵害行為のうちとりわけ重視すべき対象となる。三つ目は行為内容であり、憲法に背き、国際的に設定もしくは取り決められた発展権法律規範意義における義務を指す。

第三節　発展権法的手続の選択

　司法訴訟は権利侵害を起因とし、権利侵害行為を主とした法的事実

は、発展権法律関係、すなわち権利享有者と義務負担者との間の権利・義務関係の訴訟における展開の基礎なのである。実際、権利侵害行為があるだけでは権利の司法判断適合性を体現するには物足りず、確定された訴訟主体および主体間の関係展開の過程を必要とするのである。

一、発展権訴訟主体に対する確認

　発展権訴訟主体は、発展権法律過程における提起者かつ担い手であり、発展権訴訟における控訴主体と被告主体を含む。前者はすなわち原告であり、法律上発展権を享有する権利主体であることを指し、後者はすなわち、発展権実現の法律義務を負っていながらこの義務を履行していない責任主体のことである。前の章節で発展権における権利と義務主体についてはすでに詳述したため、ここでは主に法律過程、特に違憲審査過程の角度から具体的な分析を行う。なぜなら発展権訴訟は普通民事や行政訴訟上における共通の属性を有するのと同時に、一般的人権救済とは異なった基本的人権の憲法救済という独自性を有しているからである。

　訴訟主体の資格要件から言えば、こうした資格を有することのできる正当な当事者は、作為、とりわけ不作為の違法性があり、特に違憲性の有無を確定する問題において、法律、とりわけ憲法の利害上で対立している人である。したがって、法上の利益対抗の確認および当事者資格の認定は内容と形式の関係を備えており、仮に利益の衝突が確定されれば、正当な当事者資格もそれに伴って自ずと認定されるのである。そして利益の侵犯およびそこから引き起こされる法上の対立は、すでに客観的実在のものであると証明されているのである。権利侵害を受けた者、すなわち控訴主体の原告にとって言えば、三つのレベルから掲示することが可能である。一つは「すべての人」、すなわち人類全体である。すべての個人は発展権を平等に享有しており、人種、民族、信仰、出身家庭、社会的身分および経済・教育・財産の状況のいかんには関係ない。

これは一種の抽象的意義における平等主体であり、すべての個人はおそらく制限、剥奪もしくは発展権を付与されないことが原因で、発展権の告訴人となる可能性があることを表明している。しかしこれは最も一般的な可能性という意義の上からのみの、実然状態ではないところからおこなった分析である。二つ目は実在主体である。すなわち発展権がすでに実際に侵害を受けており、現実の中でその他の主体と平等に発展の権利資源を占有できず、すでに法律が許す最低限度の発展状況以下のレベルに置かれている人を指す。ここで言う法律上の最低発展状況水準とは、人々が理解するところの純粋な一種の虚構的な抽象的仮想というわけではなく、これには明確な具体的境界および指標があり、科学的方式を通じて正確に測定することができる。例えばある地区、民族もしくは国家全体の住民における一人当たりの平均消費指数と一人当たりの平均収入の比例、一人あたりの食品収支と家庭の平均収入との比例(「エンゲルの法則」、「エンゲル係数」)、同一国家の異なる地域におけるエンゲル係数の比較、児童識字率・婦女識字率・その他の成人識字率の比較、乳児死亡率の比較等である。仮に上述の比率と平均水準の差が大きすぎれば相応の程度に達し、もしも当事者自身の、もしくは自然の力に基づくものではないのであれば、こうした人の発展権はすでに憲法が確立した発展権基準以下の生活へと剥離されているのである。この際、この種の人は発展権訴訟における控訴主体となり、法律に対して権利を主張することができる。三つ目は周辺性主体、すなわち潜在主体である。法律が確定する発展権基準線の周辺に置かれていることを指し、今のところ実際にこの線以下にはいないものの、いつでも発展権基準線の下に落ちる恐れのある緊急的危険が存在している人である。仮に速やかな救済を与えなければ、主体権利の喪失を放任することとなる。もしも国家が速やかで有効な保障を与えなければ、一旦こうした権利が喪失される状況が現れれば、この種の人は当然訴訟の当事者となる。

　数字的意義から言えば、発展権の当事者は単数の人と複数の人という二者の総和である。単数の人に対するというのは比較的理解しやすい

が、複数の人、とりわけ国家という特殊な人の複合体について言えば、把握するのは難しい。代表性のある一種の観点は、「国家と国際法の基本主体であるという事実とが結合され、発展権を集団的権利と見る観点であり、人々にこうした権利は国家が授けているのだという結論を導き出させているようである。当然これは個人と『国民』の権利と見做されてはいるが。こうした言い方が奇抜なのは、国家を「その人権法の権利における受益者」と見做すことが矛盾だからであり、人権を保護し、国家の侵害を受けないようにという原因として、歴史と衝突する[18)]」。確かに、伝統的人権法理論および司法の実践において、国家は常に権利の義務負担者であり、被告になることこそあれ、人権司法における原告にはなり得ないのである。国内法の意義の上から言えば、発展権司法過程における国家被告と公民原告の関係が逆転することはない。しかし、国際法律運行メカニズムの中から見れば、情勢には大きな変化が発生しており、国家は発展権を侵害された主体ともなり得るし、発展権の国際法律保護を請求する控訴人であることもできる。なぜなら発展権は、国家が国際社会の発展の中から発展の機会均等と待遇均等を得、義務者ではない発展権の受益者となることを強調するからであり、これは伝統的人権における主体が国家と対抗するという個人の観点と一致しないだけであって、そのメカニズムは同じなのである。

　国際法領域では、実際に一つの国家という枠を超越した国際社会の公共権力が存在し、権力の権威性影響力と支配力を備え、世界的な公共事務に干与している。グローバル的な新政治・経済秩序を構築するため、グローバル化によってもたらされる各種思わしくない影響の予防と解消をし、国際社会は共通の法律規則の制定および遵守をおこなっている、もしくはおこなうべきなのである。少なからぬ大国の政治組織・経済連盟および非政府組織は、日々強気の姿勢を強め、国際社会の共同事務に積極的に介入し、例えばEU、独立国家共同体、WTO等の国家権力を超越した「超国家権力」が出現したのである。「こうした超国家組織は協議を通して共同の行為規則を制定し、もしくは決定を通じてその超国

家権力を運用し、その構成国を促し、もしくは無理にその他の主権国家を服従させたり、制御下に置かせようとしたりする」。こうした超国家権力は、国家政府権力に基づいて形成される国家以外の国際社会権力[19]の他に、非政府組織に基づいて形成された国際社会権力が存在しており、「グローバル管理において、真の第三勢力となっている[20]」。こうした言い方が客観的・公正的というわけではなく、国家以外の超国家権力という言い方における科学性についても探求が待たれ、こうしたいわゆる権力と国家権力との間には少なからぬ差異が存在しているものの、ある一点に関しては確かである。それは国家の他に、確かに国際社会事務に影響を与え、干与・支配、さらには制御までする国家権力に似たような国際性権力というものが広範に存在していることである。公法の角度から言えば、国際社会における権利と権力の関係、すなわち国際性権力と国際性権利の関係を形成し、これは国際公法の存在および運行における基本的糸口ならびに根本的内容なのである。この法権に対する関係において、国家はすでに集団としての憲法的意義における存在ではなくなり、国際公法上の個体的存在、国際社会集団と対応する一つの個体となる。国家と国際社会の関係は一定の意義において、国家個体権利と国際性権力との関係なのであり、国家個体は国際性権力の影響および作用を受けると同時に、常に国際性権力からの権利保障の要求、もしくは国際性権力による個体自身への権利侵害に対する排除要求をしている。一切の権力と権利の関係は、「個体←→集団」の関係にまとめることができ、国際社会の権利と権力関係もまさに「国家個体←→国際集団」の関係なのであり、人権法において「個体権利←→国際集団権力」の人権モデルとなって体現されるのである。したがって、発展権は国家個体、とりわけ未発達者個体の国際集団権力に対して主張する一種の国家権利として、伝統的人権における個体が集団に対抗するという実質的核心内容とは基本的に一致しているのである。そこで、国家はまた国際法意義において発展権の権利主体となることができ、国際権力の運行および関連国家が国際権力に介入する際に、発展権国際性法律制度の設置に

違反した場合、国家は権利を請求する法律救済の訴求者となることが可能なのである。

二、発展権の法的手続に対する選択

発展権訴訟モデルの選択に関しては、権利が侵害された性質および具体的内容によって決まり、現有の行政訴訟等における訴訟モデルと発展権とは相互受容性を有しているため、直接適用することが可能である。前述した通り、発展権とは基礎性と母体性とを有する憲法性人権であり、有効な憲法訴訟モデルもしくは違憲審査モデルを構築しさえすれば、発展権法律保障制度の課題を捉えることができ、発展権法律救済問題を根本的に解決する助けとなるのである。こうした憲法的意義における法律過程には、主に憲法権利における侵害の確認を訴えるもの、国家に賠償給付請求を訴えるものが含まれる。

いわゆる確認訴訟とは、すなわち違憲確認訴訟であり、権利主体に対する発展権の確認ならびに義務負担者に対する権利侵害行為の確定とが含まれる。憲法文献に対する調査を通じ、控訴主体に対する発展の権利の法上の規定における確証を行い、以って権利の合法性を明確にする。こうした合法性は法律規則における合法性を含むだけでなく、更に法律原則の意義における合法性なのである。合規則性に対する正確な把握は往々にしてたやすいものであるが、合原則性に対しては認識不足もしくは明確な認識不能という欠陥が存在している。実際、合法性における「法」とは一つの系統のことであり、具体的な法律規則・概念を含むと同時に、比較的抽象的な法律原則も含むのである。法律文書の魂である法律原則は、基本的には法規範において欠かすことのできない重要な要素であり、間接的に法律実践に適用されるだけでなく、具体的案件に対する直接適用性も有しているのである。法すなわち規則であると考えるそうした観点は、明らかに分析法学の偏った見方に過ぎない。実際、『法律従事者になるということは、法律権利と義務（特に疑惑案件における

最も厄介な権利と義務）問題において推理もしくは弁論を行う際、彼らが使用する基準は規則ではなく、原則・政策・その他である[21]」。法上の分析比較を通して発見できるのは、発展権がすでに、もしくは現在憲法によって規範化され、あるいは国際発展権等の人権文書に対する憲法確認を通して憲法原則の一つへと昇格し、権利法研究の飛躍的進展に伴い、憲法性具体的人権形式の一つへと日々規範化されている点である。ここから我々は主体が主張する発展権の合憲性を見つけることができる。控訴者権利の合法性を確認した後、次は義務負担者の確定である。

　発展権という複合権利について言えば、義務負担者の確定は権利主体控訴の合法性確定に比べ、ずっと困難である。なぜならこの権利の相手はすなわち義務負担者であり、法律規範の中にしろ現実生活の中にしろ、往々にして権威的方式を以って確定を行うことを極めて嫌がり、最も心配されるのはもしこのようにすれば、政府の負担、とりわけ財政支出と政治負担が急速に増加し、膨張に至る恐れさえある。しかしながら、こうした心配は実に無用である。なぜなら発展権が法律規範の領域に入るのであれば、それは法定の過程・方式・制限に基づいて行使される権利となるべきであり、こうした過程化そのものが混乱と無秩序を消去し、良性の法律秩序を構築するからである。権利侵害行為者、すなわち被告人を確定することは、二つの段階に分けるべきである。第一に、行為者法律義務の存在確認である。仮に行為人が発展権に対し、法律原則を含む法律上の義務を負っているとすれば、こうした義務はすでに任意に選択できる道徳的義務ではなくなり、真の履行をしなければならず、さもなくば義務に対する違反、すなわち違法行為を構成する。第二に、行為者違法行為の存在確認である。我々はすでに作為と不作為という二種類の違法行為方式を分析したが、ここでは案件法と成文法の二つのレベルから政府の権利侵害行為における裁判実践を重点的に検討し、以ってこうした訴訟モデルの選択が虚構かつ実際的でない幻想というわけではなく、すでに現有法律制度が創設かつ実施した司法の制度なのである。

政府によって構成された権利侵害に対する司法裁判は、極めてよく見られる古典的人権司法救済方式であり、当代世界の憲法審査に関する三大モデルは、いずれも政府作為における違憲性を主に審査内容とするものであるため、ここで再び分析することはしない。政府不作為違法行為に対する司法裁判実践の源は、社会権法律紛糾であり、こうした司法能動主義は各国法律実務界において極めて稀少なものでしかなく、甚だしくは強い反対をも受けるが、すでにある程度の発展を見ている。日本では憲法において「福祉国家」の理念を体現し、日本国憲法第25条に「すべて国民は、健康で文化的な最低限度の生活を営む権利を有する。国は、すべての生活面について、社会福祉、社会保障及び公衆衛生の向上及び増進に努めなければならない」と規定している。国家の立法上の不作為もしくは立法の不十分により「国民の最低限度の生活を営む権利」が無視された際、裁判所がこれに基づき違憲責任という問題を負担させるべきと確定することができるか否かについては、日本の司法領域において常に人々の注目を最も集める問題であり、「朝日訴訟」は各種異なる観点を集中的に反映させている。事件のおよその内容は下記の通りである。戦前からずっと重い肺結核を患っていた朝日茂氏は、長期にわたり国立岡山療養所にて入院治療をおこなっていた。独身であったこともあり収入はなく、『生活保護法』に基づいた医療手当および社会手当（日用品名目）を受け取っていた。1956年7月、津山市福祉事務所は戸籍を足掛かりに、35年もの間音信不通であった彼の兄を探し出し、『生活保護法』第4条第2項の扶養義務に基づき、その兄に毎月1500円の仕送りを朝日茂氏におこなうよう命じた。翌8月から仕送りが実現したため、福祉事務所所長はすぐに保護措置変更の決定をおこなった。その主旨は以下の通りである。朝日茂氏への生活補助を中止し、毎月兄から仕送りされる中から600円を日用品代として差し引き、残りの900円を朝日茂氏の医療費自己負担額の一部とし、国家は今後、自己負担額との差額の不足分についてのみ医療補助を実施する。

　この決定に対し、朝日茂氏は『生活保護法』第64条に基づき（『生活

保護法』第64条の内容とは、「第19条第4項の規定に基づき、市・町・村長が保護決定ならびにその実施事務のすべてもしくは一部を管轄下の行政庁に委任する際、当該事務処分の審査請求に関しては、都道府県知事に申請をしなければならない」。——訳者注)、8月6日、岡山県知事に対し不服を申し立てた。その理由は、重病患者が療養所の提供する飲食のみに頼っていては栄養不足になるというものであった。

　裁判所は最終的に政府不作為の可訴性を否定したものの、「東京地方裁判所と東京高等裁判所が、生存権ならびに生活保護請求権に対して下した相互対立という法的判断が存在する限り、その最終判断はいまだ解決を見ていないことになる[22]」。なぜなら東京地方裁判所は、憲法第25条に基づく具体的請求権をいまだ正面から認めたというわけではないものの、判決の実質的内容は、それがすでに当該条項が裁判規範としての効果があることを認めるものであり、政府不作為不可訴の伝統的法理論を超越し、一定の創造性ならびに参考価値を有しているからである。

　こうした司法救済保障を受けた生存権法律原理は、すでに発展権における社会性・文化性要素の保障を含んでいる。実は日本より早い時期に、ドイツ連邦がすでに先例を設けており、立法者が差別による不作為を実行する憲法訴訟を認めている[23]。『ドイツ連邦共和国基本法』では、「人々には皆その個性を自由に発展させる権利がある」(第2条)、「法律の前では人々は平等」(第3条)と規定し、この実体内容における具体化の表れの一つが、第6条第5項に「立法は非婚子女のために、既婚子女が享有するのと同等の心身における発展の機会ならびに同等な社会的地位を提供すべきである」と明確に規定されている。こうして憲法は、二つの方面から心身の自由な発展の権利における司法的性質を規定したことになる。一つの面は、実体の上で人々が心身の自由な発展の権利を平等に享有することを確認し、いかなる人もこの権利において「差別もしくは優遇を受けて」はならず、非婚子女が自由な発展の権利を同等に享受するというのは、法律強制保障性権利の一つなのである。もう一つの面において、過程の上から立法が非婚子女の平等な発展の権利に対し

て憲法上の義務を負っている点を確認している。すなわち立法過程を起動することで十分な平等保護規範を提供し、ここから当該権利に法的依拠ならびに法律保障措置を備えさせる。これは明らかに、立法機関が立法作為に関する義務を実施しなければならないことであり、仮にこの立法義務を履行しなければ、立法不作為という憲法権利侵害行為が構成される。この際、憲法訴訟過程を運用することは、立法不作為に対する責任を追究し、侵犯された権利回復を確保する最も有効な手段なのである。これは明らかに抽象審査法規範の有効性とは異なるもので、すなわち立法作為の合憲性を内容とする訴訟モデルは、政府に人権保障を「与える」、「提供する」もしくは「促進する」よう請求する司法新局面を生み出したのである。

違憲を確認する訴訟形式以外に、実在効果を備えた給付の訴えを設立すべきであり、一旦権利侵害行為が司法によって認定されれば、権利と義務は法律過程によって固定化され、そこから思わしくない相応の政治法律結果が発生する。政治の面から見れば、仮に違憲と確認された当事者、すなわち国家公権力が司法裁判に対し構わずに放置する態度を取れば、それは憲法権威ならびに基本的人権に対する直接的破壊であり、その結果は必然的に人類の正義および良知による強い譴責ならびに非難を浴び、政治的に受動的な地位に追いやられる。また法律の面から言えば、すべての権利侵害行為は必然的に法律の制裁を受け、仮に権利侵害の事実が成立すれば、権利侵害によって引き起こされた国家賠償請求訴訟へと更に踏み込むことができるのである。

第四節　発展権司法判例の分析

「発展権」という言葉が直接司法過程において引用されたのは、これまでのところ明確な例はないものの、司法判例においては、すでに実質上発展権を訴訟内容とした現実的情勢として現れている。発展権司法性

のあるべき姿を分析した後、実然の角度から発展権の現存する有効な国内憲法メカニズムおよび国際人権法実施メカニズムにおける運営状況を分析する必要があるのである。

一、国内人権法司法実践における発展権判例および分析

　環境と人類における持続可能な発展は、人類発展権の基本的内容の一つであり、人類が発展の環境資源を破壊することは、実質的には発展権に対する権利侵害なのである。これは持続可能な発展論提起者による主観的願望および道徳的追究であるが、それ以上に法律の強制規範の中に入れるべきで、現有の国内法律制度を手段として間接的もしくは直接的な司法判断を運用することができる。

　経済開発ならびに環境資源の持続可能な発展権が対立する時、法律の天秤は少しも躊躇うことなく後者に傾斜するはずである。「石油エクアドル事件」は、この司法理念を多かれ少なかれ反映している。エクアドル国家石油会社、すなわち「石油エクアドル（Petroecuador）」が石油採掘の歩調を速めるために、当該国家ヤスーニ国家公園の石油採掘計画を制定した。こうして、国家公園が一種の公共財産ならびに良好な環境としての地位が破壊されるのである。そこで、環境保護に積極的な者たちは交渉が結実しない状況下において、エクアドル憲法保障法廷（Ecuadorian Tribunal of Constitutional Guarantees）に控訴を提出し、政府と国家石油会社が全体の住民が享有する健康的環境の権利に違反していると訴え、その依拠は『エクアドル憲法』第19条第2項が規定する「無汚染環境の権利」が基本的権利の一つであるという点である。憲法保障法廷は当該案件を受理した後、1990年9月に以下の判決を下し、国家公園において石油を採掘する計画は『エクアドル憲法』第19条第2項に違反していると認めた[24]。あるいはこの判決を下した裁判官は、この判決の持続可能な発展の権利保護における意義を意識していたわけではないかもしれない。なぜなら、両者の間には直接の法律上の接点がな

く、この点を否定することはできないからである。しかし、ここから逆に発展権要素の一つとしての持続可能な発展の法律保障に対し、一種の思考回路を提供する。この権利が侵犯された後、事実上の連結もしくは仲介を通し、間接的な、しかしながら引用することが可能な法律条文を以って権利の救済の実現を見る。

　もしもこの判例および発展権の関連が十分に密接というわけではないとすれば、以下の判例は一つの直接的かつ説得力のある証拠を提供している。これはフィリピン最高裁判所が1993年に受理した事件の一つであり、具体的内容は以下の通りである。熱帯雨林はフィリピンにとって極めて重要かつ貴重な天然資源であり、生態環境ならびに旅行業発展の各方面に対し大きな価値を有しており、フィリピン政府は経済価値の上から考慮し、大量の熱帯雨林を外資企業を含めた私企業へと貸し出し、商業契約を正式に結び、契約はすでに効力を発し実施を見ている。自身ならびに次世代に対し、ここから発展の貴重な資源獲得を大量破壊することができ、人々は自発的に排斥運動を組織し、最後は理性的に法律を選び、被害者代表ミノース・オポーザを原告、フィリピンの環境及び天然資源大臣を被告（代表）とし、すさまじい訴訟活動へと展開した。裁判は最高裁判所にまでもつれ、裁判官たちを散々困らせた。なぜなら、これは国家を被告とした創始性を有した案件へと及んでおり、仮に原告勝訴との判決が下れば、国家の苦境ならびに契約を解除したことによってもたらされる巨額の違約責任という二重の悪しき結果が招かれるのである。また仮に被告勝訴あるいは訴訟差し戻しとの判決が下れば、罪なき者を不幸へと陥れ、その子孫たちの生活を世代ごとに悪化させることになる。どちらを選んでも立ち行かない状況の中、最高裁判所は公正かつ理知的な判決を下した。健康ならびに生態の憲法性権利に基づき、熱帯雨林が大量に伐採される被害を被らないよう、フィリピン政府は住民全体を守らなければならない[25]。

　これに対し、国際社会は高い注目を浴びせ、国連経済・社会・文化権利委員会は、「フィリピンに関しては、『健康サービスの私有化および分

散の確保は、＜条約＞に基づいて発生する政府の義務を減らすものでは決してなく、一切の獲得可能な手段を利用し、健康サービスを十分に享有できる機会、とりわけ貧困人口が十分に健康サービスを享有できる機会確保を促進する[26]』という点に気付いた」と考え、評価を下した。仮に当局が個人における、例えば多国籍企業もしくはその他の会社によって引き起こされる環境的脅威から逃れる等保護できていないとすれば、それも健康的生活環境を保護する義務に違反しているのである。

　最高裁判所の判決依拠ならびに経済・社会・文化権利委員会の評価は、いずれも健康権および環境権の方向を向いているものの、当該判例はすでに一般的意義における公民の権利ならびに経済・社会・文化的権利の範囲を超えており、発展権、とりわけ発展の可持続性権利もしくは可持続発展権に対して司法保護をおこない、一つの重大な突破口となったのである。原告の控訴理由は現在においても啓発に富むものであり、そこではこう指摘されている。採掘ならびに環境利用と天然資源とは可持続発展の目標に合致すべきであり、我々の世代の利益が侵害を受けないよう保護するだけでなく、次の世代の利益が我々の世代によって侵害されないよう保護しなければならない。政府から委託された熱帯雨林における大量伐採の行為に対し、我々は、我々の世代のためだけに起訴するのではなく、それ以上に我々の子孫の代を代表し、彼らの利益を守るために起訴するのである。裁判所は、持続可能な発展の道義もしくは政策基準を直接的理由として判決を下すことはできず、憲法における資源環境保護方面における条項を引用したが、その実質および価値において、可持続発展権の理念はすでに十分明確かつ深く、判決文の行間に表れているのである。ここに至る過程で強調しておかなければならないのは、現有の法律を借りることが発展権を保護することであることを意味しているわけではない。なぜなら、そうしてしまえば、発展権の独特な価値は存在することができなくなるからである。ただ発展権の司法メカニズムが完全に構築される前の段階においては、現行法に基づいて発展権を救済することが現実的な道のりであると述べているに過ぎない。

二、国際人権法実施メカニズムにおける発展権判例および分析

　国際人権法の実施メカニズムは、国内法上の司法訴訟過程制度とは異なるものの、国際法上の実施における過程性、可操作性、法律性に関しては容易に散見されるものである。発展権は経済発展の自由と同時に、人間の発展における文化性と社会性が十分に展開できる権利をも含んでおり、某人類もしくは民族・人種に平等な発展機会を付与することは、発展権における内核なのである。ここで言う「人間」とは一つの集団的存在であり、司法領域においては単一の人間として表してもよく、または表れることが多く、当然民族や国家であってもよい。1985年、ウルグアイ新政府は一つの法律を採択した。当該法律は、政治的見解・価値観・労組方面の原因により前軍事政権に解雇されたすべての人に対し、職に復帰する、もしくは年金を受け取る権利を提供した。スターラ・コスタ（Stalla Costa）は当該法律発効期間内に仕事の保障がない状況に置かれたが、前軍事政権による政治等の原因で解雇された被害者の列には属さないものであったため、当該法律の保護を受けられず、すなわちここから復職もしくは年金を得ることができなかった。そこで彼はウルグアイ政府ならびに裁判所に対し権利を主張し、自分に平等に接する権利を与えるよう要求したが、却下された。国内の救済措置をすべて使い切ってしまった後、彼はウルグアイがすでに参加している『市民的及び政治的権利に関する国際規約』の関連規定に基づいて、国連人権事務委員会に書簡を送り、人権保護を求めた。人権事務委員会は書簡を受理した後、評議に基づいて以下の結論を下した。ウルグアイは『市民的及び政治的権利に関する国際規約』第25条丙項の規定には違反していない。なぜなら、政府はすでに彼に対し補償を与えているからである。補償原則は当該条約第2条第3項の規定における有効な救済と考えられており、第25条丙項における「一般的な平等条件」の規定にも符合している[27]。人権事務委員会のこの判断に対しては、異なる評価が存在して

いる。条約第2条第3項はこう規定している。「本条約におけるすべての締結国は以下のことを負担する。本条約が認める権利もしくは自由を侵犯されたいかなる人も、有効な救済を得られることを保証する。この種の救済を受ける人は、正当な司法・行政・立法当局もしくは国家法律制度規定に基づくすべての正当な当局によってその方面の権利に対する断定を行うことができ、司法救済発展の可能性を持つ。（丙）正当な当局がこの種の救済を許可することを保証した際、初めて実施に移せる」。これに基づき、一人の公職を解任された人は、国内司法による有効な「救済」を得ることができ、また得るべきであるが、本案件における「補償」が当該条項が規定する「有効救済」に当たるのか否か？ここには二つの疑問がある。一つは「救済」を構成しているか否かである。条約第2条第3項が規定するものは、権利侵害されたことに対する実質性救済措置なのか、あるいは法律救済、すなわち法律救済手段のみを指しているものなのか。つまり、当該手段はいったい実体性を指しているのか、あるいは過程性もしくは両者兼用を指しているのか。もしも過程性救済手段のみであれば、経済補償のみを与え、職務復帰を拒んだり新たな職務を手配しないことは条約に違反することとなる。二つ目は、救済が「有効」か否かである。経済補償はむろん一定レベルにおいて、権利侵害によって作り出された損失を補うことができるものの、これは侵害された権利が回復するのと同等というわけではなく、仮に侵害された権利が事実に基づき完全に回復できるのであれば、最も「有効」な救済はすなわち権利そのものに対する回復なのである。条約第25条第3項は、すべての公民は「一般的平等の条件の下、本国の公務に参加する」権利を有すると規定している。ここから分かるように、平等に公務に参与する権利は、基本的人権形式の一つであり、条約の保護を受けている。この保護条項においては、「参与」以外のその他の代替性方式を規定しているわけではない。したがって、国連人権委員会の判断は合理的な部分もあるものの、保護しようとする権利の性質ならびに方式の上で一定の欠陥が存在しており、本判例の実質は、解雇された者に「補償」の権利

を与えたか否かではなく、平等に「公務に参与」する権利を付与したか否かにあるのである。

　当該判例では、発展権という言葉に触れてはいないものの、発展権と密接な関連がある。『発展の権利に関する宣言』序言の「発展の機会均等は……個人の特権の一つ」および第1条の「すべての個人とすべての国の国民は……発展に参与する権利を有する」の規定に基づけば、「発展権への参与」は発展権における重要な一面であり、発展に参与する基本的方面の一つが公共事務への参与なのであり、『市民的及び政治的権利に関する国際規約』第25条で規定された『市民的及び政治的権利に関する国際規約』における個人書簡上告メカニズムを参照し、処理を行うのである。

　少なからぬ判例において伝統的人権の角度からの分析と評価がおこなわれており、その発展権の属性に関しては更なる開発が待たれる。アルカディア（Arkadia）北部の小さな土着人居住区において、当該居住区から数キロしか離れていないところに、各種化学品を専門に生産する工場が建てられた。健康機関の調査によると、当該工場が排出する気体は人体に対し有毒であったが、政府はこの状況を知った後、いかなる措置も講じなかった。この居住区に住む住民の代表は、彼らが清潔な環境を享有する権利を保障する措置を講じるよう政府に請求した。なぜなら彼らの健康はこのために深刻な影響を受けており、排出された有毒物質はすでに彼らが放牧をおこなう土地を汚染しているため、彼らは伝統的な生活方式に基づく生活を続けることができなくなってしまったからである。その上、適度な生活基準を保証するため、彼らは代々居住してきたこの土地を離れなければならず、自己における心身の調和が完全に破壊されてしまったのである。しかし裁判は最高裁にまでもつれこんだものの、やはり敗訴となった。そこで当該被害者は国連人権事務委員会に告訴を提出し、政府の行為に対する審査をおこなうよう請求した。これに対し、人権事務委員会および法学専門家の思考は、いきおい清潔な環境および健康権の中から回答を探そうとするものであった。なぜなら条約

はこれに対し、明確に規定していたからである。当然これは必要なことである。実際、より広範な、更にはより基礎性を有した意義から見るならば、工場と政府の不作為が侵害したものは、健康環境権という目先の利益にとどまらず、より重要なことは、自由に伝統文化と生活方式に基づいて生活をし、自身の伝統文化および生活方式を発展させる発展の権利が侵害されたことなのである。

三、現行国際人権法実施メカニズムにおける発展権

現行法の枠内にある人権実施過程メカニズムを全面的に見てみれば、発展権と直接かかわる法律文書およびその救済手段に関しては、ほとんど発達を見ていないものの、新たな道のりおよび新たな系統化のメカニズムの開拓が望まれる。ただし、発展権実施という差し迫った問題を理解するため、以下に列挙する規定の『市民的及び政治的権利に関する国際規約』における条項を通じれば操作することが可能となる。

(一) 発展モデルの自主選択権利

『発展の権利に関する宣言』第1条第2項はこう規定する。「人間の発展の権利は、人権に関する二つの国際条約関連規定の制限の下、彼らのすべての天然資源および財産に対し、剥奪してはならない完全主権を行使することを含む民族自決権の十分な実現を意味している」。そして人権両条約の共通点は、明らかに両者の完全に同じ条項、すなわち第1条となって体現されている。当該「共通条項」は、「すべての国民は自決権を有する。彼らはこの権利に基づき、彼らの政治的地位を自由に決定し、彼らの経済・社会・文化的発展を自由に求めることができる」と規定している。自決権および経済・社会・文化を自由に発展させる発展の権利は、宣言が示すところの非司法性権利の一つとしてだけではなく、それ以上に人権両条約、とりわけ公民の権利と政治の権利条約下の法律権利となるのである。この権利を剥奪することは、条約の法的効力に対

する挑戦であり、条約の法的権威は簡単に否定してはならず、一旦この種の権利が踏みにじられる状況が発生すれば、条約の過程に基づいて保障メカニズムを起動させることができる。

(二) 自由に発展に参与する権利

「発展への参与」とは、『発展の権利に関する宣言』が宣言する発展権の具体的形式である。『宣言』によれば、発展権の行使には三つの方式があり、すなわち発展への参与、発展の促進、発展の享受である。そのうち、発展への参与は前提性権利の一つであり、実体性内容をも備えており、発展の機会均等という権利の内核を体現している。発展への参与とは、政治・経済・文化諸方面にわたる公共事務、とりわけ権力運用過程への参与を含んでいる。これに対し、『市民的及び政治的権利に関する国際規約』第25条には明確な規定がある。「すべての公民は以下に列する権利と機会を有するべきであり、第二条が述べる区分および不合理な制限を受けない。（甲）直接もしくは自由に選択された代表の公共事務への参与。（乙）真の定期的選挙において選挙し、または選挙されたもので、こうした選挙は普遍的かつ平等であり、無記名投票方式でおこなわれ、選挙人の意志の自由な表現を保証するべきである。（丙）一般的平等の条件の下、本国の公務に参与すること」。ここで言う「公共事務への参加（take part in the conduct of public affairs）」と「本国の公務に参加」する権利（have access to public service）とは、明らかに発展権における「発展への参与」に含まれているものであり、発展への参与に対する制限もしくは中止は、条約条項ならびに国内法が認める条約義務への違反を意味し、この際、関連する条約実施プログラムが起動する可能性は言うまでもないことである。

(三) 男女が平等に発展する権利

『発展の権利に関する宣言』第6条では、「性別」を分けず同等にすべての人権を保護するべきと強調している。第8条では特別に「婦女の発

展過程における積極的作用発揮を確保する有効な措置を講じるべきである」と規定している。これは国家および国際社会の積極的義務となっている。また、この精神は『市民的及び政治的権利に関する国際規約』第3条にも「男子と婦女が本条約に記載された一切の公民ならびに政治的権利面において、平等な権利を享有することを保証する」という対照規定がある。この権利における可実施性はここから固定化されるのである。

(四) 少数者の平等発展権

人種、民族、地区等の差別をせず、すべての人類に対し平等な保護を与えることは、『発展の権利に関する宣言』第5条に規定されている。そのうち、少数者の平等発展についてもまた当然の如く当該条項に含まれている。これに対し、『市民的及び政治的権利に関する国際規約』第27条では、「そうした人種的、宗教的もしくは言語的に少数にあたる人が存在する国家においては、こうした少数の人々が彼らの集団において他の成員と共通する自らの文化を享有し、自らの宗教を信奉・実行、あるいは自らの言語を使用する権利を否定してはならない」と規定している。その権利が侵犯されたと認められた際、人権事務委員会における個人書簡提訴メカニズムが奏功することとなる。

ここから分かるように、発展への参与、既存の生活方式に対する尊重、社会成員としての経済福利等、関連する一連の保障は、「発展権の構成部分」を構成しており、本国政府ならびにその他の国家、国際組織、国際社会の慈善機構による尊重を得なければならない。また「発展権と関連」する『市民的及び政治的権利に関する国際規約』条項ならびに「『経済的・社会的及び文化的権利に関する国際規約』条項が合併された際、こうした権利は人権の一つである発展権として、既存の国際人権条約の中において強固な基礎を形成するのである。発展権における最も重要な責任者は国家もしくは国際社会であり、上述の方法は各種要素の総体として、発展権、すなわちその他の関連性において実際的運用が可能とな

第七章　発展権の司法判断適合性の分析　363

るのである[28]」。こうした列挙は、現行人権法国際メカニズム内における発展権の直接もしくは間接適用方式を使いはたすものであるわけはないが、こうした思想モデルは発展権実現にとって確かに現実的な可操作性を有しているのである。

注釈：

1）［仏］馬克・博蘇耶特（マーク・ボスイェット）「人権事務委員会判例述評 1993～1997」、1998 年『人権季刊』507 ページより。［仏］米海依爾・戴爾瑪斯・馬蒂（ミハエル・ダイマス・マティ）『世界法的三個挑戦（世界法における三つの挑戦）』法律出版社、2001 年版、23 ページ参照。
2）［仏］米海依爾・戴爾瑪斯・馬蒂（ミハエル・ダイマス・マティ）『世界法的三個挑戦（世界法における三つの挑戦）』法律出版社、2001 年版、30 ページ。
3）［仏］菲利普・特克西爾（フィリップ・トクシア）「聯合国内人権経済学発展的障害与挑戦（国連内の人権経済学発展における障害と挑戦）」、『経済倫理与人権（経済倫理と人権）』より、フライブルク出版社、1998 年版、63 ページ。
4）［仏］米海依爾・戴爾瑪斯・馬蒂（ミハエル・ダイマス・マティ）『世界法的三個挑戦（世界法における三つの挑戦）』法律出版社、2001 年版、43 ページ。
5）1983 年 3 月 7 日～12 日、ニューデリーにて開催された第七回非同盟国家首脳会議の最後の文書『経済宣言』。米蘭・布拉伊奇（ミラン・ブライッチ）『国際発展法原則』中国対外翻訳出版公司、1989 年版、15～16 ページより孫引き。
6）See David Heywood, Deep Seabed Mining: Alternative Schemes for Protecting Developing Countries from Adverse Impacts, 12GA. J. INT'L & COMP. L. 173（1982）; Stephen Gorove, Utilization of the National Resources of the Space Environment in Light of the Concept of Common Heritage of Mankind, in Third world Attitudes Towards International Law 775（F. E. Snyder & S. Sathirathai eds.,1987）.
7）See Codes of Conduct of Multinationals: Their impact On Third World countries（Aloysius Fonseca ed, 1984）; S. K. Agrawala, Transfer of Technology to LDCs: Implications of the Proposed Code, 23 INDIAN J. INT'L. 246（1984）.
8）Anthony Carty, Law and Development. Aldershot: Dartmouth publishing Co.,

Gower house, 1992;［蘭］布頼恩・Z・塔馬納哈（ブライアン・Z・タマナハ）「法律与発展研究的教訓（法律と発展研究における教訓）」、『アメリカ国際法雑誌』1995年、第89巻より。夏勇主編『公法』第二巻、法律出版社、2000年版、136ページ。

9) Anthony Carty, Law and Development. Aldershot: Dartmouth publishing Co., Gower house, 1992; p.424.

10)［日］我妻栄等編『新版新法律学辞典』有斐閣、1977年版、1040ページ。

11)［日］大須賀明『生存権論』法律出版社、2001年版、69ページ。

12)［日］伊藤正己『憲法入門（新版）』有斐閣、1979年版、128～129ページ。

13)［日］池田政章「生存権的法理（生存権の法理）」、『法学教室』第4号掲載、28～29ページ。

14)［日］橋本公亘『現代法律学全集・憲法』青林書院新社、1970年版、347ページ。

15)［日］橋本公亘『現代法律学全集・憲法』青林書院新社、1970年版、347ページ。

16)［日］大須賀明『生存権論』法律出版社、2001年版、104ページ。

17)［日］大須賀明『生存権論』法律出版社、2001年版、70ページ。

18)［蘭］布頼恩・Z・塔馬納哈（ブライアン・Z・タマナハ）「法律与発展研究的教訓（法律と発展研究における教訓）」、『アメリカ国際法雑誌』1995年、第89巻より。

19) 例えば、イギリスにおける1861年の法律によれば、父親が教育のために息子に体罰を加えることは合理的とされている。ある息子が継父に殴打されたため裁判所に訴えたところ、イギリスの裁判所は息子を殴った継父に無罪を言い渡し、殴られた息子はフランスのシュトラスブルクに設置されている欧州人権裁判所に訴えるべきとした。人権裁判所は『欧州人権条約』に基づき、イギリス政府の「法律上の不備」、「一つの国家として、少年が非人道的待遇を受けないよう保護する措置を積極的に講じなかった」ことを理由に、継父によって殴られた少年に対し、イギリス政府に3万ポンドの賠償命令を下した（郭瑞璜「老子打児、国家受罰（親父が息子を殴ると、国家が罰せられる）」、『青年参考』1998年12月4日より）。これは明らかに、国家権力の外に超国家権力の存在ならびに作用があることを体現している。

20)［米］R・C・朗沃恩（R・C・ランウォエン）「激進主義組織在全球機構中的影響力増加（グローバルメカニズムにおける過激派組織の影響力増加）」、『参考消息』1999年12月8日より。実際、例えば早期の国際赤十字協会、現在の国境なき医師団、国際大赦、世界人権組織、世界自然保護基金等、グローバルな範囲における非政府組織はすでに3万以上に上り、

経済・環境保護・労働組合等の面にわたり大きく活躍している。

21) R. Dworkin, Taking Rights Seriously (revised edition) Harvard University Press, 1978, p22.

22) ［日］大須賀明『生存権論』法律出版社、2001年版、247ページ。

23) ドイツ「連邦憲法裁判所は1957年2月20日の判例において、立法者の平等原則侵害に関する不作為の憲法訴訟を初めて認め、1958年10月23日、生存権条項とでも呼ぶべき『ドイツ連邦共和国基本法』第6条第5項により、立法者の作為義務を認めた。(Jakob Seiwerth, Iur Zulassigkeit der Verfassungsbeschwerde gegenuber Grundrechtsverletzungen des Gesetzgebers durch Unterlassen, Berlin 1962. S. (107), S.96)。つまり、それらは立法権の不作為の生存権に対する侵害であり、これに対しおこなわれた憲法訴訟における実施の可能性を示したのである」。(［日］大須賀明『生存権論』法律出版社、2001年版、111ページ)。

24) Center for Economic and Social Rights, Rights Violations in the Eduadorian AmaZon, 1994, P29. Also see Brigit Toebes The Right to Heath, in Asbjarn Eide, Krause and Rosas (eds.), Economic, Social and Cultural Rights – A Textbook, Martinus Nijhoff Publishers.

25) Philippine Supreme Court Decision in Minors Oposa v. Secretary of the Department of Environment and Natural Resources, 30 July 1993, 33I. L. M. 173 (1994).

26) The Committee on Economic, Social and Cultural Rights in its concluding observations regarding the philippines, UN doc. e/c. 12/1995/7, p.20.

27) Human Rights Committee, Communication No. 198/ 1985, Stalla Costa V. Uruguay.

28) Francis M. Deng, Human Development and Human Rights, Report on the Oslo Symposium, 2-3 October 1998. http://www.unhchr.ch.

付録：発展権のグローバル法的メカニズムの構築に向けて[1]

　発展は現代世界における最大の課題である。発展に伴う諸問題を人権的価値観から見る場合、「発展の権利」（以下は「発展権」と略す）という認識が生まれてくる。ありがたいことに、国際社会の弛まぬ努力により、1986年に国連は「発展の権利に関する宣言」を発表し、発展権は現代人権の舞台に登場した。しかし1972年初めて提起された発展権[2]は、市民の政治的権利を内容とした第一世代の人権意識、それに経済的、社会的、文化的権利を主張した第二世代の人権意識との間に軋轢が生じたため、批判が相次いでいる。国連は「発展権定員無制限ワーキングチーム」（UN open ended working group on right to development）[3]や、そのブレーンである発展権専門家グループ（UN high level task force on right to development）[4]まで設置し、発展権を実現させるため大きな力を注いできた。にもかかわらず道徳的自覚的な「軟性規制力」を基盤とした発展権は、法的保障などの「硬性規制力」を十分に備え付けていない。発展権と言えば富者が貧者に施すようなイメージがあり、発展権の法律制度化の成立は困難である。発展権をめぐって、法哲学的基礎、方法論およびその実践化との間に、共通した理性的認識は見いだされていないのが根本的な原因と考えられる。このような問題意識を元に本稿は法理論レベルから、グローバル化を背景とした発展権法治の構造をめぐる理念選別、内容更新及び規則様式などについて論じてみたい。

一、発展権法治構築における方法の欠如

　発展権法治構造をめぐって、長らく国際社会の議論の焦点となったのは法哲学における基礎的問題である。人権と発展との相互関連性はどのように位置づけられるかによって、発展権の実践に対する理解は分けられ、いまだに説明がついていない。国際学術界及び実践領域におけるさ

まざまな論点を要約すれば、次のような七つのアプローチが見られる。第一には、全体的方法（The holistic approach）。第二には、権利に基づく方法（The human rights based approach）。第三には、社会正義的方法（The social justice approach）。第四には、能力的方法（The capabilities approach）。第五には、発展権的方法（The right to development approach）。第六には、責任的方法（The responsibilities approach）。第七には、人権教育による方法（The human rights education approach）[5]。それぞれ異なった力点の置かれた見解であるが、人権という思考回路から発展の問題を扱うという傾向性を持つ。全体的方法によれば、発展は政治的、経済的、社会的、文化的権利との連帯的な産物として認識される。社会正義的方法の関心は、発展に伴った社会構造的阻害及びその排除にある。能力的方法は発展を人権的問題として捉えるのに対し、責任的方法はむしろその反面、すなわち発展の責任が権利への意味づけから議論を進める。人権教育による方法は、発展の展開過程における権力意識の喚起に目を向けている。

　上記の五つの観点は、いずれも権利に基づいた発展、または発展の権利といった方法に収斂されると思う。したがってこの異なった七つの論点を、発展的かつグローバルな視点から見る場合、「権利に基づく発展」（rights – based development）観と「発展の権利」（right to development）観という二つの理論的枠組みが捉えられる。

　発展と人権とを関係づける理論として、西洋で一般的に意識されるのは「権利に基づく発展」（rights-based development）である。発展は「ある人権的な方法」で推進されるべきものであり、人権は「持続可能な人類的発展に並行する[6]」ことが必要とされる。オーストラリア人権委員会の André Frankovits 氏は、「発展の権利」が「発展支援の人権的方法」の略称にほかならないと指摘し、その基本的定義について次のように述べる。「国際人権法律機構は、発展協力に統一した原則や実践的方法を提供する唯一な国際組織と思われる。公式発展援助を行う適切な主体、発展援助のあり方、優先させるべき事項、援助国及び受援国政府の責任、

公式発展援助の評価基準などに対して、国際人権法律機構は全面的な助言役として機能している[7]」。

ほかにも経済協力機構は、「発展の権利」が下記の方面を重視していると説明する。「発展協力、世界人権宣言、そして国際人権文書との関連性。平等と差別解消、参加と寛容、責任と法治といった基準や原則。それを基礎とした人権発展計画。権利実現、主張を行う際、責任者と権利者の能力構築に対する発展協力の意義[8]」。また、国際連人権高等弁務官事務所は「rights-based approach to development」という言葉を打出し、「発展の権利」は「人類社会の発展段階における基本的概念であり、国際人権規則に立脚し、人権の保護と促進を目指している。国際人権制度における規範、基準、原則は人権的な方法によって、発展の方針、企画、過程に統合される性質を持ち」、その中で「権利、責任、権限委譲、参加、差別解消、弱者層配慮」といった要素が盛り込まれているとする[9]。

確かに「発展の権利」観は一定の実践的合理性が認められる。特に発展途上国援助、貧困削減、財務危機緩和の側面においては、多少なりとも効果が出ている。ところが「発展の権利」観は、伝統的人権観念の再現に過ぎなく、発展そのものを人権として扱うものではない。言い換えれば発展権はあくまでも人権を実現させる道具または手段とされ、人権制度下の基本的人権として想定されない。この認識は、発展権法律機制の妨げとなるだけでなく、発展権は根源から否定されるのであれば、「発展」は発展を遂げるどころか伝統的人権認識に逆戻ってしまうおそれがある。

では「人権に基づく発展」観の成立経緯に触れてみよう。南北の経済格差問題を解決するため、先進国及び関連組織は後進国及び地域の発展に対する支援措置として「人権に基づく発展」が提案された。発展支援は、食糧、水、医療、住宅、教育などの基本的人権と関連すると同時に、国際人権公約と文書の限定した範囲のみで実施される。従来と異なる意味での構造、すなわち発展の権利そのものを守る法律的仕組みが生まれ

変わったわけではない。

　本体論から見れば、モダニズム、ポストモダンニズムに被せられた「人権に基づく発展」は、「裸の王様」のように実質的には何も変わっていない。その法哲学的根拠となるのは、依然古典自然法学派による個人主義的人権観である。ここで言う「発展」の基盤となる「人権」は、主に第一世代の人権と呼ばれた市民権利、政治権利を指す伝統的人権のことである。このような「人権」は一歩前進しても、第二世代の人権とされる経済的、社会的、そして文化的権利に触れるまでのことであり、発展権を含めた第三世代の人権の領域に踏み入れることは不可能である。西洋の研究者が「人権に基づく発展」を掲げること自体は歴史的進歩であるが、個人主義的人権の価値観への執念は、そもそも不平等な国際的発展関係にも浸透しつつある。いかに改善されても「人権に基づく発展」の求める核心的な価値は、個々の市民が政府に対抗しうる伝統的人権であり、社会関係モデルの最適化という今日世界の趨向と食い違う認識である。

　機能論から言えば、発展権の人権的価値を是認しない「人権に基づく発展」の目的は、発展権の実現ではなく、発展援助や支援を通して古典的人権を強化することである。最も、市民の政治的権利は珍重されるべく財産であり、人権はどこまで進化してもそれが忘却されるものではない。ところが発展の表層にとどまり、問題の奥まで議論が届かない「人権に基づく発展」は、その価値及び機能の限界が明らかである。「発展」は伝統的な個人本位から現代の社会本位に移行し、さらに今日の人類本位まで展開されつつあった。それに伴って「発展」の価値観は、従来の人類中心主義から、人間と自然との持続可能な発展に進化した。手順的に言い換えれば、発展に参加しうる初期的権利から、参加、貢献、享受といった三位一体的複合的な権利まで広がるようになったということである。これらの新たな状況に、伝統的人権だけでは必ずしも対応できるわけではない。ほかにも「人権に基づく発展」観は無制限に拡大し得たものとすれば、人権を基準に発展の度合いが評価されるという一方的な

関係になりかねない。支援側、または寄付側が考える人権標準に従う者は発展支援が与えられ、そうでない者は与えられないという人権と発展との関係は、両者が異質化されてしまう。発展権が発展に対する意義と比べれば、功利主義的要素が濃厚に盛り込まれた「人権に基づく発展」が発展に対する意義はいかに非力であるかということが分かる。

方法論から見れば、「人権に基づく発展」観は意思自治を基盤とした平等な交流の図式というわけでもない。コミュニケーションが取れず、あくまでも「付き合い」(commerce)程度に留まるという支援側と受入側との関係は不平等である[10]。日常世界の真の姿が反映できない「人権に基づく発展」は、社会正義の実現にもつながらず、協議、対話の元で理解を共有する構造ではない。「人権に基づく発展」の現実的歴史的な不具合を招いた根源は、古典的、また改良的な個人主義的人権観にある。

二、発展権グローバル法治の理念的最適化

発展権グローバル法治機制を構築する際最も重要な前提となるのは、人権理念の選定である。筆者は、「権利に基づく発展」観から根本的な転換をした「発展の権利」観のほうが合理的、最適な価値理念であると指摘したい。すなわち「権利に基づく発展」観ではなく、「発展の権利」観に導かれて発展権グローバル法治機制に向けるというのである。理念に先立って、対立、対抗を強調する急進主義から、対立だけでなく対話、協力も重視する方法論に移行する必要はある。すなわち交流の理性と社会的連帯性を基盤とし、多元的な人権文化交流を通じて、価値観の共有と資源の再編を図るという発展のアプローチである。交流の際に現れた発展権の理性は、貧困化・周辺化に晒された主体に対して公平な発展機械を与える。と同時に緊迫した国際政治経済関係が緩和されることによって、発達を遂げた主体が抱えた「正当化の危機」にも対応できる[11]。自由主義の氾濫により平等の効用が否定された結果、本来日常世界とされるべき制度化した公共領域は、貨幣、商品及び権力政治に取って代わ

り、いわば「日常世界の植民化（colonization of lifeworld）[12]」が起こってしまう。それが西洋先進国家の現代的危機の根源と思われる。複雑なグローバル世界では、日常世界の共有及び普遍的知識が弱体化され、「安定した相互関係は、成功を目指した行動者が他者への作用のみでは実現できないのであれば、社会統合はあくまでも相互交流と理解を通じて得られるものである[13]」。今日の法治社会において「法律概念では平等を保障する普遍性と正義・正当を保障する真実性という二大要素に構成される」。社会は自由から平等に移り変わるため、「「社会的義務」を担った国家は、達成した利益均衡を普遍的利益の枠内にあることを規定しなければいけない[14]」。そこで、グローバル的公共領域の設立や、民衆の批判、交流及び「意義づける」能力の育成が求められる。公共領域への市民の参加、言論の自由、理性的交流は、その基本的前提をなす。

　ハーバーマスの「合意としての真理」（consensus theory of truth）によれば、対話と伝達の目的は「理解」と「共通認識」を達成することである。「言説の真実性を判断する基準は各主体の間で決めなければいけない。……すべての人が平等に対話を行い、ある同一の対象に理性的討論と論証を行ってから合意が付く。その時点で初めて言説の真実性が認められる[15]」。平等的交流を指針とし、人類の正義と参加機会の均等を中核とした「発展権」は、形式合理性から実質合理性へと根本的に転換しつつある。

　発展権グローバル法治機制の理念的最適化は、理性的交流を理論的出発点としながら、次の五つの側面を明らかにする必要がある。第一に、主体の面においては、個体と集団とのコミュニケーションを取ること。交流や開発が繰り返されることによって、民族、国家、特に発展途上国の集団的人権として想定された発展権は、その個体性および個体と集団との関連性が公的に承認されるようになった。その結果として、『発展の権利に関する宣言』は、発展権が「人類全体およびすべての個人」の共通した権利であることを明白に規定した。国際レベルにおいて、発展権の享受者である国家は個体でありながら全体としても存在する。さら

に国内レベルにおいて、全体としての国家は個人である市民の権利を実現させることが義務づけられる。第二に、客体の側面において、人類中心主義と宇宙中心主義との融合を具現化すること。発展権の言う客体すなわち「発展」は、単純な経済成長図式を遥かに超越し、経済、社会、そして自然との三位一体的発展を経て、人間同士そして人間と自然との相互影響の段階に入っている。全面的、調和的、持続可能な科学的発展観に先導されながら、人と人、そして人間同士の対象化世界という次元でコミュニケーションが行われるべきである。第三に、内容において、古典的人権と現代的人権との相互作用を実現すること。『発展の権利に関する宣言』は、発展権が「経済的、社会的、文化的及び政治的発展」の権利（第1条）と表明するように、「市民の政治的・社会的・文化的権利への促進、保障に対しても、等しい重視と配慮を払うべきである（第9条）」。市民の政治的権利、そして経済的、社会的及び文化的権利を不可分的な有機体として捉える、いわば高次元において理念化される発展は、政治的発展権、経済的発展権、文化的発展権への分離、統合を通して、人類の全面的発展の達成に向かうのである。第四に、発展の参加、促進、享受といった過程を一元化すること。『発展の権利に関する宣言』において発展権は「参加、促進及び享受できる」発展を主旨とすると書かれているように、発展に参加する平等的な権利を出発点とし、発展の規則及び実施過程における公平さを介し、発展による成果を公平に享受する、という実質的正義を目標とした発展権は、出発点、過程、及び結果に表れた公平さを一体化することができる。第五に、時間または空間において、中心と周縁との対話を果たすこと。現代化は中心と周縁との分化過程と認識され、特に周縁にある主体の断片化は、発展権を誕生させた要因であると同時に、発展権における最大の妨げにもなっている。周縁に置かれる主体が対話を通じて中心の支配的構造を打破するのは、現代性のマイナス的影響を解消し、発展権を存立させる基本の前提である。

　発展と人権問題との多方面的な相互関係において、上述したアプロー

チは最上級理念での分析と言えよう。すなわち「発展権は単純たる個人本位または団体本位的人権観を超越し、伝統的人権と現代的人権理論との緊張関係に寛容、理性、調和といったエネルギーを注入すべきである。発展権グローバル法治を保障する制度の再編・刷新、そして発展権法治の戦略的選択ができるように、現存する国際人権文書に拘束されない斬新な構造を建てる」というのである。

三、『発展の権利に関する宣言』の修正と改善

　発展権は1972年に提案され、1986年『発展の権利に関する宣言』（以下は『宣言』と略す）において確認された。発展権はわずか十五年間で制度化と国際化できたことは前例のないことである。それに比べて自由と平等を唱える伝統的人権は早くもルネサンスの時期に提唱されてきたが、二十世紀半ばの1966年になってようやく国際人権両公約に承認され、国際公式法律文書に加入した。この事実は発展権の内的価値と潜在的能力の強さを雄弁に語り、『宣言』自体も人類の普遍的発展に重要かつ独特な役割を果たしていくと思われる。その一方、「『宣言』は将来人権戦略的発展に最も重要な先導文書と予言されるものの、法律文書としては大きな欠点がある[16]」、「発展権は事実上概念化・現実化にされつつある。『宣言』は重要な一歩であるが、終着点ではない[17]」などと指摘されるように、新型人権としての発展権だからこそ、『宣言』の法律的属性と効力との影響で、不備や不具合に付きまとわれるのである。このような発展権及び『宣言』における不足に対して、法律効力の薄さに注目した研究がほとんどであり、理念上・内容上における改善提案は挙げられていない。『宣言』は今後とも旺盛たる生命力を保つため、発展権及び関連法律文書について、筆者は次の方面から改善・開拓建言をしてみたい。

　第一に、ヒューマニズムに基づいた法律の原則を確立すること。発展権グローバル法治の理論的基礎から、人間本位を原則の首位に位置付ける。時系列から、発展のあり方は中世における「神中心」から、近代に

おける「物中心」を経て、現代の「社会中心」に変わりつつあるが、今日の「人間中心」的な観念こそ発展の規律に即した科学的発展観である。『発展の権利に関する宣言』における序言は、「国連及び各専門機構の人的、全面的発展にかかわる活動に鑑み」、「人間が発展の主体である」と確認する。最もこの文章は、人本主義による発展観念を明白に是認される意味ではなく、その主義主張は必ずしも人本主義に立脚した新たな理念とは言い難い。ところが、少なくとも人本主義的発展観念は発展権の価値的最適化における制度上の反映という趣意を裏付ける公式文書として、この文章は注目に値するのであろう。これゆえ、発展権法律の制度化事業の先導となる法律文書を明確に規定する必要がある。

　第二に、「持続可能な発展権」という新しい概念を打ち出すこと。『宣言』において発展権は「経済的・社会的・文化的及び政治的発展」の権利とされ、各国の「資源や財産を行使する際奪うことのできない完全主権」も強調される（第2条）。ところが、やはりここでいう「発展」は必ずしも「持続可能」とは言えない。発展権が対象とした発展は「持続可能な発展」という次元まで止揚されないのである。『宣言』が採択された時期の客観的歴史制限により、当時の人々は持続可能な発展という意識を持っておらず、それは概念として国連体系に受容されたのは、『宣言』が採択された後のことである。持続可能な発展は、当初人類の権利ではなく、義務、責任として捉えられた。人類はもっぱら持続可能な発展を破壊する加害者として認識され成果の享受者ではない。人類は持続可能な発展の受益者ではなく、あくまでも追及される者である。持続可能な発展は侵害される場合、権利の主体ではない人間は権利侵害を追究しても形式的に留まる。この場合、単なる義務ではなく、権利からの視点も含めて持続可能な発展を見る、いわば「持続可能な発展権」の新概念が登場してくる。筆者は、『宣言』第1条における「経済的、社会的、文化的及び政治的発展」という文言を「経済的、社会的、文化的、政治的発展、及び人と自然の持続可能な発展」に改めることを薦める。実際に決議案を公式的に修正する必要がなく、「持続可能な発展権」を「採

用」するという表現を用いれば十分である、と主張する者もいるが[18]、共通認識に達成するため、理論的基盤を固める研究は肝要であり、特に持続可能な発展権にかかわる主体、客体、内容、権利義務関係、法律の構成要素といった箇所について、今後の発展権グローバル法律文書でさらなる明文化の努力は必要であろう。

　第三に、「地域発展権」という新概念を確認すること。発展権は個別的、または集団的人権の統一である。集団的人権といえば、発展権の主体としての国家と民族についての規定は、『宣言』の第2条及び第5条に出されている。しかしながら国際社会と同様のように、国内においても先進地域と貧困地域との巨大な格差が存在する。地域発展の不均衡の状態は発展を妨げる要因であることを見落としてはいけない。発展権を実現する重大な措置として、後進地域への開発は注目を集める。したがって国家レベルにおいても、「地域発展権」という新たな概念を提唱し、また立法によって定着させる。

　第四に、発展権を細分化すること。発展権を凝縮的かつ母体的人権と見做し、その上に経済発展権、社会発展権、文化発展権、政治発展権、持続可能な発展権というより具体的な権利の形式を析出する。「あらゆる人権の混在した発展権」という認識を是正するため、発展権の立法によって、これらの権利の外延と内包と明確に定め、有効に保障することを推奨する。

四、発展権の法的メカニズムの構築

　グローバル的な発展権法律制度はいかに構築されるかについて、正反対の二つの意見が存在する。その一つは保守主義である。発展権の法的保障は、宣言、決議、声明といった法的拘束力を伴わないソフト・ローに立脚しかできないという。発達主体は未発達者に対して義務を履行する場合、それがハード・ローで強制的に行われれば、非合理的かつ非現実的である。国連経済社会理事会でも報告の中で次のように記述する。「発展権は法的拘束力がかかる枠内に置かれることが可能かどうかにつ

いては、法律専門家たちは早い時期から見解が分かれている。国家が人民に対する義務しか扱われない人権文書は、国家間の義務を問題にしない、という意見は有力になりつつあるようだ[19]」。もう一つは急進主義である。これによれば、「法的拘束力を備えた発展権文書」や「法的拘束力の性質に伴った国際的法的基準」の設立が急務とされ[20]、特に「法的効力のある発展権国際公約」を通して発展権の実現を図るべきだという[21]。

『発展の権利に関する宣言』の法的効力に対して、さまざまな議論が交わされたが[22]、「いままで独立した専門家機構、そして主流への非正規かつ間接的な接近方法を趣旨とした第41／128号決議は不十分である[23]」という認識は共通している。先述した学説は、ある程度現実を根拠にしたものに間違いはない。保守主義である前者は、法源と法の効力といった伝統的理論を基盤とし、法律の事前的な誘導機能という側面から法の効力を捉える。急進主義を唱える後者は法律の結果から法の効力、発展権による救済と責任追究に注目する。根本的な相違点は、発展権法律制度は現存するソフト・ローを土台にするべきか、あるいはハード・ローが必要なのかという点にある。発展権法治のあり方について、単純化、絶対化するような見方ではなく、世界の調和的な発展を理念とすべきである。すなわち『宣言』第10条[24]を元に、発展権をいかに保護するかについて、全面的かつ体系的に企画し、「発展権法治戦略的システム」とも言うべく戦略体系を作るという。これが、次のような「ツートップ戦略」に構成される。

　(一) メカニズムの選択。発展権の法的メカニズムの構築は現実に立脚しながら未来に目を向け、現行法律の仕組みと将来的発展、先進国と後進国との双方的コミュニケーションを実現しなければいけない。ここでの発展権の法的メカニズムは、ソフトメカニズムとハードメカニズムに大別される。ソフトメカニズムは発展権にかかわる対話メカニズム、支援メカニズムと権限メカニズムが含まれる。ハードメカニズムは、法的効力のある宣告メカニズム、規制メカニズム、監督メカニズム、評価

メカニズム、救済メカニズムを指す。法的権利や義務が十分に実現できない状況に備え、発展権に即した司法的、准司法的モデルを設け、発展権構築を進める最終防衛線を築く。

　(二) 展開の道筋をつけること。発展権法治に向ける時、「決議を条約に改定するとか、司法的または準司法的手段を導入するとか、違約側に制裁を加えるとかの行為は、国家により妥協の姿勢を要請することになる[25]」ため、実行が困難である。この問題を解決するため、筆者は次のような有効な方策があると考える。発展権は経済社会文化的権利や市民の政治的権利を短絡的に連結するのではなく、発展権とこれらの権利との不可分性も否定しない。発展権法治の道筋は、発展権と他の人権との排他的ではなく融合的な立場を取り、「二足歩行」の案でつけるべきである。その一つは、国際人権規約などのハード・ローを活用し、発展権を公約と巧みに結びつける。現行人権公約に移行する段階において、発展権は法的強制力がつくことによって、ハード・ロー・メカニズムに照準し強制実施を可能する。『宣言』に挙げられた発展モデルへの自主選択権は、人権両公約の第1条に合わせるほか、発展への自由参加権、男女平等発展権、マイノリティ平等発展権はそれぞれ『市民的及び政治的権利に関する国際規約』の第25条、第3条と第27条に連結することができる。ところが本来発展権は現行公約と異なる内容を持つため、この方策には限界があるだろう。もう一つは、先に述べた方法は発展権のすべてがカバーできない「権宜の計」であるため、人権公約以外でも条件が満たせばただちに発展権の法律体系を設置し、発展権のすべての内容を包容した法的効力のある専門的発展権国際公約を立ち上げること。発展権法治が実現するまで遠々しい道を歩まなければいけないが、困難に直面しても諦めず、ひたすら現実に従順するわけにもいかない。国際人権公約の場合でも、1948年の世界人権大会に提案されてから、1966年の誕生に至るまで、あらゆる苦難と挫折に満ちていたように、発展権ワーキングチーム、発展権専門家グループ、そして平和と発展に志す人々の弛まぬ努力の元で、発展権はかならず豊かな実を結び、明るい将

来を迎えるものと信じて良いだろう。

注釈：

1）本付録は、『蘇州大学学報』2008 年第 5 期に掲載され、後に『新華文摘』2009 年第 3 期に全文転載されたものである。
2）KébaM'Baye, Le droit au développementcomme un droit de l'home, Human Rights Journal, 1972, Vol. V, No. 2-3, pp. 505-534.
3）Cf. Commission on Human Rights resolution 1998/72& Economic and Social Council decision 1998/269.
4）Cf. Commission on Human Rights resolution 2004/7. See chap. VII. - E/2004/23 – E/CN.4/2004/127.
5）Stephen P. Marks, The Human Rights Framework for Development: Seven Approaches. inBasu, Mushumi, ArchnaNegi, and Arjun K. Sengupta (eds.), Reflections on the Right to Development, New Delhi: Sage Publications, 2005, pp. 23-60.
6）Stephen P. Marks, The Human Rights Framework for Development: Seven Approaches.in Basu, Mushumi, ArchnaNegi, and Arjun K. Sengupta (eds.), Reflections on the Right to Development, New Delhi: Sage Publications, 2005, pp. 23-60.
7）The Human Rights Council of Australia, Inc., TheRights Way to Development: A Human Rights Approach to Development Assistance, Sydney, Australia, 1995. Also See AndréFrankovits and Patrick Earle, The Rights Way to Development: Manual For a Human Rights Approach to Development Assistance, Marrickvill, Australia, 1998.
8）OECD, The Development Dimension: Integrating Human rights into Development – donor approaches, experiences and challenges. Paris: OECD Publishing, 2006, p.18.
9）http://www.unhchr.ch/development/approaches-04.html.
10）コミュニケーションについて、ハーバーマスは次のように論じる。「言説能力と行動能力を備えた複数の主体は、イントラクションを通して人間関係を築く。統一した行動方式を取るため、行動者は行動環境と行動計画に対する理解を探っている」。(Jürgen·Habermas, The Theory of Communicative Action: Vol.1, Reason and the Rationalization of Society. Boston: Beacon Press, 1984, p.86)
11）哈貝馬斯（ハーバーマス）、劉北成・曹衛東訳『合法化的危機（正当化の危機）』上海人民出版社、2000 年。

12) Jürgen·Habermas, The Theory of Communicative Action, Volume 2, System and Lifeworld : A Critique of Functionalist Reason, MA, Boston : Beacon Press, 1987, pp. 301-308.
13) Jürgen·Habermas, Between Facts and Norms, Cambridge: Polity Press,1996, p. 26.
14) 哈貝馬斯（ハーバーマス）、曹衛東訳『公共領域的結構転型（公共領域の構造転換）』学林出版社、1999 年、257 ページ。
15) 章国鋒「哈貝馬斯訪談録（ハーバーマスインタビュー録）」『外国文学評論』、2001 年第 1 期。
16) AsbjørnEide, National Sovereignty and International Efforts to Realize Human Rights, in: AsbjørnEide and BerntHagtvet (eds.), Human Rights in Perspective. A Global Assessment, Blackwell, Oxford, 1992, p. 26.
17) Øyvind W·Thiis, Norwegian Development Assistance and the Right to development, in: Peter Baehr, LalaineSadiwa and Jaqueline Smith (eds.), Human Rights in Developing Countries Yearbook 1996, Kluwer Law International 1996, p.6.
18) E/CN.4/Sub. 2/2004/16.
19) E/CN.4/Sub. 2/2005/23.
20) Commission on Human Rights Resolution 2003/83, adopted on 25 August 2003 by a vote of 47 in favor and 3against, with 3 abstentions.
21) A/HRC/8/WG.2/TF/2. 31 January 2008.
22) 「一部の国際法学者により、発展権に関する第 41/128 号決議は他の宣言や決議と同じく、ソフト・ロー以上ハード・ロー未満の位置に設定されている」。(E/CN. 4/Sub. 2/2004/16, p11. paragraph 48)
23) (E/CN. 4/Sub. 2/2004/16, p11. paragraph 48).
24) 『宣言』第 10 条は「発展の権利を十分に行使し、かつ逐次的に増強するために、国家レベルと国際レベルでの政策、立法、行政及び他の措置を企画、審議、実施すること」としている。
25) E/CN.4/Sub. 2/2004/16.

著者紹介：
汪習根（WANG Xigen）
1965年生まれ。武漢大学法学部副学部長、武漢大学人権研究院執行院長、中国教育部長江学者特任教授、全国十大傑出青年法学者、国家「2011計画」司法文明協同創新センター博士課程指導教授。ロッテルダム大学（蘭）法学部兼任教授。中国法学会法理学研究会副会長、国連発展権諮問上級顧問兼任。国家百千万人材プロジェクト、国家新世紀優秀人材支持プロジェクト入選。全国百篇優秀博士学位論文賞、国家級優秀教学成果賞一等賞、中国法学優秀成果賞、全国大学人文社会科学研究成果賞等、20余項目にわたる各賞受賞。国家社会科学基金重要突破課題『中国の特色ある社会主義の法治の道における理論創新ならびに実践探索』、教育部重大プロジェクト『発展権と中国発展法治化』、全国十大法学重大突破プロジェクト『司法体制改革研究』等を主宰。『法学研究』、『人民日報』等に100篇余りの文章を発表。『新華文摘』等、転載数十回、出版著作20部。これまで国連人権理事会、オックスフォード大学、ハーバード大学をはじめ欧米、アジア諸国の大学ならびに研究機構にて基調講演、学術交流を実施。法治と人権に関する成果は国連ならびに中国政府により何度も採用。

訳者紹介：
呂衛清（LU Weiqing）
1969年生まれ。華中師範大学准教授・広島大学文学研究科博士課程後期在学中。訳書：《管理者革命》（畠山芳雄著『管理者革命』、単訳、東方出版社、2004年）、《地下的鸽子》（西加奈子著『地下の鳩』、共訳、新星出版社、2012年）、《改变从速度开始：马克・扎克伯格的成功密码》（桑原晃弥著『マーク・ザッカーバーグ史上最速の仕事術』、共訳、天津社会科学院出版社、2012年）。論文：「"羅生門"の中国語化に関する一考察」（『語言文化学刊』創刊号、白帝社、2014年）、「"正能量（せいのうりょう）"か、それとも"プラスのエネルギー"か――翻訳ストラテジーの選択について」（『新世紀における術語と新語の日本語訳に関する模索と発展』南開大学出版社、2015年）他。教材開発：『日本語④』（共編、武漢大学出版社、2009年）他。

法治社会における基本的人権
——発展権の法的制度研究

2016 年 9 月 20 日　初版印刷
2016 年 9 月 30 日　初版発行

著　者／汪習根　　訳　者／呂衛清
発行者／佐藤康夫
発行所／(株)白　帝　社
〒171-0014　東京都豊島区池袋 2-65-1
TEL 03-3986-3271
FAX 03-3986-3272(営)/03-3986-8892(編)
http://www.hakuteisha.co.jp/
組版・印刷・製本　モリモト印刷(株)

Ⓒ 2016 年　WANG Xigen　ISBN 978-4-86398-262-8
Ⓡ本書の全部または一部を無断で複写複製(コピー)することは、著作権法上での例外を除き、禁じられています。本書からの複写を希望される場合は、日本複写権センター(03-3401-2382)にご連絡ください。